CATALOGUE
DES LIVRES

QUI COMPOSENT LA BIBLIOTHEQUE

DE MONSEIGNEUR

HUE DE MIROMENIL,

Garde des Sceaux de France.

A PARIS,

DE L'IMPRIMERIE DE VALADE, Libraire-Imprimeur
de Monseigneur le Garde des Sceaux; rue des Noyers.

M. DCC. LXXXI.

CATALOGUE

DES LIVRES

DE LA BIBLIOTHEQUE de Monseigneur DE MIROMENIL, Garde des Sceaux de France.

THÉOLOGIE.

ÉCRITURE SAINTE.

Textes & Verfions de l'Ecriture Sainte.

1. BIBLIA SACRA LATINA. *Parifiis,* ex Officina Joann. Prenel, 1528, *in* 8°. baf.
2. Biblia Sacra Vulgata à ROB. STEPHANO recognita. *Parifiis,* ex Officina ejufdem Stephani. 1534, *in-*8°. baf.

A

3. Biblia Sacra Latina, Vulgata à Rob. Stephano ad exemplaria vetera recognita & in hac editione diverfis acceffionibus illuftrata. *Parifiis*, ex Officina ejufdem Stephani. 1540, *in-fol.* gr. pap. baf.

> Cette Édition de la Bible eft très-eftimée, & a été cenfurée par les Théologiens de Paris ; le Pere Simon en parle avec éloge, dans fon Hiftoire critique du Nouveau Teftament, page 131. L'exemplaire que nous annonçons eft de la plus parfaite confervation & en grand papier. Robert Eftienne eft regardé, parmi les Sçavans, comme le plus habile Imprimeur qu'il y ait eu ; tous les Ouvrages qui font fortis de fes Preffes, ont ce double avantage, outre qu'ils font fuperbement imprimés, il ne s'y trouve prefque point de fautes : il joignit à fon art une parfaite connoiffance des Langues & des Belles-Lettres, & s'appliqua particulierement à donner des Bibles Hébraïques & Latines. Il eft le premier qui ait diftingué les Bibles par verfets. Il mourut à Geneve en 1559, âgé de 56 ans.

4. Biblia Sacra Vulgatæ editionis, Sixti V. Pont. Max. juffu reco-gnita, & Clementis VIII. auctoritate edita. *Coloniæ Agrippinæ*, Baltaf. Egmont, 1658, *in-8°.* bafane.

5. Eadem Biblia Sacra Vulgatæ Editionis, Sixti V. Max. Editio nova, verficulis diftincta. *Rothomagi*, Ric. Lallemant, 1769, *in-8°.* mat. r. d. f. tr.

6. Eadem Biblia facra, Vulgatæ editionis Sixti V. *Avenione*, 1775, *in-8°.* baf.

7. La Sainte Bible traduite en françois fur la Vulgate, avec des notes courtes tirées des S S. Peres & des meilleurs Interpretes, pour l'intelligence des endroits les plus difficiles : la Traduction du Pfautier, felon l'Hébreu, à côté de la Vulgate, & la concorde des quatre Évangéliftes. *Bruxelles*, François Foppens, 1700, *in-4°.* 3 vol. bafane.

> Cette Edition, affez belle, ne renferme que de fimples notes, fans aucun commentaire : les curieux n'en recherchent que les exemplaires en gr. papier.

8. La Sainte Bible, contenant l'Ancien & le Nouveau Teftament en latin & en françois, avec des notes pour l'intelligence des endroits les plus difficiles ; par le Maistre de Saci. *Paris*, Guil. Defprez, 1711, &c. *in-12*, 16 vol. baf.

> L'on préfere la contre-façon de cette Édtion, laquelle a paru fous le même titre & la même date, la contre-façon eft ornée d'un frontifpice gravé en taille-douce, qui ne fe trouve point dans l'Édition que nous annonçons.

9. Abrégé de la Sainte Bible en forme de queftions & de réponfes familieres, avec des éclairciffemens tirés des S S. Peres & des meilleurs Interpretes ; Édition revue par le R. P. D. Robert Guerard, Prêtre Bénédictin de l'Abbaye Royale de

de S. Ouen de Rouen, de la Congrégation de S. Maur. *Paris,* 1777, *in-12*, 2 vol. *v. marb.*

10. La Sainte Bible, contenant l'Ancien Teftament, *Louvain,* 1571, *in-8°.* baz.

11. Biblia Sacra, Danicè, ad ductum verfionis M. Lutheri Germanicæ prioris; interpretibus Petro Palladio, Olao Cryfoftomo, Joan Synningio, & Joan. Machabæo; hortante Joan. Bugenhagio, Pomerano; cum indice marginali, locis quibufdam parallelis & iconibus : ex mandato Chriftiani III. Daniæ Regis. *Hafniæ,* Ludov. Dietz, 1550, *in-fol.* veau marb.

12. Les Pfeaumes de David & les Cantiques facrés, revûs, corrigés & approuvés. Edition enrichie de prieres publiques & particulieres. *Geneve,* 1778, *in-12,* (*Paris,* Valade) mar. noir.

13. Aretino pentito, ei o e parafrafi fovra i fette falmi della penitenza di Davide. In *Lione,* Guil. Barbier, 1648, *in-12,* parch.

14. Dichiaratione de i falmi di David, fatta del R. P. F. Francefco Panigarola Minore Offervante. In *Venetia,* 1586, *Bernardo Giunti,* in-8°. baz. d. fur tranch.

15. Novum Teftamentum græco-latinum Vulgata interpretatione latina à Theologis Lovanienfibus quam diligent recognita & emendata, grece contextui per verficulos numeris diftinctos e regione oppofita. *Coloniæ,* Arnof Myllit, 1592, *in-8°.* parch,

16. Novum Jefu Chrifti Ten........... ...., Chriftoph. Plantini, 1564, *in-12*, baz.

17. Novum Jefu Chrifti Teftamentum Vulgatæ editionis, Sixti V. Pont. Max. juffu. *Parifiis,* Ludovicus Roulland, 1695, *in-12,* mar. noir d. f. tr.

18. Novum Teftamentum Domini noftri Jefus Chrifti, Vulgatæ editionis, Sixfti V. Pont. Max. juffu recogn. atque editum, *Avenione* Joan. Aubert, *1775,* *in-12,* veau marb.

19. Novum Teftamentum Domini noftri Jefu Chrifti, Vulgatæ editionis, juxta exemplar Vaticanum anni 1592, *Rothomagi* Richard Lallemant, 1758, *in-16,* mar. r. d. fur tr.

20. Novum Jefu Chrifti Teftamentum, ad exemplar Vaticanum accurate revifum. *Parifiis,* Typis Barbou, 1767, *in-12,* cum fig. veau. marb. d. fur tr.

21. Le nouveau Teftament de notre Seigneur Jefus-Chrift, *Trevoux,* Ganeau, 1702, in-8°. 4 vol. *bazane.*

22. Le Nouveau Teftament de notre Seigneur J. C. traduit en françois. *Paris,* Nicolas Lottin, 1729, *in-12,* bazane.

THÉOLOGIE.

Harmonies & Concordes Evangéliques.

23. Hiftória & Concordia Evangelica. *Parifiis*, Carolum Savreux, 1653, *in-12*, cum fig.

Hiftoire & Figures de la Bible.

24. L'Hiftoire du Vieux & du Nouveau Teftament, par le fieur F'. DE ROYAUMONT, Prieur de Sombreval. *Paris*, L'Efclapar, *1715*, *in-8°. bazane*.

25. L'Hiftoire du Vieux & du Nouveau Teftament, repréfentée avec des figures & des explications, tirées des SS. Peres, par feu M. DE SACY, fous le nom de Royaumont, Prieur de Sombreval. *Paris*, Saillant, *&c.* 1770, *in-4°*. avec Fig. veau marb.

Interpretes & Commentateurs de l'Ecriture-Sainte.

26. Scopus Biblicus Veteris & Novi Teftamenti, cum annotationibus fummam Doctrinæ Chriftianæ complectentibus, Authore ALBERTO NOVI-CAMPIANO. *Antuerpiæ*, Joan. Bellerum, *1559*, *in-16*, parchemin.

27. Œuvres de Meffire JACQUES-BENIGNE BOSSUET, Evêque de Meaux, nouv. édit. *Paris*, Boudet, 1772, *in-4°*. 12 vol. *veau marb*.

28. Commentaires de M. JEAN CALVIN fur le Livre des Pfeaumes, imprimé par *Conrard Badius*, 1561, *in-fol*. bazane.

29. Reproches (au fujet d'un mémoire diffamatoire) d'un Seigneur Anglois à un Milord de fes Amis. Ces reproches font tirés de l'Écriture Sainte & principalement du Pfeaume 54. *Paris*, Hériffant, 1776, *in-12*, Piéce.

30. Effai d'un Commentaire littéral & hiftorique fur les Prophetes; par le P. Dom PAUL PEZRON, de l'Ordre des Citeaux. *Paris*, J. Boudot. 1693, in-12, *bazane*.

> Paul Pezron naquit à Hennebert, en Bretagne, en 1639 entra dans l'Ordre des Citeaux en 1660, & mourut le 10 Octobre 1706, après avoir donné fa démiffion de l'Abbaye de Charmoye, à laquelle Louis XIV l'avoit nommé en 1697.

31. La Cenfure du Symbole des Apôtres, par THÉOPHILE RAYNAUD, Jefuite, 1717, vol. *in-12*, Piéce.

32. Theodori Bezæ annotationes majores in Novum Dn. noftri Jefu Chrifti Teftamentum. anno 1594, *in-8°*. 1 vol. *bazane*.

> Beze naquit à Vezelai en Bourgogne, le 24 Juin 1519, & mourut à Geneve le 13 Octobre 1605, âgé de 86 ans 3 mois.

33. Expofitio in Canticum Canticorum Salomonis. *Parifiis*, in-12, 1771.

Critiques Sacrés.

34. Hiftoire Critique du Vieux Teftament, par le R. P. RICHARD SIMON, Oratorien. *Paris*, 1680, *in-4°*. avec des notes manuf-crites, *bazane*.

> Ouvrage eftimé, intéreffant, & rempli de recherches très-favantes. Le P. Simon nâquit à Dieppe, où il mourut en 1712, âgé de 76 ans.

35. Lettre à un Ami, où l'on rend compte d'un Livre qui a pour titre Hiftoire critique du Vieux Teftament. *Amfterdam*, Daniel Elfevir, 1679, *in-12*, bazane.
36. Défenfe des Livres de l'Ancien Teftament, contre l'écrit intitulé, la Philofophie de l'Hiftoire. *Amfterdam*, 1767, *in-8°*. v. m.
37. IsAACI VossII de feptuagenta Interpretibus eorumque tratatione & Chronologia differtationes. *Hagæ-Comitum*, ex Typographia Adriani Vlacq, 1661, *in-4°*. veau.

> Il étoit fils de Gérard Jean & Chanoine de Windfor en Angleterre, où il mourut en 1688.

Concordances & Dictionnaires de l'Écriture Sainte.

38. Dictionnaire Hiftorique & Critique de la Sainte Bible, ouvrage fervant de fupplément à l'Abrégé du Commentaire de Dom Calmet ; par M. L. E. R... *Paris*, Boudet, 1776, *in-4°*. veau marb. vol.

Liturgies.

39. Voyages Liturgiques de France, ou recherches faites en diverfes villes du Royaume ; par le S. DE MOLEON, contenant plufieurs particularités touchant les Rits & les Ufages des Églifes. *Paris*, Fl. Delaulne, 1718, *in-8°*. avec fig. *bazane*.
40. Examen & Réfolutions des principales difficultés qui regardent l'Office Divin, avec des remarques critiques fur le Traité des Saints Myfteres ; par M. COLLET, Docteur en Théologie & Prêtre de la Miffion. *Paris*, Debure, 1756, *in-12*, veau.
41. Manuductio Sacerdotis ad primum ejus ac præcipuum officium, five explanatio Sacro-Sancti Miffæ Sacrificii, juxta Romani Miffalis prefcriptum, & in rubricis ejufdem Miffalis, ac Miffæ

ritibus virorum peritiſſimorum Doctrinam ; authore P. R. HERISONIO, Sacerdote. *Lugduni*, 1699, *P. Valfray*, in-4°., bazane.

42. Explication littérale, hiſtorique & dogmatique des Prieres & des Cérémonies de la Meſſe, ſuivant les Anciens Auteurs & les monumens de toutes les Égliſes du monde Chrétien, avec des diſſertations & des notes ſur les endroits difficiles, & ſur l'origine des Rits; par le R. P. PIERRE LE BRUN, Prêtre de l'Oratoire. *Liege*, Tutot; *Paris*, Deſprez, 1777, *in-8°.*, avec fig. *veau marb.* vol.

43. Exercices de piété, contenant la maniere de bien entendre la Meſſe, & de paſſer ſaintement la Journée. *Rouen*, Cabat, 1727, *in-12*, bazane.

44. L'Année Chétienne, contenant les Meſſes des Dimanches, Fêtes & Féries de toute l'année, en latin & en françois; par LE TOURNEUX. *Paris*, Louis Joſſet, 1733, 13 volumes *in-12*, bazane.

> Bon Ouvrage, fort eſtimé : l'on en recherche davantage les anciennes éditions, parce qu'elles ſont plus belles & plus exactes que les nouvelles. Oſmont indique l'Édition de 1685 comme la meilleure ; il faut (ajoute-t-il) que ce Livre porte le nom de Joſſet, pour être la bonne édition : c'eſt la plus eſtimée ; elle vaut 30 l. Nicolas le Tourneux naquit à Rouen le 30 avril 1640, & mourut à Paris le 28 Novembre 1686, âgé de 47 ans.

45. Heures anciennes, manuſcrites ſur vélin, format, *in-4°.* avec des vignettes & les grandes lettres en or, écriture du 15 ſiecle, ancienne reliure.

46. L'Office de la Semaine-Sainte, françois & latin, ſelon le Miſſel & le Bréviaire Romain. *Paris*, chez les Aſſociés, *1762*, *in-12*, bazane.

47. L'Office de la Semaine-Sainte, en latin & en françois, à l'uſage du Diocèſe de Rouen. *Rouen*, Ourſel, 1737, *in-12*, m. r. d. ſur tr.

48. L'Office de la Semaine-Sainte, en latin & en franç., à l'uſage du Diocèſe de Rouen. *Rouen*, Ourſel, *1756*, in-12, *avec fig.* mar. verd. dor. ſ. tr.

49. Petit Office de la Sainte Vierge, élévation & autres Prieres par M. DE LA BAUME DU PERRET, en lettres gravées par L. SENAULT. *Paris*, Senault, *in-8°.* mar. r. d. ſur tr.

50. Rituale Pariſienſe, autoritate Eminantiſſimi D. D. Cardinalis de Noailles, Arch. Pariſienſis, editum, ac juſſu illuſtriſſimi & Rever. D. D. de Baumont, Arch. Pariſienſis. *Pariſiis*, apud Cl. Simon, *1777*, in-4°. veau marbré.

51. Livre d'Égliſe, latin-françois, ſuivant le nouveau Bréviaire de

Paris, contenant l-Office de l'après-midi, pour les Dimanches & Fêtes. *Paris*, chez les Affociés, 1744, *in*-12, m. r. d. f. t.

52. Eucologe, ou Livre d'Eglife, imprimé par ordre de Mgnr. l'Archevêque de Paris, à l'ufage de fon Diocefe. *Paris*, Lottin, 1775, *in*-8°. m. r. d. f. tr.

53. Pfautier diftribué fuivant le nouveau Bréviaire de Paris, avec les Offices des Dimanches & Fêtes de l'année. *Paris*, Defaint, 1736, *in*-12, m. r. d. f. tr.

54. Heures à l'ufage de Rome, tout au long, fans rien requerir; avec les figures de la vie de l'homme; & la deftruction de Jerufalem; imprimées à Paris par Gillet Hardouin, fans date. *In*-4°. fur vélin, bafane.

55. Rituale Rothomagenfe, Ill. ac Rev. D. D. NICOLAII DE SAULX-TAVANES, Rot. Archiepifc. Autorit. Edit. *Rothomagi*, Jof. le Boulenger, 1739, *in*-4°. veau. marb.

56. Rituale Rothomagenfe, auctoritate Illuft. ac Reverend. D. D. Dominici de la Rochefoucauld, Rothomagenfis Archiepifcopi. *Rothomagi*, J. Jof. le Boulenger, 1772, *in*-4°. m. r. d. f. tr.

57. Breviarium Conftantienfe in Neuftria editum, juffu Illuftr. ac Rev. Domini D. Euftachii de Leffeville, Epifcopi Ecclefiæ Conftantienfis. *Parifiis*, Fredericum Leonard, 1663, *in*-12, 4 vol. avec figures. mar. noir d. f. tr.

58. Heures anciennes à l'ufage de Rouen, imprimées à Paris, par Germain Hardouin, fans date, *in*-8°. avec fig. fur vélin, en velours violet.

59. Heures nouvelles, contenant les Offices qui fe difent pendant toute l'année, en latin & en françois. *Rouen*, Ferrand, 1735, *in*-12, m. r. d. f. tr.

60. Eucologe, ou Livre d'Eglife, imprimé par ordre de Mgnr. l'Archevêque de Rouen, à l'ufage de fon Diocefe pour les Laïques, felon les nouveaux Miffel, Rituel & Bréviaire. *Rouen*, Ourfel, 1739, *in*-12, 4 vol. m. verd d. f. tr.

61. Heures nouvelles, contenant l'exercice du Chrétien, les Heures Canonicales, les Meffes & Vêpres des Dimanches & principales Fêtes de l'année. *Saumur*, Fr. Pafch. de Gouy, *in*-12, 1770, baf.

62. Formulaire de Prieres, avec une conduite pour fe préparer à faire une bonne Confeffion & Communion, à l'ufage des Penfionnaires & Externes des Dames Urfelines. *Paris*, Moriffet, *in*-12, 1738, baf.

63. Preces matutinæ ac vefpertinæ, ex Sacris Scripturis & Liturgicis libris depromptæ, &c. Edent. LORENTIO-STEPHANO RONDET, Sacrarum Linguarum Interpr. *Parifiis*, Lottin, 1778, *in*-12. baf.

64. Heures Latines & Françoiſes, à l'uſage du Dioceſe d'Orléans ; ſuivant le nouveau Breviaire. *Orléans*, Couret de Villeneuve, 175;, *in*-12, v. br. d. ſur tr.

65. L'Ami des Catholiques, ou Inſtructions familieres & pacifiques ſur les promeſſes de Jeſus-Chriſt à ſon Egliſe ; par M. Montaigne, Curé de la Roquette Dioceſe de Périgueux. *Bergerat*, J. B. Puyneſge, 1777, *in*-12. v. m.

66. Heures à l'uſage des peuples de la campagne, mêlés parmi les Proteſtans, par le même. *Bergerat*, J. B. Puyneſge, 1777, *in*-12. v. m.

67. Lyturgie des Proteſtans de France, ou prieres pour les familles des Fideles privées de l'exercice public de leur Religion ; à l'uſage des Proteſtans de ce Royaume. *Amſterdam*, M. Rey, 1760, *in*-8°. v. m.

Conciles Généraux & Particuliers, Statuts avec les Synodes de différens Pays.

68. Supplément à l'Analyſe des Conciles généraux & particuliers, par le R. P. CHARLES-LOUIS RICHARD, Profeſſeur en Théologie, de l'Ordre des F F. Prêcheurs. *Paris*, B. Moiin, 1777, *in*-4°. 1   vol. v. m.

69. Synopſis conciliorum. *Pariſiis*, Aliot, 1667, *in*-12, baſ.

70. Statuts Synodaux du Dioceſe de Paris. *Paris*, Simon, 1777, *in*-8°. d. rel.

71. Synodicon Eccleſiæ Pariſienſis, juſſu Illuſtr. ac Rev. Chr. de BEAUMONT, Par. Archiep. edit. *Pariſiis*, apud Cl. Simon, 1777, *in*-4°. veau mar.

72. Sacro Sancti & Œcumenici Concilii Tridentini Paulo III, Julio III, & Pio IV, PP. MM. celebrati Canones & Decreta. *Pariſiis*, Nic. Pepingue, 1661, *in*-12, baſ.

73. Socros Concilium, Tridentinum additis declarationibus Cardinalium, ex ultima recognitione Joannis Gallemart : & citationibus JOAN. SOTEALLI, & Horattii Lucii, &c. *Pariſiis*, Fred. Leonard, 1676, *in*-8°. baſ.

74. Reviſion du Concile de Trente, par (Etienne Ranchin) Proteſtant (Geneve). 1600, *in*-8°. baſ.

Il y a dans cet ouvrage, qui n'eſt pas commun, bien des choſes hors de propos, & beaucoup qui ſont pouſſées avec aigreur & violence.

75. Notes fur le Concile de Trente , avec une Diſſertation fur la réception & l'autorité de ce Concile en France , par ETIENNE RACICOD. *Bruxelles* , Fr. Foppens, 1711 , *in* - 8°. bazane.

Ces Notes, dont il y a deux éditions de la même année 1706 , l'une de Bruxelles & l'autre de Rouen, quoique marquées toutes deux de Cologne, font aſſez eſtimées. Mais celle que nous annonçons eſt préférable ; ce font les réſultats des Conférences , tenues par pluſieurs perſonnes de mérite & de diſtinction , fur la Diſcipline de ce Concile. On y examine les chapitres de réformation du Concile de Trente , par rapport à l'antiquité Eccléſiaſtique , & quelquefois même par rapport aux Ordonannces de nos Rois. On trouve à la fin du volume une belle & excellente Diſſertation fur la réception du Concile de Trente en France , qui paroît d'une autre main que l'Ouvrage qui la précede, & dans laquelle on marque les endroits du Concile qui font contraires à nos uſages.

76. Mandement & Inſtruction de Mgr. l'Evêque de Boulogne , au ſujet de l'appel qu'il a interjetté conjointement avec Mgrs. les Evêques de Mirepoix, de Sénez, & de Montpellier , au futur Concile Général , de la Conſtitution de notre S. P. le Pape Clément XI , du 8. ſept. 1713 , *in*-4°. *Piece.*

77. Sanctæ Rotomagenſis Eccleſiæ Concilia , ac Synodalia decreta, Archiepiſcoporum Series Diplomata, Epiſtol. &c. aut. D. FRAN-CISCO POMMERAVE. *Rotomagi* , Bon. Lebrun , 1677 , *in*-4°. bazane.

78. Concilia Rotomagenſis Provinciæ, accedunt Diœceſanæ Synodi, Pontificum Epiſtolæ Regia pro Normaniæ Clero Diplomata, nec non alia Eccleſiaſticæ diſciplinæ monumenta. Opera & Studio GUILL. BESSIN. *Rotomagi* , Franç. Vaultier , 1717 , *in-fol.* bazane.

79. Statuts & Reglemens de M. LEONOR DE MATIGNON , Evêque de Coutances au Synode de ſon Diocèſe , tenu le 21 avril 1637 : & renouvellés par CHARLES FRANÇOIS DE LOMENIE DE BRIENNE , le 19 mai 1676 , concernant la police de ſon Diocèſe. *Coutances* , de la Roque , 1718 , *in-12*, bazane.

80. Inſtruction Paſtorale de Mgr. l'Evêque de Coutances, concernant quelques Statuts promulgués dans ſon Synode général tenu à Coutances, le 8 avril 1761. *Coutances*, Fauvel, 1762, *in* - 4°. piece.

81. Ordonnances Synodales du diocèſe de Fréjus, imprimées par ordre de Mgr. EMMANUEL-FRANÇOIS DE BAUSSET - ROQUEFORT', Evêque & Seigneur de Fréjus. *Paris* , Simon, 1779, *in*-8°. 1 vol. d. r.

Saints Peres.

82. Lucii Cæcilii Firmiani Lactantii opera omnia : Edit. nov. quæ omnium inftar effe poteft; ad 8°. & amplius Mff. codices, editofque 40. collata & emendata, atque notis uberioribus illuftrata; cui manum primam adhibuit JOANNES BAPT. LE BRUN, Rothomagi, extremam impofuit NICOLAUS LENGLET DU FRESNOY, Presbyter. *Lutetiæ Parifiorum, apud* Joan. de Bure, 1748, *in-*4°. 2 vol. veau.

    Cette Édition eft la plus complette des Œuvres de Lactance : elle eft belle & bien executée : Firmin Lactance fut célèbre dans le quatrieme fiecle : il étoit natif de Fermo, ville de la Marche d'Ancône.

83. Opus Epiftolarum Divi Eufebii Hieronymi Stradonenfis, una cum Scholiis def. Erafmi Rotero. Denuo per illum non vulgari cura recognitum, correctum ac locupletatum. *Baʒileæ,* 1528, Guil. Boule, *in-*4°. bazane.

84. Les Confeffions de St. Auguftin traduites par le P. DE SERIZIERS, Jefuite, *à Rouen,* chez Viret Befogne, 1647, *in-12*, bazane.

85. Les Confeffions de S. Auguftin traduites en françois par M. ARNAUD D'ANDILLY, avec le Traité de la Vie heureufe du même Saint. *Bruxelles,* par la Compagnie, 1762, *in-12*, veau marbré.

86. M. Aurelii Caffiodori Senatoris V. C. opera omnia quæ extant ex fide Manufc. auctiora & locupletiora, collectis etiam exemplaribus tam veteribus, quam recens editis : cum indice rerum & fententiarum &c. *Geneve,* apud Philip. Gamonet, 1637, *in-*4°. baz. d. fur tr.

87. Sancti Patris N. Gregorii Theologi vulgo Nazianzenii Archiepifcopi Conftantinopolitani opera omnia, græc. & lat. edit. nov. *Parifiis,* Defaint, *in-fol,* 1778.

88. Paraphrafes fur les deux Épitres de S. Paul aux Corinthiens, par GAUDEAU. *Paris,* 1641, *in-12.*

89. Concordance des Saints Peres de l'Eglife, Grecs & Latins, par le R. P. Dom BERNARD MARECHAL, Religieux Benedictin. *Paris,* P. Emery, 1739, *in-*4°. 2 vol.

90. Hiftoires Choifies ou Livre d'Exemples tirées de l'Écriture, des Peres, des Auteurs Ecclefiaftiques, &c. *Paris,* J. Defeffarts, 1742, *in-12.*

THÉOLOGIE SCHOLASTIQUE.

Traités Généraux de la Théologie Scholaſtique.

91. Summa Theologiæ Prœmium, Manuſcrit ſur papier format *in-4°.*, écriture du dix-huitieme ſiecle.

92. R. D. Melchioris Cani Ordinis Prædicatorum opera, *Coloniæ, Agrippinæ, in Officina Birckmannica* 1605 *in* 8.° bazane.

93. Theologia redacta in Compendium per interrogata & reſponſa, ad uſum examinandorum, Auctore GASPARE JUENIN, *Pariſiis,* Cl. Regaud, 1712, *in-12*, bazane.

> Gaſpar Juenin étoit natif de Breſſe en **1630**; mourut Prêtre de l'Ora-
> toire, à Paris, le 16 décembre 1713.

94. Théologie Curieuſe, contenant la naiſſance du Monde, par OZORIO. *Dijon,* 1666.

95. L'Anti - Bernier, ou nouveau Dictionaire de Théologie, par l'Auteur des P.... A. 1770, *in-8°.* 2 vol. veau marb.

96. Traité de Théologie, en forme de Dictionnaire, *in-12.*

Traités ſinguliers de Dieu, & des Perſonnes Divines, de la Grace, & du Libre-arbitre, des Diſputes ſur la Grace, tant à l'occaſion du Livre de Janſénius, que que de ce qui a ſuivi.

97. JOHANNIS CLAUBERGII de cognitione Dei & noſtri, quatenus naturali rationis lumine, ſecundum veram Philoſophiam, poteſt comparari, exercitationes centum. *Dvisburgi ad Rhenum,* ex Officina Adr. Wyngaerden, 1656, *in - 8°.* bazane.

98. Traité Théologique touchant l'Éfficacité de la Grace, par le P. GABRIEL DANIEL, de la Compagnie de Jeſus. *Paris,* Leclerc, 1706, *in-12*, avec des Notes manuſc., bazane.

99. Nova Libertatis explicatio, ANT. THEOPHILO RAYNAUDO, Societatis Jeſus. *Paris,* Seb. Chapellet, 1632, *in-4°.* parch.

> Th. Raynaud, Jeſuite, naquit au Comté de Nice; mourut à Lyon
> à l'âge de 79 ans, vers l'an 1669.

100. Janſenius dévoilé, où les Artifices des nouveaux Diſciples de Saint Auguſtin découverts; à *Avignon,* chez Louis Chambeau, 1759, *in-12*, broché.

101. Difcours véritable de ce qui s'eſt paſſé à Dieppe, en ſeptembre dernier entre les Miniſtres du lieu, & Jean Gontery, Jeſuite, avec la réfutation d'un écrit dudit Jeſuite, ſur ce ſujet; à *Quevilly*, 1609, *in-8°*.

102. Decrets de N. St. P. le Pape, ALEXANDRE VII. contre les Opinions relâchées des nouveaux Caſuiſtes. Autre Decret de N. St. P. le Pape, INNOCENT XI. contre pluſieurs propoſitions de Morale, ſuivant les exemplaires de Rome de l'Imprimerie de la Reverendiſſime Chambre Apoſtolique, 1687, *in-12*, baz.

103. Conſtitution de N. très S. P. Clément, par la Providence Divine, Pape XIII. du nom. *Rome*, 1762, *in-12*, pieces.

104. Anti-Hexaples, ou Analyſe des cent & une Propoſitions du Nouveau Teſtament du P. QUESNEL, condamnées par N. S. P. le Pape Clément XI. pour ſervir de réponſe aux Hexaples ou Ecrits à ſix Colonnes ſur la Conſtitution Unigenitus, par le R. P. PAUL, *à Lyon & à Paris*, chez N. Leclerc, 1715, 2 vol. *in-12*, bazane.

105. Explication Apologétique des Sentimens du P. Queſnel, dans ſes Reflexions ſur le Nouveau Teſtament, par rapport à l'Ordonnance de Meſſieurs les Evêques de Luçon & de la Rochelle, du 15 juillet 1710, *in-12*, 1712, broché.

106. Lettre Apologétique du P. QUESNEL, à Monſeigneur le Comte de Beauvais. Pair de France, au ſujet de ſon Ordonnance du 14 juin 1714, & du Diſcours fait aux Curés de ſon Diocèſe, *1717*, *in-12*, broché.

107. Projet de Reunion des Évêques refuſans & acceptans la Conſtitution Unigenitus, *in-12*, broché.

108. Lettre de M. l'Abbé de * * * à M. l'Abbé de * * * *, au ſujet de la prétendue Conſtitution Unigenitus, 1716, *in-12*, broché.

109. Mémoire Apologétique pour MM. les Curés, qui ont révoqué la publication par eux ci-devant faite de la Conſtitution Unigenitus, 1717, *in-12*, broché.

110. Mémoire dans lequel on examine ſi l'Appel interjetté au futur Concile Général de la Conſtitution Unigenitus, par quatre Évêques de France, & d'autres Évêques &c. eſt legitime & canonique, & quels ſont les effets de cet Appel, 1717, *in-8°*. broché.

111. Reſolution des Cas de Conſcience, au ſujet de la Conſtitution Unigenitus, *in-12*, broché.

112. Recueil de Pieces touchant la Conſtitution Unigenitus, 1717, *in-12*, broché.

113. Avis des Fideles du Diocèse de R...aux Auteurs anonymes de la Question importante, du Cas de Conscience, *in*-12, piece.

114. De l'injuste accusation de Jansenisme, Plainte à M. Habert, Docteur en Théologie, à l'occasion des défenses de l'Auteur de la Théologie du Seminaire de Châlons, &c. 1702, *in*-12, br.

115. Mémoire des Peres Jesuites, *in*-12, broché.

116. Les Provinciales, ou Lettres écrites par Louis de Montalte, à un Provincial de ses Amis & aux R. P. Jesuites. *Cologne*, chez N. Chouete, *in*-12, 1685, bazane.

117. Les Provinciales, ou Lettres écrites par Louis de Montalte, à un Provincial de ses Amis & aux R. P. Jesuites, touchant la Morale & la Politique de ces Peres, avec les notes de Guillaume Wendrock, traduites en François sur la Ve. Edition de 1679, augmentée de la vie de l'Auteur. *Cologne*, chez Schouten, 1700, 2 vol. *in* -8°. bazane.

118. L'Esprit de M. Arnaud tiré de sa conduite, & des Écrits de lui & de ses Disciples, particulierement de l'Apologie pour les Catholiques, à *Deventer*, chez Jean Colombius, 1684, 2 vol. *in*-12, bazane.

119. Histoire Générale du Jansenisme, contenant ce qui s'est passé en France, en Espagne, en Italie, dans les Pays-Bas &c. au sujet du Livre intitulé. Augustinus Cornelii Jansenii. par M. l'Abbé * * *, enrichie de portraits en taille douce. *Amsterdam*, chez L. Delorme, 1700, *in*-8°. 3 vol. bazane.

Traités Singuliers de l'Église, des Sacremens, & des Indulgences.

120. Tractatus de Ecclesia Christi, ad usum Seminariorum & Sacræ Theologiæ Alumnorum. Autore L. BAILLY, Sacræ Facultatis Parisiensis Baccalaureo - Theologo Divione Bidault, 1776, *in*-12, 2 vol. veau marb.

121. Supplement au Traité Dogmatique des Edits, & des autres moyens Spirituels & Temporels, dont on s'est servi dans tous les tems, pour maintenir l'unité de l'Eglise Catholique, par un Pretre de l'Oratoire. *Paris*, de l'Imprimerie Royale, 1703, *in*-4°. veau.

122. Lettre à M * * *, servant de réponse à M. Basnage, sur son Livre de l'Unité de l'Eglise, & d'éclaicissement au témoignage de la Verité, 1717, *in*-12, 1 vol broché.

123. Ordo miniſtrandi Sacramenta juxta uſum Eccleſiæ Roto-magenſis. *Rothomagi*, le Boulanger, 1740, *in*-12, veau mar.

124. Conduite des Confeſſeurs dans le Tribunal de la Penitence ſelon les inſtructions de S. Charles Borromée, & la Doctrine de S. François de Sales, imprimé par l'ordre de Mgr. l'Evêque de Bayeux (M. Paul d'Albert de Luines). *Paris*, Berton, 1760, *in*-12, veau marbré.

125. La Confeſſion Coupée, ou la Methode facile pour ſe bien préparer aux Confeſſions particulieres & générales, par le R. P. CHRIST. LENTEBREUVE, de l'Ordre de S. François. *Paris*, Thiery, 1695, *in* - 12, parchemin.

Traitez Singuliers du Culte Religieux, où il eſt parlé des Superſtitions & des Diſputes ſur les Cultes des Chinois & des Bramines.

126. Traité des Superſtitions qui regardent les Sacremens, ſelon l'Ecriture Sainte, les Decrets des Conciles & les Sentimens des Saints Peres, & des Théologiens, par M. J. BAP. THIERS, Docteur en Théologie, & Curé de Vibraie. *Avignon*, Louis Chambeau, 1777, *in*-12, 4 vol. veau marbré.

> Tous les Ouvrages de cet auteur forment 36 vol. in-12; il nâquit à Chartres en Beauce, vers l'an. 1636, & mourut au mois de février 1703.

127. Dictionaire Hiſtorique des Cultes Religieux établis dans le monde depuis ſon origine, juſqu'à préſent, par M. DE LA CROIX. *Paris*, Vincent, 1775, *in* - 8°. 3 vol. fig. veau marb.

128. Eſſai ſur les Erreurs & les Superſtitions anciennes & mo-dernes, par M. L. CASTILHON. *Francfort*; Knoc, 1766, *in*-8°. bazane.

129. L'Etat préſent de l'Égliſe de la Chine adreſſé à Mgr. l'Evêque de ✳ ✳ ✳ : ══ Proteſtation des Jéſuites à l'occaſion du dernier Décret ſur les affaires de la Chine, avec des Reflexions ſur la proteſtation de MM. des Miſſions étrangeres. ══ Lettre à MM. du Séminaire des Miſſions étrangeres. ══ Extraits d'une lettre de Mgr. Alraze, Evêque d'Aſcalon, à S. M. Catholique, de Canton, 1707. ══ Réflexions ſur les affaires préſentes de la Chine, *in*-12, bazane.

130. La Porte ouverte pour parvenir à la connoiſſance du Pa-ganiſme caché, ou la vraie repréſentation de la Vie, des Mœurs,

de la Religion, & du Service Divin des Bramines, qui demeurent sur les côtes de Coromandel & aux Pays circonvoisins, par ABRAHAM ROGER, traduit en françois, par THOMAS LA GRUE. *Amsterdam*, Jean Schipper, 1670, *in-4°.* parchemin.

131. L'Ezour-Vedam, ou ancien Commentaire du Vedam, contenant l'exposition des Opinions Religieuses & Philosophiques des Indiens, traduit du Samscretan par un Brame. *Yverdon*, Felice, 1778, *in-12*, 2 vol. veau marb.

THÉOLOGIE MORALE.

Traités Moraux des Contrats, des Usures, des Restitutions, des Cas de Conscience, &c.

132. Dissertation Théologique sur l'Usure du Prêt de Commerce & sur les trois Contrats, contre l'Auteur du Dialogue entre Bail & Pontas. avec l'Examen de la Lettre d'un Negociant sur le prêt, *à Rouen*, 1767, chez L. Dumesnil. b. d. s. tr.

133. Examen & Réfutation des Reflections sur le Prêt de Commerce, par le R. P. AUGUSTE DE SAINT-LO, Capucin, Missionnaire, Ouvrage utile aux Ecclesiastiques, aux Jurisconsultes & aux Négocians. *Vin., Chalmé. Paris*. Moutard, 1767, *in-12*, br.

134. Traité de l'Usure & des Intéréts, augmenté d'une defense du traité, & de diverses observations sur les Ecrits qui l'ont combatue. *Lyon*, Ponthus, 1776, *in-12*, veau marbré.

135. Summa seu resolutiones practicæ notabiliores Casuum fere omnium Conscientiæ &c. Auctore, ANTONIO NALDO FAVENTINO. *Bononiæ*, Nic. Tebaldini, 1630, *in-4°.* parch.

Traités Moraux des Sacremens.

136. Lo Specchio di vera penitenzia, del Réverendo Maestro Jacopo, Passavanti Fiorentino del Ordine de Predicatori, in Firenze Bart. Sermartelli, 1585, *in-12*, maroquin rouge.

137. Instruction sur les dispositions qu'on doit apporter aux Sacremens de Penitence & d'Eucharistie. *Paris*, Desprez, *in-12*, 1676, bazane.

Théologie Catéchétique, ou Instructive.

138. Catechisme Historique contenant en abrégé l'Histoire Sainte

& la Doctrine Chretienne, par l'Abbé FLEURY. *Paris*, J. Mariette, 1739, *in*-18, bazane.

139. Catechifmus ex decreto Sacro Sancti Confilii Tridentini, juffu Pii V. *Trecis*, Jacob Balduc, 1641, *in*-8°. bazane.

140. Inftructions générales, en forme de Catechifme, imprimées par ordre de M. Joachim Colbert, Evêque de Montpellier. *Avignon*, Alexandre Giroud, 1759, *in*-12, 3 vol. veau fauve.

141. Les Verités de la Religion enfeignées par principes, par BLONDEL. *Paris*, J. Boudot, 1705, *in*-12, veau fauve.

142. Devoir principal de l'Homme envers Dieu, par le P. BERNARD D'ARRAS. *Paris*, 1734, *in*-12.

Théologie Parénétique, ou Sermons.

143. Sermons du Pere BOURDALOUE, de la Compagnie de Jefus. *Paris*, Compagnie, 1759, *in*-12, 14 vol. contenant 1 vol. de l'Avent, 3 pour le Carême, 4 pour les Dimanches, 2 fur les Myftères, 2 pour les Fêtes des Saints, 2 d'Exhortations & Inftructions Chretiennes: veau mar.

> L'Édition de 1707, en 16 vol. in-8°.; & fort chere; les Myftères, font les deux volumes rares aujourd'hui. Le P. Louis Bourdaloue, naquit à Bourges, le 20 août 1632, mourut le 13 mai 1704.

144. Sermons de M. MASSILLON, Evêque de Clermont. *Paris*, Eftienne, 1749, *in*-12, 6 vol. contenant, le 1 vol. des Myftères, 1 de l'Avent, 4 du Carême. Veau.

145. Sermons des plus Célèbres Prédicateurs de ce tems pour le Carême, & quelques autres tems de l'année. *Bruxelles*, aux dépens de la Compagnie, 1760, 3 vol. bazane.

146. Sermons prêchés devant le Roi pendant le Carême de 1764, par M. l'Abbé TORNÉ, Chanoine de l'Eglife d'Orléans. *Paris*, Saillant, 1765, 3 vol. *in*-12, veau marbré.

147. Sermons prêchés devant le Roi, par M. LE BOUX, Evêque de Périgueux. *Rouen*, Veuve Befogne, 1766, 2 vol. *in*-12, v. m.

148. Difcours prononcés en différentes folemnités de Piété. *Paris*, Brocas, 1774, *in*-12, veau fau. doré fur tr.

149. Sermons prêchés à la Miffion Française d'Amfterdam (Carême) *Bouillon. Paris*, le Jay, 1774, *in*-12, 2 vol. veau marbré.

150. Sermons du Pere CHARLES FREY DE NEUVILLE. *Paris*, Mérigot, 1776, *in*-12, 8 vol. mar. r. d. fur tranche.

151. Sermons du Pere CLAUDE FREY DE NEUVILLE, l'aîné. *Rouen*, Laurent Dumefnil, 1778, *in*-12, 2 vol. m. r. d. fur tr.

152. Sermons fur les Myftères & fur la Morale, par M. l'Abbé PLEUVRI,

PLEUVRI, Prêtre du Diocèfe de Rouen. *Paris*, Mérigot, 1778, *in-*12, v. d. fur tr.

153. De la vanité des biens & des avantages du monde; difcours Chrétien, prononcé dans l'Eglife Cathédrale de Châlons-fur-Marne, devant Monfeigneur l'Evêque. *Rouen*, Etienne-Vincent Machuel, 1765, *in-*12, veau marbré.

154. La Morale Évangélique, ou Difcours fur le Sermon de Jefus-Chrift fur la montagne. *Neuchatel*, 1775, *in-*8°. 9 vol. brochés.

155. Exhortation de M. COTTERET, Docteur de la Maifon & Société de Sorbonne, Curé de Saint Laurent, à fes Paroiffiens. *Paris*, Defprez, 1775, *in-*4°. piece.

THÉOLOGIE MYSTIQUE,

OU CONTEMPLATIVE.

Théologie Myftique Ancienne & Moderne.

156. De Imitatione Chrifti Libri quatuor, ad Manufcriptorum ac primarum editionum fidem caftigati, & mendis plus fex centis expurgati recenfuit, J. VALLART. *Parifiis*, Typis Barbou, 1773, *in-*12, cum fig. veau m. d. fur tranche.

157. Dell' Imitazione di Crifto di Tomafo de Kempis, Canonico Regolare, Volgarmente intitolato Gio : Gerfone. in Padova, 1739, *in-*16, bazane.

Cet Ouvrage a été imprimé en 1492 pour la premiere fois, enfuite à Lyon, in-12 fans date, & a Paris à l'Imprimerie Royale en 1640. La beauté de l'impreffion en gros caracteres fait tout le mérite de cette Édition. Ce Livre a été traduit en françois par différens Auteurs; la meilleure traduction eft celle de M. de Saci fous le nom de Beuil, imprimée à Paris de différens formats, l'Édition la plus belle & la plus eftimée, eft celle in-8°. de 1663, avec fig. Kempis étoit Chanoine Régulier de S. Auguftin de l'Archevêché de Cologne dans le 15em. fiecle.

158. De l'Imitation de J. C. traduction nouvelle, par le Pere BRIGNON, Jefuite. *Lyon*, les Frs. Bruyfet, 1727, *in-*12, baz.

159. L'Imitation de J. C. traduite & paraphrafée en vers françois par P. CORNEILLE, Confeiller du Roi. *Paris*, Damonville, 1739, *in-*12, bazane.

160. Imitation de J. C. avec l'ordinaire de la Meffe. *Paris*, 1732, *in-*24, bazane.

161. Dieta Salutis à Beato Bon. noviter impreſſus, Claude Saumar, *in*-12, bazane.

162. Meditationi pie & divote Sopra Lavita, & Paſſione di N. S. Gieſu Chriſto, del R. P. F. GIOVANNI, tradotte di latino in Volgare dal Rever. Moſ. Alleſſendro STROZZI, *in Venetia*, appreſſo Giovanni Fiorina, 1592, *in*-12, parchemin.

163. Revelationes S. Brigittæ olim à Card. Turrecremata recognitæ, & à conſalvo DURANTO à Sancto Angelo in vade Presb. & Sacræ Theol. Profeſſ, notis illuſtratæ. *Coloniæ*, Agrippinæ, M. DC. XXIX. *in-fol.* baſane.

164. Introduction à la vie dévote de S. François de Sales, par le P. J. BRIGNON, augmentée des Litanies, & abrégé de la vie du même Saint, avec la Meſſe & les Litanies de la Bien-heureuſe J. Fʳ. Fremiot de Chantal. *Lyon*, les Frs. Bruyſet, 1757, *in-12*, v. marb.

165. Maximes Spirituelles du R. P. BARRÉ, recueillies par l'Abbé DE SERVIEN, DE MONTIGNY. *Paris*, Coutellier, 1694, *in-12*, parchemin.

166. De la Préſence de Dieu qui renferme tous les principes de la vie intérieure, par le R. P. DE GONNELIEU, de la Comp. de Jeſus. *Paris*, Joſſe, 1741, *in-12*, bazane.

167. Traité de la Paix intérieure, en quatre patties. *Paris*, in-12, Hériſſant, 1757, veau mar.

168. Lettre ſur divers ſujets de Morale & de Piété, par l'Auteur du Traité de la Priere Publique. *Paris*, Eſtienne, 1708, *in*-12, bazane.

169. L'Eſprit de Sainte Thereſe, recueilli de ſes Œuvres & de ſes Lettres, avec ſes Opuſcules. *Lyon*, Ponthus, 1775. *in-8°.* veau marbré.

170. Della Scelta di Orazioni Devotiſſime al Signore, & alla Virgine in Fiorenza appreſſo i Giunti. 1573, *in*-12, bazane.

De la Perfection Chrétienne, & de l'Amour de Dieu.

171. Traité de la Perfection du Chrétien, par M. le Cardinal DE RICHELIEU. *Paris*, Vitré, 1646, *in*-12, bazane.

172. De la Véritable Dévotion, Traité traduit de l'Italien de L. A. MURATORI, ſur l'Édition de Veniſe de 1766. *Paris*, Bradel, 1777, 1778, *in*-12, mar. r. dor. ſur tr.

173. Le Faut-Mourir, ou Dialogues en vers ſur la mort, *in*-12.

174. Le Tableou de la Bido del parfet Chriſtia in Lenguo Tou-louſino. Toulouſo, 1673, *in-8°*.

175. Sentimens Chrétiens fur les Souffrances. *Rouen*, Vaultier, 1713, *in-12*, piece.

176. Conduite des Ames dans la Voie du Salut. *Paris*, Berton, 1760. *in-12*, bazane.

177. Le Chemin du Ciel, ou la Vie du Chrétien Sanctifiée par la Prière, par l'Abbé HESPELLE, Docteur de Sorbonne. *Paris*, Berton, 1773, *in-12*, mar. roug. d. fur tranche.

178. Le Tombeau des Délices du Monde, par le Sr. DE LA SERRE, Hiftoriographe de France. *Bruxelles*, Fr. Vivien, 1632, *in-12*, bazane.

179. Caroli SCRIBANI, è Societate Jefu, Amor Divinus. *Antuerpiæ*, Mart. Nutii, 1615, *in-8°*. parchemin.

Exercices de Piété.

180. Retraite Spirituelle pour un jour de chaque mois, par le Pere JEAN CROISET, de la Compagnie de Jefus. *Paris*, Edme Couterot, 1717, *in-12*, 2 vol, bazane.

181. Penfieri Criftiani per Tutti J. Giorni del Meffe Portati dall' Originale Fracefe, in Lingua Italiana dal Signore VENERONI. *In Parigi*, Cramoifi, 1685 *in-16*, bazane.

182. Conduite pour Sanctifier le Jour anniverfaire du Baptême, par demandes & par réponfes. *Paris*, Lorrin, 1735, *in-12*, bazane.

183. Sacrifice perpetuel de Foy & d'Amour au très Saint-Sacrement, par M. SIMON GOURDAN, Chanoine Régulier de l'Abbaye de S. Victor. *Paris*, Eftienne, 1734, *in-12*, bazane.

184. Entretiens avec Jefus Chrift dans le Très-Saint-Sacrement de l'Autel, par D. DUSAULT, Religieux Bénédictin. *Paris*, Vincent, 1761, *in-12*, bazane.

185. Réflexions fur quelques Paroles de J. C., particuliérement fur les fept dernieres qu'il a prononcées fur la Croix, pour fervir d'un Entretien à l'Ame Chrétienne pendant la Meffe. *Paris*, Bonnart, *in-12* fig. bazane.

186. L'Efprit & la Pratique de la Dévotion au Sacré-Cœur de Jéfus. *Rouen*, Jacq. Ferrand, 1762, *in-12*, veau mar. d. f. tr.

Devoirs des différens Etats.

187. Le grand Commandement de la Loi, ou le Devoir principal de l'Homme envers Dieu & envers le Prochain, expofé

felon les principes de S. Thomas, par le P. Bernard d'Arras, Capucin, Lecteur en Théologie. *Paris*, Jean Coignard, 1734, *in-*12, bazane.

188. Manipulus Curatorum, Auth. Guidonis Demonte Rocheri. *Parifiis*, 1530, *in-*12, bazane.

189. Le Modele des Pafteurs, ou Précis de la Vie de M. de Sernin, Curé d'un Village dans le Diocèfe de T * * *. *Paris*, Valade, 1779, *in-*12, veau fauv. d. fur tr.

190. Caroli Scribani è Societate Jefu, Medicus Religiofus de Animorum morbis & curationibus. *Antuerpiæ*, Mart. Nutii, 1618, *in-*8°. parchemin.

191. De la Sainteté & des Devoirs de l'Épifcopat, felon les SS. Peres & les Canons de l'Églife, par un pieux Solitaire. *Liége*, Baffompiere, 1769, *in-*12, 3 vol. veau marb.

192. Conférences Religieufes pour l'inftruction des Jeunes Profeffes de tous les Ordres, par le P. Miet de Vesoul. *Paris*, G. Defprez, 1777, *in-*12, veau marb.

193. Les Sages Entretiens d'une Dévote qui defire faire fon Salut. *Paris*, J. Delaife, 1681, *in-*16, bazane.

194. La Parfaite Religieufe, ouvrage également utile à toutes les perfonnes qui afpirent à la perfection. par le R. P. Michel-Ange Marin. *Avignon*, Giroud, 1753, *in-*12, veau marb.

195. Adélaïde de Vitsburi, ou la Pieufe Penfionnaire, avec fa Retraite fpirituelle de huit jours, par le R. P. Michel-Ange Marin, Religieux Minime. *Avignon*, Alex. Giroud, 1752 *in-*12, veau marbré.

196. La Veuve Chreftienne. *Paris* N. Defercy, 1644, *in-*4°. bazane.

Théologie polémique, ou Traités concernans la Défense de la Religion Chrétienne & Catholique.

197. Les Fondemens de la Religion Chrétienne, avec des Préceptes pour l'Éducation de la Jeuneffe, Dialogues entre Timante, Polycrate & Philochrifte, par Louis l'Esclache. *Paris*, Laur. Rondet, 1664, *in-*12, bazane.

198. Difcours Apologétique de la Religion Chrétienne, au fujet d'une fauffe affertion du Contrat Social, par M. l'Abbé d'Arnavon, Licentié de Sorbonne. *Paris*, Jorri, 1775, *in-*8°. pieces.

199. Entretiens fur la Métaphyfique & fur la Religion, par le Pere MALEBRANCHE, Prêtre de l'Oratoire. *Rotterdam*, Reinier Leers, 1688, *in-12*, bazane.

> Nicolas Malebranche, né à Paris le 6 août 1638, entra dans la Congrégation de l'Oratoire le 28 janvier 1660, fut reçu de l'Académie des Sciences dans le tems de la réforme, & mourut le 13 octobre 1715, âgé de 78 ans.

200. Penfées de PASCAL. *Paris*, 1670, *in-12*, 4 vol.

201. Penfées de M. Pafcal fur la Religion, & fur quelques autres fujets, avec fa vie, écrite par Madame PERRIER, fa Sœur. *Amfterdam*, Henr. Weftein, 1709, *in-12*, bazané.

202. Penfées de PASCAL, nouvelle Édi. *Londres*, 1776, *in-8°*. veau marbré.

203. Penfieri di PASCAL, fopra la Religione, ad aleuni altri foggetti colla vita del medefimo fcritta della Signora PERIEES, di lui forella, tradutione dal francefe di Carlo Francefco BANDINI, aggiuntavi la lettera del Sig. Abate Gauchet contro la Critica del Sig. VOLTAIRE, intorno a feddetti Penfieri. *In Torino*, 1767, *in-8°*., 2 vol. veau marb. d. fur tr.

> L'Édition la plus eftimée des Penfées de Pafcal, eft celle de 1701, la vie de l'Auteur s'y trouve, elle eft faite par Mde. Perrier, fa Sœur; Le Ms. Original eft dans la Bibliotheque de S. Germain-des-Prés

204. Hiftoire des premiers tems du Monde, prouvée par l'accord de la Phyfique avec la Genèfe, par les Philofophes, contre ces Petits Écrits des Jeunes Epicuriens que les Ignorans leur attribuent, par le P. BERTIER, de l'Oratoire. *Paris*, Valade, 1778, *in-12*, veau fauv. d. fur tr.

205. La Seule & Véritable Religion démontrée, contre les Athées, les Déiftes & tous les Sectaires, par M. l'Abbé, HESPELLE, Docteur de Sorbonne, & Curé de Dunkerque. *Paris*, Hériffant, 1774, *in-12*, 2 vol. mar. r. d. fur tr.

206. La Genèfe expliquée d'après les Textes primitifs, avec des Réponfes aux difficultés des Incrédules, par l'Abbé DU CONTANT DE LA MOLETTE, Vicaire-Général de Vienne. *Paris*, le Clerc, 1777, *in-12*, 3 vol. veau marbré.

207. Cinquieme Précis contre l'Incrédulité, Corps abrégé de Théologie Naturelle ou Notions Philofophiques des Vérités Fondamentales de la Religion, Ouvrage imprimé à Paris fous

le titre de Défi général à l'Incrédulité, en six pages. *Clermont-Ferrand*, Viallanes, 1777, *in*-8°. broché.

208. La Vérité rétablie par le Sieur Louis ETIENNE DE LA CROIX, 1778, *in*-12, bazane.

209. Les Égaremens de la Philosophie, pour servir de supplément au Livre intitulé le Déisme réfuté par lui-même, ou Lettres à M. Rousseau de Genève, sur les Erreurs Philosophiques répandues sur ces Écrits. *Amsterdam*, Marc-Michel Rey. 1777, *in*-12, d. rel.

210. Les Fondemens de la Foi mis à la portée de toutes sortes de personnes, par M. AYMÉ, Chanoine de l'Église d'Arras, & ancien Chanoine de l'Église de Tours. *Paris*, Berton, 1775, *in*-12, 2 vol. mar. r. d. sur tr.

211. Instructions ou Conférences sur quelques matieres de Réligion, par le P. SANDRET, de la Compagnie de Jesus. *Rouen*, Jacques Jos. le Boullanger, 1718, *in*-12, bazane.

212. Lettres à l'Auteur du Traité des Miracles. *France*, 1767, *in*-12, veau fauve.

213. Discours pour la Religion Catholique, les Miracles & les Images, par le P. RICHOME. *Lyon*, 1607, *in*-12.

214. Traité qui contient la methode la plus facile & la plus assurée pour couvertir ceux qui se sont séparés de l'Église, par le Cardinal DE RICHELIEU. *Paris*, Seb. Cramoisy, 1657. *in*-4°. bazane.

215. Dissertation sur l'époque du rappel des Juifs, & de l'heureuse révolution qu'il doit opérer dans l'Église, où l'on défend le sentiment des plus Savans Théologiens & Interprêtes de notre siecle sur ce point, contre l'Éditeur de la Bible imprimée à Avignon, en 1767, & 1775. *Paris*, Mequignon, 1779, *in*-12, broché.

215 *. Préjuges légitimes contre les Calvinistes, par M. NICOLLE. *Paris*, Ch. Savreux, 1671, *in*-12, avec des notes manuscrites. bazane.

216. Lettres d'un Docteur Catholique à un Protestant, sur les principaux points de Controverse. *Rouen*, P. Boguer, 1769, *in*-12, 3 vol. bazane.

217. Pensées Théologiques relatives aux Erreurs du temps. *Paris*, Humblot, 1769, *in*-12, veau marbré.

THÉOLOGIE HÉTÉRODOXE.

Théologie Anglicane & Protestante.

218. Sanctæ Ecclesiæ Anglicanæ adversus iniquas atque invere-
cundas Schismaticorum Criminationes Vindiciæ, Authore,
Joannne DURELLO, Sanctæ Ecclesiæ Anglicanæ Presbytero.
Londini, Typis Gulied. Godhid. 1669, *in-*4°. bazane.

*Traités Singuliers, qui contiennent des Erreurs Par-
ticulieres, comme aussi plusieurs Systèmes de Liberté
Philosophiques, de Religion Naturelle & Politique,
Athéisme, Déisme, &c.*

219. Le Vrai Sens du Système de la Nature, Ouvrage Postume
de M. HELVÉTIUS. *Londres*, 1774, *in-*8°. veau marbré.
220. La Bible enfin expliquée par plusieurs Aumoniers de S.
M. le Roi de Prusse. *Londres*, 1776, *in-*8°. veau marbré.
221. Le Christianisme Dévoilé, ou examen des principes & des
effets de la Religion Chrétienne. *Londres*, 1767, *in-*12, baz.
222. Histoire Critique de Jesus Christ, ou Analyse raisonnée
des Évangiles. *in-*8°. veau marbré.
223. Le Militaire Philosophe, ou difficultés sur la Religion,
proposées au P. Malebranche par un ancien Officier. *Londres*,
1769, *in-*8°. veau marbré.
224. Œuvres Philosophiques de M. de la METTRIE. *Berlin*,
1775, *in-*12, 2 vol. veau marbré.
225. Précis des Argumens contre les Matérialistes, avec des
Reflexions sur la Nature de nos connoissances, l'Existence de
Dieu, l'Immatérialité & l'immortalité de l'Ame, par M. DE
PINTO. *La Haye*, Gosse, 1775, *in-*8°. broché.

Traités généraux & particuliers de la Théologie des Mahométans.

226. L'Alcoran de Mahomet, traduit de l'Arabe par André DU
RIER, Sr. de la Garde Malezair, avec des Observations Historiques; ou traduction du discours préliminaire mis à la tête

de la verfion Angloife de l'Alcoran, publiée par Géorge SALE. *Amfterdam*, Mercus, 1770, *in-*12, 2 vol. veau marbré.

André du Ryer nâquit à Marcigny en Bourgogne, dans le dix-feptieme fiecle.

227. Hiftoire de l'Alcoran, où l'on découvre le Syftême poli-tique & religieux du faux Prophete, & les fources, où il a puifé fa Légiſlation. *Londres*, *Paris*, de Hanſy, 177 5, *in-*12, 2 vol. mar. r. d. fur tranche.

228. Muhammedanus precans id eft, Liber præcationum Muham-medicarum Arabicus manufcriptus, in illuftri Bibliotheca, Gottorpiana invintus: latinitate nunc donatus, & notis illuftratus, Typis que mandatus & in Lucem editus, Autore Hennigio. Hennengi. Sleſwein, Joh. Holvein, 1666, *in-*8°. bazane.

DROIT

JURISPRUDENCE.

DROIT CANONIQUE.

INTRODUCTION AU DROIT CANONIQUE.

Droit Canonique Ancien & Nouveau, Bullés, & Conftitutions des Papes. &c.

229. **H**ISTOIRE du Droit Canonique, avec l'explication des lieux qui ont donné le nom aux Conciles, ou le furnom aux Auteurs Eccléfiaftiques, & une Cronologie Canonique, par JEAN DOUJAT. *Paris*, Eftienne Michallet, 1677, *in-12*, baf.

> *Nota.* Cet Ouvrage, qui eft écrit avec foin & difcernement, vient d'une main habile, & il eft néceffaire pour l'étude du Droit Canonique; l'Hiftoire des changemens arrivés dans cette partie du Droit ne peut que confirmer les ufages dans lefquels la France s'eft toujours maintenue, & peut faire voir en même tems le degré d'autorité qu'on doit donner au Droit Nouveau. Vid. *Dupuy*, *lib. g. f.* 1.

230. Juris Canonici Theoria & Praxis, ad Forum tàm Sacramentale quàm Contentiofum, tum Ecclefiafticum, tum Seculare. Opus exactum non folum ad Normam Juris Communis & Romani, fed etiam Juris Francici, Autore JOAN. CABASSUTIO. *Lugduni*, apud Petri Borde, 1698, *in-4°*. bafane.

> Cet Auteur fert moins pour l'étude du Droit Canonique, que pour la connoiffance de la Morale; ce qu'il marque même fur le Droit, fe rapporte plus au Droit Romain, qu'à nos Ufages, il ne paroit pas que Cabaf. les ait fort étudiées, quoiqu'il ne les ait pas entiérement ignoré: il n'eft lu que par ceux qui veulent avoir une idée de la Morale. Les Éditions de 1696, & 1698, font les meilleures & les plus amples, celle de 1703 eft la plus fautive.

231. Decretum Gratiani jam recens innumeris pene mendis, iis que fœdiffimis quifque paffim & in glofis & in tertu fcatebat,

D

non fine labore gravissimo repurgatum. *Parisiis*, ex Officina Cl. Chevallonii, 1528, *in-fol.* veau marbré.

> Gratien naquit en Toscane dans le XII. siecle; il étoit Religieux de l'Ordre de S. Benoît, dans le Monastère de S. Felix & de S. Nabor de Boulogne, où il composa ce Livre.

232. PROSPERI FAGNANI Jus Canonicum sive Commentaria absolutissima in V. Libros Decretales. *Colon. Agrippinæ*, apud Hered. Joan. Widenselt, 1681, *in-fol.* 3 vol. basane.

> Ce Canoniste, l'un des plus estimés de toute l'Italie n'est pas toujours universellement suivi. L'Édition de Rome est la plus belle & la plus rare, l'Édition de Venise de 1697, a cela au-dessus des autres, qu'on y a joint le texte des Décretales; Fagnani, étoit un Canoniste des plus célèbres du XVII. siecle; il devint aveugle à l'âge de 44 ans, & depuis a composé ce grand Ouvrage. Il mourut à Rome, vers l'an 1678, âgé de plus de 80 ans.

233. Sylloge Operum Isagogicorum ad Jus Sacrum in qua continetur, ARNOLDI CORUINI, Jus Canonicum Per aphorismos, cum notis Joan. Doujatii. *Parisiis*, Apud Ægid. Alliot, 1671, *in-12*, bas.

> Cet Auteur, qui est fort habile, est clair & succinct, mais difficile à retenir, parce que son Livre est par maximes détachées; il a cet avantage, que les citations en sont exactes; mais il ne suit pas nos usages, & n'est utile que pour des Commençans. Toutes les Éditions sont également bonnes.

234. Bulla Erectionis sedis Episcopalis Sancti Deodati, in Oppido ejusdem Sancti Deodati, in Lotharinginâ, cum Constitutione Diœcesis & Assignatione Dotis, &c. *Parisiis*, Simon, 1777, *in-4°.* piece.

De la Puissance Ecclésiastique & Séculiere, de la Puissance & de l'Autorité des Rois touchant l'Administration de l'Eglise.

235. De la Primauté de l'Église, par D. BLONDEL. *Genève*, Jacques Chouët, 1641, *in-fol.* basane.

> Cet Ouvrage est savant, plein de grandes & profondes recherches; mais il est d'un Calviniste, & se doit plutôt lire pour l'Histoire que pour le Dogme; David Blondel, né à Châlons-sur-Marne, Ministre Protestant en 1614, Professeur d'Histoire à Amsterdam en 1650. L'air de cette Ville, joint à son application, lui firent perdre la vue, & il mourut en 1615.

236. De l'étendue de la Puissance Ecclésiastique & de la Temporelle, & de leur Subordination, suivant l'ordre que Dieu a établi dans le monde pour le gouvernement des hommes; par feu M. le M * * *, *in-*12, piece.

237. Traité de l'Autorité des Rois, touchant l'administration de l'Église, par M. TALON, avec un Discours de M. Daguesseau. *Amsterdam* (*Rouen*), Dan. Pain, 1700, *in-*12, veau.

> Plusieurs Personnes doutent avec raison que cet Ouvrage soit de M. Talon; on l'attribue à M. le Vayer-Boutigny, Maître des Requêtes. Il fut imprimé en 1682, sous le titre de Dissertation sur l'autorité légitime des Rois en matieres de Régale. Il y en a une nouvelle Édition avec un Supplément de pieces en 1753 & 1756, in-12, 2 vol.

Traités touchant les Personnes Ecclésiastiques, Bénéfices & Matieres Bénéficiales.

238. Dictionnaire Historique, Critique, Politique & Moral des Bénéfices, &c. *Paris*, Couturier, 1778, *in-*8°. veau marbré.

239. Recueil de Décisions importantes sur les Obligations des Chanoines, sur l'usage que les Bénéficiers doivent faire des revenus de leurs Bénéfices, & sur la pluralité des Bénéfices, divisé en trois parties; par DUCANDAS, Chanoine de Noyon. *Paris*, Guérin, 1749, *in-*12, basane.

> L'Auteur a rassemblé dans un petit vol. pour la commodité de ses Confreres, les décisions qui se sont répandues dans MM. de Sainte-Beuve, Pontas, Lamet & Fromageau; il a divisé sa matiere en treize Chapitres, sous chacun desquels il a réuni les décisions qui y avoient le plus de rapport, & à la tête de ces décisions, il a mis des Sommaires qui indiquent ce qui y est contenu de plus important, & donne un extrait de quelques-unes de ces décisions; la troisieme partie de ce Recueil contient deux dissertations sur la pluralité des Bénéfices, où les matieres sont traitées clairement & solidement : cet Ouvrage peut-être très-utile & aux Chanoines en particulier, & aux Bénéficiers en général. Journal des Sav. 1746, pag. 597.

240. Traité des Unions des Bénéfices; par M. LAUBRY. *Paris*, Démonville, 1778, demi reliure.

241. Compilation du Droit Romain, du Droit François & du Droit Canon, ou Décisions qui regardent les Curés, &c. par BORJON, Avocat au Parlement. *Paris*, Jacques Lefebure, 1694, *in-*12, basane.

> Charles Emanuel Borjon, natif de Pont-de-Vaux en Bresse, mourut à Paris en 1691, âgé d'environ 58 ans : on a de lui plusieurs Ouvrages considérables; celui que nous annonçons n'est pas sans mérite. Ces Décisions sont insérées dans le Code des Curés.

242. Traité des Portions Congrues & du Droit des Curés primitifs, & Vicaires perpétuels, sur les Oblations, Dixmes & Prémices; par Michel du Perray. *Paris*, Jac. Morel, 1689, *in*-12, 2 vol. basane.

> Michel du Perray, mort à Paris en 1730, âgé d'environ 90 ans, est Auteur d'un grand nombre d'Ouvrages sur les Matieres Canoniques, remplis de recherches curieuses; mais ils manquent de méthode & de style, ils ont d'ailleurs le défaut de contenir plus de doutes que de décisions.

243. Commentaire sur l'Edit du mois de mai 1768, ou Traité des Portions Congrues, conformément à la Jurisprudence actuelle des différentes C. du Royaume; par M. Camus. *Paris*, Dessaint, 1777, *in*-12, 2 vol. veau marbré.

244. Praxis Beneficiorum absolutissima acquirendi conservandique illa, ac amittendi, modos continens, usumque & stylum litterarum Curiæ Romanæ formas denique signaturæ, & alia quæ hanc materiam spectant, &c. Autore D. Petro Rebuffo Montessulano. *Lugduni*, ex Officina Salamandræ, 1573, *in-fol.* basane.

> Pierre Rebuffi, ou Rebuffe naquit en 1500 à Baillargues. François I l'appela de Bourges à Paris, pour y enseigner le Droit Canon; & ce fut là qu'il acheva son livre intitulé : (Praxis Beneficiorum), dont on a plusieurs éditions: l'Auteur y explique avec beaucoup de methode les dispositions qu'il faut avoir pour parvenir aux Bénéfices, ce qu'il faut faire pour les conserver, & la maniere dont on peut les perdre. Les Ouvrages de Rebuffi se trouvent réunis dans l'Édition de Lyon de 1586, *in-fol.* & dans celle de Paris de 1664, *in-fol.* Cet habile Homme mourut à Paris en 1557.

245. Traité des Bénéfices, par Fra-Paolo Sarpi, traduit de l'Italien en François, & enrichi de notes; par l'Abbé de Saint-Marc (Amelot de la Houssaye.) *Amsterdam*, Henri Wetstein, 1687, *in*-12, basane.

> On ne croit pas que Fra-Paolo soit l'auteur de ce petit Traité; on l'attribue au Frere Fulgence son Compagnon : on n'y remarque point cette profonde érudition & ces recherches curieuses de Fra-Paolo : ce qu'il dit est commun; la version de M. Amelot de la Houssaye, est préférable à l'original Italien, à cause des remarques dont le Traducteur a accompagné son ouvrage; lequel peut tenir lieu d'élémens pour le Droit Ecclésiastique.

246. Histoire de l'origine & du progrès des Revenus Ecclésiastiques; par Jerome Acosta, augmentée & publiée par

RICHARD SIMON. *Utrech*, Laur. Boxtel, 1697, *in-12*. baf.

Ce Livre a été imprimé en 1684 pour la premiere fois : pour la feconde fois en 1691, en 1697 : & en 1606 pour la 3ᵉ. & 4ᵉ. : de ces 4 Éditions, la derniere eft la plus ample & la plus correcte : l'Auteur qui étoit favant & habile a été fort fuperficiel dans cet Ouvrage : il y a néanmoins des chofes curieufes, accompagnées de traits hardis & vigoureux. M. Dupuy a, fans doute, oublié de citer l'Édition que nous annonçons, ou ne l'a point connue. Vid. *Libertés de l'Eglife Gallicane*. Richard Simon eft l'Auteur de cette Hiftoire ; le nom d'Acofta, fous lequel il fe cacha, fait allufion aux côtes & aux falaifes, entre lefquelles eft placée la ville de Dieppe, où il mourut en 1712.

Traités touchant les Jurifdictions Eccléfiaftiques, avec les Pratiques defdites Jurifdictions.

247. La Véritable Pratique Civile & Criminelle des Cours Eccléfiaftiques, tirée des SS. Canons &c. avec un Traité des Lettres Apoftoliques, & un autre Traité des Gradués tant fimples que nommés ; par JEAN AUBOUX, *Paris*, Hier. Robin, 1685, *in-4°*. baf.

248. Traité de l'Abus, & du vrai fujet des Appellations qualifiés du nom d'Abus ; par CHARLES FEVRET. *Lyon*, 1677, *in-fol*.

249. Le même Ouvrage, nouvelle Édition. *Laufanne*, 1778, *in-fol*. 2 Tomes, 1 vol. veau marbré.

Cet Ouvrage eft le plus favant & le plus néceffaire que nous ayons fur les matieres de la Jurifdiction Eccléfiaftique, gracieufe & contentieufe ; & quoique l'Auteur ne foit pas toujours fuivi, on ne fauroit néanmoins affez lire ce favant Ouvrage. L'Édition de 1778 eft la meilleure. Fevret naquit à Semur, le 16 décembre 1583, où il eft mort Confeiller au Parlement, le 12 août 1661, âgé de 78 ans.

250. La Pratique de la Jurifdiction Eccléfiaftique, Volontaire & Contentieufe fondée fur le Droit Commun, & fur le Droit Particulier du Royaume, par DUCASSE, Prêtre, Docteur en Théologie. *Touloufe*, J. J. Boude, 1702, *in-12*, 2 vol. baf.

Ouvrage eftimé, dont les Exemplaires étoient devenus affez chers, parce que l'on n'en trouvoit pas communément ; mais l'Édition que l'on en a donnée en 1762 a fait tomber le prix de toutes les précédentes.

251 Lettres de M. L*** à M. B***, ou Relation circonftanciée de ce qui s'eft paffé au fujet du refus des Sacremens fait à M. Coffin, Confeiller au Châtelet, par le Sieur Bonetin, Curé de S. Étienne-du-Mont. *Lahaye*, 1751, *in-12*, piece.

252. Lettre du Parlement de Provence au Roi, & Arrêts du Parlement d'Aix, rendus au fujet du refus des Sacremens fait à M. Eymard, Lieutenant-Général, au Siége de Forcalquier, du 21 mai, 1753, *in-12*, broché.

DROIT ECCLÉSIASTIQUE DE FRANCE.

Introduction, Loix Eccléfiaftiques, Pragmatiques, Concordats & Ordonnances de nos Rois.

253. Specimen Juris Ecclefiaftici Gallorum proprii in tres partes diftinctum; Autore JOAN. DOUJAT. *Parifiis*, 1680, Joannis Cuffon, *in-12*, 2 vol. baf.
Le fecond vol. eft intitulé: Specimen Juris Ecclefiaftici, apud Gallos ufu recepti, &c.

Jean Doujat, de Touloufe, Profeffeur en Droit de la Faculté de Paris, & au Collége Royal, eft mort en 1688. Quoique cet Ouvrage regarde principalement les Matieres Bénéficiales, c'eft un Recueil utile fur notre Droit Canonique en général; la Préface contient une Hiftoire de fes principaux objets; la Pragmatique & les Concordats qu'il renferme font des fources de notre Droit. Dupuy affure avoir vu 5 à 6 Éditions différentes de cet Ouvrage, fans que pour cela, ajoute-t-il, il ait été imprimé plufieurs fois, mais que c'eft toujours la même Édition fous différentes années; il y a toute apparence qu'il n'a point connu celle que nous annonçons, puifqu'il ne l'a point citée & qu'il a cité celles qu'il a vu.

254. Hiftoire des Capitulaires des Rois François, de la premiere & de la feconde race, ou Traduction de la Préface mife par Étienne Baluze, à la tête de fon Édition des Capitulaires, avec la vie de Baluze, publiés par M. DE CHINIAC. *Paris*, B. Morin, 1779, *in-8°*. m. r. d. fur tranche.

L'Ouvrage que nous annonçons, n'eft qu'un abrégé de celui que tout le monde connoît fous le titre de (Capitularia Regum Francorum), imprimé pour la premiere fois à Paris, en 1677, pour la feconde fois à Venife, en 1771. Ce Recueil de Monumens divers, fi néceffaires pour la connoiffance de l'antiquité Eccléfiaftique, & de l'ancienne Légiflation Françoife, & de l'Hiftoire Politique des deux Premieres Races de nos Rois, fuffiroit feule pour rendre recommandable le nom de Baluze. *Mont. Efprit des Loix, Livre* 28, *&c.*

255. Les Loix Eccléfiaftiques de France, dans leur ordre naturel, & une Analyfe des Livres du Droit Canonique, conférés avec

les Ufages de l'Églife Gallicane, par M. L. DE HERICOURT.
Paris, Mariette, 1719, *in-fol.* veau marb.

Ce Livre eft eftimé, fur-tout pour ce qui regarde les Matieres Bénéficiales. On reproche à l'Auteur d'avoir préfenté comme des Loix plufieurs prétentions des Papes & des Évêques, contraires à nos maximes. M. de Hericourt a auffi parlé de l'ordre qu'on doit garder dans l'étude du Droit Canonique, à la fin de fa Differtation Hiftorique fur l'origine & les progrès du Droit Eccléfiaftique.

256. ⎧ Les mêmes Loix Eccléfiaftiques. *Paris*, 1730, *in-fol.* m. r.
257. ⎨ Les mêmes, Édition donnée par PIERRE OLIVIER PINAULT,
       ⎩ Avocat au Parlement. *Paris*, 1771. *in-fol.* veau marb.

L'objet principal de l'Éditeur a été de remarquer dans fes notes les changemens que de nouvelles Loix, ou une nouvelle Jurifprudence, doit apporter aux Décifions de M. de Hericourt; il rappelle auffi certains Textes qui fe trouvent dans les anciennes Éditions, & qu'on étoit faché de ne pas avoir dans les nouvelles; cette derniere Édition eft d'un ufage infiniment plus commode que les autres, tant par rapport à la Table des Matieres qui eft très-bien faite, qu'à caufe de l'attention qu'a eu M. Pinault de mettre en marge la date des différentes Autorités que M. de Hericourt invoque dans fon Ouvrage. Louis de Hericourt, né à Soiffons en 1687, reçu Avocat au Parlement de Paris en 1712. Le célèbre Abbé Bignon connoiffant le mérite de Hericourt, le choifit pour travailler au Journal des Savans, travail qu'il continua pendant 20 ans. Cet habile homme mourut en 1753, auffi regrété pour fon favoir que pour fa probité.

258. Textus Pragmaticæ Sanctionis fub Carolo VII. Bituris Editæ, & Concordati inter Francifcum primum, & fedem Apoftolicam fub Leone X. Pontifice Initi. *Parifiis*, Gerv. Alliot, 1628, *in-24*, bafane.

259. Nouveau Recueil des Édits, Déclarations, Arrêts & Réglemens concernant la Jurifdiction Eccléfiaftique & autres matieres en dépendantes, regiftrés au Parlement, & autres Cours, depuis 1659 jufqu'à préfent. *Rouen*, Befogne, 1737, *in-12*. baf.

260. Code Eccléfiaftique, ou Queftions importantes & Obfervations fur l'Édit du mois d'avril 1695, concernant la Jurifdiction Eccléfiaftique; fur l'Arrêt du Parlement du 26 févrierr 1768, concernant les Bulles & autres Expéditions de Cour de Rome; fur l'Édit de mars 1768, concernant les Ordres Religieux; fur l'Édit de mai 1768, concernant les Portions Congrues; & fur plufieurs articles de l'Ordonnance du mois d'avril 1667, concernant les Procédures : par M. J. B. COUDERT DE CLOZOL, Avocat en Parlement. *Paris*, Grangé, 1769, *in-8°*, 2 vol. v. m.

261. Code Eccléfiaftique, ou Collection des Capitulaires. Or-

donnances , Édits , Lettres - patentes & Déclarations de nos Rois, &c. depuis le commencement de la Monarchie jufqu'à nos jours, touchant la Jurifdiction de l'Églife de France & les affaires Eccléfiaftiques, par JAC. DES LACS D'ARCAMBAL. *Paris*, Morin, 1778, *in-*4°.   vol. veau marbré.

262. Manuel Eccléfiaftique de Difcipline & de Droit, ou Sommaire des Mémoires du Clergé , rédigé par ordre alphabétique , contenant tout ce qui concerne la Difcipline & le Régime actuel de l'Églife de France , fes Libertés , fes Droits & Priviléges & ceux de fes membres ; par MM. les Abbés GARREAU , & L. B. D. C. *Paris*, Defprez, 1778 , *in-*8°.   vol. v. m.

Traités des Libertés de l'Églife Gallicane , de la Puiffance Royale fur le Clergé & de la Régale, &c.

263. Paraphrafe du Commentaire de CHARLES DUMOULIN , fur les regles de la Chancellerie Romaine, reçues dans le Royaume de France ; par M. PERARD CASTEL, Avocat au Parlement. *Paris*, Ch. de Sercy, 1685 , *in-fol.* bafane.

> Cet Ouvrage de Charles Dumoulin , regarde les regles de Chancellerie reçues en France , & eft un des Traités les plus utiles de cet habile Jurifconfulte. La Traduction que nous annonçons de cet excellent Ouvrage , eft la meilleure qui ait paru jufqu'à ce jour.

264. Traités des Droits & Libertés de l'Églife Gallicane ; par PIERRE PITHOU , & autres Auteurs , avec les preuves. *Paris*, 1731 , *in-fol.* 2 vol. mar. rouge.

> La premiere Édition de cet Ouvrage étoit devenue d'un prix confidérable avant cette réimpreffion ; mais elle eft tombée depuis , & l'on n'en fait plus aucun cas. Vide *la Bibliotheque de la France , nouvelle Édition , tom.* 1, *page* 470.

265. Preuves des Libertés de l'Églife Gallicane , troifième Édit. *Paris*, Seb. Cramoify, 1651 , *in-fol.* , 2 vol. mar. rouge.

> Ces Preuves font tirées , par Pierre Dupuy , du tréfor des Chartres de France , des Greffes du Parlement , des Capitulaires , des Collections de Canons , des Hiftoriens , recueillies dans les chapitres , fous les différens titres qui font autant de Chefs des Libertés de l'Églife Gallicane , ou des Droits de la Couronne établis & maintenus par fes titres. Les Preuves ont été confidérablemeut augmentées dans cette Édition , entre lefquelles on a placé les Mémoires de Baptifte Dumenil , l'Arrêt contre Tanqueret , & celui contre Florentin Jacob ; il y a deux éditions de 1651 ; la feconde eft la plus ample. Bibl. de la Fr.

266,

266. Commentaire de M. Dupuy, fur le Traité de l'Eglife Gallicane de M. Pierre Pithou, avec trois autres Traités, 1°. de l'origine & du progrès des Interdits Eccléfiaftiques; 2°. des informations de vie & mœurs des nommés aux Evêchés par le Roi; 3°. l'hiftoire & l'origine de la Pragmatique-Sanction du Roi Charles VII. & des Concordats. *Paris*, Jean Mulier, 1715, *in*-4°. 2 vol. maroq. rouge.

> Cet Ouvrage eft très-eftimé, & devient rare; il y a, à la fin du Tom. I. un Catalogue des meilleurs Ouvrages pour l'étude du Droit Canonique, le Tom. II. contient les Preuves; la Préface de M. l'Abbé Lenglet a été fupprimée dans un grand nombre d'exemplaires; ceux où elle manque font peu recherchés.

267. Les Libertés de l'Eglife Gallicane, prouvées & commentées fuivant l'ordre & la difpofition des Articles dreffés par M. Pierre Pithou, & fur les recueils de M. Pierre Dupuy; par M. Durand de Maillane, Avocat au Parlement. *Lyon*, Bruyfet, 1771, *in*-4°. 5 vol. veau mar.

> Les deux premiers volumes de cet Ouvrage contiennent les différens articles, avec l'extrait des preuves de chaque article, tiré du Recueil de 1731, le Commentaire de Dupuy, & un nouveau Commentaire.
>
> Le troifieme vol. renferme d'anciens témoignages fur l'état de l'Eglife de France; le *Codex Canonum Dionifii exigui*, fuivant l'Edition de Pithou, des extraits de Theodoret, les Actes de Vincennes en 1329, l'analyfe du Songe de Vergier, (où l'on trouve le chapitre 145 qui manquoit dans les précédentes Éditions Françaifes; enfin d'autres piéces & extraits de piéces déja imprimées ailleurs.
>
> Le quatrieme volume contient différentes Déclarations & Lettres-Patentes, cenfures de Sorbonne, extraits de Procès-Verbaux du Clergé, & des Difcours fur l'Hiftoire Eccléfiaftique de M. Fleury.
>
> Dans le tom. v°. on trouve encore des Arrêts & Lettres-Patentes, fervant de preuves aux différents articles des Libertés; une Confultation de M. Prévôt, Avocat, fur les Difpenfes de Mariage, au 3°. 4°. & 5°. dégrés; des Traités de M. Gibert fur les Libertés, qui n'avoient pas encore paru; enfin des Obfervations de M. Prévôt, fur l'Édition des Preuves des Libertés, faites en 1731.
>
> Ce Nouveau Recueil ne difpenfe pas d'avoir celui de 1731; mais il en rend l'ufage plus facile, & il intéreffe par les pieces qu'on y a réuni, ou qu'on y a publié pour la premiere fois. L'Auteur l'auroit rendu plus utile encore, s'il eût fait une Table générale des matieres pour tout l'Ouvrage, & non pas feulement pour les deux premiers volumes. *Vid. Bib. de la France*, N°. 6997.

268. Pet. Marca Differtationum de Concordia Sacerdotii & Imperii, feu de Libertatibus Ecclefiæ Gallicanæ, Libri octo, ftudio Steph. Balusii, Tulenfis Édit. *Parifiis*, Fr. Muguet, 1663, *in-fol.* bafane.

> Cet Ouvrage eft un des plus accomplis que nous ayons fur les

Libertés de l'Eglife Gallicane ; ce ne font pas feulement les principes de notre Droit qui y font expliqués , on y trouve encore le dénoûment d'un grand nombre de faits Eccléfiaftiques, l'érudition en eft profonde & variée ; cet excellent Livre doit fa plus grande perfection au favant Baluze, auquel nous fommes redevables des dernieres Éditions, lefquelles font préférables aux autres, fur-tout celle de 1704. Marca , étant encore Laïc, fit ce Livre , qui déplut fort à la Cour de Rome ; mais depuis ayant embraffé l'état Eccléfiaftique , il le rétracta par une grande foibleffe , & par une complaifance vraiment intéreffée ; ainfi fut-il enfuite un des plus forts appuis de la Cour de Rome dans l'affaire du Janfénifme , une copie de fa Rétractation fe trouve à la Bibliotheque du Roi, N°. 1624. On peut affurer (dit M. Lenglet) , que cet Ouvrage eft un des plus accomplis que nous ayons fur les Libertés de l'Églife Gallicane. *Vid. Bibliotheque de la France , &c.*

Pierre de Marca naquit à Gand en Béarn l'an 1594, & mourut en 1662 , âgé de 68 ans , après avoir été nommé à l'Archevêché de Paris ; mais il mourut le jour même que fes Bulles arriverent.

269. MICHAELIS RABARDEI , Sacerdotis Societatis Jefu Optatus Gallus de cavendo Schifmate , Benignâ manu Sectus tarde. fedaligendo. *Parifiis* , Camufat , 1641 , *in-*4°. baf.

Cette Réponfe du P. Rabardeau , Jefuite , au Livre de l'*Optatus Gallus* eft eftimée & bien faite , quoique peu lue.

Cet Auteur a joint à fon Ouvrage , les Piéces fuivantes : *Cenfura Archiepifcoporum , & Epifcoporum Provinciæ Parifienfis , & aliorum pluriorum Præfulum. Approbatio ejufd. Cenfuræ , adverfus Optati Galli Librum.* Arrêt de la Cour du Parlement contre ce Livre : *& probabilis deffenfio Legum Connubialium.* Il traite les Queftions avec plus d'étendue que les autres ; il répond affez en détail. Cette Réponfe , qui fut approuvée dans toutes les formes par les Théologiens de la Société de Jefus , fit plus de bruit que les autres , parce qu'elle contient des chofes hardies. Michel Rabardeau (du Diocéfe d'Orleans) , né en 1572 , mort en 1649.

270. Traité de l'Autorité du Pape , dans lequel fes Droits font établis & réduits à leurs juftes bornes , & les Principes des Libertés de l'Églife Gallicane juftifiés. *La Haye* , A. de Rogiffart, 1720 , *in-*12 , 4 vol. bafane.

Ce Livre fe réimprime actuellement à Bouillon en trois vol. in-4°. les autorités qui ne font qu'indiquées dans l'Edition de 1720, feront rapportées en entier dans la Nouvelle Édition : l'Éditeur eft M. de Chiniac , Avocat.

271. Expofitions de la Doctrine de l'Églife Gallicane , par rapport aux prétentions de la Cour de Rome. *Genève* , les Freres Kramer , 1757 , *in-*12 , bafane.

272. Traité de l'Origine de la Régale & des Caufes de fon Etabliffement ; par M. GASPART ANDOUL , Avocat au Parlement. *Paris* , Jacques Colombat , 1708 , *in-*4°. m. rouge.

Ce Traité , quoique fçavant , eft peu utile , parce qu'il regarde l'origine & non l'ufage de la Régale ; on s'apperçoit que l'Auteur, en voulant faire de ce Privilége un Droit de la Couronne , comme il en eſt un véritablement, en tire l'origine des Conceſſions de l'Egliſe; ce qui ne paroît point conforme aux principes de l'Auteur. Il eſt mort en 1691. *Vid. Dupuy Lib. Gal.*

273. Traité de la Régale, imprimé par l'ordre de M. l'Évêque de Pamiers, pour la défenſe des Droits de ſon Égliſe. *Cologne*, Nicol Shouten, 1681, *in-12*, baſane.

> François-Etienne Caulet, Evêque de Pamiers, fit imprimer ce Traité pour la défenſe des Droits de ſon Égliſe; il y eut un Arrêt du Parlement de Paris, du 3 avril 1680, qui en ordonnoit la ſuppreſſion. Cet Evêque eſt mort en 1680. *Vid. Dupuy, Libert. de l'Egl. Gal.*

Actes & Ordonnances du Clergé de France.

274. Harangue faite au Roi, à Marly, le 12 Juillet 1711, par Mgr. l'Archevêque d'Alby, pour la clôture de l'Aſſemblée générale éxtraordinaire du Clergé. *in-4°.* piéce.

275. Harangue faite au Roi, à Verſailles, le 3 juin 1715, pour l'ouverture de l'Aſſemblée générale du Clergé; par Mgr. l'Archevêque d'Alby. *in-4°.* piéce.

276. Extrait du Procès-Verbal de l'Aſſemblée générale du Clergé de France, tenue à Paris en 1726, pour l'évaluation des Bénéfices, *in-4°.* piéce.

277 Actes de l'Aſſemblée générale du Clergé de France, ſur la Religion; Extrait du Procès-Verbal de ladite Aſſemblée tenue à Paris en 1765. *Paris*, Guillaume Deſprez, 1765, *in-4°.* piéce.

278. Extrait du Procès-Verbal de l'Aſſemblée générale du Clergé de France en 1760. *Paris*, G. Deſprez, 1760, *in-4°.* piéce.

279. Collection des Procès-Verbaux des Aſſemblées générales du Clergé de France depuis 1560, juſqu'à préſent, rédigés par ordre des matieres; ouvrage entrepris ſous la direction de M. l'Evêque de Mâcon, autoriſé par les Aſſemblées de 1762, 1768, 1770, 1772, 1775, & imprimé par ordre du Clergé. *Paris*, Guill. Deſprez, 1767, & années ſuivantes, *in-fol.* 9 vol. maroquin r. d. ſur tr.

> Le Clergé, voyant la rareté des Procès-Verbaux, tant Manuſcrits qu'imprimés, dont on ne pouvoit former un corps complet qu'avec bien de la peine, & preſqu'impoſſible, a décidé, par les délibérations des Aſſemblées de 1762, & 1765, de faire imprimer cet Ouvrage; mais comme cette Collection n'a été imprimée que pour être délivrée gratuitement, il eſt très-difficile de ſe la procurer. *Vid. Oſmond.*

280. Procès-Verbal de l'Aſſemblée générale du Clergé de France, tenue à Paris en 1765, & continuée en l'année 1766. *Paris*, Deſprez, 1773, *in-fol.* mar. rouge d. ſur tr.

281. Procès-Verbal de l'Affemblée-Générale du Clergé de France, tenue à Paris en l'année 1770. *Paris*, Defprez, 1776, *in-fol.* mar. rouge d. fur tr.

282. Rapports de l'Agent du Clergé, qui fe font paffés depuis l'année 1765 jufqu'en l'année 1770; par M. l'Abbé DE LA LUZERNE, & M. l'Abbé DE CICÉ, avec les Piéces Juftificatives defdits Rapports. *Paris*, Defprez, 1774, *in-fol.* maroq. r. d. fur tr.

283. Procès-Verbal de l'Affemblée extraordinaire du Clergé de France, tenue à Paris en 1772. *Paris*, Defprez, 1775, *in-fol.* maroq. r. d. fur tr.

284. Avertiffement de l'Affemblée générale du Clergé de France tenue à Paris, par permiffion du Roi, en 1775, aux Fidèles de ce Royaume, fur les avantages de la Religion Chrétienne, & les effets pernicieux de l'Incrédulité. *Paris*, Defprez, 1775, *in-4°.* broché.

285. Nouveaux Éclairciffemens préparés pour le Confeil du Roi, & pour Mgrs. les Agens Généraux du Clergé de France. *Rodez*, Devic, 1777, *in-4°.* broché.

Traités généraux & particuliers de la Jurifprudence Canonique & Bénéficiale de France.

286. Juftification des Ufages de France, fur les Mariages des Enfans de Famille, fait fans le confentement de leurs Parens; par P. LE MERE, Avocat en Parlement. *Paris*, Ant. Dezallier, 1687, *in-12*, bafane.

Ce Petit Traité, fort modéré, eft très-eftimé, & fait voir ce que les Princes peuvent fur les empêchemens du Mariage.

287. Traité de l'Autorité des Parens fur le Mariage des Enfans de famille; par M. V. J. R. A. E. P. *Londres*, 1773, *in-8°.* broché.

288. Traité des Droits Honorifiques des Seigneurs ès Églifes; par MATH. MARESCHAL. *Paris*, N. Buon, 1616, *in-12*, parch.

289. Le même Ouvrage. *Paris*, Guignard, 1643, *in-4°.* bafane.

290. —Le même, avec un Traité du Droit de Patronage, & un Traité des Dixmes, &c. par M. SIMON, Édition donnée avec les Obfervations, & plufieurs Nouveaux Arrêts concernant lefdites matiéres, par DANTY, Avocat. *Paris*, Mich. Guignard, 1705, 2 vol. *in-12*, bafane.

Il y a eu plufieurs Éditions de cet Ouvrage; la derniere eft de Paris, année 1762, 2 vol. in-12, avec les Notes de M. Serieux, il eft bon de favoir que M. Serieux a rétracté le Syftéme de fes Obfervations dans une Confultation du 27 feptembre 1764, imprimée à la fin du Mémoire fur le Patronage de Ferainville. *Vid. Bib. de France.*

291. Le Nouveau Stile général des Notaires Apostoliques, &c. *Paris*, Alliot, 1672, *in*-4°. basane.

292. Les Définitions du Droit Canon, contenant un Recueil fort exact de toutes les maximes du Palais; par M. F. C. D. M., Avocat au Parlement, donné avec les remarques de PERARD-CASTEL, & en dernier avec les Corrections de M. GUIL. NOYER, Confesseur du Roy. *Paris*, Ch. de Cercy, 1700, *in-fol.* bas.

> Perard-Castel, né à Vire en Normandie, étoit Avocat au Conseil, Expéditionnaire en Cour de Rome; il mourut en 1687. Cette Édition est la seule recherchée, parce que les remarques sur les Définitions, font beaucoup plus estimées que les Définitions elles-mêmes.

293. Nouveau Recueil de plusieurs Questions Notables sur les Matieres Bénéficiales; par M. F. PERARD-CASTEL. *Paris* Ch. DE SERCY, 1689, 2 vol. *in-fol.* basane.

> Cet Ouvrage traite des Matieres Canoniques, non-seulement par le Droit Romain, mais encore selon nos Principes.

294. Pratiques Bénéficiales, suivant l'Usage général & celui de la Province de Normandie; par M. CHARLES ROUTIER. *Rouen*, Rich. Lallemant, 1757, *in*-4°. veau.

> Cet Ouvrage est composé de plusieurs Traités; le Premier concerne les Dixmes en général & en particulier; le Second a pour objet les Charges des Bénéficiers & celles des Bénéfices; le Troisieme roule sur les Pensions; le Quatrieme sur les Unions des Bénéfices, & le dernier sur la réclamation ou restitution contre l'Emission des Vœux ou Profession expresse & solemnelle de Religion, & contre la Promotion aux Ordres Sacrés: après chaque Traité, l'Auteur a inséré les Édits, Déclarations & Arrêts qui peuvent y avoir rapport, & indique quelques-unes des Maximes particulieres du Parlement de Normandie.

295. Requête d'Intervention des Habitans de plusieurs Paroisses de la Province de Normandie dans le Procès des Habitans de la Paroisse de Surtainville, contre leur Curé, en cause le Clergé de la Province, aussi partie intervenante; ou Réfutation de l'Ouvrage intitulé: Mémoire sur les Dixmes, pour le Clergé de Normandie, contre les Cultivateurs de la même Province; par M. MARIAGE, Avocat. *Caen*, Leroi, *in*-12. m. r. d. s. t.

296. Principes & Usages concernant les Dixmes; par Feu LOUIS FRANÇ. DE JOUY, Avocat au Parlement. *Paris*, Durand, 1775, *in*-12, veau marb.

Mélanges du Droit Canonique de France.

297. Apologie pour Messire Henry-Louis Chastaigner de la

Rochepozay, Évêque de Poitiers, contre ceux qui difent qu'il n'eft pas permis aux Eccléfiaftiques d'avoir recours aux armes en cas de néceffité ; par l'Abbé DE S. CYRAN. 1615, *in-*12 parch.

> Ce Traité eft de M. de S. Cyran, l'un des Patriarches de Port-Royal. M. Joly, dans fon voyage de Munfter, appelle cet Ouvrage, qui eft très-rare, l'Alcoran de M. de Poitiers.

298. Queftions fur la Tolérance, où l'on examine fi les Maximes de la Perfécution ne font pas contraires au Droit des Gens, à la Religion, à la Morale, à l'Intérêt des Souverains & du Clergé. *Genève*, Goffe, 1758, *in-*12, broché.

299. Traités des Rois de France avec les Archevêques de Rouen, & autres Piéces Eccléfiaftiques, & la Morale des Cafuiftes cenfurée. Gaillon, 1643, *in-*4°. parchemin.

> Cet Ouvrage, connu fous le nom de Mercure de Gaillon, a été imprimé par les foins & dans la maifon de campagne de François de Harlay, Archevêque de Rouen.

300. Lettre de M. L'ARCHEVÊQUE DE LYON, Primat de France, à Mgʳ. l'Archevêque de Paris. *Lyon*, 1760, *in-fol.* broché.

> Cette Lettre concerne les Religieufes Hofpitalieres du fauxbourg St. Marcel à Paris, fur le Droit d'y nommer, lequel Droit appartient à l'Archevêque de Lyon, non à celui de Paris, & des Droits de Primatie de l'Eglife de Lyon fur la Métropole de Paris, &c.

301. Requête au Roi & à Noffeigneurs les Commiffaires nommés par Sa Majefté pour le Jugement de l'Inftance pendante au Confeil, pour caufe de la Primatie prétendue par l'Archevêque de Lyon, dans la Province de Normandie ; pour Jacques Nicolas Colbert, Archevêque de Rouen, Défendeur ; contre M. Claude de S. George, Archevêque de Lyon, Demandeur. *Rouen*, Euftache Viret, 1698, *in-*12, broché.

302. Requête au Roi & à Noffeigneurs les Commiffaires nommés par Sa Majefté pour le Jugement de l'Inftance pendante au Confeil, pour caufe de Primatie prétendue par l'Archevêque de Lyon, dans la Province de Normandie, pour M. Jacq. Nicolas Colbert, &c. contre M. Claude de Saint-George. *Rouen*, Vitré, 1698, *in-*12, broché.

303. Seconde Requête au Roi & à Noffeigneurs les Commiffaires nommés par fa Majefté pour le Jugement de l'Inftance pendante au Confeil, pour caufe de la Primatie prétendue par l'Archevêque de Lyon, dans la Province de Normandie, fervant de réponfe à la feconde Requête de Mgr. l'Archevêque de Lyon, pour M.

Jacq. Nic. Colbert, Archevêque de Rouen, contre M. Claude
de St. George, Archevêque de Lyon, Demandeur. *In*-4°. br.

304. Réglement que MM. les Prêtres de la Paroisse de S. Lo de la
Ville de Rouen doivent observer, par rapport aux jours & aux
heures de Messes, &c. suivant le Tableau fait & dirigé en 1743.
Rouen, Machuel, 1742, *in*-4°. piece.

305. Moyens d'Abus proposés par les Chapelains titulaires du
Collége de la Commune, fondée en l'Église Métropolitaine de
Rouen, contre les Ordonnances de M. l'Archevêque, obtenues
par les Doyen, Chanoines & Chapitre de ladite Église, en 1759,
aux fins de parvenir à l'union & extinction des Titres & Menses
dudit Collége. *Rouen*, Veuve Besogne, 1762, piéce.

306. Dialogues paysans, sur les affaires présentes du Chapitre de
l'Église d'Orléans, entre deux Vignerons, Docteurs de la Paroisse
des Aides, près Orléans. 1755, *in*-8°. piéce.

307. Mémoire pour le Chapitre de l'Église Cathédrale de la ville
de Beziers, contre les Maire, Consuls & Habitans de la même
ville, opposans à l'Arrêt du Conseil du 24 avril 1758, & le
Syndic de la Province du Languedoc, en présence de MM. les
Agens Généraux du Clergé. *In*-4°. broché.

308. Mémoire pour le Principal, Professeurs & Maîtres-de-
Quartier du Collége d'Auxerre, accusés; contre le Substitut
de M. le Procureur-Général, accusateur. *Paris*, Simon, 1775,
in-4°. piéce.

309. Consultation pour M. l'Evêque de Soissons, au sujet du Sacre
de S. M. Louis XVI. *Paris*, Didot, 1775, *in*-4°. piéce.

310. Lettre Pastorale de Mgr. l'Archevêque d'Auch au Clergé
séculier & régulier de son Diocese. 1764, *in*-12, broché.

311. Recueil de différentes piéces pour l'établissement de deux
Séminaires faits dans le Diocese de Reims, & l'autre à Sedan,
par Mgr. Charles Maurice le Tellier, Archevêque de Reims.
Paris, les Freres Muguet, 1700. *in*-4°. basane.

312. Mémoire pour Mgr. l'Archevêque-Electeur de Treves, contre
le sieur Martin, en présence du sieur Regault, sur l'état du
Comté de Stenay; la soumission de ce Comté au Concordat
Germanique; & l'exécution en France de l'Indult, qui donne
à M. l'Archevêque-Electeur de Treves, la collation des Bénéfices dans les mois réservés au Pape; par M. LE CAMUS, Avocat.
Paris, Simon, 1778, *in*-4°. piéce.

313. Lettre d'un Ami des Hommes, ou Réponse à la Diatribe de
M. de V. contre le Clergé de France; par l'Auteur du Préservatif. *Aux Deux-Ponts*, de l'Impr. Ducale, 1776, *in*-12. piéce.

DROIT CANONIQUE · DES RÉGULIERS
ET DES RELIGIEUX.

Régles, Conftitutions, Difcipline, &c. des Ordres
Religieux & Militaires, &c.

314. Convention entre le Roi & l'Impératrice Reine de Hongrie & de Bohême concernant les Bénéfices Réguliers, conclue à Bruxelles le 14 Octobre 1775. *Paris*, Impr. Royale, 1775, *in-4°*. piéce.

315. Obfervations fur un Ouvrage intitulé *Cas de Confcience fur la Commiffion établie pour réformer les Réguliers* ; par M. RIVIERE, Avocat au Parement. *la Haye*, 1768, *in-12*, br.

316. Lettre à l'Auteur des Obfervations fur un Ouvrage intitulé : *Cas de Confcience fur la Commiffion établie pour réformer les Réguliers*, &c. par M. RIVIERE. 1768, *in-12*, broché.

317. Réfultat de tout ce qui a été dit pour & contre, fur l'objet de la Commiffion des Evêques, touchant les Réguliers, fuivi d'une Requête des Fidèles, au fujet des Fêtes. *Avignon*, 1775, *in-8°*. broché.

318. Differtation fur l'Hémine de Vin, & fur la Livre de Pain, de S. Benoît, & des autres anciens Religieux ; par Dom LANCELOT, Religieux Bénédictin. *Paris*, Savreux, 1667, *in-12*, bafane.

    Dom Lancelot donna cette Differtation, pour prouver que l'Hémine de S. Benoît n'étoit qu'un demi-feptier romain, c'eft-à-dire, environ dix onces D. Mabillon, dans la Préface de fon quatrieme Siecle Bénédictin, propofa quelques difficultés contre l'opinion de Dom Lancelot, qui y répondit dans une feconde Édition de fa Differtation. Dom Martene, attaqua l'opinion de Dom Lancelot, & M. l'Abbé le Pelletier, de Rouen, la réfuta auffi.
    A la fin de fa Differtation, l'Auteur affure que fon deffein n'étoit pas d'impofer aux Religieux la néceffité de fe réduire à l'Hémine de dix onces; mais qu'il a traité la Queftion avec la derniere exactitude, à caufe de l'utilité qu'il en peut réfulter pour l'éclairciffement de plufieurs points de l'antiquité : dans fa Difquifition fur la date précife de la mort de S. Benoît, il place cette mort en l'année 547. *Vid. Journ. des Sav.* 1667.

319. Requête préfentée au Roi par le Supérieur général, le Régime, & la plus nombreufe partie de la Congrégation de S. Maur, contre l'entreprife des 28 Religieux de l'Abbaye S. Germain-des-Prés, le 23 juillet 1765. *Paris*, Vallat la Chapelle, 1765, *in-4°*. piéce.

320. Réclamation des Religieux Bénédictins du Monaſtère des Blancs-Manteaux, contre la Requête des Religieux de S. Germain-des-Prés. *In-4º.* piéce.

321. Mémoires, &c. en faveur des Abbé & Religieux Bénédictins de Bernay, contre M. François Lochet du Carpont, Prêtre, Vicaire-perpétuel de l'Égliſe de Bernay, &c. *In-4º.* mar. roug.

> A la tête du Volume, on trouve une Lettre de Fr. Jacq. Deſpieres, Procureur de S. Ouen, à Mgr. Camus de Pontcarrée, Premier Préſident du Parlement de Normandie, dans laquelle il lui demande Juſtice contre M. Fr. Lochet.

322. De Originæ Seraphicæ Religionis Francifcanæ ejuſq. pro-greſſibus, de Regularis obſervanciæ inſtitutione, forma admi-niſtrationis ac Legibus, admirabiliſque ejus propagatione; FRANCISCI GONZAGÆ, ejuſd; Religionis Miniſtri general. *Romæ, 1587, in-fol.* baſane.

323. Conſtitutiones Canonicorum, Regularium Ordinis Sancti Auguſtini, Congregationis Gallicanæ. *Lutetiæ Pariſiorum,* D. Pierres, 1779, *in-8º.* m. roug. d. ſur tranche.

324. Diſcours prononcé par N. S. P. le Pape, Benoît XIV. dans l'Aſſemblée Générale de l'Ordre des FF. Prêcheurs, tenue à Rome, dans la maiſon de Sainte-Marie ſur la Mi-nerve, le 3 juillet 1756. *In-12,* piéce.

325. Sanctiſſimi in Chriſto Patris à Domini noſtri Clementis Divina Providentia Papæ XIII. Conſtitutio quæ inſtitutum, Societatis Jeſu denuo approbatur; juſta exemplar Romæ. 1765, *in-12,* piéce.

326. Mémoire concernant l'Inſtitut, la Doctrine & l'Établiſſement des Jéſuites en France. *Rennes,* N. P. Vatar, 1762, *in-12,* veau marbré.

327. Comptes des Conſtitutions & de la Doctrine de la Société ſe diſant de Jeſus, rendus au Parlement de Normandie, toutes les Chambres aſſemblées, les 16, 18, 19, 21, 22 & 23 janvier 1762; par M. CHARLES. 1762, *in-12,* veau marbré.

328. Compte rendu des Conſtitutions des Jéſuites, par M. le Procureur-Général du Roi au Parlement de Touloufe, les 24, 30 avril & 4 mai 1762, en éxécution des Arrêts de la Cour du 15 ſeptembre, & du 14 novembre 1762. , *in-12,* br.

329. Compte rendu des Conſtitutions des Jéſuites, par M. Louis René de Caradeuc de la Chalotais, Procureur-Général au Parlement de Bretagne, les 1, 3, 4 & 5 décembre 1761, en exécution de l'Arrêt de la Cour du 17 août précédent 1762, *in-12,* broché.

F

330. Second Compte rendu fur l'appel comme d'abus des Conftitutions des Jéfuites ; par M. LOUIS-RENÉ DE CARADEUC DE LA CHALOTAIS, Procureur-Général du Roi au Parlement de Bretagne, les 21, 22 & 24 mai 1762. *In-12*, broché.

331. Brefs de N. S. P. le Pape Clément XIII. touchant l'expulfion des Jéfuites, en réponfe aux Lettres de MM. les Evêques de Montpellier, de Viviers, de Mirepoix & de Grenoble, en 1764. Piéce.

332. Démonftration intéreffante, ou Expofition d'une erreur à corriger dans le Procès-verbal de Vérification, &c. publiée par Arrêt du Parlement de Paris, du 3 mars 1764. *In-12*, br. piéce.

333. Maximes de la morale des Jéfuites, prouvées par les extraits de leurs Livres dépofés au Greffe du Parlement, ou Table analytique des Affertions dangereufes & pernicieufes en tout genre des foi-difans Jéfuites, préfentées au Roi, & envoyées aux Archevêques & Evêques du reffort du Parlement de Paris, en exécution de l'Arrêt du 5 mars 1762. *In-4°*. piéce.

334. Arrêts des Jéfuites, ou Recueil d'Arrêts, Lettres-patentes, &c. &c. du Parlement de Rouen, rendus, en 1756, 1759, 1762, 1763, & 1764, concernant le baniffement des Jéfuites, donnés en faveur de quelques-uns des membres de la Société en particulier, concernant l'adminiftratian des différens Colléges occupés par eux. *In-4°*. veau mar.

335. Extrait des Affertions dangereufes & pernicieufes en tout genre, que les foi-difans Jéfuites ont, dans tous les tems, & perfévéramment, foutenues, enfeignées, &c. dépofé au Greffe de la Cour de Parlement, par Arrêts des 3 feptembre 1761 ; 5, 17, 18, 26 février & 5 mars 1762. *Paris*, Simon, 1762, *in-4°*. broché.

> Ce Volume *in-4°*. forme le tom. 2 du recueil, par ordre de dates, des Arrêts, &c. du Parlement de Paris, depuis 1761 jufqu'en 1767. Ce Recueil, doit avoir 5 vol.

336. Anciens Concordats, Arrêts & Réglemens faits entre MM. les Adminiftrateurs, & les Prieur, Réligieux & Religieufes de l'Hôtel-Dieu de la Madeleine de Rouen. *In-4°*. piéce.

337. Mémoire inftructif pour le Sr. Delarue, Bachelier de Sorbonne, &c. & les Sr. Subtit, &c. contre M. Pichault, Général, Grand Miniftre de l'Ordre de la Sainte-Trinité. *In-12*, broc.

> Ce Mémoire eft contre les Abus du Defpotifme des Supérieurs dudit Ordre, & le peu-d'exactitude à obferver les Statuts du même Ordre, &c.

338. Statuts & Réglemens des Écoles Chrétiennes & Charitables du S. Enfant Jésus, établies sous la conduite du R. P. Barré, Minime. *Paris* le Cointe, 1687, *in-12*, basane.

339. Ordre d'Administration pour le soulagement des Pauvres de la Paroisse de S. Sulpice. *Paris*, Hériffant, 1777, *in-4°*. pièce.

340. Supplément à l'Ordre d'Administration, établie pour le soulagement des Pauvres de la Paroisse de S. Sulpice. *In-4°*. pièce.

341. Instruction sur les Confrairies en général, & Traité particulier de celle des Agonisans; par M. DUHAMEL. *Paris*, Jacq. Vincent, 1714, *in-12*, basane.

342. Priviléges des Papes, Empereurs, Rois & Princes de la Chrétienté, accordés à l'Ordre de S. Jean de Jérusalem, avec les Arrêts notables rendus par les Cours Souveraines du Royaume de France, sur diverses matières, & confirmatifs desdits priviléges; recueillis par le Commandeur D'ESCLUSEAULX, & augmentés par le sieur D'ESCLUSEAULX, son Neveu. *Paris*, le Mercier, 1700, *in-fol.* maroq. rouge.

JURISPRUDENCE.

DROIT CIVIL.

DROIT DE LA NATURE ET DES GENS.

Traités des Loix en général; Traités généraux & particuliers du Droit de la Nature & des Gens; de la Guerre & de la Paix.

343. **P**RINCIPES de Légiflation univerfelle. *Amſterdam,* M. M. Rey, 1776, *in-*8°. 2 vol. Veau marb.

344. De la Légiflation, ou Principes des Loix; par M. l'Abbé MABLY. *Amſterdam,* 1776, *in-*12, veau marbré.

345. Traité Philofophique des Loix Naturelles; par RICHARD CUMBERLAND, & traduit en François par BARBEYRAC. *Amſterdam, Paris,* Huart, 1744, *in-*4°, veau.

> Richard Cumberland, né à Londres en 1632, déclama beaucoup fous Charles II. contre la Religion Catholique, fon zele foutenu d'un grand mérite & par des mœurs pures, lui valut l'Evêché de Péterborough, qu'il conferva jufqu'à fa mort, en 1719, âgé de 87 ans : quand on lui repréfentoit que fes travaux nuiroient à fa fanté, il répondoit : « Il » vaut mieux qu'un homme s'ufe, que de fe rouiller. » Son Traité (*de Legibus naturæ difquifitio philofophica*), imprimé à Londres en 1672, *in-*4°. eſt une réfutation folide des abominables principes de Hobbes ; Ouvrage excellent, mais qui demande d'être médité. Traduit en Auglois en 1686, & en Françoisavec des Notes. *Vid. Dict. des Hom. célebres.*

346. De l'Efprit des Loix, ou du rapport que les Loix doivent avoir avec la Conftitution de chaque Gouvernement, les Mœurs, le Climat, la Religion, le Commerce, &c. par DE MONTESQUIEU. *Genève,* Barillot, *in-*4°. 2 vol. veaufauve.

347.—Le même Efprit des Loix. *Amſterdam,* 1758, *in-*12, 3 vol. veau marbré.

348—Le même Efprit des Loix, Édition avec des recherches nouvelles fur les Loix Romaines, touchant les Succeffions, fur lesLoix Françaifes, & fur les Loix Féodales. *Genève,* Barillot, *in-*12, 3 vol. veau marbré.

Charles Secondat, Baron de la Brede & de Montefquieu, d'une Famille diftinguée de Guienne, nâquit au Château de la Brede, près de Bordeaux, le 8 janvier 1689 : il fut Philófophe au fortir de l'enfance ; dès l'âge de 20 ans, Montefquieu préparoit les materiaux de l'*Efprit des Loix*, par un extrait raifonné des immenfes Volumes qui compofent *le Corp du Droit Civil.* L'Efprit des Loix parut en 1748, en deux vol. *In-4°.* On peut appeller cet Ouvrage, *Le Code des Nations*, & fon Auteur, *Le Légiflateur du Genre Humain :* on fent qu'il eft forti d'un efprit libre, & d'un cœur plein de cette bienveillance générale qui embraffe tous les hommes. Montefquieu fut attaqué, au commencement de février 1755, d'une fluxion de poitrine, dont il mourut le 10 du même mois, âgé de 66 ans. Il fut regreté autant pour fon génie que pour fes qualités perfonelles ; il étoit auffi aimable dans la fociété, que dans fes Ouvrages. *Vid. Dict. des Hom. célebres.*

349. Inftructions du Droit de la Nature & des Gens, traduites du Latin de M. CHRISTIERN DE WOLFF, par M. M * * *. avec des notes où l'on fait voir la folidité des principes de l'Auteur, l'application de ces mêmes principes au Droit Public, Civil & Romain, & l'utilité qu'on peut en retirer pour juger les Caufes relatives au Commerce & à la Navigation ; par ELIE LUZAC, Docteur en Droit, & Avocat de la Cour de Hollande. *Leyde*, Elie Luzac, 1772, *in-12*, 6 vol. mar. r. d. fur tr.

350. Principes du Droit de la Nature & des Gens, extraits du Grand Ouvrage Latin de M WOLFF ; par M. FORMEY. *Amfterdam*, Marc Michel Rey, 1758, *in-4°.* veau marbré.

> Wolff, (Chriftiern de) Woffius, né à Breffau en 1679, & mort le 9 avril 1754 dans fa 79 année. Le ftyle du Baron de Wolff eft barbare en Latin, les expreffions font ou louches, ou mal choifies, les termes fouvent répétés ; on prétend qu'il écrivoit mieux en Allemand. Cette Traduction eft eftimée, à caufe des Notes dont le Traducteur l'a enrichie. *Vid. ibid.*

351. Les Devoirs de l'Homme & du Citoyen, tels qu'ils font prefcrits par la Loi Naturelle, traduit du Latin du Baron DE PUFFENDORF, par JEAN BARBEYRAC. *Amfterdam*, Pierre de Coup, 1715, *in-12*, bafane.

> Les deux Differtations que Barbeyrac a jointes à la traduction de cet excellent abrégé fur le Bénéfice & la permiffion des Loix, font importantes, & très-bien conçues ; en les lifant fans prévention, on reconnoît que les talens de Barbeyrac ne fe bornoient pas à ceux de fimple Traducteur & de Scholafte ; & qu'il étoit capable de tirer de fon propre fonds des productions qui ne font point effacées par celles des Auteurs qu'il a traduits

352. HUGONIS GROTII de Jure Belli ac Pacis, Libri 3, Éditio nova cum annotationibus. *Amftellodami*, Joan. Janffonium, 1651, *in-8°.* bafane.

353—Ejuſdem Hugonis Grotii, de Jure Belli ac Pacis, Libri tres, Éditio nova, cum Annotationibus. *Amſtellodami*, Johan. Blaen, 1670, *in-8°.* cum Notis manuſcriptis, baſane.

    Grotius fut un des plus Grands hommes de ſon tems, ſoit par ſon érudition profonde, ſoit par la beauté de ſon eſprit & la pureté de ſa diction; il poſſédoit parfaitement les Langues, la Fable, l'Hiſtoire, l'Antiquité Eccléſiaſtique & Profane, & ſur-tout la Science du Droit Public; ſes Écrits ſont une ſource où tous les Juriſconſultes ont puiſé; ſon excellent Traité *de Jure Belli* ſuffiroit ſeul à la réputation de cet Homme Célèbre; il a été traduit en François par Barbeyrac (comme nous l'annonçons), mais on le lit moins utilement que dans l'Original latin, quoique le ſtyle en ſoit un peu dur; cet Ouvrage a paſſé pour un Chef-d'œuvre, & malgré la foule deLivres publiés ſur cette matiere, il mérite encore aujourd'hui une place diſtinguée parmi les productions de ce genre. M. Dagueſſeau faiſoit grand cas de cet Ouvrage, & le préféroit à celui de Puffendorf, dont il n'avoit jamais pu achever la lecture. Hugues Grotius naquit à Delft, & mourut à Roſtock, en retournant dans ſa patrie, en 1645, à 63 ans. Il fut l'ami de l'infortuné Barnevelt. *Vid. Dict. des Hom. célèbres.*

354. Le Droit de la Guerre & de la Paix, par Hugues Grotius, traduit par Jean Barbeyrac. *Amſterdam*, Pierre de Coup, 1729, *in-4°.* 2 vol. baſane.

    Cette Traduction eſt accompagnée de remarques très-eſtimées, & paſſe pour très-exacte. Jean Barbeyrac, né à Béziers en 1674, fut nommé à la Chaire de Droit & d'Hiſtoire de Lauſanne, en 1710, & enſuite à celle du Droit Public & Privé, à Groningue en 1717; il mourut vers l'année 1747, avec la réputation d'un Homme ſavant, ſtudieux & honnête homme, ſon ſtyle manque de grace & de pureté. *Vid. Dict. des Hom. célèbres.*

355. Précis du Droit des Gens, de la Guerre, de la Paix, & des Ambaſſades, ou Bibliotheque politique, à l'uſage des Sujets deſtinés aux Négociations; par le Vicomte de la Maillardiere. *Paris*, Quillau, 1775 & 1778, *in-12*, 3 vol. veau f. d. ſur tr.

DROIT PUBLIC ET MARITIME.

Traités généraux & particuliers du Droit Public des différentes Nations de l'Europe, des Ambaſſadeurs, &c.

356. Des Principes des Négociations, pour ſervir d'introduction au Droit Public de l'Europe, par M. l'Abbé Mably. *La Haye*, 1797, *in-12*, broché.

357. Le Droit Public de l'Europe, fondé ſur les Traités conclus juſqu'en l'année 1740. *La Haye*, Jean Van-Durend, 1746, *in-12*, 2 vol. baſane.

358. Traité des Avaries; fait par QUINTIN WEYTSEN, Conseiller
de la Cour de Hollande, traduit du Hollandois. *Amsterdam*,
Jacq. Desbordes, 1703, *in-12*, broché.

359. Legatus, Opus CAROLI PASCHALII, *Regis in Sacro Consistorio
Consiliarii, & apud Rhætos, Legati. Amstellodami*, Ludov.
Elzevirium, 1645, *in-12*, parchemin.

> Cet Ouvrage, dans lequel Paschal parle des devoirs du Négociateur
> en homme qui savoit & les connoître & les remplir, est estimé. La
> meilleure Édition est celle d'Elzévir, de 1643, in-12. Charles Paschal,
> né l'an 1547, à Coni en Piémont, Vicomte de Quente, Conseiller
> d'État, & Avocat-Général au Parlement de Rouen, fut ami du célèbre
> Pibrac, dont il écrivit la vie; il fut aussi Ambassadeur. Il mourut à
> sa Terre de Quente, près d'Abbeville, en 1625, à 79 ans. *Vid. Dict. des
> Hom. céleb.*

DROIT CIVIL OU ROMAIN;

*Droit des Anciens Peuples, & des Romains avant
Justinien.*

360. De Republica Hebræorum, Libri octo, Autore R. P.
JOAN. STEPHANO MENOCHIO, Societatis Jesu. *Parisiis*, Ant.
Bertier, 1648, *in-fol.* basane.

> Jean-Etienne Menochius, né à Paris en 1576, se fit Jésuite en 1593,
> il se distingua par son savoir & par sa vertu jusqu'à sa mort, arrivée
> à Rome en 1656, à 80 ans. Son Traité de la République des Hébreux,
> est très-savant, & lui a fait beaucoup d'honneur.

INTRODUCTION:

*Droit Romain depuis Justinien, Introductions, & Traités pré-
paratoires au Droit Romain.*

361. Institutionum seu Elementorum Juris Civilis, Libri 4°.
una cum Accursii commentariis, aliorumque Doctissim. quo-
rumque Jurisconsultorum, Annotationibus optima fide ad vetus-
torum exemplarium antiquit. recogniti. *Parisiis*, ex Officina Cl.
Chevallon, 1529, *in-4°.* d. rel.

362. Modus legendi Abbreviaturas passim in utroque Jure occu-
rentes nunc demum integritati suæ restitutus. *Parisiis*, ex Officina
Car. Gaillard, 1541, *in-8°.* parchemin.

363. BARNABÆ BRISSONII Lexicon Juris sive de Verborum quæ
ad Jus pertinent, significatione libri 19, cum Appendice

prætermiffarum quarumdam vocam , & Parerg. Libro fingulari *Francofurti*, apud Joan. Wechelum , 1587, *in-fol.* baf.

1. De Verbis Feudalibus.
2. De Legibus Romanis.
3. De Jurifconfultorum Vitis.
4. De Magiftratibus Romanorum.
5. De Senatu Romano.
6. De Formulis.
7. Ad Legem Juliam de Adulteriis.
8. De Solutionibus & Liberationibus.
9. De Ritu Nuptiorum.
10. De Jure Connubiorum.

364. J. GOTHOFREIDO Manuale Juris, feu parva Juris materia, &c.
Genève, Sam. de Tournes, 1676, *in-12*, 1 vol. bafane.

Cet Ouvrage contient d'excellentes Recherches , & des Détails utiles,
dont la lecture eft néceffaire à ceux qui s'appliquent à l'étude du
Droit Romain, un feul défaut gâte un peu les écrits de Jacques
Godefroy, c'eft que le ftyle en eft fouvent fi fec & fi aride, qu'il
rebute quelquefois le Lecteur le plus patient ; mais lorfqu'on voudra
(dit M. Terraffon) paffer fur ce défaut, & lire feulement les Ouvrages de cet Écrivain, dans la vue d'y puifer d'excellens matériaux,
on fe trouvera bien dédommagé de l'ennui que fon ftyle aura pu caufer.
Jacques Godefroy nâquit à Genève en 1587, & y mourut en 1652
dans fa 65 année ; il poffédoit toutes les fciences qui font comprifes
fous le nom de Belles-Lettres ; on prétend que Godefroy ne publia
aucun de fes Ouvrages , & qu'ils ne parurent qu'après fa mort.
Vid. Hift. de la Jurif. Rom. p. 396.

365. Les Loix Civiles dans leur ordre naturel ; par DOMAT.
Paris, Coignard , 1700, *in-4°.* 5 vol. Baf.

366.—Ejufdem Legum delectus, ex Libris Dig. & Cod. *ibid.*
1700 , *in-4°.* 1 vol. bafane.

367—Les mêmes Loix Civiles, édit. augmentée du 3e. & 4e. Liv.
du Droit Public. *Paris*, Goffelin , 1723 , *in-fol.* veau.

368.—Les mêmes Loix Civiles, édit. corrigée, par M. DE HÉRI-
COURT, avec des Notes de feu M. DE BOUCHEVRET, fur le
Legum delectus, & celles de MM. BERROYER & CHEVALIER,
avec un fupplément aux Loix Civiles, par M. DE JOUY. *Paris*,
Leclerc 1777 , *in-fol.* 2 tom. 1 vol. veau mar.

L'Ouvrage que nous annonçons, a éprouvé dans le public des
Jugemens bien oppofés. Un certain genre de perfonnes ne connoiffant
pas affez le Droit Romain pour fentir toute la difficulté de l'entreprife
de Domat, n'ont regardé le fruit de fon travail, que comme un de
ces Répertoires ordinaires qui fervent de fecours à l'ignorance ; d'autres
s'en formerent une idée plus étendue, que l'objet de fon Auteur, le
confidère comme un Ouvrage fini , parfait & qui conttenoit toutes

la Science des Loix, fans qu'il foit néceſſaire de recourir aux ſources. Pour moi, dit Terraſſon (*Hiſt. de la Juiſprud. Rom. p.* 482), je trouve ces deux Jugemens également faux. L'Ouvrage de Domat n'eſt point un de ces Recueils communs qui ſoient aiſés à faire. L'Auteur y a montré le ſyſtème & la liaiſon des loix entr'elles ; & en les préſentant ſelon cette idée, il entre plutôt dans leur eſprit, qu'il ne s'attache à les traduire ſervilement. Mais ſon intention n'eſt pas qu'on ſe diſpenſe de recourir aux Textes, il veut faciliter l'étude ſans l'abréger, il veut mettre à portée d'étudier, & non pas en diſpenſer; au reſte l'eſtime que le Public a paru faire juſqu'à préſent de cet Ouvrage, ſe manifeſte de jour en jour. L'Édition la plus complette des Loix Civiles eſt celle de 1777, *in-fol.* On voit non-ſeulement que l'Auteur poſſédoit l'eſprit des Loix, mais qu'il étoit très-capable d'y faire entrer les Jeunes Juriſconſultes. On peut appeller Domat, dit le célèbre Dagueſſeau (*tom.* 1 *pag.* 3989), « le Juriſconſulte des » Maiſtrats, & quiconque poſſéderoit bien ſon Ouvrage, ne ſeroit » peut-être pas le plus profond des Juriſconſultes, mais il ſeroit le » plus ſolide, & le plus ſûr de tous les Juges.

Domat *ou* Daumat (Jean), Avocat du Roi au Siége Préſidial de Clermont en Auvergne, nâquit dans cette Ville, en 1625; il devint l'Arbitre de ſa Province par ſon ſavoir, par ſon intégrité & par ſa droiture; il fut l'ami du célèbre Paſcal. Cet habile-homme mourut à Paris en 1696, à 70 ans. *Vid.* Bibl. de la France, &c.

369. Traité des Loix Civiles; par M. DE P. DE T. *La Haye*, Goſſe, 1774, *in-8°.* veau marb.

370. Abrégé de la Juriſprudence Romaine, diviſé en ſept parties, à l'imitation des Pandectes de Juſtinien, avec ſon rapport à ce qui eſt de notre uſage; par M. CLAUDE COLOMBET. *Paris*, Clouſier, 1671, *in-4°.* baſ.

Claude Colombet, célèbre Juriſconſulte, fut gratifié en 1636 par le Cardinal de Richelieu, d'une charge de Conſeiller au Parlement, pour récompenſer ſon ſavoir & ſon mérite ; on trouve dans cet Ouvrage une Hiſtoire abrégée du Droit, depuis Juſtinien, juſqu'en 1660.

371. Eſprit des Loix Romaines, Ouvrage traduit du Latin de JEAN VINCENT GRAVINA; par M. REQUIER. *Amſterdam* (Paris) Saillant, 1766, *in-12*, 3 vol. veau marb.

Il y a peu d'Ouvrages de Juriſprudence qui aient auſſi univerſellement réuni l'eſtime & l'approbation que ceux de Gravina ; outre qu'ils ſont remplis de pluſieurs détails intéreſſans d'Hiſtoire & de Littérature, ils contiennent d'ailleurs des déciſions judicieuſes, qui détruiſent ſans reſſource pluſieurs anciens préjugés, que l'incapacité de quelques Juriſconſultes avoient introduits dans la Juriſprudence. Mais ce qui diſtingue principalement les Écrits de Gravina d'avec ceux de la plupart des Auteurs qui ont travaillé ſur le Droit Romain, c'eſt que le ſtyle de ce Juriſconſulte, bien loin de rebuter le Lecteur par cette ſéchereſſe qu'on trouve ordinairement dans les Commentaires, l'attire au contraire par une belle latinité qui rend les Ouvrages

de Gravina dignes du fiécle d'Augufte. On apperçoit avec plaifir que
M. Requier, dans cette traduction, n'a rien négligé pour faire paffer
dans notre langue les beautés de l'original. Jean Gravina, naquit
en 1664 à Boglio dans la Calabre ultérieure, & mourut à Rome en
1718, à 54 ans. *Vid. Hift. de la Jurifp. Rom.*

372. Principes du Droit Civil Romain; par M. OLIVIER, D.
ès D. *Paris*, Merigot, 1776, *in*-12, 2 vol. Veau fauv. d. f. tr.
373. Hiftoire de la Jurifprudence Romaine, pour fervir d'introduction à l'étude du Corps de Droit Civil; par M. ANT. TERRASSON,
Écuyer, Avocat au Parlement. *Paris*, Saugrain pere, 1750,
in-fol. veau marb.

> Ouvrage eftimé & plein de recherches favantes, utiles & curieufes.

Traités Généraux de Droit Romain, Corps de Droit, Commentateurs, &c.

374. Civilis Doctrinæ Analyfis Philofophica, Autore JEANNES
OLIVIER, J. C. Carpentoract. *Romæ.* Typis Joan. Salomoni,
1777, *in*-4°. veau marb.
375. Corpus Juris Civilis. Typis, Euft. Vignon, CIƆ.IƆ.L.XXX.
(1530), *in-fol.* anc. rel.
376. Corpus Juris Civilis, Codicis JUSTINIANI, D. N. Sacratiffimi
Principis PP. Augufti repetitæ prælectiones, libri 12, Notis
DION. GOTHOFREDI, J. C. illuftrati. *Lugduni*, Laurentii Aniffon,
1772, *in*-12, 2 vol. baf.

> Les Notes dont Godefroi a entichi cet Ouvrage, font très-favantes.
> Ferriere les regardoit comme un chef-d'œuvre de clarté, de pré-
> cifion & d'érudition Les meilleures éditions font celles de Vitré,
> 1628, & d'Elfévir. 1783 2 vol. *in-fol.*

377. IMP. JUSTINIANI Inftitutionum, Libri 4. *Amfterodami*, ex
Officina Blaviorum, 1641, *in*-24, baf.
378. Les Quatres Livres des Inftituts de l'Empereur JUSTINIEN,
en Latin & en François, traduits par le fieur DU TEIL, Avocat
en Parlement. *Paris*, G. Loyfon, 1655, *in*-12, 2 vol. Baf.
379. Imperatori JUSTINIANI Inftitutionum Synopfis. *Cadomi*,
Ant. Cavelier, 1737, *in*-12, baf.
380. JOH. FRIDERICI BOCKELMANNI, J. C. Compendium inftitutionum Cæf. Juftiniani, five elementa Juris Civilis in brevem
& facilem ordinem redacta. *Lugduni Batavorum*, apud Fel.
Lopez, 1681, *in*-12, baf.

381. Inftitutiones JUSTINIANI Commentarius, 1664. Manufc. fur papier, forme *in*-8°. Ecriture de l'an 1664, baf.

382. Inftitutionum Civilium ab JUSTINIANO Cæfare editârum libri quat. cum commentarii EGUINARIUM Baronem. *Pictavii*, ex Officina Enguilberti Marnefii, 1555, *in*-4°. parch.

383. Inftitutionum Imperialium erotemata, ftud. & opea CHUN-RADI WOLFII, S. V. D. *Hebarnæ*, Joh. Georg. Muderfpachii, 1625, *in*-12, parch.

384. JOAN. BORCHOLTEN Jc. Clariffimi, & in academia Julia quondam Anteceffloris, in quatuor inftitutionum Juris Civilis libros Commentaria. *Parifiis*, Joan Promé, 1646, *in*-4°. Baf.

385.—Ejufdem BORCHOLTEN Commentarii. *Genevæ*, Chouet, 1653, *in*-4°. baf.

Jean Borcholten, vivoit en même tems que Brederodius, & étoit d'une famille noble de Lunebourg dans la Baffe Saxe. Il profeffa le Droit Romain avec beaucoup de fuccès, à Juliers, à Roftoc & a Helmftad, il y joignit même l'explication des matieres Féodales. Parmi les Ouvrages dont Borcholten eft Auteur, on diftingue fon Commentaire fur les Inftitutes de Juftinien, comme un de fes meilleurs. Toutes les Éditions font également eftimées. L'Abbé Lavocat, dans fon Dict. ne fait point mention de ce Jurifconfulte, ainfi que dans le Dict. des grands Hommes, imprimé à Caen en 1779, *in*-8°. 6 vol. &c.

386. ANTONIO PEREZI J. C. Inftitutiones imperiales erotematibus diftinctæ. *Parifiis*, Guil. Deluyne, 1671, *in*-12, baf.

Perezius (dont le vrai nom étoit Antonio Perez) nâquit à Alforo fur l'Ebre, & mourut à Louvain au commencement du 17ᵉ fiécle. Tous les Ouvrages de ce Jurifconfulte font eftimés, mais on cite principalement Perezius fur les Inftitutions & fur le Code.

387. Inftitutiones Juftiniani fingulari methodo illuftratæ & cum Jure Gallico collatæ; Autore CLAUDIO DE FERRIERE. *Parifiis*, Joann. Cochart, 1676, *in*-8°. baf.

On reproche à Claude Ferriere, d'avoir fait un trop grand nombre d'Ouvrages, & de ne les avoir pas affez travaillés. Ils font regardés comme très-utiles pour les Étudians, en ce qu'on y trouve les définitions affez nettement préfentées, les perfonnes plus expérimentées s'en fervent auffi quelquefois comme de répertoires, où l'on trouve les matieres indiquées, bien entendu, que comme ils ont été faits avec trop de précipitation, pour qu'ils puiffent être exacts, il feroit dangereux de s'y fier entiérement fans recourir aux fources qu'ils indiquent. Les Ouvrages de cet Auteur ont acquis un peu plus d'exactitude par les foins que Claude Jofeph de Ferriere, fon fils, a pris de les revoir, auffi donne-t-on la préférence aux dernieres Éditions publiées par le fils.

Claude de Ferriere, Docteur en Droit de l'Univerfité de Paris fa

Patrie , nâquit en 1639 , il profeſſa la Juriſprudence à Paris , puis
à Reims , où il mourut d'accident , le 11 juin 1715 ; ayant voulut
ſe faire ſeigner par précaution , il fut la victime de l'ignorance d'un
Chirurgien qui lui coupa l'artère ; il fut enterré dans l'Egliſe de
S. Étienne. *Vid. Dict. Des Hom. célèb.*

388. D. JUSTINIANI Inſtitutionum , ſive Elementorum Libri quatuor , cum annotationibus ARNOLDI VINNII, J. C. *Amſtelodami ,*
ex Officina , Henrici , 1690 , *in-12* , baſ.

389. D. JUSTINIANI , Imper. P. P. Auguſt. Inſtitutionum Juris
Civilis , expoſitio methodica FRANCISCI LORRY, anteceſſoris Pariſienſis Opus Poſthumum , acceſſit EVERARDI OTTONIS L. L. 12
tab. diſſertatio. *Pariſiis* , Deſſaint , 1777 , *in-8°.* 2 vol. veau m.

390. Theſes ad titulos Inſtitutionum de obligationibus ; ANT.
FR. CLAUD. LOYRÉ. *Aurelius* , Typis Vid. Moutant , *in-8°.*
veau f. d. ſur tr.

391. Elémens de Droit , ou traduction du Livre du Digeſte ,
avec des notes hiſtoriques ſur le Droit Romain , & ſur le
Droit François ; par M. TOUSSET , Avocat au Parlement de
Touloufe. *Avignon* , Girard , 1771 , *in-12* , veau marb.

392. JOAN. FERRARII MONTANI ad Titulum Pandectarum , de
Regulis Juris integer Commentarius. *Lugduni* , apud Seb.
Gryphium , 1537 , *in-8°.* baſ.

Jean Ferrier , ou Ferrare , contemporain de Fichard , fut long-tems
Profeſſeur en Droit à Marpurg , & mourut dans cette Ville en
l'année 1558.

Traités particuliers ſur le Droit Romain , & Œuvres des Juriſconſultes.

393. JOAN. CASPARI BARTHEL Opuſcula Juridica , *Francofurti ,*
Goth di Poetſch. 1756 , *in-4°.* 2 vol. veau marb.

394. De Veteri Ritu Nuptiarum , & Jure Connubiorum Liber
ſing. Autore BARNABAS BRISSONNIUS , ANTONIUS & FRAN.
HOTMANUS. *Lugduni Bat.* apud Hackium , 1641 , *in-12* ,
baſ.

Briſſon dédia cet Ouvrage au fameux de l'Hopital , Chancelier de
France.

395. MICHAELIS DE LOY brevis ac methodica Pactorum ac con-
tractuum tam in genere quàm in eſpeciæ idea. *Pariſiis* , Alliot ,
1774 , *in-12* , baſ.

396. CLARIS. VIRI JACOBI CONSTANTINŒI Subftilium Enodatio-
num feu Elucidationum Libri duo. *Conftantiis*, apud Joh.
le Cartel, 1627, *in-12*, baf.

Traités finguliers du Droit Romain, des Peines, &c.

397. Differtations fur la compofition des Loix Criminelles;
par J. H. DE ROUSSEL DE LA BERARDIERE. *Leyde*, de Heyligert,
1775, *in-8°*. br.

398. Réfutation des Principes hafardés dans le Traité des Delits
& des Peines; par M. Vouglans. *Laufanne* (Paris) 1767,
in-12. v. m.

399. Commentaire fur le Livre des Délits & des Peines; par
un Avocat de Province. 1776, *in-8°*. br.

> Le Traité des Délits & des Peines, dont nous ne citons que la
> Réfutation & le Commentaire, a tellement réuni les fuffrages de
> toute l'Europe, que le nommer c'eft en faire l'éloge. M. le Marquis
> Céfar Beccaria Bonefano, l'un des plus favans diftingués de Milan,
> n'avoit que vingt fept ans lorfqu'il publia le Traité de Délits &
> des Peines en 1764, l'Erudition, le Jugement dont ce Livre eft
> rempli, donnerent à fon Auteur la plus grande réputation & la mieux
> meritée. Zélé défenfeur de l'humanité, il s'acquit dès-lors des droits
> immortels à la reconnoiffance de toutes les nations. Des Critiques
> injuftes & calomnieufes ont paru fucceffivement contre l'Ouvrage
> & fon Auteur; mais femblable au célèbre Montefquieu fon modèle,
> il a imité fa conduite à l'égard de fes ennemis, la modération avec
> laquelle il répond aux objections du Libelle qui a paru fous le titre de
> (Notes & Obfervations fur le Livre des Délits & des Peines, &c.)
> prouve qu'il ne connoît pas feulement par théorie les vertus fociales,
> mais qu'il fait auffi les réduire en pratique. *Vid. Dict. des Hom. céleb.*

DROIT FRANÇOIS,

ET SES DIFFÉRENTES PARTIES.

*Loix, Conftitutions, Capitulaires, Édits & Ordonnances
anciennes & nouvelles des Rois de France.*

400. Recueil des Ordonnances des Rois de France, recueillies
par MM. EUSEBE DE LAURIERE, DENIS FRANC. SECOUSSE,
VILLEVAUT & BRETIGNY. *Paris*, Impr. Royale, 1723 &
fuivantes, *in-fol.* 12 vol. v. marb.

401. Ordonnances, Loix, Statuts & Édits Royaux de tous
les Rois de France, depuis S. Louis jufqu'au Roi Henry,

ſecond de ce nom ; par PIERRE REBUFFI. *Lyon,* 1551 , *in-fol.* baſ.

402. Les Édits & Ordonnances des Rois de France, depuis S. Louis juſqu'à préſent (1580) ; par ANT. FONTANON, Avocat au Parlement. *Paris ,* Dupuys, 1580 , *in-fol.* 2 vol. parch.

> Antoine Fontanon, Avocat au Parlement de Paris, natif d'Auvergne, eſt le premier qui ait rédigé avec ordre les Ordonnances des Rois de France. Cet Auteur floriſſoit à la fin du 16ᵉ ſiécle; la meilleure Édition de cette Collection eſt en 4 vol. *in-fol.* imprimée à Paris en 1611. Le but de Fontanon a été de compiler toutes les Ordonnances de la troiſième Race , mais quoique ſon Recueil ſoit le moins imparfait de tous ceux qui avoient paru , il y manque une infinité d'Ordonnances : pluſieurs de celles qu'il y a placées y ſont coupées par morceaux , en ſorte qu'on ne peut les lire de ſuite , & a mis dans ſon Recueil pluſieurs pieces qui ne doivent pas s'y trouver.

403. Recueil d'Édits & Ordonnances Royaux ſur le fait de la Juſtice & autres matieres les plus importantes, contenant les Ordonnances des Rois Philippe VI. Jean I. Charles V. Charles VI. Charles VII. Charles VIII. Louis XII. François I. Henri II. François II. Charles IX. Henri III. Henri IV. Louis XIII. Louis XIV. & Louis XV. & pluſieurs Arrêts rendus en conſéquence ; par MM. PIERRE NERON, & ÉTIENNE GIRARD. *Paris,* Montalant , 1720 , *in-fol.* 2 vol. veau.

> Cet Ouvrage paſſe pour être aſſez mal redigé, mais malgré cela les exemplaires en ſont rares. L'Édition que nous annonçons eſt la bonne ; l'ordre des Ordonnances y eſt ſi différent des Éditions précédentes, qu'on peut regarder ce Recueil comme un Ouvrage nouveau ; on y a ſuivi l'ordre chronologique, & non pas celui des matieres , mais on a ſupplée à l'avantage de celui-ci par des tables fort amples. *Vid. Bib. de la Fr.*

404. Nouveau Recueil des Édits, Déclarations, Ordonnances, Réglemens & Arrêts des Rois de France , depuis François I. juſqu'en 1661 , ſur le fait de la Juſtice, Police , Finances, & abréviation des Procès , enſemble l'Édit de Nantes, concernant ceux de la Religion Prétendue Réformée. *Paris,* J. B. Loyſon, 1664, *in-12,* baſ.

405. Recueil des Édits, Déclarations, Ordonnances & Réglemens des Rois Henri II. François II. Charles IX. Henri III. Henri IV. Louis XIII. & Louis XIV. concernant les Mariages. *Paris,* Baptiſte Langlois, 1700 , *in-8°.* broché.

406. La Conférence des Ordonnances Royaux en 12 livres; par PIERRE GUENOIS , & autres. *Paris,* Nicole Dufoſſe, 1607, *in-fol.* baſ.

407.—La même Conférence, par le même. *Paris*, Jacq. Villery, 1678, *in-fol.* 3 vol. Baf.

> Cette Édition contient des Notes de Louis Charondas le Caron, de Nicolas Frerot, de Gabriel Michel, de Matthieu de la Faye, de Laurent Bouchel, de Jacques Joly & de Jean Thomas.
> Pierre Guenois, Lieutenant-particulier à Iſſoudun, dans le 16ᵉ ſiécle.

408. Commentaires ſur les Ordonnances, contenant les difficultés mues entre les Docteurs du Droit Canon & Civil, diviſés en ſix Livres; par M. ADAM THEVENEAU. *Lyon*, Ch. Mathevet, 1666. *In-4°.* baf.

409. ⎰ Édict du Roy, touchant la congnoiſſance, Juriſdiction & Jugement des Procès des Luthériens & Hérétiques. *Paris*, 1551, *in-12*, Gothique, parch.
⎱ Édict du Roy, ſur la prohibition à toutes perſonnes de ne envoyer en Court de Rome aucuns Couriers, ne autres, pour y faire tenir Or ou Argent, ſoit pour matiere Bénéficiales, Proviſions & autres Expéditions. *Paris*, 1551, Goth.

410. Le Code du Roi Henri III. rédigé par BARNABÉ BRISSON, augmenté des Édits d'Henri IV. & Louis XIII. aves les Annotations de LOUIS CHARONDAS LE CARON. *Paris*, Cl. Morel, 1609, *in-fol.* baf.

> Barnabé Briſſon élevé par Henri III. (en 1580) aux charges d'Avocat-Général, de Conſeiller d'État & Préſident a Mortier, fut envoyé en Ambaſſade en Angleterre : à ſon retour, ce Prince le chargea de recueillir ſes Ordonnances & celles de ſon Prédéceſſeur. Henri diſoit ordinairement, « qu'il n'y avoit aucun Prince dans le monde, qui » pût ſe flatter d'avoir un homme d'une érudition auſſi étendue que » Briſſon ». Après la mort de ce Monarque, Briſſon ayant parlé avec beaucoup de force pour l'autorité Royale, la Faction des Seize le fit conduire au Petit Châtelet, où il fut pendu à une poutre dans la Chambre du Conſeil, en 1591. Le Préſident Briſſon a travaillé plus ſouvent en Légiſlateur qu'en ſimple Compilateur; il eſt bon de vérifier les Ordonnances. *Vid. Dict. des Hom. céléb.*

411. Ordonnance de Louis XIII. ſur les plaintes & doléances faites par les Députés des États de ſon Royaume, convoqués & aſſemblés dans la ville de Paris, l'an 1614 & 1615, & ſur les avis donnés à Sa Majeſté, par les Aſſemblées des Notables, tenues à Rouen, en l'an 1617, & à Paris l'an 1626, publiées à Paris en Parlement, le 15 janvier 1629. *Paris*, Meltayer, 1629, *in-12* avec des Notes manuſcrites, parch.

> Cette Ordonnance s'appelle le Code Michau, du nom de Michel

de Marillac, Garde-des-Sceaux. Elle fut ainfi nommée par raillerie &
par mépris des Réglemens dont elle eft compofée ; les créatures &
les partifans du Cardinal de Richelieu ayant donné à cette Ordonnance un fi grand ridicule, que quoiqu'elle fut très-fage, on n'ofoit
la citer au Palais, ni nulle part. *Vid. Satire Ménippée, tom. 2,
pag. 242, à la Note.*

Le Parlement de Paris réfifta avec vigueur, en 1628, à la vérification
de cette Ordonnance ; ce ne fut qu'après plufieurs Jufficns, que le Roi
fut obligé de venir en perfonne au Parlement, pour la faire publier en
fa préfence. *Vid. Bibliotheque de la France.*

412. Procès-Verbal des Conférences tenues par ordre du Roi,
    pour l'examen des articles de l'Ordonnance Civil du mois
    d'avril 1667, & de l'Ordonnance Criminelle du mois d'avril
    1670. *Paris*, les Affociés, 1740, *in*-4°. veau.

413. Procès-Verbal des Conférences tenues par ordre du Roi,
    pour l'examen des articles de l'Ordonnance Civile du mois
    d'avril 1667, & de l'Ordonnance Criminelle du mois d'avril
    1670. *Paris*, chez les Affociés, 1776, *in*-4°. veau marb.

414. ⎰ Ordonnance de Louis XIV. Donnée à S. Germain-en-Laye,
    au mois d'avril 1667, concernant les taxes & manieres
    de procéder, &c. *Paris*, chez les Affociés choifis par le
    Roi, 1667, *in*-12. baf.
    Formules d'Actes & Procédures pour l'exécution de l'Or-
    donnance de Louis XIV. dònnées à S. Germain-en-Laye,
    au mois d'avril 1667. *Paris*, Hemault, 1668.
    — La même Ordonnance de Louis XIV. du mois d'avril
    1667. *Paris*, chez les Affociés, 1671, *in*-16,
    baf.

415. ⎰ Coutumes du Pays & Duché de Normandie, anciens ref-
    fort & enclave d'icelui. *Rouen*, Jacq. Befogne, 1711.
    Ordonnance de Louis XIV. pour les matieres Criminelles,
    donnée à S. Germain-en-Laye, au mois d'août 1670. *Paris*,
    les Affociés, 1670.

416. — La même Ordonnance de Louis XIV. du mois d'avril
    1667. *Paris*, chez les Affociés, 1753, *in*-12, 1 vol. Baf.

417. Coce Civil, ou Commentaire fur l'Ordonnance du mois
    d'avril 1667 ; par M. Fr. SERPILLON, Lieutenant-Général
    Criminel du Bailliage d'Autun. *Paris*, de La Guette, 1779,
    in-4°. veau marb.

418. Ordonnance de Louis XIV. enfemble les Édits & Décla-
    rations touchant la réformation de la Juftice, du mois d'août
    1669. *Paris*, chez les Imprimeurs affociés, 1669, *in*-4°.
    baf.

419. Recueil des Édits, Déclarations & Arrêts du Conseil, regiftrés au Parlement, Chambre des Comptes & Cour des
Aydes, le 13 août 1669. *Paris*, Fred. Leonard, 1669, *in*-12,
baf.

420. Édits & Déclarations du Roi, donnés à S. Germain-en-Laye,
& à Verfailles au mois de février, mars & avril 1673. *Rouen*,
Euft. Viret, 1673, *in*-12, parch.

421. Ordonnances de Louis XIV. données à S. Germain-en-Laye,
au mois de mars 1673, concernant le Commerce & les Arts
& Métiers. *Paris*, chez les Imprimeurs Affociés choifis par
le Roi, 1673, *in*-4°. parch.

422. Ordonnance de Louis XIV. donnée à S. Germain-en-Laye,
au mois d'août 1670, pour les matieres Criminelles. *Paris*,
chez les Affociés choifis par le Roi, 2670, *in*-4°. baf.

423. {
— La même Ordonnance de Louis XIV. pour les matieres
Criminelles, du mois d'août 1670. *Paris*, chez les Affo-
ciés, 1670, *in*-24.
Édit du Roi portant Réglement général pour les Eaux &
Forêts, avec plufieurs Arrêts rendus en conféquence.
Rouen, Euft. Viret, 1675, *in*-24, maroq. n. d. fur tr.
}

424. — La même Ordonnance de Louis XIV. pour les matieres
Criminelles, du mois d'août 1670. *Paris*, chez les Affociés,
1770, *in*-24, veau.

425. Ordonnance de Louis XIV. fur le fait des Gabelles & des
Aydes, donnée à S. Germain-en-Laye, aux mois de mai &
juin 1680. *Paris*, Muguet, 1680, *in*-4°. parch.

426. — La même Ordonnance de Louis XIV. fur le fait des Gabelles,
du mois de mai 1680, commentée fur les Édits, Déclarations,
& Ordonnances depuis intervenus fur cet objet. *Rouen*,
Lallement, 1764. *in*-8°. 2 vol. veau fauv.

427. Conférence, par ordre alphabétique, des matieres contenues
en l'Ordonnance de Lorraine, Civile, Criminelle & des Eaux
& Forêts, de 1707, & des Édits, Ordonnances & Réglemens
relatifs ; par M. Albert Riston, Avocat en la Cour Souveraine de Nanci. *Nanci*, C. S. Lamort, 1774, *in*-12,
1 vol. veau mar. d. fur tr.

428. Conférences des Ordonnances de Louis XIV. avec les anciennes Ordonnances du Royaume, le Droit Écrit & les Arrêts ;
par Philippe Bornier. *Paris*, chez les Affociés, 1729, *in*-4°.
2 vol. baf.

Cet Ouvrage eft trop connu pour nous y arrêter ; nous dirons feu-

H

lement, qu'il eſt la ſource dans laquelle les Juriſconſultes François ne ceſſent de puiſer.

Philippe Bornier naquit à Montpellier en 1634, & y mourut en 1711. Cette Édition eſt beaucoup plus complette & plus exacte que les précédentes; il y a beaucoup de Notes nouvelles ſur l'Édit du Commerce, leſquelles Notes ſont plus utiles pour la pratique, plus claires & plus préciſes que celles de Bornier.

429. L'Eſprit des Ordonnances de Louis XIV. Ouvrage où l'on a réuni la théorie & la pratique des Ordonnances; par M. SALLÉ. *Paris*, Rouy, 1755, *in*-4°. 2 vol. veau fauv.

430. Code du Faux, ou Commentaire ſur l'Ordonnance du mois de juillet 1737, avec des Notes, une inſtruction pour les Experts en matiere de Faux, pluſieurs queſtions du Droit concernant le Crime de Faux, &c. par M. FRANÇOIS SERPILLON. *Lyon*, Gab. Regnault, 1774, *in*-4°. veau mar.

431. Ordonnances de Louis XV, concernant les Donations, les Inſinuations, les Teſtamens, les Subſtitutions, &c. *Paris*, chez les Aſſociés, 1748, *in*-16, veau mar.

432.—Les mêmes Ordonnances de Louis XV, concernant les Donations, &c. *Paris*, 1777, *in*-12. veau m.

433. Recueil des nouvelles Ordonnances & Réglemens de Louis XV, ſur les affaires qui ſont de nature à être portées au Conſeil. *Paris*, Prault, 1740, *in*-16, baſ.

434.—Le même Recueil d'Ordonnances. *Paris*. Prault, 1769, *in*-12, baſ.

435. L'Eſprit des Ordonnances, & des principaux Édits & Déclarations de Louis XV, en matiere Civile, Criminelle & Bénéficiale; par M. SALLÉ. *Paris*, Knapen, 1759, *in*-4°. veau f.

436. Code de Louis XV, ou Recueil des principaux Réglemens & Ordonnances de ce Prince, &c. *Grenoble*, 2 tom. en 1 vol. *in*-12, d. rel.

La premiere Édition de ce Recueil, qui étoit moins complette, a été publiée à Grenoble, en 1749, *in*-12.

437. Recueil par ordre de dates, des Édits, Déclarations, Lettres-Patentes du Roi, Arrêts de ſon Conſeil & du Parlement années 1767, 1768, 1769, 1770, 1771, 1772, 1773, 1774, 1775, 1776, 1777, 1778. 1779, 17 *Paris*, Simon, 1767, & ſuivantes, vol. *in*-4°. veau mar

438. Recueil des Édits, Déclarations, Lettres-Patentes, Ordonnances, &c. *Paris*, Prault, 1774, & ſuivantes, vol. *in*-4°.

Droit François National, ou Usages & Coutumes générales & particulieres des différentes Provinces & Villes de France, par ordre alphabétique.

439 {
Institution au Droit des François. *In-4°.*
Institutes Coutumieres, ou Manuel de plusieurs & diverses Regles, Sentences, & Proverbes tant anciens que modernes du Droit Coutumier, & plus ordinaire de la France. *Paris*, Langelier, 1607, *in-4°.* bas.
}

Cet Ouvrage est un excellent Recueil des principales Regles du Droit dont se servent les Pays qui se gouvernent par leur Coutumes : on ne pouvoit faire un plus judicieux discernement de ces Regles, les exprimer en moins de paroles, les réduire à un ordre plus naturel, & tout ensemble plus commode.

Antoine Loisel, Avocat en Parlement, né à Beauvais, en février 1536, mourut à Paris le 24 avril 1617, âgé de 81 ans, le même jour que fut tué le Maréchal d'Ancre. *Vid Dict. des Hom. célèb.*

440. Nouvelle Institution Coutumiere, qui contient les regles de tout le Droit Coutumier, fondées sur les dispositions de toutes les Coutumes de France, & sur l'usage établi par les Arrêts; par CLAUDE FERRIERE. *Paris*, J. Jombert, 1692, *in-12*, 2 vol. bas.

Les matieres sont distribuées par articles & par maximes, & sont tirées en partie de la Jurisprudence des Arrêts : les Notes sur chaque article sont pour expliquer ou pour autoriser les dispositions qui y sont contenues.

441. Discours préliminaire d'un Ouvrage qui aura pour titre : *Loix Coutumieres du Royaume, mises dans un nouvel ordre.* br. piéce.

442. Anciennes Loix des François, conservées dans les Coutumes Angloises, recueillies par LITTLETON, avec des Observations historiques & critiques, où l'on fait voir que les Coutumes & les Usages suivis anciennement en Normandie, sont les mêmes que ceux qui étoient en vigueur dans toute la France sous les deux premieres races de nos Rois; par DAVID HOUARD. *Rouen*, Lallement, 1766, *in-4°.* 2 vol. m. r d. sur tr. gr. p.

Thomas Littleton, Jurisconsulte Anglois, fut créé Chevalier de Bath, &c. Il mourut en 1482, dans un âge fort avancé. L'Ouvrage que nous annonçons a pour titre en anglois: *Tenures de Littleton,* imprimé en 1640 *in-8°*. Ouvrage célèbre, qui eft, felon Cambdenfon, Commentateur, à l'égard du Droit Anglois, ce qu'eft Juftinien par rapport au Droit Civil. Les lumieres qu'on peut tirer de Litlettfon pour l'intelligence des différens points de notre Droit Coutumier & de nos anciens Ufages, & pour la décifion de plufieurs queftions intéreffantes dans la Pratique, faifoient défirer depuis long-tems que quelque Savant voulût lever les difficultés qui privoient de la lecture de cet Ouvrage ceux à qui il pouvoit être utile. Cette Traduction de M. Houard, & le docte Commentaire dont il l'a accompagnée, font aifément juger que perfonne n'étoit plus capable de rendre un fervice auffi important à notre Jurifprudence.

443. Les Coutumes générales & particulieres de France & des Gaules; par CHARLES DUMOULIN, Avocat au Parlement, augmentées par GAB. MIC. ANGEVIN, Avocat en Parlement. *Paris*, Cl. Sonnius, 1635, *in-fol.* 2 vol. baf.

> Les Notes dont Dumoulin a enrichi cet Ouvrage, ont toujours été regardées comme le chef-d'œuvre de ce célèbre Jurifconfulte ; chaque apoftille, difoit M. de Thou, eft une décifion qu'il n'eft pas permis de contefter. On a fait réimprimer dans le Coutumier Général les notes de Ch. Dumoulin, fur les Coutumes auxquelles elles ont rapport ; elles font une efpece d'abrégé des principes de notre Droit coutumier. *Vid. Journ. des Sav.*

444. Confuetudines Infra-fcriptorum Civitatum & Provinciatum Galliæ; *Bituricenfis*, NIC. BOER II; *Aurelianenfis*, PYRRHIANGLIBERMEI; *Turonenfis*, JOAN. SAISON, Luculentiffime, Commentariis fingulæ illuftratæ. *Francofurti*, Nicolai Baffæi, 1575, *in-fol.* baf.

445. Commentaire fur la Coutume d'Anjou, traduite en françois du lattin de RENÉ CHOPPIN, J. C. Avocat au Parlement de Paris. *Paris*, Eft. Richer, 1635, *in-fol.* baf.

446. Coutumes générales du Pays & Comté de Blois, enfemble les Coutumes Locales des Baronnies & Châtellenies fujettes du reffort de fon Baillage; par M. FOURRÉ, Avocat du Roi au Préfidial de Blois. *Blois*, Maffon, 1777, *in-4°*. 2 vol. v. m.

447. Coutumes du Reffort du Parlement de Guienne (*Bordeaux*), avec un Commentaire pour l'intelligence du Texte, & les Arrêts rendus en interprétation; par MM. LAMOTTE, Avocat au même Parlement. *Bordeaux*, les FF. Labottiere, 1768, *in-8°*. veau f. d. fur tr.

448. Coutume du Boulonois, conférée avec les Coutumes de Paris, d'Artois, de Ponthieu, d'Amiens & de Montreuil; par BERTRAND LOUIS LE CAMUS D'HOULOUVE. *Paris*, Didot 1777, *in-4°*. 2 vol. v. m.

Coutume du Boulonois ; par PIERRE DURET. 1584 , *in-fol.*

449. Indice des Droits Royaux & Seigneuriaux des plus notables Dictions , Termes & Phrases de l'État & de la Justice & Pratique de France , recueilli des Loix, Coutumes & Histoires du Royaume de France & d'ailleurs ; par FR. RAGUEAU , Lieutenant du Bailliage de Berri au Siége de Meung. *Paris*, Chesneau , 1583 , baf.

Cet Ouvrage est un Glossaire du Droit François , contenant l'explication des mots difficiles qui se trouvent dans les Ordonnances de nos Rois , dans les anciens Arrêts & les anciens Titres ; cet Ouvrage n'étant que l'ébauche d'un bon Livre , parce qu'il y manquoit plusieurs mots nécessaires , & qui avoient besoin d'explication , M. de Lauriere y a ajouté un Supplément considérable , imprimé en 1705.

François Rageau , Lieutenant au Siége de Meung en Berri , & Docteur Régent en Droit en l'Université de Bourges , mourut en 1605.

450. Quelle est l'Origine des Droits de Main-Morte dans les Provinces qui ont composé le premier Royaume de Bourgogne , Dissertation qui a remporté le prix de l'Académie des Belles-Lettres & Arts de Besançon, le 24 août 1778 ; par Dom GRAPPIN, Bénédictin. *Besançon* , Couché , 1779 , *in-8°.* baf.

451. Observations sur les Usages des Provinces de Bresse , Bugey, Valromey & Cex , & sur plusieurs matieres féodales & autres, tant pour les pays de Droit Écrit, que pour les Pays Coutumiers ; par M. PERRET. *Dijon*, Frantin , 1771 , *in-4°.*

452. Petit Glossaire , ou Manuel instructif, pour faciliter l'intel-ligence de quelques termes de la Coutume de Bretagne. *Brest*, R. Malassis , 1774 , *in-12* , br.

453. Examen d'un Recueil des Loix sur la Nobilité des fonds de la Province de Languedoc. 1770 , *in-4°.* v. m.

Ce Volume contient , 1°. L'Examen du Recueil des Loix sur la Nobilité des fonds de Languedoc. 2°. Le Traité historique de l'affaire pendante au Conseil d'État du Roi , entre le chapitre de l'Église Cathédrale de la ville de Béziers , & les Maire & Consuls de la même Ville , MM. les Agens Généraux du Clergé , & les Syndics du Tiers-État de la Province de Languedoc. 3°. Preuves & Piéces justificatives , ou Recueil des Titres produits & cités par les Parties.

454. Grande Cause d'État, concernant le pays de Droit Écrit, & pour maintenir les Loix & Ordonnances de la Province de Languedoc , ou Mémoire pour Dlle. Marguerite de Manse , veuve du sieur Francez de la Tour , &c. contre les Dlles. Anne de Manse , & Marie-Anne Roch de Manse , Sœurs. *Paris*, Lottin, 1775 , *in-12*, broc

455. Le Grand Coutumier du Pays & Comté du Maine; par M. Guill. le Rouillé d'Alançon. *Paris*, Fr. Regnault, 1535, *in-fol.* goth. baf. anc. rel.

456. Commentaire fur les Coutumes du Maine & d'Anjou; par Olivier de S. Vast, *Alançon*, Malaffis. 1777, *in-8°.* 4 vol. v. marb.

457. Coutumes générales de l'Évêché de Metz, commentées par M. Dilange, Confeiller au Parlement de Metz. *La Haye*, 1772, *in-12*, d. rel.

458. Traités fur les Coutumes Anglo-Normandes, qui ont été publiées en Angleterre depuis le onzieme jufqu'au quatorzieme fiécle; par M. Houard, Avocat au Parlement, &c. *Paris*, Saillant, 1776, *in-4°.* 4 vol. m. r. d. fur tr.

> Il n'appartenoit qu'à un homme auffi verfé dans la connoiffance de nos Loix & de notre Hiftoire, de répandre les lumieres fur des matieres en général fi obfcures & fi peu éclaircies; & perfonne n'étoit plus capable que M. Houard, de nous donner une intelligence précife de plufieurs points de notre Droit Coutumier, & de nos anciens Ufages.

459. Chartres anciennes des Ducs de Normandie, ou Liber Jurium Confuetudinum Ducatus Normaniæ; Ant. Michaelis Valcat. *Manufc.* fur papier, forme *in-8°.* Écriture du 15e. fiécle, baf.

460. La Coutume de Normandie en rimes Françoifes, avec des notes fur l'étymologie & la propriété des Termes; par M. L. P. M. Avocat au Parlement de Normandie. *Manufc.* fur papier, forme *in-fol.* Écriture du 18e. fiécle. dem. rel.

461. {Coutume de Normandie. *in-12.* baf.
{Heures anciennes.

462. Le Grand Coutumier du Pays & Duché de Normandie, la Chartre aux Normands, Recueil des Ordonnances de Normandie, & le Style de procéder; par Guill. Rouillé d'Alançon. *Rouen*, 1523, *in-fol.* parch.

463. — Le même Coutumier. *Paris*, Regnault, 1534, *in-fol.* baf.

464. — Le même Coutumier. *Rouen*, Nicol le Roux, 1539, *in-fol.* parch.

> Cet Ouvrage a eu autrefois beaucoup de réputation; il fut fi bien accueilli, & donna une fi haute idée de l'Auteur, que le Parlement de Normandie voulut le voir, & le fit prier de venir à Rouen; invitation honorable, à laquelle il ne manqua pas de fe rendre.
>
> Guillaume Rouillé, Jurifconfulte célèbre, naquit à Alançon en 1494 de Louis Rouillé, Seigneur de Hertré & de Rozé: nous ignorons l'année de fa mort. *Vid. Dict. des Hom. célèb.*

De Confuetudine Normaniæ, Gallica & Latina, diligenter
vifa, caftigata, & Commentariis recens editis aucta,
& illuftrata Autore TANIGIO SORINO LESSÆO. *Cadomi*,
apud Pet. Candelarium, 1568, *in-4°.*

465. De Normanorum Quiritatione quam Haro appellant,
liber Autore TAN. SOR. LESSÆO. *Cadomi*, ex Offi. Pet.
Candelarii, 1567.

De Jurifdictione Commentarii, Via Atte & Ratione docendi,
difcendi que confecti ; Autore TAN. SOR. LESSEO. *Cadomi*, 1567, *in-4°.* parch.

466. Coutumier de Normandie, par TERRIEN , donné au Public
par JAC. DUPUIS. *Paris*, 1574, *in-fol.* baf.

> Guillaume Terrien étoit Lieutenant Général à Dieppe, vers le
> milieu du 16°. fiécle. C'eft le plus ancien Jurifconfulte Normand que
> l'on connoiffe.

467. Coutumes du Pays de Normandie, anciens refforts & enclaves
d'icelui. *Rouen*, M. le Mefgiffier, 1588, *in-4°.* exemp. fur
vélin, mar. roug. d. fur tr.

> Cet Ouvrage eft de la plus parfaite confervation, la partie Typo-
> graphique eft de la plus grande beauté. Cette Édition a été donnée par G.
> Lambert, Préfident Préfidial & Lieutenant-général Civil & Criminel au
> Bailliage de Coftantin. Nous croyons que ce magnifique Exemplaire eft
> celui qui a été préfenté à Anne de Joyeufe, Duc & Pair & Amiral de
> France, &c. à qui le Préfident Lambert dédia cet Ouvrage.

468. Coutumes du Pays de Normandie, anciens refforts & enclaves d'icelui. 1616, *in-12*, parch.

469. Commentaire fur la Coutume réformée du Pays & Duché
de Normandie, anciens refforts & enclaves d'icelui ; par M.
J. GODEFROY. *Rouen*, Ofmond, 1626, *in-fol.* 2 tom. en 1 vol. baf.

470. La Coutume réformée du Pays & Duché de Normandie,
anciens refforts & enclaves d'icelui ; par M. JOSIAS BERAULT.
Rouen, Dav. Cu-Petit-Val, 1632, *in-fol.* baf.

471.—La même Coutume, commentée par GODEFROY & D'AVIRON.
Rouen, Ant. Maurry, 1684, *in-fol.* 2 vol. baf.

472. — La même Coutume, commentée par les mêmes, avec la
paraphrafe de D'AVIRON. *Rouen*, Leboucher, 1776, *in-fol.*
2 vol. maroq. r. d. fur tr.

> Berault (Jofias), Avocat au Par'ement de Rouen, fe diftingua par
> fon favoir fous le regne de Henri III ; fon Commentaire fur la Cou-
> tume de Normandie, eft très-eftimé, on a réuni les Commentaires
> de Godefroy & celui d'Aviron : ils font auffi très-eftimés.

473. Coutume du Pays de Normandie, anciens refforts & enclaves
d'icelui. *Rouen*, J. Delamare, 1641, *in-32*, parch.

474. La Coutume réformée du Pays & Duché de Normandie commentée par Henri Basnage. *Rouen*, 1614, *in-fol.* 2 tom. en 1 vol. baf.

475.—La même Coutume. *Rouen*, Centurion & Jean Lucas, 1678 & 1681, *in-fol.* 2 vol. baf.

476.—La même Coutume. *Rouen*, J. Lucas, 1681, *in-fol.* 2 vol. baf.

On obfervera que c'eft précifément la même Édition que la précédente : on n'a fait que changer la date au frontifpice du premier vol.

477. Œuvres de Henri Basnage, contenant fes Commentaires fur la Coutume de Normandie. *Rouen*, 1709, *in-fol.* 2 vol. baf.

478. Les Œuvres de H. Basnage, contenant fes Commentaires fur la Coutume de Normandie, & fon Traité des Hypotheques : quatr. Édit. avec des Notes relatives à la Jurifprudence du Palais, Édit. donnée par Lallemant. *Rouen*, de l'Imprimerie privilégiée, 1778, *in-fol.* 2 vol. maroq. r. d. fur tr.

Cette derniere Édition eft la plus complette des Œuvres de Bafnage ; elle a été publiée par M. Lallemant de Rouen, lequel n'a rien négligé pour la rendre complette & préférable à celle de 1709, devenue rare & d'une valeur affez confidérable. Henri Bafnage Dufraquenai, naquit à St^e. Mere-Églife, au deffus de Carentan, le 16 octobre 1615, & mourut à Rouen le 20 octobre 1695, âgé de 80 ans.

479. Coutumes du Pays & Duché de Normandie, anciens refforts & enclaves d'icelui. *Rouen*, J. B. Befogne, 1742, *in-12*, baf.

480. Coutumes du Pays & Duché de Normandie, anciens refforts & enclave d'icelui. *Rouen*, R. Lallemant, 1757, *in-16*, m. r. d. fur tr,

481. Coutume de Normandie, expliquée par M. Pesnel, avec les Obfervations de M. Roupnel. *Rouen*, Lallemant, 1759, *in-4°.* veau f.

482.—La même Coutume. *Rouen*, Lallemant, 1771, *in-4°.* 2 vol. veau f.

Le but de M. Pefnel eft de faire remarquer la différence qu'il y a entre la Coutume de Paris & celle de Normandie ; l'efprit de ces deux Coutumes eft tellement oppofé l'un à l'autre, qu'il femble, dit-il, qu'elles refpirent encore cette animofité qui a divifé autrefois les deux Nations : il a renfermé fon Ouvrage dans les bornes d'un jufte Commentaire, fes explications font méthodiques ; il a fait un choix judicieux des fentimens des Commentateurs qui l'ont précédé, & des Arrêts qui lui ont paru décififs, &c.

484. Coutumes du Pays & Duché de Normandie, anciens refforts & enclaves d'icelui. *Rouen*, R. Lallemant, 1760, *in-16*, maroq. r. d. fur tr.

485. Texte de la Coutume de Normandie, avec des Notes fur chaque article; par M. N * * *. *Paris*, Durand, 1765, *in-12*, veau mar.

486. Coutumes du Pays & Duché de Normandie, anciens refforts & enclaves d'icelui. *Rouen*, R. Lallemant, 1767, *in-12*, baf.

487. Nouveau Commentaire portatif de la Coutume de Normandie; par M. ÉTIENNE LE ROYER DE LA TOURNERIE, Procureur du Roi au Bailliage de Domfront. *Paris*, Gabriel Valleyre, 1769, *in-12*, 2 vol. maroq. r. d. fur tr.

488.—Le même Commentaire; par le même. *Rouen*, de l'Imprimerie privilégiée, 1778, *in-12*, 2 vol. maroq. r. d. fur tr.

489. Nouveau Commentaire portatif de la Coutume de Normandie; par M. ÉTIENNE ROYER DE LA TOURNERIE, Procureur du Roi au Bailliage de Domfrond. *Rouen*, de l'Imprimerie privilégiée, 1778, *in-12*, 2 vol. maroq. r. d. fur tr.

490. Coutume de Normandie, dans un ordre naturel; par LE CONTE, ancien Avocat au Parlement. *Rouen*, R. Lallemant, 1771, *in-12*, m. r. d. fur tr.

491.—La même Coutume de Normandie. (Rouen, de l'Imprimerie privilégiée) *Paris*, le Boucher, 1779, *in-12*, veau m.

————————————

492. Les Gardes de Normandie. 1612, *in-4°*. parch.

493. Explication de la Garde-Noble Royale en Normandie, de fes avantages & prérogatives; par M. DE SORT. *Rouen*, J. du Mefnil, 1691, *in-12*, baf.

494. Méthode pour liquider les Mariages avenant des filles dans la Coutume générale de Normandie, & dans la Coutume particuliere de Caux; par Me. EST. EVRARD, Avocat au Parlement. *Rouen*, P. Ferrand, 1696, *in-12*, baf.

495. Traité fur les Droits des Filles en Normandie, avec une Méthode facile & fure pour liquider la Légitime ou Mariage avenant. *Rouen*, le Boucher, 1779, *in-12*. dem. rel.

496. Differtation fur les Aides Chevels de Normandie, appellés Aides Coutumiers; par M. DE JORT. *Rouen*, Jac. Befogne, 1706, *in-12*, baf.

   L'Aide Chevel ou de Chevalerie, eft un Droit que le Vaffal paie à fon Seigneur, quand le fils aîné du Seigneur eft fait Chevalier; cette Chevalerie n'eft autre chofe, felon M. Sort, que le fervice militaire; pour prouver ce fentiment, qui eft contraire à ceux de Beraud & Bafnage, l'Auteur remonte à l'origine des Fiefs de

Normandie, & fait voir que les Seigneurs de Fiefs font ce que la Coutume appelle Chevaliers. *Vid. Journ. des Sav. 1706.*

497. Differtation fur le Relief des Fiefs en Normandie; par M. DE SORT. *Rouen*, J. Befogne, 1710, *in-12*, baf.

Le Relief eft auffi ancien que les Fiefs, qui furent établis en Normandie d'un revenu égal par le Duc Raoul; il n'y eut d'abord que deux fortes de Fiefs, les Baronies & les Fiefs de Haubert ou de Chevalier; la Baronie étoit compofée de cinq Fiefs de Chevalier, le Fief de Chevalier étoit de 400 acres de terre, de l'évaluation du Relief. En général cette Differtation eft intéreffante, & très-utile pour ceux qui travaillent fur cette partie. *Vid. Journ. des Sav. 1710*

498. Décifions fur chaque article de la Coutume de Normandie, & Obfervations fur les Ufages Locaux de la même Coutume, & fur les Articles plantés ou arrêtés du Parlement de Rouen, &c. par M. P. DE MERVILLE, ancien Avocat au Parlement. *Rouen*, Charl. Ferrand, 1731, *in-fol.* veau mar.

Ces Décifions font fuivant le fens littéral & l'efprit de chaque article, le fentiment des Commentateurs & la Jurifprudence des Arrêts; l'Auteur a joint aux Commentateurs François, Litleton, qui a écrit fur les Coutumes d'Angleterre, & rapporte en abrégé quelques-unes des Décifions de ce Jurifconfulte. *Vid Journ. des Sav. 1731*

499. Mémoires concernant l'obfervation du Sénatus-Confulte Velléïen, dans le Duché de Normandie; par M. L. FROLAND. *Paris*, Brunet, 1722, *in-4°.* veau mar.

Louis Froland, Avocat au Parlement de Rouen, mort en 1746, exerça fa profeffion à Paris, & y fut finguliérement confulté fur la Coutume de Normandie, qu'il poffédoit très-bien.

La fingularité des matieres, & l'ordre dans lequel l'Auteur les a traitées, doivent lui attirer l'attention de ceux qui s'appliquent à la Jurifprudence, fur-tout par rapport aux Parlemens de Paris & de Rouen, où ces matieres fe préfentent fouvent; il rapporte ordinairement fur chaque difficulté les raifons qu'on peut alléguer de part & d'autre, & il marque celles qui l'ont déterminé à prendre le parti auquel il s'attache : les principes fur lefquels l'Auteur fe décide au fujet du Mémoire fur le Velléïen, peuvent auffi fervir à la décifion d'un grand nombre d'autres queftions mixtes. *Vid. Journ. des Sav. 1732.*

500. Mémoires concernant le Droit de Tiers & Danger fur les Bois de la Province de Normandie; par M. L. GRÉARD, avec les preuves, notes & obfervations de M. L. FROLAND. *Rouen*, Viret, 1737, *in-4°.* baf.

Cet Ouvrage eft très-rare & très-recherché : M. Froland, neveu de l'Auteur, l'a fait réimprimer avec les Preuves & des Obfervations. *Vid. Journ. des Sav.* 1737, *p.* 191.

501. Traité des Décrets d'Immeubles, fuivant la Coutume & la Jurifprudence de Normandie; par M. * * *. *Rouen*, R. Lallemant, 1769, *in-12*, veau f.

502. Differtation fur la Communauté Normande; par M. du CASTEL, Avocat au Parlement de Normandie. *Rouen*, P. Seyer, 1770, *in-12*, maroq. r. d. fur tr.

503. Traité de l'État des Perfonnes fuivant les principes du Droit François & du Droit Coutumier de la Province de Normandie; par P. LE COQ, Prêtre de la Congrégation des Eudiftes, &c. *Rouen*, Laur. Dumefnil, 1774, *in-12*, 2 vol. veau mar.

504. Traité des différentes efpeces de Biens, avec un Traité des Actions, fuivant les principes du Droit François & du Droit Coutumier de la Province de Normandie, pour le fort de la Confcience, pour fervir de fuite au Traité de l'État des perfonnes; par LE COQ, Supérieur-général de la Congrégation des Eudiftes. *Caen*, Chalopin, 1777, *in-12*, 4 vol. br.

505. Coutume des Duché, Bailliage & Prévôté d'Orléans & Reffort d'iceux, avec les notes D'HEN. FORNIER, & celles de CHARL. DUMOULIN. *Paris*, N. Goffelin, 1711, *in-12*, baf.

> Cet Auteur eft un des plus anciens Commentateurs de cette Coutume, & fuivant le fentiment général, il eft mieux entré que nul autre dans l'efprit de cette Coutume; ces Notes parurent en 1609; elles ont confervé depuis toute l'eftime qu'elles acquirent en ce tems-là; ce qu'on y pouvoit fouhaiter, c'étoit un peu plus d'ordre; on y a fuppléé dans l'Édition que nous annonçons, donnée par Martin, Confeiller au même Préfidial : on en a donné une autre Édition en 1740, où l'on fait l'éloge de Fornier : « Écrivain judicieux, un feul mot lui fuffit pour ouvrir » un champ fécond en conféquences; il femble, dit-on, qu'il ne foit » avare des mots que pour enrichir la penfée. » *Vid. Journ. des Sav.* 1711.

506. Coutumes de la Prévôté & Vicomté de Paris; rédigées par M. DE THOU, & autres. *Paris*, Fleury, 1603, *in-12*, parch.

507. CAROLI MOLINŒI Parifienfis J. V. D. Commentarii, in Parifienfes totius Galliæ fupremi Parlamenti confuetudines; opera D. DIONISII GOTHOFREDI. *Coloniæ Allobrogum*, Le Preux, 1610, *in-fol.* baf.

> Ce Commentaire n'eft que fur les deux premiers titres de la Coutume de Paris, & fait gréter le Commentaire entier.

508. Coutumes de la Prévôté & Vicomté de Paris, avec les Notes de M. C. DUMOULIN, enfemble les Obfervations de MM. J. TOURNEL, JACQ. JOLY & CH. LABBÉ, anciens Avocats de

la Cour ; Édition donnée par *Rocolet*, Imprimeur. *Paris*, Louis Billaine, 1665, *in-12*, baſ.

509. Texte des Coutumes de la Prévôté & Vicomté de Paris, avec des Notes ou Déciſions, &c. par Mᵉ. Cl. de Ferriere, Avocat au Parlement. *Paris*, J. Cochart, 1680, *in-16*, baſ.

510. Texte Des Coutumes de la Prévôté & Vicomté de Paris, avec des Notes ou Déciſions, &c. par le même. *Paris*, Prud'homme, 1740, *in-16*, baſ.

511. Nouveau Commentaire ſur la Coutume de la Prévôté & Vicomté de Paris ; par M. Cl. de Ferriere, Édit. augmentée par Sauvan d'Aramon. *Paris*, Rouy, 1741, *in-12*, 2 vol. baſ.

> Claude de Ferriere, Docteur en Droit de l'Univerſité de Paris ſa Patrie, naquit en 1639, il profeſſa la Juriſprudence à Paris, puis à Reims où il mourut en 1715, à 77 ans.
> Ce Commentaire contient les principales matieres de notre Droit Coutumier ; mais comme il s'y trouvoit pluſieurs choſes contraires à notre Juriſprudence, & qu'il y en manquoit auſſi pluſieurs d'utiles, l'Éditeur y a pourvu.

512. Texte des Coutumes de la Prévôté & Vicomté de Paris ; par M. Eusebe de Lauriere, Avocat au Parlement, avec beaucoup de Notes nouvelles trouvées après ſon décès. *Paris*, Nyon, 1777, *in-12*, 3 vol. veau marb.

> Euſebe Jacob de Lauriere, Avocat au Parlement de Paris, ſa Patrie, naquit en 1659, & y mourut en 1728, à 69 ans. Cet Ouvrage paſſe pour le meilleur de Lauriere, ſes Notes ſont très-eſtimées.

513. Recueil de Titres & Mémoire ſur la Conſtitution politique de la Ville & Cité de Périgueux, où l'on développe le Caractère & les Droits de la Seigneurie qui lui appartient, & de laquelle ſes Citoyens & Bourgeois, ſont, & un chacun propriétaires par indivis. *Paris*, Quillau, 1775, *in-4°*. 2 vol. br.

514. Traité de la repréſentation & du Privilége du double lien ſuivant l'ordre de ſuccéder dans la Coutume de Poitou, & les Coutumes circonvoiſines ; Ouvrage poſthume de M. Vincent Mignot, ancien Bâtonier des Avocats du Préſidial de Poitiers. *Paris*, Démonville, 1777, *in-12*, veau marb.

515. Nouveau Commentaire ſur les Statuts de Provence ; par M. Jean-Joseph Julien, Écuyer, ancien Avocat au Parlement, &c. *Aix*, David, 1778, *in-4°*. 2 vol. veau marb.

516. Coutume des Bailliages de Sens & de Langres ; par M. Juste de Laistre. *Paris*, Oſmont, 1731, *in-4°*. baſ.

> Ce ne ſont que des Notes ſur chaque article, qui ſont tantôt plus,

tantôt moins étendues, fuivant que la difficulté où l'importance de la matiere l'exigeoit. M. de Laiftre a mis à la fin de fon Commentaire l'ancienne Coutume de Sens, le procès-verbal de la réformation de la nouvelle Coutume, l'Ordonnance de Louis XV, de Février 1731, pour fixer la Jurifprudence au fujet des Donations, & la Déclaraion du même tems fur les Infinuations. *Vid. Journ. des Sav.* 1731.

517. Le Droit général de France, & le Droit particulier à la Touraine & au Lodunois, contenant les matieres Civiles, Criminelles & Eccléfiaftiques, & une explication méthodique des difpofitions des Coutumes de Touraine & de Lodunois, &c. par M. COTTEREAU fils, Avocat. *Tours,* Lambert, 1778, *in-4°.* veau marb.

518. Coutumes de la Ville, Gardiage & Viguerie de Touloufe, en latin & en françois; par M. J. ANT. SOULATGES, Avocat en Parlement. *Touloufe,* Dupleix, 1770, *in-4°.* veau marb.

Recueil d'Arrêts & Décifions des différentes Cours Souveraines, & des divers Parlemens de France, avec quelques pieces relatives auxdites Cours & Parlemens.

519. Loix, Édits & Ordonnances concernant l'état de la Juftice & Jurifdictions des Cours Souveraines de France. *Paris,* Cl. Micard, 1573, *in-8°.* baf.

520. Dictionnaire des Arrêts, ou Jurifprudence univerfelle des Parlemens de France & autres Tribunaux; par M. PIERRE JACQ. BRILLON. *Paris,* Mich. Brunet, 1711, *in-fol.* 3 vol. baf.

> Cette eftimable Compilation n'a pu être faite que par un homme fort laborieux & fort favant; la bonne Édition eft de 1727 en 6 vol. *in-fol.* M. de Laville, Avocat au Parlement, avoit commencé ce travail qu'il a laiffé imparfait : Brillon a non-feulement ajouté au Dictionnaire de M. de Laville les Arrêts qui y manquoient, mais il a encore femé dans tout le cours de l'Ouvrage des textes & des maximes de Droit qui fervent de fondement aux Arrêts cités
>
> Pierre-Jacq. Brillon, Confeiller au Confeil-Souverain de Dombes, Subftitut du Procureur-général du Grand-Confeil, & Echevin de Paris, naquit dans cette ville en 1671, & y mourut en 1736.

521. Recueil général des Édits, Arrêts & Réglemens notables concernant les Eccléfiaftiques, Univerfités, Baillifs, &c. par J. FILLEAU. *Paris,* Euft. Richer, 1630, *in-fol.* 2 vol. baf.

> Jean Filleau, Profeffeur en Droit, Avocat du Roi à Poitiers, mourut en 1682.

{ Recueil de Réglemens notables tant généraux que particuliers, donnés entre les Eccléfiaftiques, pour la célébration du Service Divin, Juges, Magiftrats, & autres Officiers Royaux & des Seigneurs Jufticiers, &c. pour l'exercice de leurs offices, rang, féances, prérogatives d'iceux, &c. par J. CHNU DE BOURGES. *Paris*, Nicolas Buon, 1611, *in-4°*. baf.

522.

Cent notables & fingulieres Queftions de Droit décidées par Arrêts mémorables des Cours Souveraines de France; recueillies par le même. *Paris*, N. Buon, 1611.

523. Recueil d'Arrêts notables des Cours Souveraines de France; recueillis par J. PAPON. 1556, *in-fol*. baf.

524. — Le même Recueil d'Arrêts ; par le même. *Lyon*, 1596, *in-fol*. baf.

Jean Papon, Lieutenant-général de Montbriffon en Forez, naquit dans cette Ville en 1505, & y mourut en 1590.

525. Les Notaires de J. PAPON. *Lyon*, Jean Des Tournes, 1575, & années fuiv. , *in-fol*. 3 vol. baf.

Cet Ouvrage eft une efpece de pratique de toutes les parties du Droit.

526. Quatre livres des Arrêts, & chofes jugées par la Cour; Œuvre compofé en latin par A. ROBERT, & mis en françois M. G. M. D. R. Avocat. *Paris*, 1611, *in-4°*. parch.

527. Recueil d'aucuns notables Arrêts donnés en la Cour du Parlement de Paris, pris des Mémoires de M. GEORGE LOVET ; Édit. donnée par JULIEN BRODEAU, Avocat. *Paris*, Langelier, 1614, *in-4°*. parch.

528. — Le même Recueil d'Arrêts. *Paris*, 1633, *in-fol*. baf.

529. — Le même. *Paris*, P. Rocolet, 1661, *in-fol*. baf.

530. — Le même. *Paris*, Thierry, 1693, *in-fol*. 2 vol. baf.

531. Recueil d'Arrêts du Parlement de Paris, pris des Mémoires de feu P. BARDET, avec les Notes de CL. BERROYER, Édit. donnée par C. N. LALAURE. *Avignon*, Jof. Roberty, 1773, *in-fol*. veau m.

Pierre Bardet avoit la réputation d'un bon Avocat, fon Recueil d'Arrêts, qui parut pour la premiere fois en 1690, eft eftimé. L'Auteur très-affidu aux Audiences, a dû faire un Ouvrage exact. Bardet naquit à Montaguet en Bourbonnois, l'an 1691, & mourut à Moulins en 1685, à 94 ans.

532. Arrêts de la Cour, prononcés en Robes rouges, depuis le Parlement commençant à la S. Martin 1580, jusques à Noel 1621; recueillis par J. DE MONTHOLON. *Paris*, Cramoisi, 1623, *in-*4°. parch.

> Jacques de Montholon, Seigneur d'Aubervilliers, Avocat au Parlement de Paris, mourut le 17 juillet 1621.

533. Recueil d'Édits & Déclarations du Roi, Arrêts du Conseil & du Parlement, Traités de Paix, &c. entre la France & divers États Étrangers, &c. *in-*4°. parch.

534. Journal des Principales Audiences du Parlement; par M^e. J. DUFRESNE. *Paris*, Alliot, 1652, *in-fol.* baf.

535. — Le même Journal, depuis l'année 1623, jusqu'en 1657; par J. DUFRESNE, DE LA GUESSIERE & NICOL. NUPIED. *Paris*, Ch. Ofmont, 1678 & suivantes, *in-fol.* 6 vol. baf.

536. Journal du Palais, ou Recueil des principales Décisions de tous les Parlemens & Cours Souveraines de France; par CL. BLONDEAU, & GAB. GUERET. *Paris*, Guignard, 1713, *in-fol.* 2 vol. baf.

> Ce Recueil d'Arrêts est très-estimé, Cl. Blondeau, Avocat au Parlement de Paris, commença en 1672, avec Gueret son Confrere, le Journal du Palais, la dern^e Edit. est de 1755 en 2 vol. *in-fol.* Claude Blondeau mourut au commencement du 18e siécle.

537. Recueil des Arrêtés de M. le Premier Président DE LAMOIGNON. *Paris*, Merlin, 1777, *in-*4°. maroq. r. d. sur tr.

> Cet Ouvrage est très-estimé; l'Édition de 1702 étoit devenue très-rare avant cette derniere, préférable en tout à la premiere.
> Guillaume de Lamoignon, Marquis de Basseville, fut reçu Conseiller au Parlement de Paris en 1635, Maître des Requêtes en 1644, & se distingua dans ces deux places par ses lumieres & par sa probité; son mérite lui procura la charge de Premier Président du Parlement de Paris, en 1658; étant allé faire ses remercimens au Roi, le Cardinal Mazarin qui étoit présent lui dit: « Si le Roi avoit connu un plus » homme de bien & un plus digne sujet, il ne vous auroit point » choisi ». Le Président de Lamoignon méritoit qu'on eût de telles idées de lui; ses Harangues, ses Réponses, ses Arrêtés étoient autant d'Écrits solides & lumineux, son ame égaloit son génie; les Boileau, les Racine, les Bourdaloue, &c. composoient sa petite Cour. La France, les Lettres & les Gens de bien perdirent cet Homme célébre en 1677, à 60 ans.

538. Siéges Royaux ressortissans directement au Parlement de Paris, rangés par ordre alphabétique, avec les qualifications

propres & particulieres à chacuns. *Paris*, Simon, 1776, *in-4°*. veau f. d. fur tr.

539. Dictionnaire des Paroiffes du reffort du Parlement de Paris, avec l'indication des Siéges Royaux ordinaires, dans le territoire defquels ces Paroiffes font fituées. *Paris*, Simon, 1776, *in-4°*. veau f. d. fur tr.

540. Recueil général des Édits, Déclarations, Arrêts & Réglemens entre les Baillifs Sénéchaux, &c. Édits Déclarations, &c. du Parlement de Metz; par M. SAMUEL DESCORBIAC. *Paris*, Fouet, 1638, *in-fol.* parch.

541. Journal de ce qui s'eft paffé à l'occafion du rétabliffement du Parlement de Touloufe dans fes fonctions, en Décembre 1774. *In*-12, piéce.

542. Suite du même Journal, du 14 mars 1775. *In*-12, piéce.

543. Extrait du Regiftre fecret du Confeil Souverain de Rouffillon, du 12 Juin 1762, *in*-12, piéce.

544. Recueil des Édits & Déclarations du Roi, Lettres-patentes, Arrêts du Confeil de Sa Majefté, vérifiés, publiés & regiftrés au Parlement féant à Befançon, & des réglemens de cette Cour depuis la réunion de la Franche-Comté à la Couronne. Nouv. Edit. *Befançon*, Duclin, 1771, & fuiv. *in-fol.* 4 vol. veau m.

> Cette Édition, donnée par M. Droz, Confeiller au Parlement de Befançon, eft par ordre chronologique; il l'a augmentée d'un nombre confidérable de pieces qui n'avoient point été mifes dans le précédent Recueil, & il y a ajouté des tables qui conftatent l'authenticité de chaque piece. Les deux premiers vol. qui font de plus de 900 p. chacun, contiennent tous les Édits & Réglemens depuis 1674, jufqu'en 1714; le troifieme finit en 1740, & le quatrieme enfin contient tout ce qui a été publié jufqu'en 1774.

545. Difcours de JACQUEMARD, Doyen de la Cité Royale de Befançon, à fes Concitoyens les Vignerons de la Banniere de Battant, fur les Rumeurs actuelles. 1759, *in*-12, piéce.

546. Lettre d'un Franc-Comtois à un de fes amis à Paris, fur dif-férens Evénemens qui fe font paffés au Parlement de Befançon. *in*-12, piéce.

547. Edits Déclarations, Arrêts & Réglemens concernant la Difcipline du Parlement de Rouen, Regiftrés en Parlement. *Rouen*, Befogne, 1707, *in*-12, baf.

548. Recueil des Déclarations du Roi, portant interdiction des Cours de Parlement, des Aydes, Bureau des Finances, Lieutenant-Général, & du Corps-de-Ville, de la Ville de Rouen; enfemble les Commiffions pour exercer les charges

des

des Officiers interdits & autres Déclarations de Sa Majesté, concernant le rétabliffement des Bureaux & autres affaires de Normandie. *Rouen*, David du Petit-Val, 1640, *in-4°*. parch.

549. Ordonnances Royaux, ou Recueil des Ordonnances faites par les Rois, Ducs, Comtes, & Barons du Duché de Normandie; enfemble les Ordonnances faites fur le fait des Eaux & Forêts, & auffi les Droits d'Auleron, avec le ftyle de plaider en ladite Cour de Parlement. *Rouen*, Raulin Gauthier, 1519, *in-8°*. goth. baf.

550. — Les mêmes Ordonnances. Édit. de *Caen*, Michel Augier, 1519, *in-8°*. baf.

551. Recueil d'Édits, Arrêts, Lettres-Patentes, &c. Regiftrés au Parlement de Rouen, fur diverfes matieres. *Rouen*, le Mefgiffier, 1570, *in-8°*. parch.

552. Recueil des Édits, Déclarations, Lettres-Patentes, Arrêts, & Reglemens du Roi, regiftrés en la Cour du Parlement de Normandie, depuis l'année 1643, jufqu'en 1771, & depuis 1772, jufqu'en 17
Rouen, l'Allemend, 1755, & années fuiv. *in-4°*, 10 vol. veau f.

553. Recueil de tous les Actes concernant les affaires du Parlement de Rouen, pendant les années 1759 & 1760, avec le récit exact & circonftancié de tout ce qui les a occafionnées. *In-12*, piéce.

554. Difcours prononcé à la Chambre des Vacations du Parlement de Grenoble, le 23 Septembre 1754, pour la clôture; par M. GAY BOISCLAIR, Avocat en Parlement, au nom de fon ordre. *In-12*, piéce.

555. Arrêts du Parlement de Bretagne, pris des Mémoires & Plaidoyers de M. SÉB. FRAIN, Avocat dudit Parlement; Édit. donnée par PIERRE HÉVIN. *Rennes*, P. Garnier, 1684, *in-4°*. baf.

Les Recherches curieufes dont M. Hévin a enrichi cette Édition des Œuvres de Frain, en rendent la lecture intéreffante : on y trouve un trait curieux de la vie d'Henri IV, touchant le Seigneur de la Sicaudais, en Bretagne; une méprife confidérable de Mézerai, touchant S. Malo, relevée par Hévin ; un examen de la Décrétale d'Honorius III, qui défend d'étudier le Droit Civil à Paris ; & plufieurs autres recherches intéreffantes, tant fur l'Hiftoire que fur le Droit.
Pierre Hévin, Avocat au Parlement de Bretagne, né à Rennes en 1621, mourut en 1692.

556. Recueil d'Arrêts, Arrêtés, Remontrances & autres Piéces qui

K

font émanées contradictoirement dans l'affaire du Parlement de Bretagne. 1765 , *in*-12 , broch.

557. Recueil d'Arrêts rendus au Parlement de Bretagne , depuis la S. Martin 1767 , jusqu'au mois de mai 1770 , fur plufieurs Queftions de Droit & de Coutume , matieres Criminelles , Bénéficiales & de Gruerie ; par M. POTIER DE LA GERMONDAYE, Avocat au Parlement de Bretagne. *Rennes*, Fr. Vatar, 1775 , *in*-12 , m. r. d. fur tr.

558. Introduction au Gouvernement des Paroiffes , fuivant la Jurifprudence de Bretagne ; par M. POTIER DE LA GERMONDAYE. *S. Malo* , Hovius, 1777 , *in*-12. m. r. d. fur tr.

559. Recueil des Édits , Déclarations , Lettres-patentes, Arrêts du Confeil d'État & du Confeil Souverain d'Alface , Ordonnances & Réglemens concernant cette Province , depuis 1657 , jufqu'en 1770 , avec des obfervations; par M. DU BOUG, Premier Préfident du Confeil Souverain d'Alface. *Colmar* , Delrer , 1775 , *in-fol.* 2 vol. m. r. d. fur tr.

560. Table alphabétique , ou Abrégé du Recueil des Ordonnances & Réglemens de Lorraine, jufqu'en 1773, excepté du quatrieme vol. concernant les monnoies ; par M. A ✱✱✱ R ✱✱✱, Avocat en la Cour Souveraine de Nanci. *Nanci* , Babin , 1773 , *in*-4°. veau m. d. fur tr.

561. Dictionnaire hiftorique des Ordonnances & des Tribunaux de la Lorraine & du Barrois; par P. DOMIN. GUIL. DE ROGEVILLE, Chev. Confeiller au Parlement de Nanci. *Nanci*, le Clerc , *in*-4°. 1 , 2 &   vol. maroq. r. d. fur tr.

562. Expofition des Loix , Actes & Monumens authentiques concernant l'Origine & la Conftitution de la Cour Souveraine féante à Nanci. 1775 , *in*-4°. br.

Remontrances , Lettres , &c. des Parlemens & des Cours Souveraines de France , avec les Procès-verbaux des Lits-de-Juftice tenus en différentes occafions , &c.

563. Articles des Remontrances faites en la convention des trois États de Normandie , tenue à Rouen, années 1599 , 1602 , 1612 , 1615 , 1617 , 1621 , 1624, 1625, 1628, 1630, 1633, 1638 , 1644 & 1658. *Rouen* , le Megiflier , 1599, *in*-4°. baf.

564. Recueil de Remontrances, Lettres, &c. des Parlemens de Paris, Rouen, Rennes, Provence, Besançon, & des Chambres des Comptes & Cours des Aides de Paris, Rouen, Provence, de Guienne & autres, années 1753, 1754, 1759, 1760, 1761, 1763, 1767, 1775, 1777 & suivantes.

Lettres sur les Remontrances du Parlement, de 1753.

Relation de ce qui s'est passé en 1753 en la Sénéchaussée d'Angers, au sujet de la suppression d'un imprimé, intitulé : *Lettre de Monseigneur l'Évêque de * *, sur les Remontrances du Parlement de Paris. In-12*, 1 vol.

565. Les très-humbles Remontrances du Parlement, présentées au Roi, des 4 mars 1751 & 15 avril 1752, *In-4°. pièce.

566. Remontrances du Parlement de Rouen, du 10 mai 1760, au sujet de l'Édit du mois de février de la même année, & de la Déclaration du même mois. *In-12*, veau m.

Panégyrique de S. Jacques-Mathieu Reinchart, Maître Cordonnier, prononcé le 13 de l'an (1899) dans la ville de l'Imagination ; par PIERRE MORTIER, Diacre de la Cathédrale. 1759.

Histoire des différens Siéges de Berg-op-zoom. 1747.

567. Les très-humbles Remontrances du Parlement au Roi, du 9 avril 1753.

Tradition de Faits qui manifestent le Systême d'indépendance que les Evêques ont suivi dans tous les tems & la nécessité d'arrêter leurs entreprises, &c.

Ordonnances des Rois des trois Races, concernant les Évocations, interdictions, &c. contraires aux Loix ou à l'Usage, Style & Réglemens du Parlement.

Plusieurs Arrêts & Arrêtés du Parlement, & Discours de M. le Premier Président au Roi, depuis le 16 décembre jusqu'à l'exil des Enquêtes & Requêtes.

Déclaration du Roi, qui transfère la Grand'Chambre en la ville de Pontoise. 1753, *in-12*, veau marb.

568. Procès-verbal de ce qui s'est passé au Lit-de-Justice tenu par le Roi, au Château de Versailles, le 5 mai 1775. *Paris*, Imp. Royale, 1775, *in-4°.* br.

569. Procès-verbal de ce qui s'est passé au Lit-de-Justice par le Roi, à Versailles, le mardi 12 mars 1776. *Paris*, Imp. Royale, 1776, *in-4o.* br.

570. Lettre du 18 août 1756, sur les Lits-de-Justice. *In-12*, piéce.

JURISCONSULTES FRANÇOIS
GÉNÉRAUX ET PARTICULIERS.

571. JACOBI CUJAEII Opera quæ extant omnia. *Parisiis*, Seb. Nivellum, 1677 (1577), *in-fol.* 5 tom. 4 vol. parch.

Cujas a mieux parlé la Langue du Droit qu'aucun moderne, & peut-être auffi bien qu'aucun ancien. (*D'Aguesseau, tom. I, p.* 227.) Il a été regardé comme un des plus fameux Jurifconfultes de fon tems, » & comme l'Aigle du Barreau. » Il naquit à Touloufe, en 1520, d'un Foulon; la Nature le doua d'un efprit fupérieur, dit *Scevole de S.te Marthe*, pour le confoler de la baffeffe de fon extraction. La meilleure Édition de fes Œuvres eft celle de Fabrot, Paris, 1658, 10 vol. *in-fol.* (*Bibliog. de Debure, N°.* 1201). Celle de Paris, 1577, donnée par Cujas même, eft très-rare; on en a donné une autre à Naples, en 1762, 2 vol. *in-fol.* elle eft moins belle que les précédentes, mais plus commode, à caufe de la table générale qui l'accompagne. *Dict. des Hom. céléb. au nom Cujas.*
Outre les Ouvrages imprimés de ce Jurifconfulte, il exifte, dans les MMff. de la Bibliothèque du Roi, fonds de Dupuy, plufieurs Écrits de cet Homme célèbre, favoir, 1°. *Jacobi Cujacii Confultatio de Controverfia regni Portugalliæ*; 2°. *Lettres de Cujas*, écrites & fignées de fa main; la plupart de ces lettres, qui roulent fur différens points de Jurifprudence Romaine, font écrites à Pierre Pithon. Il y a auffi dans les mêmes Manufcrits, un Recueil de Lettres latines, fous le titre de *Jacobi Cujacii Epiftolæ*, & plufieurs autres pieces concernant Cujas. Papyre-Maffon a écrit la vie de ce célèbre Jurifconfulte; il rapporte qu'il avoit pris la finguliere habitude d'étudier tout de fon long fur un tapis, le ventre contre terre, ayant fes livres au tour de lui.
Cujas, dont le vrai nom étoit Cujaüs, dont il retrancha l'*ü* pour l'adoucir, mourut en 1590, à Bourges, où il s'étoit fixé. *Vid. Hift. de la Jurifp. Rom, &c.*

572. Les Œuvres de M. CHARLES LOYSEAU, Avocat au Parlement, contenant les cinq Livres du Droit des Offices, les Traités des Seigneuries, des Ordres, &c. *Paris*, Nicol. Pepingue, 1678, *in-fol.* baf.

Charles Loyfeau naquit à Sens, & mourut à Paris en 1627, à 63 ans. Les Ouvrages de cet habile Jurifconfulte font eftimés, mais fon Traité du *Déguerpiffement*, paffe pour fon Chef-d'œuvre, à caufe du mélange judicieux qu'il y a fait du Droit Romain avec le nôtre.

573. Les Œuvres de feu M. GILLES LE MAISTRE, divifées en cinq Livres. 1°. Des Criées & Saifies réelles.
2°. Des Amortiffemens & Francs-Fiefs.
3°. Des Régales.
4°. Des Fiefs, Hommages & Vaffaux.
5°. Des Appellations comme d'Abus.

Édition donnée par Cl. Bernard. *Paris*, Legras, 1673, *in-4°*.baf.

Gilles le Maître, Premier Préfident au Parlement de Paris, fous le regne de Henri II, mourut en 1562. Parmi les Ouvrages de ce Magiftrat, l'on donne la préférence à fon Traité des Criées, &c. c'eft un des meilleurs Livres de Jurifprudence qui ait paru pendant le 16ᵉ fiecle, au jugement de M. de Héricourt; mais la méthode de l'Auteur n'eft point du goût de notre tems, & il y a eu depuis de fi grands changemens dans la Jurifprudence, que cet Ouvrage, quoique très-utile, ne fuffit pas aujourd'hui pour s'inftruire à fond fur les Criées. *Journ. des Sav.* 1627, *p.* 212.

574. Œuvres d'Antoine Despeisses, Avocat, où toutes les plus importantes matieres du Droit Romain font expliquées & accommodées au Droit François, confirmées par les Arrêts des Cours Souveraines; favoir, tome Iᵉʳ, des Contrats propres & impropres, leurs acceffoires, exécution & diffolution.

Tome II, des Succeffions Teftamentaires, & *ab inteftat*, Pratique Civile, Pratique Criminelle.

Tome III, des Droits Seigneuriaux, des Bénéfices Eccléfiaftiques. Édit. donnée par M. Guy de Rousseau de la Combe, Avocat au Parlement de Paris. *Touloufe*, Dupleix, 1778, *in-4°*. veau m.

Antoine Defpeiffes reçut le jour à Montpellier, en 1595; il exerça la Profeffion d'Avocat, d'abord à Paris, enfuite dans fa Patrie; il mourut en 1658, à 64 ans. Ses Œuvres ont été imprimées plufieurs fois; l'Édition que nous citons eft la derniere qui ait paru de cet Auteur, & eft préférable à celles qui l'ont précédée. « Cet Auteur, dit M. Bretonnier, » eft très-louable par fon grand travail, mais il l'eft très-peu par » fon inexactitude; fes citations ne font ni fideles ni juftes; il ne » laiffe pas cependant d'être un très-bon Répertoire.

575. Œuvres Pofthumes de M. Louis de Héricour, contenant, 1°. Ses Confultations Canoniques Civiles.

2°. Ses Mémoires fur des Queftions de Droit Civil.

3°. Ses Mémoires fur les Queftions de Droit Canonique. *Paris*, Saillant, 1759, *in-4°*. 4 vol. veau marb.

576. Œuvres de M. le Chancelier d'Aguesseau, contenant, Tome Iᵉʳ, 1°. Difcours pour l'ouverture des Audiences. 2°. Les Mercuriales. 3°. Réquifitions & autres Difcours faits en différentes occafions. 4°. Inftructions fur les études propres à former un Magiftrat, & autres Difcours fur le même fujet.

Tome II, Plaidoyers prononcés au Parlement, en qualité d'Avocat-Général, dans les années 1691, 1692, 1693.

Tome III, 1°. Suite des mêmes Plaidoyers, années 1694, 1695. 2°. Deux Plaidoyers, l'un du mois de janvier 1696, l'autre de 1698, dans la Caufe de M. le Prince de Conti & Mde. la Ducheffe de Nemours. 3°. Un Plaidoyer du mois d'avril 1696, dans la Caufe de M. le Duc de Luxembourg, & des autres Ducs & Pairs.

Tome IV, Suite des mêmes Plaidoyers, depuis le mois d'avril 1696, & dans les années 1697, 1698 & 1699.

Tome V, Plaidoyers, Mémoires, Differtations & autres Ouvrages.

Tome VI, Plufieurs Requêtes fur les Matieres Dominicales, préfentées au Parlement, en qualité de Procureur-général.

Tome VII, Requêtes & Mémoires fur les mêmes matieres, avec différentes pieces fur la Pairie.

Tome VIII, Lettres fur les matieres Criminelles, & fur les matieres Civiles.

Tome IX, Lettres fur les mêmes matieres.

Tome X, 1°. Suite des mêmes Lettres. 2°. Confidérations fur les Monnoies. 3°. Mémoire fur les Actions de la Compagnie des Indes.

Tome XI, Méditations Philofophiques fur l'Origine de la Juftice. *Paris*, les Affociés, 1759 & années fuiv. *in-4°*. 11 vol. veau marb.

> Henri-François d'Agueffeau nâquit à Limoges en 1668, d'une ancienne Famille de Saintonge; il montra dès fa plus tendre jeuneffe les plus heureufes difpofitions pour l'étude, il fut reçu Avocat-général de Paris en 1691, & y parut avec tant d'éclat, que le célèbre Denis Talon, alors Préfident à Mortier, dit, qu'il voudroit finir comme ce jeune-homme commençoit: il fut enfuite nommé Procureur-général en 1700, à 32 ans: c'eft alors qu'il déploya tout ce qu'il étoit; le Chancelier Voifin étant venu à mourir, le Régent jetta les yeux fur d'Agueffeau, & le nomma pour lui fuccéder. Semblable au Chancelier de l'Hôpital, par fes talens & par fes travaux, il fe vit, comme lui, expofé à des orages. Cet Homme célèbre conferva jufqu'à l'âge de 81 ans une fanté vigoureufe, mais dans le cours de l'année 1750, des infirmités douloureufes l'avertirent de quitter fa place, il s'en démit; fe retira avec les honneurs de la dignité de Chancelier, & mourut peu de tems après, le 9 février 1751. La plus grande partie de fes Ouvrages fe trouve réunie dans fes Œuvres. On dit de lui, *qu'il penfoit en Philofophe & parloit en Orateur*. Ses principes d'éloquence étoient de réunir la Dialectique à l'ordre de la Géométrie, en y ajoutant les richeffes de l'érudition & les Charmes de la perfuafion; fon ftyle eft très-châtié, mais on y défireroit plus de chaleur. *Vid. Dict. des hom. célèb. Eloge du Chancel. d'Aguefeau, par M. Thomas, 1750.*

577. Œuvres Pofthumes de M. POTHIER, contenant, Tome Ier, 1°. Traité des Fiefs, des Cens, Revifions & Champarts. 2°. De la Garde Noble & Bourgeoife. 3°. Du Preciput légal

des Nobles. 4°. De l'Hypothèque & des Subſtitutions.

Tome II, 1°. Traité des Succeſſions. 2°. Des Propres. 3°. Des Donations Teſtamentaires. 4°. Des Donations entre vifs. 5°. Des Perſonnes & des Choſes.

Tome III, Traité des Procédures Civiles & Criminelles.

Édition donnée par M. GUYOT, Docteur Régent en Droit. *Orléans*, Maſſot, 1776, & années ſuiv. *in-*4°. 3   vol. maroq. r. d. ſur tr.

578. — Les mêmes Œuvres Poſthumes. *Orléans*, Maſſot, 1776 & ſuiv. *in-*12, 8   vol. maroq. r. d. ſur tr.

> Robert Joſeph Pothier naquit en Janvier 1699, & mourut au mois de Février 1772, après avoir conſacré toute ſa vie à la Juriſprudence ; un goût particulier le porta d'abord vers le Droit Romain, il s'attacha enſuite au Droit François ; & nous avons de lui un très-grand nombre d'Ouvrages, qui nous prouvent qu'il poſſédoit l'un & l'autre. Il joignit à beaucoup de mémoire une grande facilité de travail. Tous les Ouvrages de ce Juriſconſulte ſont très-recherchés, & de la plus grande utilité. Les principaux Ouvrages de M. Pothier ſont, 1°. *Pandectæ Juſtinianæ* ; 1748, 3 vol. *in-fol.* 2°. Traité du Contrat ; de Vente ; 1765, *in-*12. 3°. Traité du Contrat de Rente ; 1763, *in-*12. 4°. Traité du Contrat de Louage ; 1764, *in-*12. 5°. Traité du Contrat de Société ; *in-*12. 6°. Traité des Contrats Maritimes ; *in-*12. 7°. Traité des Contrats de Bienfaiſance, 1766, *in-*12, 2 vol. 8°. Traité des Contrats de Mariage ; 1768, *in-*12, 2 vol. 9°. Coutume du Duché d'Orléans ; 1773, *in-*4°. 10°. Traité de la Proſſeſſion, & de la Preſcription ; 1772, *in-*12.
>
> Ces nombreux Ouvrages ont été recueillis en 1774 en 4 vol. *in-*4°. à l'exception des *Pandectæ*, & du Traité des Fiefs. *Orléans*, 1776, *in-*12, réimprimés dans les Œuvres poſthumes de cet Auteur. *Vid. Dict. des Hom. célèb. &c.*

579. Mélanges de Juriſprudence. *Paris*, Colombier, 1778, *in-*8°. dem. rel.

Traités ſinguliers des différentes parties du Droit François, où il eſt traité des Teſtamens, Succeſſions, Propres, Douaires, Subſtitutions, Tutelles &c. en uſage dans le Royaume de France.

580. Le Titre des Exécutions par décret, nouvellement réformé, (le 11 octobre 1600), & autres Réglemens. *Rouen*, Matt. le Megiſſier, 1601, *in-*12. parch.

581. Diſſertation ſur l'exaction des Dots. *Paris*, Mequignon, 1779, *in-*12, br.

582. Traité des Donations entre Vifs & Teſtamentaires; par

JEAN MARIE RICARD, Édit. avec des Remarques. *Paris,* Guignard, 1692, *in-fol.* 2 vol. baf.

Auffi-tôt que ce Traité parut, l'Auteur fut choifi pour Confeil, par les perfonnes les plus qualifiées du Royaume, & chargé de Confultations & d'Arbitrages; à la fin du 2ᵉ vol. fe trouve le (Commentaire fur la Coutume de Senlis), augmenté de plufieurs remarques fur différens articles. Ricard eft encore Auteur de plufieurs autres Ouvrages; mais fon Traité des Donations eft le plus eftimé : l'Édit. de 1754 eft la plus recherchée. Denis Simon a fait des additions aux Ouvrages de cet Auteur. Jean-Marie Ricard, Avocat au Parlement de Paris, né à Beauvais en 1622, y eft mort en 1678.

583. Traité des Teftamens, Codiciles, Donations à caufe de mort, & autres Difpofitions de derniere volonté; par J. B. FURGOLE, Avocat au Parlement de Touloufe. *Paris,* L. Cellot, 1779, *in-*4°. 3 vol. veau marb.

584. Obfervation fur le Réglement des Tutelles, arrêté par le Parlement de Rouen, le 7 mars 1773; par M. CAUVET, Avocat au Bailliage & Siége Préfidial de Caen. *Caen,* le Roi, 1777, *in-*12. maroq. r. d. fur tr.

585. Remarques fur les Douaires ou Alimens accordés aux Veuves, & fur quelques différences entre les Douaires Parifien & Normand; par M. DE NORDVILLE. (Amfterdam) *Paris,* Saugrain, 1766, *in-*12, br.

586. Traité des Succeffions, divifé en 4 livres; 1°. De ceux à qui l'on fuccede, & de ceux qui fuccedent. 2°. Des chofes auxquelles on fuccede. 3°. Des manieres de Succéder. 4°. Des Charges des Succeffions; par feu DENIS LE BRUN, avec des Remarques de M. FR. BERN. ESPIARD, de Saux : Édit. donnée par M * * *, Avocat au Parlement. *Paris,* Knapen, 1775, *in-fol.* veau marb.

Cet Ouvrage eft eftimé : l'Auteur regarde cette matiere comme une des plus étendues du Droit François; au lieu que c'étoit une des plus bornées du Droit Romain. Denis le Brun, Avocat au Parlement de Paris, reçu en 1659, mourut en 1708.

587. Traité des Hypothèques; par HEN. BASNAGE. *Rouen,* J. Lucas, 1681, *in-*4°. baf.

588. — Le même Traité. *Rouen,* J. Lucas, 1692, *in-*12. baf.

589. Traité des Subftitutions Fidéicommiffaires, contenant les connoiffances effentielles, felon le Droit Romain & le Droit François, avec des notes fur l'Ordonnance de 1747, par M. THE-VENOT D'ESSAULE DE SAUVIGNY. *Paris,* Moutard, 1778, *in-*4°. veau marb.

{ Traité du Contrat de Bail à Rente. *Paris*, Debure, 1778, *in*-12.

590. { Traité du Contrat de Louage, felon les regles, tant du for de la Confcience, que du for extérieur. *Paris*, Debure, 1778, *in*-12, dem. rel.

591. Inftruction facile fur les conventions, ou Notions fimples fur les divers engagemens qu'on peut prendre dans la fociété, & fur leurs fuites; par M. DE JUSSIEUX DE MONTLUEL. *Paris*, le Clerc, 1779, *in*-12, dem. rel.

592. Traité des Retraits, contenant les queftions qui fe préfentent ordinairement fur le Retrait Lignager, fur le Retrait Féodal & Cenfuel, &c. conformément aux Coutumes & Ufages du Royaume, tant des Pays Coutumiers, que des Pays du Droit Écrit, & à la Jurifprudence des Cours Souveraines. *Paris*, Cellot, 1779, *in*-8°. veau marb.

593. Méthode pour fimplifier les Loix, avec deux Traités, par principes, l'un fur les Lods & Ventes, l'autre du Rachat; par M. VALENTIN JEAN RENOUL. *Paris*, Durand, 1767, *in*-12, br.

Jurifprudence des différentes Chambres des Comptes du Royaume, où il eft traité des Finances, &c.

594. Mémoires fur les Conflits élevés contre la Chambre des Comptes, en 1779, dans lequel on établit la néceffité du concours des premiers Juges, notamment ce qui concerne les fonctions de la Chambre des Comptes. *Paris*, Cellot, 1780. *in*-4°. veau écail.

595. Recueil de Déclarations, Arrêts, &c. en faveur des Officiers de Finance, & concernant les Droits du Roi, &c. 1648, *in*-4°. parch.

596. Factum pour MM. les Confeillers Correcteurs & Auditeurs, en la Chambre des Comptes de Paris, Demandeurs, contre MM. les Préfidents & Confeillers, Maîtres de ladite Chambre, Defendeurs. Année 1673, *in*-4°. parch.

597. État, par ordre alphabétique, des Villes & Villages du reffort de la Chambre des Comptes de Bar. *Barleduc*, Briftot, 1777, *in*-4°. broch.

L

Jurisprudence du Grand-Conseil, où il est traité des Droits & Domaines du Roi, des Fiefs & Droits Seigneuriaux, & Matieres Féodales, &c.

598. La Jurisprudence du Grand-Conseil, examinée dans les maximes du Royaume. *Avignon*, 1775, *in-8°*. veau marb.

599. Traité des matieres Prévôtales & Préfidiales, tant au Civil, qu'au Criminel, à l'usage du Grand-Conseil. Manusc. sur papier, forme *in-4°*. écrit. du 18e. siécle, veau marb.

600. Mémoire sur l'affaire du Grand-Conseil, où Analyse raisonnée des prétentions élevées par le Grand-Conseil, & des principes & monumens qui démontrent leur illégitimité, avec un Recueil des principales pieces indiquées dans ce Mémoire. 1755, *in-4°*. veau marb.

601. De Domanio Franciæ, libri 3, RENATI CHOPPINI, Andegavensis Jurisc. tertia Éditio. *Parisiis*, 1605, *in-fol.* bas.

> Cet Ouvrage est un des meilleurs de Choppin, il est rempli de Savantes & Judicieuses Recherches, on le trouve imprimé dans la pre partie du Recueil, intitulé: *De Jure Domaniali*, &c. *Francof. in-fol.* & dans les Ouvrages de cet Auteur, trad. en françois. *Paris*, 1662, *in-fol.* tom. II. Henry III, l'ennoblit, pour le récompenser d'avoir fait un si excellent Livre. Réné Choppin naquit à Bailleul en Anjou, en 1537; il plaida long-tems, avec distinction, au Parlement de Paris, & mourut en 1606, âgé de 69 ans. Ce Jurisconsulte étudioit ordinairement couché par terre sur un tapis, & entouré des livres qui lui étoient nécessaires, M. de Beaucousin, Avocat au Parlement de Paris, a un exemplaire de cet Ouvrage traduit en françois, imprimé à Paris, en 1613, *in-fol.* avec des corrections manuscrites, des Notes & des Tables généalogiques, de la main du savant David Blondel. *Vid. Bibliot. de la F, N° 27666.*

602. Les Œuvres de JEAN BACQUET, des Droits du Domaine de la Couronne de France. *Paris*, Abel Langlier, 1612, *in-fol.* parch.

> Jean Bacquet, Avocat en la Chambre du Trésor à Paris, fut savant dans le Droit François, & dans les Loix Romaines. La derniere Édit. de ses Œuvres à Paris, (*Lyon*), 1644, en 2 vol. *in-fol.* Sa mort arrivée en 1597, fut causée par le chagrin qu'il eut d'avoir vu rompre, en place de Gréve, son Gendre, Charpantier, Lecteur & Médecin en l'Université de Paris, fameux Ligueur.

603. Dictionnaire raisonné des Domaines, & des Droits Doma-

niaux, des Droits d'Échange, & de ceux de Contrôle des
Actes, &c. *Rouen*, le Boullenger, 1762, *in*-4°. br.

604. Recueil des Édits & Ordonnances du Roi, concernant les
Domaines & Droits de la Couronne, avec les Commentaires
de Louis CHARONDAS LE CARON. *Paris*, Saugrain, 1690,
in-4°. baf.

605. Recueil des différens Réglemens, concernant les frais de
Justice, soit à la charge du Domaine, ou autrement. *Paris*,
Impr. Royale, 1760, *in*-4°. br.

606. Traité des Fiefs de DUMOULIN, analysé & conféré avec
les autres Feudistes; par M. HENRION DE PENSEY, Avocat au
Parlement. *Paris*, Valade, 1773, *in*-4°. veau f. d. fur tr.

607. Recherches & Observations fur les Loix Féodales, fur les
anciennes conditions des Habitans des Villes & des Campagnes,
leurs Possessions & leurs Droits; par M. DOYEN, Avocat.
Paris, Valade, 1779, *in*-8°. veau marb. d. fur tr.

608. Inconvénients des Droits Féodaux. *Paris*, Valade, 1776,
in-8°. br.

> Lorsque cet Ouvrage parut, il fit la plus grande sensation; les Pairs
> s'assembloient alors au Parlement, à l'occasion du procès de mde. de
> S. Vincent contre M. le Maréchal de Richelieu : feu M. le Prince
> de Conti y dénonça, aux Chambres assemblées, *les Inconvénients des
> Droits Féodaux* ; le Libraire fut mandé & interrogé, il montra la
> permission d'imprimer ; l'Auteur fut décreté & l'Ouvrage supprimé par
> un Arrêt qui fut imprimé & affiché.

609. Traité des Droits Seigneuriaux & des matieres Féodales;
par M. N. FRANÇOIS DE BOUTARIC, Professeur en Droit à
Toulouse. *Toulouse*, les Associés, 1775, *in*-4°. veau marb.

610. Traité de la Justice des Seigneurs, & des Droits en dé-
pendants, conformément à la Jurisprudence actuelle des différens
Tribunaux du Royaume, suivi des pieces qui ont trait à la
matiere; par JACQUET. *Lyon*, Reguilliat, (*Paris*, Cellot),
1764, *in*-4°. veau marb.

> Pierre Jacquet, Avocat au Parlement de Paris, mort à Grenoble
> fa patrie au mois d'avril 1766, fe fit ordonner Prêtre à 60 ans, il
> donna des preuves de fon favoir dans différens Ouvrages : fon Traité
> de la Justice des Seigneurs eft très-eftimé.

611. Traité des Droits de Quint, Lods & Ventes, Requint,
Reventons, mi-Lods, &c. felon le Droit commun du Royaume,
tant des Pays de Coutume, que des Pays régis par le Droit
Écrit; par BENOÎT-LÉON-MOLIERES FONMAUR, Avocat au Par-

lement de Touloufe. *Carcaſſonne*, Raymont Heiriſſon, 1778, *in*-4°. veau marb.

612. Eſſai ſur la Valeur intrinſeque des fonds, ou le moyen de les apprécier, de faire connoître leurs bornes, leurs limites, leurs ſervitudes, de pénétrer dans leurs charges, & d'en donner le rapport exact & précis en Juſtice; par M. MASSABIAU, Avocat en Parlement. *Villefranche, Rouergue*, Vedeilhié, 1779, *in*-12, dem. rel.

613. Traité de la perfection, & confection des Papiers terriers généraux du Roi, des Apanages des Princes, Seigneurs, &c. par M. BELLAMI, Avocat. *Paris*, Duménil, 1746, *in*-4°. v. m.

> L'Auteur infifte d'abord ſur la néceſſité indiſpenſable de la confec-
> tion des Papiers Terriers généraux du Roi, & ſur les avantages que
> cette opération, bien exécutée, doit produire; il obſerve qu'on n'a
> point vu juſqu'à préſent d'Ouvrages parfaits en ce genre. Celui-ci
> confifte, principalement, dans les modéles qui y ſont joints & prépoſés
> pour parvenir à la confection des Terriers : à la ſuite de ce
> Traité, eſt un Recueil des Édits, Déclarations du Roi, Lettres-Patentes,
> Arrêts & Réglemens du Conſeil d'État, & autres rendus en conféquence
> concernant la confection des Papiers Terriers généraux du Roi &
> des Princes apanagés.

614. Méthode des Terriers, ou Traité des préparatifs & de la confection des Terriers, &c. par MM. JOLLIVET, Fr. Com-miſſaires aux Droits Seigneuriaux. *Paris*, Muſier, 1776, *in*-8°.

615. Le Livre des Seigneurs, ou le Papier Terrier perpétuel, qui indique la maniere de renouveller les Terriers, & de les rendre utiles à perpétuité, pour la conſervation des Droits de la Seigneurie. *Paris*, L. Cellot, 1776, *in*-4°. veau marb.

616. Premiere & Seconde Requête, concernant la Baronnie d'Avaugour & la Châtelenie de Cliſſon, pour M. le Prince de Soubiſe, contre les Fermiers du Domaine de Bretagne, & l'Inf-pecteur-général du Domaine. *Paris*, Knapen, 1773, *in-fol.* piece.

617. Premiere & Seconde Requête, concernant le Comté des Vertus, pour M. le Prince de Soubiſe, contre l'Inſpecteur-général du Domaine. *Paris*, Knapen, 1773, *in-fol.* piece.

618. Derniere Conſultation pour M. le Prince de Rohan. *Paris*, Cellot, 1777, *in*-4°. piece.

619. Échange des Domaines du Roi, ſitués dans les trois Vicomtés Juriſdictionalles de Pont-audemer, Poutantou Montfort, en Normandie; par LOUIS XV. *Paris*, Simon, 1777, *in*-4°. piece.

920. Précis concernant l'Échange de Pont-audemer, &c. *Paris*, Simon, 1778, *in*-4°. piece.

621, Queſtion importante ſur le Retrait Ducal. *Paris*, 1778, *in*-4°. piece.

Juriſprudence de la Cour des Aides, où il eſt traité des Fermes, des Droits d'Entrée & de Sortie, & de tout ce qui concerne les Denrées, le Tabac, &c.

622. Ordonnances, Arrêts & Réglemens ſur le fait des cinq groſſes Fermes, & Traites Foraines, regiſtrés en la Cour des Aides de Normandie. *Rouen*, Maurry, 1704, *in*-24.

623. Tarif des Droits d'entrée & de ſortie, des cinq groſſes Fermes, ordonnés être perçus par l'Édit de 1664, ſur toutes les marchandiſes, ſuivi des Ordonnances de 1681 & 1687. *Rouen*, les Aſſociés, 1758, *in*-4°. 2 vol. gr. pap. veau m. d. ſur tr.

624. Mémoire ſur les Tarifs des Droits de Traites en général & en particulier, ſur le nouveau projet de Tarif unique & uniforme. *Paris*, Prault, 1762, *in*-8°. br.

625. Recueil des Tarifs & Réglemens des Droits d'Entrée & Sortie, qui ſe perçoivent préſentement ſur toutes ſortes de Marchandiſes & Denrées, dans toutes les Doüanes & Romaines du Royaume, augmenté des Édits, Déclarations & Arrêts, au ſujet deſdites Marchandiſes, rendus juſqu'à préſent. *Rouen*, Maurry, 1703, *in*-24, baſ.

626. Recueil des Tailles, ou Recueil des Édits, Déclarations, Arrêts & Réglemens ſur le fait des Tailles, avec les Édits, Déclarations, Arrêts & Réglemens, tant du Conſeil, que de la Cour des Aydes de Normandie, au ſujet des perſonnes exemptes deſdites Tailles, &c. *Rouen*, Maurry, 1703, *in*-12, 2 vol. baſ.

627. Recueil de divers Actes relatifs à une prétention & poſſeſſion d'Immunité de Tailles, qui eſt contraire au Droit Commun de la Province de Languedoc, où les Tailles ſont réelles. *Paris*, Prault, 1770, *in*-4°. br.

628. Ordonnances, Arrêts, Déclarations & Réglemens ſur les Gabelles, regiſtrés en la Cour des Aides de Normandie. *Rouen*, P. Ferrand, 1696, *in*-24, baſ.

629. Bail des Gabelles de France, & des Évêchés de Metz, Toul,

& Verdun, des Salines & Domaines de Lorraine, & du Comté de Bourgogne, des Fermes, des Aides & Entrées de Paris & Rouen, &c. fait à Claude Boutet, pour fix années, commencées en 1680, & finiront en 1686, donné à Fontainebleau, 1680. *Paris*, Léonard, 1781, *in-4°*. parch.

630. Inftructions fur les Procès-verbaux de faifie pour le Tabac, du 9 mars, 1731. *in-12*, veau fauve.

631. Mémoire fur les Inconvénients qui réfultent de la perception des Droits impofés fur l'eau de vie, déterminée par les différens degrés d'un Aréometre connu fous le nom d'Aréometre de Cartier, & fur les moyens d'établir une perception plus avantageufe au produit & moins onéreufe au Commerce, & aux Confommateurs. *In-4°*. br. piece.

632. { Édit du Roi, portant création d'un Office de Contrôleur héréditaire des poids Royaux en chacune des villes de ce Royaume, vérifié en la Cour des Aides de Rouen, le 7 juin 1639, avec les Arrêts rendus en conféquence. *Rouen*, Befogne, 1726, *in-12*.

Réglemens pour la levée des Droits du poids du Roi, en la Vicomté de l'Eau de Rouen, faits aux années. 1724 & 1726. *Rouen*, Befogne, 1726.

633. Réfléxions fur l'établiffement de la Caiffe de Poiffy. 1775, *in-12* br. piece.

634. Mémoire à Confulter, pour les Propriétaires, Fermiers, Nourriffeurs & Marchands de Bétail de la Province du Limoufin, contre la Caiffe de Poiffy. 1770, *in-12*, broché.

Jurifprudence des Eaux & Forêts, où il eft traité des Droits de Chaffe, de Pêche, enfemble les Edits & Ordonnances fur cette matiere.

635. Édit du Roi, portant Réglement-général pour les Eaux & Forêts, &c. *Rouen*, 1675, *in-24*. baz.

636. Ordonnance de Louis XIV, fur le fait des Eaux & Forêts, vérifiés en Parlement & Chambre-des-Comptes, le 13 août 1669, avec les Édits, Arrêts & Réglemens intervenus depuis l'Ordonnance de 1669, fur ladite matiere. *Paris*, 1693, *in-24*, baf.

637. Édits, Arrêts & Réglemens intervenus jufqu'à préfent depuis 1669, fur les matieres des Eaux & Forêts. *Rouen*, P. Ferrand, 1693, *in-24*, baf.

638. Ordonnance de Louis XIV, fur le fait des Eaux &
Forêts , vérifiée en Parlement & Chambre des Comptes , le 13
août 1669 , avec les Édits , Arrêts & Réglemens intervenus
depuis l'Ordonnance de 1669. *Paris*, les Affociés, 1704 , *in-24.*

639. Ordonnances de Louis XIV , fur le fait des Eaux &
Forêts. *Paris*, Compag. 1776 , *in - 8°.* veau marb.

Jurifprudence Militaire & Maritime.

640. Ordonnance du Roi du 21 décembre 1762 , concernant la
Cavalerie Françoife. *Paris*, 1763 , *in-12* br.

641. Ordonnance du Roi pour régler l'exercice de l'Infanterie,
du 20 mars 1764. *Paris*, Prault , 1764 , *in-16*, veau marb.

642. Ordonnance du Roi pour régler l'exercice de l'Infanterie ,
du premier janvier 1766. *Paris*, Prault , 1767 , *in-12*, v. m.

643. Ordonnance du Roi pour régler l'établiffement des recrues
des Troupes Françoifes, le prix des engagemens, la forme
defdits engagemens, & celle des congés , du premier février
1763. *Paris*, 1763 , *in-12*, br.

644. Ordonnance du Roi, concernant le Corps-Royal d'Artillerie,
du 3 octobre 1774. *Verfailles* , de l'Impr. du Roi, 1774 ,
in-fol. br.

645. Ordonnance du Roi, du 25 juin 1750 , concernant les
Gouverneurs & Lieutenans - Généraux des Provinces , les
Gouverneurs & État-major des Places , & le fervice dans
lefdites Places , avec la Lettre du Miniftre de la Guerre, du
22 mars 1751 , contenant la décifion de S. M. fur plufieurs
articles concernant le logement des Gens de guerre. *Paris*,
Prault , 1757 , *in-12* , veau marb.

646. — La même Ordonnance , édit. de *Rouen* , Jacques-Jof.
le Boullanger, 1760 , *in-12*, br.

647. Deux Ordonnances du Roi, du 21 décembre 1762 , l'une
concernant le Régiment des Carabiniers de M. le Comte de
Provence ; l'autre concernant les Dragons. *Paris*, 1763 , *in-12*,
broché

648. Manuel du Dragon , extrait des principales Ordonnances
relatives aux Dragons, &c. *Paris* , Cellot , 1779 , *in-12* , br.

649. Ordonnance du Roi , portant réglement-général concernant
les Hôpitaux Militaires, du premier janvier 1747. *Paris*,
Impr. Royale , 1747 , *in-24*, br.

650. La Maréchauſſée de France, ou recueil des Ordonnances, Édits, Droits, Prérogatives, & Priviléges de tous les Officiers & Archers des Maréchauſſées. *Paris*, Saugrain, 1697, *in*-4°. baſ.

651. La Maréchauſſée de France, ou recueil des Ordonnances, &c. concernant la création, établiſſement, fonctions, rang, ſéances, droits, &c. de tous les Officiers & Archers des Maréchauſſées; par G. SAUGRAIN. *Paris*, Joſ. Saugrain, 1717, *in*-4°. baſ.

952. État des Maréchauſſées du premier janvier 1775. *Verſailles*, Impr. du Roi, départ. de la Guerre, 1775, *in*-12, veau marb.

653. État du Régiment des Gardes-Françoiſes du Roi, par rang de Compagnie, & ſuivant l'ancienneté de MM. les Officiers & Sergens. *Paris*, G. Lameſle, 1759, 1775, 177 vol. *in*-24, m. r. d. ſur tr.

654. Lettres-Patentes du Roi, contenant la création, les priviléges, & exemptions octroyés par S. M. & ſes Prédéceſſeurs Rois, aux Capitaines Arbaleſtiers de Rouen, enſemble pluſieurs Arrêts tant du Conſeil que du Parlement & Cour des Aides de Normandie. *Rouen*, de la Motte, 1696, *in*-8°. baſ.

655. Notions néceſſaires à M. le Premier Préſident, pour tenir l'Aſſemblée de la compagnie des Chevaliers de l'Arc. Juin 1760, manuſc. ſur pap. écrit. du 18e ſiécle, forme *in*-4°. piéce.

656. Ordonnance de Louis XIV, donnée à Fontainebleau en août 1681, touchant la Marine. *Paris*, Thierry, 1681, *in*-4°. baſ.

657. Nouveau Commentaire ſur l'Ordonnance de la Marine, du mois d'août 1681; par M. ✶ ✶ ✶. Avocat en parlement. *Marſeille*, J. Moſſy, *Paris*, Cellot, 1780, *in*-8°. 2 vol. veau marb.

658. Procès-verbal de la Rédaction de la Déclaration du 17 août 1779, ſur les aſſurances maritimes. Manuſc. ſur papier forme *in*-4°. écrit. du tems, veau f. d. ſur tr.

Jurisprudence, Droits & Priviléges des charges, Dignités & Offices de France, ensemble les Edits sur l'administration de la Justice. &c.

659. Cinq Livres du Droit des Offices ; par CHARLES LOYSEAU. *Paris*, du Bray, 1620, *in-4°.* parch.

> Charles Loyseau, célèbre Avocat au Parlement de Paris, sa Patrie, fut Lieutenant-particulier à Sens, puis Bailly de Château-Dun, & enfin Avocat consultant à Paris, où il mourut le 27 octobre 1627, à 63 ans. Son Livre des Offices est estimé, & est d'un grand secours pour ceux qui travaillent sur cette partie. On a de Loyseau plusieurs autres Ouvrages excellens, dont la plus ample Édition est celle de Lyon, impr. en 1701, *in-fol.* Son traité du Déguerpissement passe pour son chef-d'œuvre.

660. Déclaration du Roi, donnée en faveur de tous les Officiers de Finance de ce Royaume, Officiers du Conseil & suite de la Cour, Trésoriers de France, &c. pour jouir durant neuf années de la dispense de quarante jours de leurs offices, en payant par eux le prêt & droit annuel, ainsi qu'il est contenu en ladite Déclaration, vérifiée en la grande Chancellerie de France, en 1648. *Paris*, Étienne, 1648, *in-4°.* parch.

661. Traité de l'Administration de la Justice, où l'on examine tout ce qui regarde la Jurisdiction en général, la compétence, les fonctions, devoirs, rangs, séances, &c. prérogatives des Officiers de Judicature, & principalement des Présidiaux, Bailliages, Sénéchaussées, Prévôtés & autres Justices ordinaires, tant Royales que Subalternes, ainsi que ce qui concerne les Greffiers, Notaires, Avocats, Procureurs, Huissiers & autres personnes employées pour l'exercice de la Justice ; par M. JOUSSE. *Paris*, Debure, 1771, *in-4°.* 2 vol. veau marb.

662. Monumens précieux de la sagesse de nos Rois, ou recueil des Ordonnances des Rois des trois races, concernant les Évocations, Interdictions, Surséances, Cessations, Lettres-Clauses ou Patentes, Ordres ou Mandemens qui se trouveroient contraires aux Loix ou à l'Usage, Style & Réglemens du Parlement. 1753, *in-12*, piéce.

663. Recueil d'Édits du Roi, portant réglement général pour les Offices de Judicature du Royaume, vérifiés en Parlement, Chambre des Comptes & Cour des Aydes, du 13 août 1669. *Rouen*, Viret, 1669, *in-4°.* parch.

M

664. Arrêt de Réglement rendu les Chambres assemblées, concernant les Procédures & Taxes des Juges & des Officiers Ministériels de la Province de Normandie. *Rouen*, Lallement, 1765, *in*-16, veau marb.

665. — Le même Arrêt de Réglement. *Rouen*, 1768, *in*-16, veau marb.

666. Lettres-patentes portant Réglement pour l'Administration de la Justice dans la Province de Normandie. *Rouen*, 1769, *in*-12, maroq. r. d. sur tr.

667. Nouveau Style des Lettres des Chancelliers de France, avec le Recueil des Réglemens des Chancelleries, priviléges & exemptions des Sécretaires de S. M., & les taxes du grand & petit Sceau; par le Sr. DU SAULT. *Paris*, Besongne, 1666, *in*-4°. baf.

668. Histoire Chronologique de la grande Chancellerie de France; par TESSEREAU. *Paris*, 1676, 3 vol. maroq. r.

669. Examen historique des Offices, Droits, Fonctions & Priviléges des Conseillers du Roi, Rapporteurs & Référendaires des Chancelleries, près les Cours Souveraines & Conseils Supérieurs du Royaume; par M. GORNEAU, Avocat. *Paris*, Simon, 1777, *in*-4°. m.r. d. sur tr.

> Cet Examen historique, contient différens Édits, Déclarations, Réglemens & Arrêts omis dans Tessereau, qui a fait l'Histoire Chrologique de la Chancellerie.

670. Tablettes de Themis, contenant la Succession Chronologique, avec le Blason des armes des Chancelliers & Gardes-des-Sceaux, Sécretaires d'État, Surintendants, Contrôleurs-Généraux, &c. *Paris*, Legras, 1755, *in*-16, 2 vol. veau marb.

671. Recueil des Priviléges anciens & nouveaux de MM. les Conseillers, Sécretaires du Roi, Maison & Couronne de France & de ses Finances. *Paris*, P. Rocolet, 1652, *in*-4°. baf.

672. Traité des Droits, Priviléges & Fonctions des Conseillers du Roi, Notaires, Gardes-notes & Gardes-scel de S. M. au Châtelet de Paris, avec un Recueil de leurs Chartres & Titres; par M. SIM. FR. LANGLOIX. *Paris*, Bapt. Coignard, 1738, *in*-4°. gr. pap. veau f.

> Cet Ouvrage est parfaitement bien imprimé. Simon-François Langloix, étoit Notaire au Châtelet de Paris.

673. Précis pour le Corps des Notaires de Lyon, contre le sieur Delhorme, Notaire & Sécrétaire du Bureau de la Charité:

& le fieur Daillier, Notaire de l'Hôtel-Dieu. Impr. de Regnault, 1777. in-4°. piece.

Jurifprudence Civile, où il eft traité de la Police Municipale, des Bâtimens, de la Voyrie, &c.

674. Code de la Police, ou Analyfe des Réglemens de Police, divifé en douze titres. *Paris*, Prault, 1757, *in-12*, veau m.

975. Code du Colifée, ou Recueil de quelques Actes & de tous les Arrêts du Confeil, Lettres-Patentes, Arrêts du Parlement, Sentences rendues les unes en la Police, les autres au Châtelet, &c. depuis & compris le 2 mai 1774, jufques & compris le mois de mars 1777. *Paris*, d'Houry, 1777, *in-4°*. br.

676. Les Proteftans déboutés de leurs prétentions par les principes & les paroles même du Curé, leur Apologie dans fon Dialogue avec un Evêque fur les Mariages. Bruxelles, *Paris*, Morin, 1776, *in-12*, br.

677. Suite du Dialogue fur les Mariages des Proteftans, ou réponfe de M. le Curé de * * *. à l'Auteur d'une brochure intitulée, les Proteftans déboutés de leurs prétentions. 1776, *in-12*, br.

678. Dialogue fur l'État civil des Proteftants en France. 1778, *in-12*, br.

679. Réfléxions d'un Citoyen Catholique, fur les Loix de France, relatives aux Proteftans; par M. DE VOLTAIRE. *Mæftricht*, 1778, *in-8°*. piece.

680. Lettre de M. MOLÉ à M. JAMET le jeune, fur les moyens de transférer les Cimetieres hors l'enceinte des Villes. *in 12*, br.

681. Lettre de M. M ⌣ ⌣ ⌣. à M. J * * *. fur les moyens de transférer les Cimetieres hors l'enceinte des Villes. *in-8°*. piéce.

682. Mémoire fur le danger des Inhumations précipitées, & fur la néceffité d'un Réglement pour mettre les Citoyens à l'abri du malheur d'être enterrés vivans; par M. PINEAU, Docteur en Médecine. *Niort*, P. Elies, 1776, *in-8°*. maroq. roug. d. fur tr.

683. Réflééctions fur les dangers des inhumations précipitées, & fur les abus des Inhumations dans les Églifes, fuivies d'obfervations fur les plantations d'arbres dans les Cimetieres; par M. PIER. TOUSSAINT NAVIER, Docteur en Médecine. (Amfterdam), *Paris*, Morin, 1775, *in-12*, br.

684. Essai sur les lieux & les dangers des sépultures : traduit de l'Italien par M. VICQ-D'AZIR, de la Faculté de Médecine de Paris. *Paris*, Didot, 1778, *in-12*, br.

685. Batimens du Roi, Réglements Pour leur administration, par Déclaration du Roi, du prem. septembre 1776, Édit de Réglement, donné au mois de septembre 1776. *Paris*, Herissant, 1776, *in-4°*. br.

686. Analyse en général des Pompes à Incendie, & en particulier de celles de Rouen; par NICOLAS THILLAYE, Pere, Pompier, privilégié du Roi. *Rouen*, Machuel, 1778, *in-8°*. piéce.

687. Police générale du Bureau des Pauvres valides, Hôpital-général de la ville de Rouen. *Rouen*, Laur. Maurry, 1667, *in-4°*. br.

688. Mémoire sur l'état actuel & les préssans besoins de l'Hôpital-général de S. Joseph de la Grave, à Toulouse. *in-4°*. piéce.

689. Mémoire pour les Prieure & Religieuses hospitalieres de l'Hôtel-Dieu d'Orléans, contre les Maire & Echevins d'Orléans, concernant l'administration dudit Hôtel-Dieu. *Paris*, Jorry, 1778, *in-4°*. piéce.

690. Mémoire pour les Pélerins, fondateurs de l'Hôpital de S. Jacques, à Paris. *Paris*, Stoupe, 1775, *in-4°*. piéce.

691. Mémoire sur la nomination des Professeurs dans les Universités. *in-12*, piéce.

692. Code de Police, pour les Ville & Fauxbourgs de Nancy. *Nancy*, J. B. Hyacinte Leclerc, 1769, *in-12*, m. r. d. sur tr.

Jurisprudence du Châtelet, des Présidiaux, Elections, &c.

693. Recueil des Ordonnances, Édits, Déclarations, &c. qui établissent en faveur du Châtelet de Paris, la Police générale, & le Droit de Prévention en matiere Civile, &c. dans l'étendue des Ville, Fauxbourgs & Banlieue de Paris. *Paris*, Chardon, 1740, *in-4°*., bas.

694. Recueil de Pieces, concernant le Tribunal du Châtelet de Paris. *Paris* 1779, *in-4°*. br.

Ce Recueil singulier & intéressant pour l'Histoire de ce Tribunal, commence au mois d'août 1768, par des Lettres-Patentes du Roi en forme d'Édit, qui accordent la noblesse aux Officiers du Châtelet, & offre un tableau fidele de tout ce qui s'y est passé pendant l'exil des Parlemens & après leur rétablissement, & finit au 9 février 1776 par un Arrêt du Conseil d'État du Roi, concernant le Droit de Marc-d'Or de Noblesse des Officiers de cette Jurisdiction.

695. La Procédure Civile du Châtelet de Paris, & de toutes les Jurifdictions ordinaires du Royaume, démontrée par principes, & mife en action par des formules; par M. PIGEAU, Avocat au Parlement. *Paris*, veuv. Deffaint, 1779, *in*-4°. 2 vol. veau m.

696. Le vrai Style pour procéder au Châtelet de Paris, tant en matieres Civiles que Criminelles; par J. GAURET. *Paris*, Rocolet, 1668, *in*-8°. baf.

697. Expofé de ce qui s'eft paffé au Châtelet de Paris, le 28 feptembre, 5 & 6 octobre 1753. *in*-12, piéce.

698. Lettre qui contient le recit des Actes de reclamation faite par MM. du Châtelet, contre l'établiffement de la Chambre Royale, pendant le mois de décembre 1753. *in*-12, piéce.

699. Seconde Lettre, qui contient un récit éxact de ce qui s'eft paffé au Châtelet les 13, 15 & 20 novembre 1753, *in*-12, piéce.

700. Très-humbles Repréfentations que font, à Mgr le Chancellier, les Prévôt de Paris, fes Lieutenans & Gens tenant le Châtelet & Siege Préfidial de Paris. *in*-12, piéce.

701. Précis fur la Compétence pour la Cour des Monnoyes, contre M. Charles-Ant. de Gouve, Procureur-général en cette Cour. *Paris*, 1775, *in*-4°. piéce.

702. Réponfe aux objections fur la Compétence pour la Cour des Monnoyes, contre le fieur Gouve. *Paris*, *in*-4°. piéce.

703. Expofition des faits pour cette même Cour, contre le même. *Paris*, 1775, *in*-4°. piéce.

704. Projet d'établiffement d'un Préfidial, d'un Baillage & d'une Juftice Confulaire à Evreux; par CARPENTIER, Avocat au Parlement. Manufc. fur pap. forme *in*-4°. écrit du 18e fiécle. veau marb. d. fur tr.

705. Arrêt du Confeil du Roi, qui régle les fonctions de MM. les Officiers du Siége Préfidial de Blois, du 26 feptembre 1692. *Blois*, Muette, 1695, *in*-8°. piéce.

706. Très-humbles, &c. Repréfentations des Officiers du Baillage & Siége Préfidial de Langres, à Mgr le Chancellier, au fujet d'un Arrêt du Confeil à eux fignifié le 3 mai 1754, & rendu au Confeil du Roi, le 29 mars précédent. 1754, *in*-12, piéce.

707. Très-humbles & très-refpectueufes Repréfentations que font, à Mg. le Garde-des-Sceaux, les Officiers au Bailliage de Berry, Siége Préfidial de Bourges, au fujet de l'Édit du mois d'août 1777, concernant les Préfidiaux. 1777, *in*-12, piéces.

708. Obfervations des Officiers du Préfidial d'Angers, Ville capitale de la Province d'Anjou, & de l'Apanage de Monfieur Frere du Roi, fur l'Édit du mois d'août 1777, concernant

les Préfidiaux. *Angers*, Billault, 1778, *in-fol.* piéce.

709. Mémoire pour les Officiers du Bailliage & Siége Préfidial d'Auxerre, contre M. le Duc de Nivernois, Pair de France, &c. *Paris*, Lambert, 1778, *in-4°.* piece.

710. Confultation fur la Conteftation entre les Habitans de Coignac & S. A. R. Mg. le Comte d'Artois, fur l'oppofition formée par ces Habitans, à l'enrégiftrement des Lettres qui autoriferoient ce Prince, à jouir des Ville & Châtellenie de Coignac, comme d'un Domaine particulier, féparé & indépendant du Duché d'Angoumois, 1776, *in-4°.* piece.

711. Au Roi & à Noffeigneurs de fon Confeil, par les Maire & Echevins de la ville de Brienon-l'Archevêque, pour la défence des biens communaux que poffée cette Ville, contre les Officiers de la Maîtrife des Eaux & Forêts de Sens, &c. *Paris*, Quillau, 1779, *in-4°.* piece.

712. Mémoire pour les Officiers du Baillage & Siége Préfidial de Reims. *Reims*, J. B. Jeunehomme, 1766, *in-8°.* br.

Jurifprudence Confulaire, & Création, Réglemens de Corps & Communautés, Manufactures & Navigations. &c. par ordre alphabétique.

713. Édit du Roi, fur la création & établiffement d'une Place commune, & Jurifdiction des Prieur & Confuls des Marchands en la ville de Rouen. *Rouen*, 1619, *in-12*, baf.

714. Recueil des Edits, Déclarations, Arrêts & Réglemens du Roi, au fujet des Lettres, Billets de change & Billets payables au porteur, &c. concernant les Faillites & Banqueroutes. *Rouen*, J. Befogne, 1718, *in-12*, baf.

715. Recueil de Réglemens pour les Corps & Communautés d'Arts & Métiers, commençant au mois de février 1776. *Paris*, P. G. Simon, 1779, *in-4°.* veau f. d. fur tr.

716. Statuts, Ordonnances, Arrêts & Réglemens des Marchands Apoticaire-Epiciers, & des Marchands Epiciers-ciriers-droguiftes-confifeurs de la ville de Rouen. *Rouen*, Le Boullenger, 1742, *in-4°.* baf.

717. Recueil d'anciens & nouveaux Statuts, Édits, Arrêts, Ordonnances, Senrences & Réglemens concernant la Communauté des Mtrs. Barbiers-Peruquiers-Baigneurs, &c. de la ville de Rouen. *Rouen*, Vinc. Machuel, 1753, *in-4°.* v. f. d. fur tr.

718. Recueil des anciens & nouveaux Statuts, Lettres-patentes

de l'état & métier des Marchand Bonnetier de la ville de Rouen. *Rouen*, Prevôt, 1736, *in*-4°. baf.

719. Statuts & Réglemens au metier, état & marchandifes des Maîtreffes-ouvrieres Brodeufes en tavelle, Bonnetieres en étoffe, &c. de la ville de *Rouen*, Befogne, 1734, *in*-4°. br. piéce.

720. Statuts, Ordonnances, Arrêts & Réglemens des Marchands Chandelliers de la ville de Rouen, à eux accordés par Charles IX, Henri IV, Louis XIII & Louis XV. *Rouen*, Laur. Dumefnil, 1745, *in*-4°. gr. pap. veau f. d. fur tr.

721. Mémoire à confulter pour la Communauté des Fabriquans de chapeaux, établie à Paris, fur l'extinction des Jurandes & Communauté. *Paris*, Cailleau, 1776, *in*-4°. piéce.

722. Statuts & Priviléges du Collège de S. Côme de Rouen. *Rouen*, Le Boullenger, 1762, *in*-4°. br.

723. Statuts & Réglemens pour la Communauté des Maîtres Écrivains Jurés de la ville de Rouen, du 24 juillet 1681, & confirmés en 1711, regiftrés au Parlement en 1712. *Rouen*, veuv. Jore, 1742, *in*-8°. veau f.

724. Anciens Statuts, Ordonnances & Réglemens de la Communauté des Mts. & Maîtref. Filaffiers & Filaffieres de la ville de Rouen, du 3 novembre 1729. Br. piéce.

725. Statuts, Ordonnances & Réglemens, pour la Communauté des Marchands privilégiés de Grains & Graines, en gros & détail, de la ville de Rouen. *Rouen*, Befogne, 1732, *in*-4°. veau fauve.

726. Code de la Librairie & Imprimerie de Paris, ou Conférence du Réglement, arrêté au Confeil d'Etat du Roi, le 28 février 1723; par SAUGRAIN, Sindic. *Paris*, par la Communauté, 1744, *in*-12, maroq. r. d. fur tr.

727. Difcours impartial fur les affaires actuelles de la Librairie. 1777, *in*-8°. piéce.

728. Lettre à un Magiftrat, fur la Conteftation actuelle entre les Libraires de Paris, & ceux des Provinces. 1778, *in*-8°. br.

729. Seconde & troifieme Lettre à un Ami, concernant les affaires de la Librairie, année 1778, *in*-8°. br. piéces.

730. Arrêts du Confeil d'Etat privé du Roi, Priviléges & Ceffions, concernant le fieur Ourfel, 1749. *Rouen*, Ourfel, 1751, *in* 4°.

Ce Vol. contient un recueil d'Arrêts du Confeil d'Etat du Roi, & Déclarations, portant Réglement fur le fait de la Librairie & Imprimerie, Colportage de la ville de Rouen & Paris.

731. Mémoire à Confulter, pour les Libraires & Imprimeurs de Lyon, Rouen, Touloufe, Marfeille & Nîmes, concernant les Priviléges de Librairie, & continuation d'iceux. *Lyon*, Ant. Belion, 1776, *in-4°*. br.

732. Recueil des Mémoires, compofés par M. P. JOSEPH-FR. LUNEAU DE BOIS-JERMAIN, fur le Procès Criminel que les fieurs Briaffon & le Breton, lui ont intenté au fujet de l'impreffion de l'Encyclopédie, &c. *Paris*, 1770, jufqu'en 1772, *in-4°*.

733. Précis pour le fieur Aug. Mart. Lottin, l'aîné, Libraire-Imprimeur du Roi & de la Ville, appellant d'une Sentence rendue au Châtelet de Paris, le 21 mars 1777, au fujet du Livre intitulé, *de la Philofophie de la Nature. In-4°*. piéce.

734. Précis des Faits, pour l'Auteur de la Philofophie de la Nature, appellant d'une Sentence rendue au Châtelet, le 21 mars 1777, & de tout ce qui a précédé & fuivi. *Paris*, Cloufier & Lottin, 1777, *in-4°*. piéce.

735. Précis pour le fieur Pierre-Alexandre Le Prieur, ancien Imprimeur du Roi, & Conful en exercice, appellant d'une Sentence rendue au Châtelet de Paris, le 21 mars 1777, au fujet du Livre intitulé, *de la Philofophie de la Nature. Paris*. Defprez, 1777, *in-4°*. piéce.

736. Mémoire pour le fieur Defprez, Imprimeur du Roi & du Clergé de France, contre le fieur J. P. Coftard, Libraire à Paris. *Paris*, Defprez, 1776, *in-4°*. piéce.

737. Précis du même, contre les fieurs Duchefne & Macquer, tous deux Auteurs du Manuel du Naturalifte. *Paris*, Defprez, 1777, *in-4°*. piéce.

738. Mémoire pour le fieur Abbé Rozier, (Auteur du Journal de Phyfique), contre le fieur Gautier-Dagoti, pere, Anatomifte, concernant le Privilége dudit Journal. *In-4°*. piéce.

739. Mémoire pour Don Jean-Pierre Deforis, Relig. Bénédictin, Editeur des Œuvres de Boffuet, contre le fieur Boudet, Imprimeur du Roi. *Paris*, Morin, 1778, *in-4°*. piéce.

740. Obfervation pour le fieur Pitel de Préfontaine, Lib. à Falaife, contre le fieur Langlois, Libraire de Paris *Paris*, Boudet, *in-4°*. piéce.

741. Requête au Roi, du 1ᵉʳ mars 1777, de Fuel de Mericourt, au fujet d'un Privilége pour un Journal. *in-8°*. piéce.

742. Requête au Roi, pour le Corps des Marchands Fabriquants d'étoffes d'or d'argent & foie, d'établiffement Royal de la ville de Paris. Heriffant, 1775, *in-4°*. piéce

743. Statuts anciens & nouveaux, Ordonnances & Réglemens

de la

de la Communauté des Marchands Merciers Drapiers, de la
ville de Rouen. *Rouen*, Viret, 1749, *in*-4º. veau m. d. fur tr.

744. Recueil d'Edit , Arrêt du Conseil du Roi , Lettres-Patentes,
Mémoires & Arrêts du Parlement, &c. en faveur des Musiciens
du Royaume. *Paris*, Ballard, 1774, *in*-8º. veau écail. d. fur tr.

745. Mémoire présenté au Roi par les Syndic & Adjoints de
la Communauté des Maîtres & Marchands Tailleurs - Fripiers
réunis. *Paris*, Gueffier, 1779, *in*-4º. piéce.

746. Requête des Maîtres Taneurs & Fabriquans de Cuirs de
la province de Normandie. *Caen*, Leroi, 1768, *in*-4º. piéce.

747. Mémoire pour la Communauté des Marchands-Maîtres-
Teinturiers de la ville de Lisieux. *Paris*, Simon, 1779,
in-4º. piéce.

748. Statuts, Arrêts, Sentences & Réglemens de la Communauté des Maîtres Vinaigriers , Marchands Limonadiers ,
Cafetiers, &c. de la ville de Rouen. *Rouen*, Jacq. Ferrand,
1757, *in*-4º. veau marb.

749. {
Réglemens & Statuts généraux , pour les longueurs,
largeurs & qualités des Draps , Serges & autres Etoffes
de laine & de fil , & pour la Jurisdiction des Procès
& différens , concernant les manufactures, attribués
par le Roi aux Maires & Echevins des Villes, que
S. M. veut être observés par toutes les Villes , Bourgs
& Villages de son Royaume. *Paris*, P. Lepetit, 1670,
in-12.

Recueil des Edits & Déclarations du Roi , vérifiés en
Parlement, Chambre des Comptes & Cour des Aides,
le 13 août 1669, portant Réglement général fur les
Offices de Judicature, & autres fur différentes matieres.
Paris, P. Lepetit, 1670, baf.
}

750. Projets de quatre Arrêts du Conseil , concernant l'impres-
sion fur différentes fortes de Toiles & d'Étoffes, auxquels on
a joint les observations & avis des Députés du Commerce.
Avignon, 1759, *in*-12, piéce.

751. Réponse des Salpêtriers de Paris , au Mémoire de la
Compagnie des Poudres , & du sieur Micault de Comberton,
ci-devant Commissaire & Fermier des Poudres & Salpêtres ,
distribué au mois d'août 1777. *Paris*, Knapen, 1777, *in*-4º. piéce.

752. Précis pour les trente Architectes experts Bourgeois ,
composant la premiere colonne de la Communauté de soixante
Experts Jurés de la ville de Paris, contre les trente Experts
Jurés Entrepeneurs , formant la seconde colonne de la même
Communauté. *in*-4º. piéce.   N

753. Recueil d'Arrêts & autres pièces pour l'établissement de la Compagnie d'Occident : Relation de la baie d'Udson : les Navigations de Frobisher, au détroit qui porte son nom. *Amsterdam*, Fred. Bernard, 1720, *in-12*, veau marb.

754. Requête au Roi, pour les Communautés des Officiers supprimés sur les Ports, Quais, Chantiers, Halles & Marchés de Paris. *Paris*, Simon, 1777, *in-4°*. pièce.

755. Mémoire sur le tirage des Bateaux par les Bœufs. *In-12*, pièce.

756. Législation du flotage des Bois. (Londres) *Paris*, *in-12*, Clousier, 1775, *in-12*, br.

757. Mémoire pour Daniel Stevenson, Capitaine du navire le Danois l'Enighed, &c. appellant du jugement du Conseil des prises du 18 août dernier (1779), contre M. le Procureur-général au Conseil Royal des Finances pour les Prises. *Paris*, Cellot, 1780, *in-4°.* pièce.

758. Consultation pour les Négocians Assureurs de Marseille, contre les Négocians assurés de la même Ville. 1779, *in-4°.* p.

Jurisprudence Criminelle de France, où il est traité des Peines Judiciaires.

759. Code Pénal, ou Recueil des principales Ordonnances, Édits & Déclarations sur les Crimes & Délits. *Paris*, Saillant, 1752, *in-12*, veau marb.

760. Institutes au Droit Criminel, ou Principes Généraux sur ces matieres, suivant le Droit Civil & Canonique, & la Jurisprudence du Royaume, avec un Traité particulier des Crimes ; par M. P. F. MUYART DE VOUGLANS. *Paris*, Le Breton, 1757, *in-4°*. veau marb.

761. — Les mêmes Institutes. *Paris*, 1768. *in-4°* 2 vol. v. marb.

762. Instruction Criminelle, suivant les Loix & Ordonnances du Royaume, divisée en trois parties ; par M. MUYART DE VOUGLANS, Avocat au Parlement, pour servir de suite aux Institutes aux Droit Criminel & au Traité des Crimes, du même Auteur. *Paris*, Saillant, 1762, *in-4°*. veau marb.

763. Les Loix Criminelles de France, dans leur ordre naturel ; par M. MUYART DE VOUGLANS, Conseiller au Grand Conseil. *Paris*, Merigot, 1780, (1779). in-fol. mar. r. d. sur tr.

764. Traité de la Justice Criminelle de France, où l'on examine

particulier, &c. par M. JOUSSE, Conseiller au Présidial d'Orléans. *Paris*, Debure, 1771, *in*-4°. 4 vol. veau mar.

765. Nouveau Style Criminel contenant, 1°. une instruction sur la Procédure Criminelle; 2° Les Formules de tous Les Actes qui ont lieu en cette matiere. 3°. des Procédures entières sur le petit & grand Criminel, le Faux principal, & le Faux incident, la Reconnoissance des Écritures, & l'Instruction conjointe; par M. DUMONT, Avocat. *Paris*, Desaint, 1778, *in*-4°. veau marbré.

766. Recueil tiré des Procédures Criminelles, faites par plusieurs Officiaux & autres Juges du Royaume, &c. par PIERRE DE COMBES, Greffier de l'Officialité de Paris. *Paris*, Montalant, 1726. *in*-4°. baf.

> Cet Ouvrage est estimé & recherché, mais il est moins rare que les procédures Civiles des Officialités de 1705, *in-fol.* du même Auteur.

767 Style universel de toutes les Cours & Jurisdictions du Royaume, pour l'Instruction des matieres Criminelles, suivant l'Ordonnance de LOUIS XIV, du mois d'août 1670; par GAURET. *Paris*, les Associés. 1734, *in*-12, baf.

768. Traité du Suicide, ou du Meurtre volontaire de soi-même; par JEAN DUMAS *Amsterdam*, D. J. Changuion, 1783, *in*-8°. veau f. d. sur tr.

769. Traité de l'Adultere, considéré dans l'ordre judiciaire, ouvrage utile aux Jurisconsultes, aux Gens d'Église & aux Personnes mariées; par M. FORMEL, avocat au Parlement. *Paris*, Bastien, 1778, *in*-12, dem. rel.

770. Traité de la Mort Civile, tant celle qui résulte des condamnations pour cause de Crime, que celle qui résulte des vœux en Religion; par M. F. RICHER. *Paris*, Thiboust, 1755, *in*-4°. veau marb.

771. Traité des Injures dans l'ordre judiciaire, ouvrage qui renferme particuliérement la Jurisprudence du petit Criminel. *Paris*, Prault. 1775, *in*-12, veau marb.

772. Précis contre les Duels. *In*-8°. piéce.

773. De la Peine du Péculat, selon les loix & l'Usage de France *In*-4°. piéce.

774. Observations sur un Manuscrit intitulé: Traité du Péculat. 1666, *in*-12, baf.

775. Vues sur la Justice Criminelle, Discours prononcé au Bailliage d'Orléans; par M. LE THROSNE avocat du Roi au Présidial d'Orléans. *Paris*, Debure, 1777, *in*-8°. br.

Traité de l'Etude du Droit François universel, Abrégés, Elémens, Manuels & Répertoires de la Jurisprudence Françoise, &c.

776. Pandectes ou Digestes du Droit François ; par L. CHARONDAS LE CARON. *Clermont*, 1587, *in*-4°. baf.

> Les ouvrages de ce Jurifconfulte, dans le tems qu'ils ont paru, ont été utiles, mais on ne les confulte aujourd'hui que rarement.
> LOUIS CHARONDAS, ou LE CARON, avocat de Paris, mourut en 1617, à 80 ans.

777. Maximes du Droit Public François, tirées des Capitulaires, des Ordonnances du Royaume, & des autres Monumens de l'Hiftoire de France. *Amfterdam*, MARC-MICHEL REY, 1775, *in*-12, 6 vol. veau marb.

778. Catéchifme du Citoyen, ou Élémens du Droit Public François, par demandes & par réponfes. *Geneve*, 1775, *in*-12, broché.

779. L'Ordre, Formalité & Inftruction Judiciaire, dont les anciens Grecs & Romains ont ufé ès Accufations publiques, conféré au Style & Ufage de notre France ; par P. AYRAULT, Lieutenant-Criminel au Siége Préfidial d'Angers. *Paris*, 1604, *in*-4°. parch.

> Cet ouvrage eft plein de Recherches curieufes, & a été imprimé pour la premiere fois en 1598. Pierre Ayrault ou Airault, célebre avocat de Paris, enfuite Lieutenant-Criminel à Angers, naquit dans cette derniere ville en 1536, & y mourut en 1601, n'ayant pu réuffir à retirer un de fes fils que les Jéfuites avoient enlevé pour le revêtir de leur habit : il compofa à cette occafion un traité de la puiffance Paternelle, &c. *in*-4°.

780. Répertoire Univerfel & Raifonné de Jurifprudence Civile, Criminelle, Canonique & Bénéficiale, Ouvrage de plufieurs Jurifconfultes, en forme de dictionnaire ; publié & mis en ordre par M. GUYOT. *Paris*, J. Dorez, 1775, &_fuiv. 40 vol. m. r. d. fur tr.

MÉLANGE DE DROIT FRANÇOIS.

Difcours, Harangues, &c. prononcés aux rentrées des Parlemens & Cours Souveraines du Royaume, fur l'état de la Magiftrature & les Devoirs des Magiftrats, &c.

781. Difcours prononcé par M. A. DE MALVIN DE MONTAZET, Archevêque & Comte de Lyon, Primat de France, à la rentrée du Parlement, le 12 novembre 1777, *in-4°.* piéce.

782. { Difcours fur l'Origine des Loix. *Paris*, 1769, *in-12*, m. r.
{ L'Art de Cultiver les Pays de Montagnes. *Paris*, 1674.

783. Difcours fur l'État actuel de la Magiftrature, & fur les Caufes de fa Décadence, prononcé à l'ouverture des Audiences du Bailliage d'Orléans, le 15 Novembre 1763; par M. LE TROSNE, Avocat du Roi. *Paris*, Panckoucke, 1764, *in-12*, broché.

784. Difcours prononcé à la rentrée de la Conférence Publique de MM. les Avocats au Parlement de Paris, le 13 janvier 1775, contenant l'Éloge de Mathieu Molé, Premier Préfident du Parlement de Paris & Garde-des-Sceaux de France; par M. HENRION DE PENSEY, Avocat au Parlement. Laufane, *Paris*, Valade, 1775, *in-8°.* piéce.

785. L'Avocat, ou Réflexions fur l'Exercice du Barreau; Difcours prononcé dans une des Conférences de MM. les Avocats au Parlement de Paris; par M. CHAVRAY DE BOISSY. Rome (*Paris*), L. Cellot, 1778, *in-8°.* dem. rel.

786. Confultation de M Linguet, Avocat, en réponfe à la Confultation fur la Difcipline des Avocats, imprimée chez Knapen, en Mai 1775. *Bruxelles*, 1775, *in-8°.* piéce.

787. Difcours Publics & Éloges, auxquels on a joint une Lettre, où l'Auteur développe le plan annoncé dans l'un de fes Difcours, pour réformer la Jurifprudence; par M. GUITON DE MORVEAUX, Avocat Général, &c. *Paris*, Simon, 1775, *in-12*, 2 vol. veau écail. d. f. tr.

788. Les Qualités néceffaires au Sage, avec la réfolution des queftions les plus importantes fur les devoirs de fa Profeffion. *Paris*, Emery, 1700, *in-12*, baf.

789. Recueil des Piéces concernant la Commiffion établie pour fervir de Chambre des Vacations, dans le Couvent des Grands Auguftins, à *Paris*, en 1753, *in-4°.* piéce.

790. Harangue pour l'Ouverture du Palais, prononcée au Siége Présidial de Mirecourt, le lendemain de la S. Martin 1776, par M. François de Neuf-Chateau, Docteur en Droit, & publiée par M. Sauvageot Ducroissi. Bruxelles, *Paris*, Valade, 1777, *in*-4°. br. Piéce.

Actions Forenses, ou du Barreau, vulgairement dites Plaidoyers, Factums, Mémoires, &c.

791. Essais sur l'Histoire Générale des Tribunaux des Peuples tant anciens que modernes, ou Dictionnaire Historique & Judiciaire, contenant les Anecdotes piquantes & les Jugemens fameux des Tribunaux de tous les Temps & de toutes les Nations; par M. Des Essarts, Avocat. *Paris*, 1779, *in*-8°. 5 vol. dem. rel.

792. Les Forenses singulieres & remarquables de M. Julien Peleus, Avocat, contenant la Substance des Plaidoyers, & Moyens des Parties, avec les Arrêts des Cours Souveraines intervenues en chaque Cause. *Paris*, M. Buon, 1604, *in*-4°. parchemin.

793. Recueil de quelques Plaidoyers faits en la Cour des Aydes, par M. C. Le Bret, S. de Vely, Cons. du Roi, avec les Arrêts & Réglemens advenus sur iceux. *Paris*, P. l'Huillier, 1609, *in*-8°. parch.

> Cardin le Bret, Seigneur de Flacourt, Avocat-général du Parlement de Paris, mort Conseiller d'État en 1655, à 97 ans, fut chargé de plusieurs Commissions importantes; il régla les Limites entre la France & la Lorraine, & établit le Parlement de Metz, dont il fut Premier Préfident : parmi les Ouvrages de ce Magistrat, on distingue son Traité de la Souveraineté du Roi, dans lequel il y a des Recherches très-favantes.

794. Les Plaidoyers & Harangues de Le Maistre, donnés au Public par Issali, Avocat au Parlement. *Paris*, Petit, 1657, *in*-4°. baf.

> Antoine Le Maistre, Avocat au Parlement de Paris, naquit dans cette ville en 1608 d'Isaac Le Maistre, Maître des Comptes, & de Catherine Arnauld, Sœur du grand Arnauld. Il plaida dès l'âge de vingt ans, & obtint tous les suffrages. Le Chancelier Seguier, instruit de son mérite, le fit recevoir Conseiller d'État, & lui offrit la charge d'Avocat-général au Parlement de Metz; mais il ne crut pas devoir l'accepter. Il se retira peu de tems après à Port-Royal, où il s'occupa le reste de ses jours à édifier cette retraite par ses vertus, & à éclairer le public par ses ouvrages. Cet illustre Solitaire mourut en 1658, à 51 ans. Ses Plaidoyers

font beaucoup moins applaudis à préfent qu'ils ne le furent lorfqu'il les prononça. On trouve , (dit un auteur , en parlant de Patru & de Le Maiftre ,) dans ces deux hommes, appellés les Lumieres du Barreau , des applications forcées , un affemblage d'idées fingulieres , & des mots emphatiques, un ton de déclamateur ; quelques belles images , il eft vrai , mais fouvent hors de place ; le naturel facrifié à l'art , & l'état de la Queftion prefque toujours perdue de vue. De femblables plaidoyers ne doivent exciter d'autre admiration , que celle d'avoir paffé long-temps pour modele. Louis Ifaac Le Maiftre, plus connu fous le nom de Sacy, étoit Frere de ce célèbre Jurifconfulte.

795. Plaidoyers & autres Œuvres d'OLIVIER PATRU , Confeiller du Roi. *Paris* , Cramoify , 1670 , *in*-4° baf.

Olivier Patru , naquit à Paris en 1604 : après avoir fait un voyage à Rome , il fuivit le Barreau , & cultiva avec fuccès le talent qu'il avoit pour bien parler & bien écrire. Sa réputation lui mérita une place à l'Académie Françoife, où il fut reçu en 1640. Il fit à fa réception un Remerciment qui plut tellement aux Académiciens, qu'ils ordonnerent qu'à l'avenir tous ceux qui feroient reçus feroient un Difcours pour remercier cette Compagnie. Defpreaux, Racine, les autres beaux-Efprits de fon temps, lui lifoient leurs ouvrages , & s'en trouvoient bien. Patru avoit une vertu à l'épreuve de la corruption du monde. Après la mort de Conrart, de l'Académie Françoife, un grand Seigneur ignorant fe préfenta pour remplir fa place ; Patru détourna cette Compagnie d'un tel choix par cette Apologue : « Un ancien Grec » avoit une Lyre admirable, à laquelle il fe rompit une corde. Au » lieu d'en remettre une de boyau, il en voulut une d'argent , & la » Lyre n'eut plus d'Harmonie ». Ami fidele & officieux , Patru avoit un cœur fupérieur à fon efprit ; il étoit généreux , compatiflant & toujours gai, malgré fa mauvaife fortune. Il mourut à Paris en 1681 , dans fa 77ᵉ année. Les meilleures éditions de fes Plaidoyers font celles de 1714 , *in*-4° , & de 1713 , en 2 vol. *in*-4°. On y trouve des lettres & les vies de quelques-uns de fes amis. La plupart de fes Ouvrages font très-foibles , & ils n'ont pas la réputation qu'ils ont eu autrefois.

796. Conclufions d'Audience de M. MAISTRE PIERRE DE FABRY , S. DE ROGNAYROIS , Confeiller du Roi de *Paris*, D. Houffaye, 1638 , *in*-8°. parchemin.

797. Remarques fur le Plaidoyer de M. TALON , Avocat-général au Parlement de *Paris*. *In*-12 , br

798. Mémoires & Plaidoyers de M. LINGUET , Avocat à Paris. *Amfterdam* , Simon Joly , 1773 , *in*-12 , 7 vol. v. f. d. fur tr.

799. Caufes Célebres & Intéreffantes , avec les Jugemens qui les ont décidées; par M. RICHER, ancien Avocat au Parlement. *Amft.* M. Rey , 1775 , 1776 , & fuiv. *in*-12 , 15   vol. v. marb.

800. Caufes Célebres, Curieufes & Intéreffantes de toutes les Cours Souveraines du Royaume, avec les Jugemens qui les ont décidées. *Paris*, années 1773 , jufqu'en 1780   *in*-12   vol. dem. rel.

801. Caufes Amufantes & Connues. *Berlin*, 1769, & fuivant. *in*-12, avec fig.　　2　　　vol. v. marb.

802. {
Difcours de M. SERVAN, Avocat-général au Parlement de Grenoble, dans la Caufe d'une Femme Proteftante. *Geneve*, 1767, *in*-12.
Difcours d'un ancien Avocat-général, dans la Caufe du Comte de ***, & de la Demoifelle ***, Chanteufe de l'Opéra. *Lyon*, Grabit, 1772, *in*-12, veau marb.
}

803. Procès inftruits extraordinairement, contre M.ʳ de Caradeuc de la Chalotais, & de Caradeuc, Procureurs-généraux, & autres. 1770, *in*-12, 4 vol. v̇. marb.

Mémoires, Factums & Requêtes.

804. Mémoire à confulter, & Confultation pour les Prieur & Chanoines réguliers de l'Abbaye de S. Georges fur Loire, Congrégation de France, contre le fieur Coquillot, Curé du Diocèfe d'Evreux, fur trois Bénéfices réguliers, poffédés autrefois par des Chanoines réguliers de cette Abbaye. *Paris*, Pierres, 1778, *in*-4°. piéce.

805. Mémoire pour M. l'Archevêque de Paris, demandeur en caffation; contre le fieur Baftide de la Vernhe, Tréforier du Chapitre de la Sainte-Chapelle de Vincennes, défendeur. *Paris*, Simon, 1778, *in*-4°. piéce.

806. Factums, Mémoires, &c. en faveur des Abbé & Religieux Bénédictins de Bernay, & Leon Potier de Gevre, Abbé commendataire de ladite Abbaye; contre M. Fr. Lochet du Carpont, Prêtre-Vicaire, perpétuel de l'Églife de Bernay; Martin du Rufc, Vicaire, &c. *In*-4°. piéce.

807. Mémoires, Piéces juftificatives & Confultation en réponfe à différens Ecrits, d'environ 500 pages d'impr. pour l'Eglife de S. Roch, contre le fieur Marduel, Curé de cette Paroiffe. *Paris*, Hériffant, *in*-4°. piéce.

808. Précis pour l'Abbaye d'Auchy, contre celle de S. Bertin, concernant le Droit des Religieux de l'Abbaye d'Auchy, de nommer à leur choix leur Abbé dans le Monaftere de S. Bertin. *Paris*, Simon, 1775, *in*-4°. piéce.

809. Mémoire pour les Dames, Abbeffe, Doyenne, Chanoineffes & Chapitre de Pouffay; contre M. le Comte du Rouvroy, & M. le M. de Fuffey, fur la nomination de Chanoineffe à ce Chapitre, & les titres de Nobleffe qu'il faut avoir pour y être reçu. *Nanci*, Bachot, 1774, *in*-4°. piéce.

810.

810. Saifie faite dans la maifon des RR. PP. Céleftins, ou Plaidoyer pour François Monffu, Md. Epicier-Diftilateur, contre l'Adjudicataire des Fermes unies de France. *Paris*, Simon, 1776, *in*-4°. piece.

811. Mémoire pour le Syndic du Chapitre Royal, Abbatial & Collégial de S. Sauveur de Figeac, contre le Syndic des Bénéficiers du fecond Chœur du même Chapitre, *in*-4°. piéce.

812. Précis pour M. l'Evêque d'Oléron, fur la direction, &c. du Séminaire de fon Diocèfe, fondé en 1708 ; par M. DE RÉVOL. Manufc. fur pap- forme *in-fol*. piéce.

813. Mémoire fignifié pour les Prieur & Religieux de S. Nicolas-aux-Bois, Congrégation de S. Maur ; contre le fieur de Saint Didier, Abbé Commendataire de ladite Abbaye, fur le partage des biens de cette Abbaye avec l'Abbé, &c. *Paris*, Lambert, 1776, *in*-4°. piece.

814. Précis pour les Abbé & Religieux Bénédictins de l'Abbaye de Munfter, au Val Saint Grégoire, en haute Alface ; contre les Prévôt & Habitans de la Communauté d'Onenhein, concernant le Droit de ces Religieux, &c. *Paris*, Moutard, 1778, *in*-4°. piece.

815. Mémoire fignifié pour Jofeph Sauvin, contre Dame Denife de Secondat, & contre le fieur Sébaftien de Redon, en préfence du fieur Infpecteur-Général du Domaine, concernant la terre Domaniale de Montefquieu, &c. *Paris*, Knapen, 1776, *in*-4°. piece.

816. Véritable Point de Vue, Précis, Requête, Confultation, &c. pour M. le Duc de Lorge, contre le Vicomte & la Vicomteffe de Choifeul ; & de M. & Mme. la Vicomteffe de Choifeul, contre le Duc de Lorge, concernant les titres, &c. du Duché de Lorge, 1777, 1778, *in*-4°. 6 vol. piéces.

817. Confultation pour M. le Duc de Lorge, au fujet de la feconde création du Duché de Lorge, faite en fa faveur, par Lettres-Patentes du 25 mars 1773. *Paris*, Cellot, 1777, *in*-4°.

818. Mémoire pour S. A. S. M. le Prince de Conti, contre M. le Marquis de Néelle ; concernant la Principauté d'Orange. *Paris*, Knapen, 1778, *in*-4°. piece.

719. Reflexions fur la derniere production nouvelle de M. le Marquis de Néelle, &c. concernant la réunion d'Orange à la Province de Dauphiné. *Paris*, Knapen, *in*-4°. piéce.

820. Expofé des Titres de propriété & de poffeffion patrimoniale du Comté de Dunois, pour M. le Duc de Chevreufe. *Paris*, Chenault, 1767, *in*-4°. piéce.

821. Mémoire pour l'enregiftrement de l'érection de la Seigneurie d'Aubigny, en Duché & Pairie, en faveur de M. le Duc de Richemont de Lenox & d'Aubigny. *Paris*, Cellot, 1777, *in-4°*. piéce.

822. Mémoire du Comte de Belle-Ifle, fur l'échange du Marquifat de Belle-Ifle avec le Roi. *In-4°*. piéce.

823. Au Roi & à Noffeigneurs de fon Confeil, en caffation d'un Jugement rendu contre les fieurs Guillaume & Jean-Alexandre Alexander, au fujet de leurs Poffeffions dans l'île de la Grenade. *Paris*, Cellot, 1780, *in-4°*. piéce.

824. { Lettre de M. Godeheu à M. Dupleix.
{ Mémoire à confulter & Confultation.
{ Piéces juftificatives & extraits de quelques Lettres de M. Godeheu à M. Sannders. *Paris*, Lambert, 1770, *in-4°*. br.

825. Jugement rendu fouverainement & en dernier reffort, dans l'affaire du Canada, par MM. les Lieutenants-Généraux de Police, Lieutenant-Particulier & Confeillers au Châtelet & Siége Préfidial de Paris, Commiffaires du Roi en cette partie, du 10 décembre 1768. *Paris*, Boudet, 1763, *in-4°*. piéce.

826. Mémoire fignifié pour M. Louis d'Aftorg de Mauleon, Marquis de Roquepine, & pour les Confuls, Sindics, Habitans & Communauté d'Eup, Bavart & Garraux, parties intervenantes, autorifés par Ordonnance de M. l'Intendant de la Province, & admis par différents Arrêts, contre Perette Bébian, veuve de Pierre-Jean Soule & leur fils, foi-difans Seigneurs de l'Afpujoles pour quatre parties, la cinquieme réfervée au Roi en préfence de M. Horry, Infpecteur-général·du Domaine du Roi. *Paris*, Prault, 1776, *in-fol*. piece.

827. Suite des Mémoires de Pierre-Auguftin Caron de Beaumarchais, ou réponfe ingenue, à la Confultation injurieufe que le Comte Jofeph-Alexandre Faluz de la Blache, a répandu dans Aix. 1778, *in-12*, br.

828. Le Tartare à la Légion ; par M. DE BEAUMARCHAIS. 1778, *in-12*, br.

829. Lettre d'un Étudiant en Droit, à fon Oncle, fur le procès renvoyé au Parlement d'Aix, entre le fieur de Beaumarchais & le Comte de la Blache, avec la réponfe. 1778, *in-12*, br.

830. Recueil de pieces concernant le Colifée, favoir, Requêtes, Mémoires, Réfutations, Actes d'appel, &c. pour les Propiétaires dudit Colifée, contre leurs créanciers, & de ces derniers, contre lefdits Propriétaires. Années 1776, 1777, *in-4°*. br.

831. Correfpondance de M. le Duc d'Aiguillon, au fujet de

l'affaire de M. le Comte de Guines & du sieur Tort, & autres intéressés, pendant les années 1771, jusqu'en 1775. *Paris*, Quillau, 1775, *in*-8°. br.

832. Supplément à la Correspondance de M. le Duc d'Aiguillon, au sujet de l'affaire de M. le Comte de Guines, & du sieur Tort & autres intéressés, pendant les années 1771, jusqu'en 1775. *Paris*, Quillau, 1775, *in*-8°. pièce.

833. Mémoires pour le Duc d'Aiguillon. *Paris*, Boudet, 1777, *in*-12. veau marb.

834. Mémoire pour M. le Comte de Lalli, Lieutenant-Général des Armées du Roi, contre M. le Procureur-Général. *Paris*, Desprez, 1766, *in*-4°. broché.

835. Mémoire à consulter & Consultation pour le sieur Duval Dumanois, & M. Duval d'Esprémenil, Avocat du Roi, héritiers de feu Duval de Leyrit, Gouverneur de Pondichéry, avec les lettres que les sieurs Duval de Leyrit & de Lally, se sont écrites dans l'Inde, pour servir de pièces justificatives. *Paris*, Lambert, 1766, *in*-4°. veau marb.

836. Second Plaidoyer de M. d'Esprémenil, Conseiller au Parlement de Paris, Neveu de M. Leyrit; en replique à la réponse non imprimée ni signifiée, du sieur de Lally Tolendal, Curateur à la mémoire du feu Comte de Lally. *Rouen*, L. Oursel, 1780, br.

837. Requête présentée au Roi & à Nosseigneurs de son Conseil, par Joseph Dugarric, Baron d'Uzech, contre le Duc d'Aiguillon, Pair de France. *Paris*, d'Houry, 1777, *in*-4°. pièce.

838. Premiere & seconde Requête au Roi pour Jacques-Leon Guimard, ancien Commis du Trésor Royal, contre le sieur Michault d'Harvelay, l'un des Gardes du Trésor Royal, qui établit la compétence de la Cour des Aides pour la connoissance des contestations relatives aux Officiers comptables des deniers Royaux. *Paris*, Simon, 1775, *in*-4°. pièce.

839. Sentence signifiée par le Juge, & enregistrée au Greffe de la Cour, & autres pièces concernant le procès de Mme la Duchesse de Kingston. Manusc. sur papier forme *in-fol.* écrit. de 1770 pièce.

840. Mémoire sur révision pour Montbailly, & A. T. J. Daniel, Accusés de Parricide, avec les Mémoires & Consultations des Médecins & Chirurgiens de Paris. *Saint-Omer*, Boubers, 1772, *in*-12, piéce.

841. Plaidoyer en faveur de la Rosiere, pour les Syndic & Habitans du village de Salanci, contre le sieur Dandré, Seigneur de Salanci. *Paris*, Knapen, 1774, *in-4°.* piece.

842. Second Mémoire en faveur de la Rosiere, pour les Syndic & Habitans de Salanci, contre le sieur Dandré, Seigneur de Salanci. *in-8°.* piéce.

843. Requête, en vers, des Filles de Salanci à la Reine; par M. BLIN DE SAINTMORE, au sujet de la contestation qui s'est élevée entre le Seigneur & les Habitans de cette Paroisse, relativement à la fête de la Rose. *Paris*, Delalain, 1774, *in-8°.* piéce.

844. Recueil de Factums, Mémoires & Requêtes, rangés par ordre alphabétique, form. *in-fol. in-4°. & in-8°.* vol.

845. Observations sur la séparation & le divorce Judaïque, pour le sieur Samuel Peixoto, contre la dame Saramendes d'Acosta. *Paris*, Simon, 1779, *in-4°.* piece.

846. Consultation sur le divorce de la Loi Judaïque. *Paris*, 1778, *in-4°.* piéce.

Styles Particuliers & Pratiques judiciaires en usage dans le Droit François.

847. Formules d'Actes & de Procédures, pour l'éxécution de l'Ordonnance de Louis XIV, donnée à S. Germain en Laye, en 1667. *Paris*, Jean Hénault, 1668, *in-4°.* bas.

848. Style universel de toutes les Cours & Jurisdictions du Royaume, pour l'instruction des matieres Civiles, suivant l'Ordonnance de Louis XIV, du mois d'avril 1667; par le sieur GAURET. *Paris*, les Associés, 1684, *in-4°.* bas.

849. — Le même Style universel. *Paris*, 1702 & 1703, 2 vol. *in-4°.* bas.

850. Style du Conseil du Roi, suite du Style universel pour l'instruction des matieres Civiles & Criminelles; par GAURET. *Paris*, Thiery 1700, *in-4°.* bas.

851. Formules des Arrêts du Conseil, des Jugemens qui se rendent dans les commissions du Conseil, & des Ordonnances dont les Requêtes présentées au Conseil, & dans les Commissions qui en sont émanées, doivent être répondues. *Paris*, Prault, 1750, *in-4°.* veau marb.

852. La Science parfaite des Notaires, ou le moyen de faire un parfait Notaire; par M. CL. DE FERRIERE, Avocat au Parlement. *Paris*, Ofmont, 1704, *in*-4°. baf.

853. Traité des Connoiffances néceffaires à un Notaire, contenant des principes furs pour rédiger, avec intelligence, toutes fortes d'Actes & de Contrats, avec des Formules dreffées fur ces mêmes principes. *Paris*, Edme, 1774, *in*-12, 5 vol. veau marb.

854. Nouvelle Inftruction, ou Style-général des Huiffiers & Sergents, pour dreffer tous Exploits, Procès-verbaux & autres Actes concernant les fonctions, &c. conformément aux différentes Coutumes, Édits, Déclarations, &c. *Paris*, les Affociés, 1767, *in*-12, veau m. d. fur tr.

855. Dictionnaire de Droit & de Pratique, contenant l'explication des termes de Droit, d'Ordonnances, de Coutumes & de Pratique, avec les Jurifdictions de France, par CL. JOSEPH DE FERRIERE. *Paris*, Brunet, 1740, *in*-4°. 2 vol. baf.

856. Introduction à la Pratique, contenant l'explication des Principaux termes de Pratique & de Coutume, avec les Jurifdictions de France, par ordre alphabétique; par CL. FERRIERE. *Lyon*, Aniffon, 1697, *in*-12, baf.

857. Nouvelle Introduction à la Pratique, contenant l'explication des termes de Pratique, de Droit & de Coutume, avec les Jurifdictions; par CL. DE FERRIERE. *Paris*, Saugrain, 1745, *in*-12, 2 vol. veau marb.

858. Le Procès Civil & Criminel, divifé en cinq livres, contenant en tables abrégées, la méthodique liaifon du Droit & de la Pratique; par CL. LE BRUN DE LA ROCHETTE, Avocat en la Sénéchauffée & Préfidial de Lyon. *Rouen*, Th. Daté, 1616, *in*-8°. parch.

859. — Le même Ouvrage. *Lyon*, Sim. Rigaud, 1654, *in*·4°. baf.

860. La Pratique judiciaire, tant Civile, que Criminelle reçue & obfervée en France; par J. IMBERT, avec des Commentaires de P. GUENOIS. *Paris*, N. Buon, 1616, *in*-4°. baf.

861. — Le même Ouvrage. *Paris*, 1623, *in*-4°. baf.

Jean Imbert, né à la Rochelle, Avocat, puis Lieutenant-Criminel à Fontenay-le-Comte, mourut à la fin du 16ᵉ fiécle, avec la réputation d'un des plus habiles Praticiens de fon tems.

862. Le Praticien François; par JEAN PAIN. *Rouen*, J. De la Mare, 1628, *in*-12, parch.

863. La nouvelle Pratique Civile, Criminelle & Bénéficiale, ou le nouveau Praticien François, réformé fuivant les nouvelles Ordonnances; par feu M. LANGE, Avocat au Parlement: avec un Traité du Droit d'Indult, un Traité de Jurifdiction Eccléfiaftique, & un nouveau Style des Lettres de la Chancellerie; par PIMONT. *Paris*, Mich. Guignard, 1706, *in*-4°. baf.

> François Lange, Avocat au Parlement de Paris, natif de Reims, mort à Paris en 1684, à 74 ans, s'acquit beaucoup de réputation par fon Livre intitulé le *Praticien François*, *in*-4°. 2 vol. 1765.

864. Le nouveau Praticien, contenant l'art de Procéder dans les matieres Civile, Criminelle & Bénéficiale, fuivant les nouvelles Ordonnances, *in*-4°. avec des notes manufc. baf.

Droit Étranger & des Pays hors de l'Europe.

865. Loix & Conftitutions de S. M. le Roi de Sardaigne. *Turin*, J. B. Chais, 1729, *in*-4°. 2 vol. veau f. d. fur tr.

> Cet Ouvrage, dont on ne fait point d'ufage en France, ne laiffe pas que d'y être recherché par les curieux, les exemplaires, quoiqu'ils ne foient pas bien rares, ne fe trouvent cependant qu'avec difficulté.

866. Code, ou Recueil des Édits, Déclarations, Lettres-Patentes, Arrêts & Réglemens, publiés dans l'Ifle de Corfe depuis fa foumiffion à l'obéiffance du Roi, avec la traduction en Italien, imprimé par ordre de S. M. *Paris*, Imp. Royale, 1778, *in*-4°. 3 vol. m. c. d. fur tr.

> Le premier ufage que le Roi a fait de fa puiffance en Corfe, a été d'y faire publier des Loix fur tout ce qui a rapport à la Police, au bien public & au repos de fes fujets, &c. La connoiffance de ces mêmes Loix étant également néceffaire aux Magiftrats qui les font exécuter, & à toutes les claffes des Citoyens qui y font foumis, S. M. pour rendre plus notoires & plus familieres celles qui ont été données à la Corfe, a jugé digne de fa bienfaifance de les faire réunir en un feul corps, & imprimer à fon Imprimerie Royale, & d'en faire diftribuer des exemplaires dans l'Ifle, pour que ceux qu'elle a chargés de leur exécution & confervation, foient à portée de les comparer entr'elles & d'en faifir l'efprit avec plus de facilité & de jufteffe, pour que chaque état, chaque particulier puiffe s'inftruire de fes devoirs envers fon Souverain, envers l'ordre focial, envers lui-même & enfin pour qu'à la vue des regles fages qui ont été établies pour la confervation de la vie, & de l'honneur des Citoyens, chacun puiffe travailler avec zèle & confiance a fon propre bonheur, & par conféquent au bonheur de tous, qui eft le but que fe propofent les Loix. M. Bertrant de Boucheporn, Maître des Requêtes, eft Intendant de cette Ifle, & la gouverne avec toute la fageffe dont il eft capable, il s'eft attiré l'eftime & l'amitié de fes habitans, qui ont pour lui la plus grande vénération.

867. Obſervations ſur les Abus qui exiſtent en Corſe, & particuliérement à Baſtia, auxquels la Police devroit remédier, ou plutôt qui ſemble demander la création d'un Lieutenant Général de Police, *ad hoc*; par M. Joubert de l'Hiberderie, Conſeiller au Conſeil Supérieur de Corſe, à Baſtia dans le mois de janvier 1775. Manuſc. ſur pap. forme *in-fol.* écrit. de l'année 1775, piece.

868. Procès-verbal de l'Aſſemblée-générale des États de Corſe, convoquée à Baſtia le 8 novembre 1773. *Baſtia*, 1774, Fr. Batini, *in-fol.* br.

869. Indication ſommaire des Réglemens & Loix de S. A. R. l'Archiduc Léopold, Grand Duc de Toſcane, par ordre chronologique, depuis 1765, juſqu'à la fin de l'année 1778, avec des notes. *Bruxelles*, J. L. de Boubers, 1779, *in-8°*. dem. rel.

870. La Pologne telle qu'elle a été, telle qu'elle eſt, telle qu'elle ſera. (*Varſovie*) *Potiers*, Vinc. Chevrier, 1775, *in-12*, veau marb.

871. Inſtruction de S. M. I. Catherine II, pour la Commiſſion chargée de dreſſer le projet du nouveau Code de Loix. *Saint-Péterſbourg*, de l'Imp. des Sciences, 1769, *in-8°*. br.

872. Commentaires ſur les Loix Angloiſes de M. Blackstone, traduit de l'Anglois par M. D. G * * *. *Bruxelles*, Boubers, 1774, *in-8°*. 3 vol. veau marb.

873. Commentaire ſur le Code Criminel d'Angleterre, traduit de l'Anglois, de G. Blackstone, Ecuyer, Solliciteur-général de S. M. Britannique; par M. l'Abbé Coyer, des Académies de Nanci, de Rome & de Londres. *Paris*, Knapen, 1776, *in-8°*. 2 tom. en 1 vol. veau marb.

Ce Code Criminel n'eſt proprement qu'une partie des commentaires ſur les Loix Angloiſes de Blackſtone, cet Homme célèbre doué d'un eſprit juſte & profond, avoit donné des leçons publiques des Loix de ſon pays, dans la célèbre Univerſité d'Oxfort, lorſque le Gouvernement penſa que celui qui en poſſédoit ſi bien la théorie & les principes, excelleroit dans leur explication, & on l'éleva à la place de Solliciteur-Général, place qu'il remplit avec diſtinction.

874. Diſſertations ſur des parties intéreſſantes du Droit Public en Angleterre & en France, d'après les Loix des deux Nations, comparées entr'elles. (*Genêve*) *Paris*, Knapen, 1778, *in-8°*. veau marb.

875. Droit Public, ou Gouvernement des Colonies Françoiſes, d'après les Loix faites pour ces Pays; par M. Petit, député des Conſeils Supérieurs des Colonies Françoiſes. *Paris*, Delalain, 1771, *in-8°*. 2 vol. veau marb.

876. Differtations fur le Droit Public des Colonies Françoifes, Efpagnoles & Angloifes, d'après les Loix des trois Nations, comparées entr'elles. (Genêve) *Paris*, Knapen, 1778, *in-8°*. veau marb.

877. Confidérations fur l'état préfent de la Colonie Françoife de S. Domingue, Ouvrage politique & légiflatif, préfenté au Miniftre de la Marine; par M. H. D. *Paris*, Grangé, 1776, *in-8°*. 2 vol. veau marb.

SCIENCES ET ARTS.

PHILOSOPHIE.

Traités Généraux préparatoires à la Philosophie, Introductions, &c. avec les Traités qui renferment l'Histoire, l'origine & les progrès de la Philosophie.

878. GASPARIS SCIOPII Grammatica Philosophica, cum Præfatio de veteris ac novæ Grammaticæ latinæ origine, dignitate & usu. *Amstelodami*, Jud. Pluymer, 1659, MARIANGELI à Fano Benedicti Auctarium ad Grammaticam Philosophicam ejusque Rudimenta. Accessit Grosippi Grammaticam, Paradoxa, Nominum & Verborum Paradigmata, inque hoc ipsum Auctarium accuratissimus index. *Amstelodami*, Jud. Pluymer, 1659. PASCALI GROSIPPI Paradoxa Litteralia, in quibus multa de Litteris nove contra Ciceronis, Varronis, Quintiliani, aliorumque Litterarum hominum, tam veterum, quam recentiorum, & sententiam disputantur. *Amstelodami*, Jud. Pluymer, 1659, *in-8°*. baf.

879. FRANC. BACONIS de Verulamio summi Angliæ Cansellarii, novum organum Scientiarum. *Lugduni-Batav.* Wiingaerde, 1645, *in-12*, baf.

Cet Ouvrage est un Recueil d'idées neuves, justes & grandes, sur tout ce qui peut perfectionner la Physique, il a été le flambeau avec lequel les nouveaux Philosophes ont éclairé les ténèbres de la Philosophie ancienne. Ce livre a fait appeller son Auteur, d'une commune voix, le pere de la Physique expérimentale. Fr. Bacon, Baron de Verulam, naquit à Londres en 1560, & y mourut en 1626 âgé de 66 ans, il mit dans son testament, qu'il laissoit son nom & sa mémoire aux Nations étrangeres, « car mes Citoyens, ajouta-t-il » ne me connoîtront que dans quelque tems ».

880. Institutions de Philosophie, traduites de l'anglois de M. FERGUSSON. *Genève*, Chirol, 1775, *in-12*, veau marb.

881. Institutiones Phylosophicæ ad usum Scholarum accomodatæ, tomus pr. Logica & Metaphysica, secundus, Pneumatologia & Ethica. *Parisiis*, Morin, 1778, *in-12*, 2 vol. dem. rel.

P

882. Principes Philofophiques, pour fervir d'introduction à la connoiffance de l'efprit & du cœur humain. *Amflerdam.*, Bart. Valm, 1769, *in-12*, veau marb.

883. Hiftoire des progrès de l'efprit Humain dans les Sciences & dans les Arts qui en dépendent; par M. SAVERIEN. *Paris*, La Combe, 1778, veau marb.

884. Lettres fur l'origine des Sciences, & fur celle des peuples de l'Afie, adreffées à M. de Voltaire par M. BAILLY, & précédées de quelques lettres de M. de Voltaire à l'Auteur. *Londres*, Emilly, *Paris*, Debure, 1777, *in-8o.* veau marb.

885. Lettres fur l'Atlantide de Platon & fur l'ancienne Hiftoire de l'Afie, pour fervir de fuite aux Lettres fur l'Origine des Sciences; adreffées à M. DE VOLTAIRE par M. BAILLY. (Londres) *Paris*, Debure, 1779, *in-8o.* veau marb.

Philofophie ancienne & moderne, Ouvrages des Philofophes anciens & modernes, avec leurs Interpretes.

886. * Univerfæ Philofophiæ Rationalis in Dialecticam ARISTOTELIS Epitome, libri octo. *Parifiis*, 1553, *in-8o.* baf.

887. ARISTOTELIS Opus Metaphyficum à Clar. Pr. Beffarione Cardinale, &c. apud Henr. Stephanum. 1515, *in-fol.* veau marb.

888. ARISTOTELIS Stagiritæ Metaphyficorum, lib. 14. &c. *Coloniæ*, 1608, *in-12*, parch.

889. Commentarius in Metaphyficam ARISTOTELIS. Manufc. fur papier, forme *in-4o.* écrit. du 17e. fiecle, parch.

890. ARISTOTILE de Celo & Mondo tradotto di greco in volgare italiano. Per ANTONIO BRUCCIOLI. *Venetia*, Bartolomeo, 1551. *in-8o.* parch.

891. Ocellus Lucanus, en grec & en françois, avec les differtations fur les principales queftions de la Métaphyfique, de la Phyfique, & de la Morale des Anciens, qui peuvent fervir de fuite à la Philofophie du bon fens; par M. le MARQUIS D'ARGENS, Chambellan du Roi de Pruffe, de l'Académie Royale des Sciences, &c. *Utrecht*, 1792, *in-12*, br.

892. Selecta M. T. CICERONIS Opera Philofophica ad ufum Scholarum. 1o. De Officiis lib. 2o. De Senectute & de Amitia. Dialogi. 3o. Paradoxa ad M. Brutum. 4o. Sommium Scipionis. *Parifiis*, Brocas, 1752, *in-12.* veau marb.

893. Les Œuvres de SENEQUE le Philofophe, traduites en françois,

par feu M. La Grange, avec des notes. *Paris*, Debure, 1777, *in*-12, 7 vol. veau marb.

> La Traduction que nous annonçons des Œuvres de Seneque, est la seule complette & qu'on estime, à quelques inexactitudes près ; le 7e vol. donné par Diderot, contient un essai sur la vie de ce Philosophe : ce vol. fit grand bruit lorsqu'il parut, moins par les talens de l'Auteur, que par la maniere dont cet Ouvrage est écrit, &c.

894. Histoire des Opinions des Anciens, & des Systêmes des Philosophes sur le Bonheur ; par M. le Rochefort. *Paris*, Knapen, 1778, *in*-8°. veau fauve.

895. Séneque, des Questions Naturelles. *Lyon*, 1663, *in*-12, baf.

896. Les Caracteres de l'Homme sans Passions, selon les sentimens de Séneque. *Paris*, Bouillerot, 1665, *in*-12, baf.

897. Tertia Pars, Philosophiæ & Physicæ. Manusc. sur papier, forme *in*-8°. baf.

898. Élémens de la Philosophie de Newton, mis à la portée de tout le monde, par M. de Voltaire. *Amsterdam*, Jacq. Desbordes, 1738, *in*-8°. avec fig. veau fauve.

> Il étoit réservé à M. de Voltaire de rendre Newton accessible à tout lecteur raisonnable & attentif : le but de ces élémens est de démontrer l'impossibilité du plein des tourbillons de Descartes, & que la Philosophie Newtonienne est la seule digne d'être étudiée, parce qu'elle est la seule prouvée.

899. Traité Philosophique ; par le sieur de V. *Paris*, 1606, *in*-8°. parch.

900. Systême de Philosophie, contenant la Logique, la Métaphysique, la Physique & la Morale ; par Pierre Sylvain-Regis. *Paris*, Anisson, 1690, *in*-4°. 3 vol. baf.

> Cet Ouvrage est une compilation judicieuse de différentes idées de Descartes, que l'Auteur a développées & liées ensemble ; mais ces idées n'étant plus à la mode, cet Ouvrage n'est aujourd'hui que d'un très-petit usage.
>
> Pierre Silvain Regis, né à la Salvetat de Blanquefort, dans le Comté d'Agénois, en 1632, vint achever ses études à Paris, & fut disciple de Rohault ; il mourut en 1707 chez le Duc Rohan, qui lui avoit donné un appartement dans son hôtel.

901. Lettres de M. Descartes, concernant la Morale, la Physique, la Médecine, & les Mathématiques. *Paris*, Compagnie, 1724, *in*-12, 6 vol. avec fig. baf.

> Ces Lettres contiennent l'explication de plusieurs questions de morale

de phyſique , & différentes conteſtations que l'Auteur a eues ſur divers ſujets avec les plus ſavans Hommes de ſon tems ; les objections qu'on lui a fait, & les réponſes qu'il y a données : on y trouve une ample apologie , qu'il préſenta aux Magiſtrats d'Utrecht, contre les accuſations de libertinage & d'Athéiſme dont on le croyoit coupable ; les différens qu'il eut touchant la dioptrique & la géométrie, font le ſujet de la plupart des lettres qui ſuivent l'Apologie : on y trouve auſſi le jugement qu'il portoit ſur pluſieurs Livres de phyſique & de mathématiques de ſon tems, & un petit Ouvrage latin, intitulé : *Cenſura quarumdam Epiſtolarum Balzacii* ; jugement ſur quelques lettres de Balzac : cet écrit eſt un chef-d'œuvre de goût , ſuivant l'Abbé Treublet. René Deſcartes né en 1596 à La Haye , en Touraine, mourut à Stockholm en 1650, ſon corps fut apporté en France par les ſoins de Dalibert , Secrétaire du Roi , qui le fit enterrer dans l'Égliſe de Sᵗᵉ Génevéve. Son caractere étoit d'être ſobre , tempérant , ami de la liberté & de la retraite , reconnoiſſant , libéral , ſenſible à l'amitié , tendre , compatiſſant , il ne connoiſſoit que les paſſions douces & ſavoit réſiſter aux violentes : quand on me fait une offenſe , diſoit ce Philoſophe , je tâche d'élever mon ame ſi haut , que l'offenſe ne parvient pas juſqu'à elle , l'ambition ne l'agita pas plus que la vangeance.

902. Le Philoſophe ſans prétention, ou l'Homme rare , Ouvrage Phyſique, Chymique, Politique & moral; par M. D. L. F. *Paris*, Clouſier, 1775 , *in-8°*. avec fig. m. r. d. ſur tr.

Logique & Dialectique.

903. Commentarius in Logicam Artis. Manuſc. ſur papier, forme *in-4°*. écrit. du 17ᵉ ſiecle. parch.
904. La Logique, ou l'Art de penſer, contenant les Regles Communes , pluſieurs Obſervations nouvelles propres à former le Jugement ; par M. NICOLE. *Paris*, Deſprez, 1750, *in-12* , veau marb.

Excellent Ouvrage connu ſous le nom de la Logique de Port-Royal.

905. La Logique, ou l'Art de Penſer ; par M. l'Abbé DE CONDILLAC. *Paris*, Debure , 1780, *in-8°*. dem. rel.

Ouvrages des anciens Philoſophes , qui ont écrit ſur la morale.

906. PLUTARCHI CHARONEI Philoſophi & Hiſtorici Grav. Ethica, ſeu Moralia Opuſcula. *Pariſiis*, Mich. Vaſcoſanus , 1544, *in-fol.* baſ.
907. Œuvres Morales de PLUTARQUE, tranſlatées de Grec en François par AMYOT. *Anvers*, 1577, *in-8°*. parch.
908. Œuvres Morales de PLUTARQUE, &c. *Paris*, 1587, *in-8°*. parch.

909. Traduction de différents Traités de Morale, de Plu-
TARQUE; par M.*** *Paris*, Debure, 1777, *in*-12 veau marb.
910. Eſſais de Philoſophie & de Morale, en partie traduit libre-
ment, & en partie imités de Plutarque. *Bouillon*, 1770,
in-8°. veau marb.
911. Les Caracteres de Théophraſte, traduits du Grec, avec les
Caracteres, ou les Mœurs de ce ſiecle. *Paris*, Michalet, 1692,
in-12, baſ. avec des Notes manuſcrites.
912.—Les mêmes Caracteres. *Amſterdam*, 1726. *in*-12, 2 vol. baſ.
913. Les Caracteres d'Epictete, avec l'explication du Tableau de
Cebes; par M. l'Abbé de Bellegarde. *Trévoux*, Etienne Gan-
neau, 1700, *in*-12, baſ.
914. Penſées Morales de Marc-Antonin, Empereur, de ſoi à
ſoi même; en douze livres, traduits du Grec. *Paris*, Barbin,
1658, *in*-12, baſ.
915. Réflexions Morales de l'Empereur Marc-Aurele Antonin,
avec des remarques de M. & Mde. Dacier, les remarques
ſont ſans le texte: deux tomes reliés enſemble. *Amſterdam*,
Jean Wolters, 1707, *in*-8°. baſ.

> C'eſt l'Ouvrage de M. & Mde. Dacier en commun: dans leurs
> remarques ils ont évité la critique, & ſe ſont uniquement propoſés
> d'éclaircir le texte, lorſqu'ils ont trouvé des maximes fauſſes dans
> la bouche d'Antonin, & qui pouvoient être vraies dans la bouche
> d'un Chrétien, ils ont réfuté le faux ſens, & établi le véritable: ils
> ont enfin recueilli ce qu'Antonin a appris lui même de ſa vie, dans
> ſes douze livres, & ce que les Hiſtoriens nous en ont auſſi appris.

916. Traité de la Conſolation, Ouvrage traduit du Latin avec
deux diſſertations ſur Sigonius & Alcyonius; par M. Morabin.
Paris, L. Guerin, veuve Lottin, & veuve Pillot, 1755,
in-12, veau fauve.

Traités généraux & ſinguliers de Philoſophie morale, des Vertus & des Paſſions.

917. Joan. Ludov. Vivez Valentini ad Sapientiam Introductio
& Satellitium aliaque ejuſdem, quorum ſeries ante Præfatio-
nem & Autoris vitam exhibetur, cum notis manuſcriptis.
Lugduni Batavorum, apud Davidem Loper de Haro, 1644,
in-12, baſ.

> Jean-Louis Vivez né à Valence, en Eſpagne en 1492, enſeigna les
> Belles-Lettres à Louvain avec un applaudiſſement général. Vivez ſe

maria à Burgos, & mourut à Bruges en 1540, à 48 ans : on trouve dans les Ouvrages de Vivez, un ftyle affez pur, mais dur & fec, & fa critique eft fouvent hazardée; quelques-uns de fes livres ne font qu'un amas de paffages ramaffés fous différens titres, & de vrais lieux communs.

918. Hier. Cardani de Utilitate ex adverfis capienda, libri quatuor. *Franikeræ*, apud Idzardum Balk, 1648, *in-8°*. baf.

Jérome Cardan naquit à Pavie en 1501, d'une mere qui l'ayant eu hors de mariage, tenta vivement de perdre fon fruit par des breuvages; il vint au monde avec des cheveux noirs & frifés; il étoit bifarre & 'opiniâtre; il fe fiattoit, comme Socrate, d'avoir un démon familier; après avoir fignalé fes folies dans la médecine & les ma-thématiques, à Padoue, à Milan, à Boulogne, il fe fit mettre en prifon dans cette derniere ville : dès qu'il eut fa liberté, il courut à Rome, obtint une penfion du Pape, & s'y laiffa mourir de faim en 1576 pour accomplir fon horofcope. Il avoit promis de ne pas vivre jufqu'à 75 ans, il voulut tenir parole. *Vid.* Dict. de Bayle & Mém. du P. Niceron, vol. 14.

919. La Doctrine des Mœurs, qui repréfente en cent tableaux, la différence des Paffions, & enfeigne la maniere de parvenir à la fageffe univerfelle; par M. de Gomberville, de l'Aca-démie Françoife. *Paris*, Soubfon, 1683, *in-12*, avec fig. baf.

Marin le Roi, fieur de Gomberville, Parifien felon les uns, & né fuivant d'autres à Chevreufe dans le Diocêfe de Paris, fut de ceux qui furent choifis parmi les beaux efprits du Royaume, lorfque le Cardinal de Richelieu forma l'Académie Françoife; il mourut en 1674 à 75 ans.

920. Lettre & Réflexions fur la fureur du Jeu, auxquelles on a Joint une autre Lettre morale; par M. Dusaulx, ancien Commiffaire de la Gendarmerie. *Paris*, Lacombe, 1775, *in-8°*. br.

921. Théatre du Monde, où, par des exemples tirés des Auteurs anciens & modernes, les Vertus & les Vices font mis en op-pofition; par M. Richer, Auteur des Hommes Illuftres. *Paris*, Saillant, 1775, *in-8°*. 2 vol. avec fig. veau marb.

922. Le Sage réfolu contre la Fortune & contre la mort. *Rouen*, 1655, *in-12*, parch.

923. Réflexions ou Sentences & Maximes Morales, augmentée de plus de cent nouvelles Maximes; par M. de la Rochefou-caud. *Paris*, Barbin, 1678, *in-12*, m. r. d. fur tr.

924.—Les mêmes Réflexions, ou Penfées. *Paris*, Piffot, 1777, *in-12*, veau marb.

925. — Les mêmes, de l'Impr. Royale, 1778, *in-8°*. veau marb.
926. — Les mêmes, *Paris*, de l'Impr. de Monsieur, 1779, *in-16*, br.

> On remarque dans cet Ouvrage beaucoup d'esprit & une grande pénétration pour démêler la variété des sentimens du cœur de l'homme : quoiqu'il n'y ait presque qu'une vérité dans ce livre, qui est que l'amour-propre est le mobile de tout : cependant cette pensée se présente sous tant d'aspects variés, qu'elle est presque toujours piquante. Ce petit recueil, écrit avec cette finesse & cette délicatesse qui donne tant de prix au style, accoutuma à penser & à renfermer ses idées dans un tour vif & précis.
>
> François Duc de la Rochefoucaud, naquit en 1613, sa valeur & son esprit le mirent au premier rang des Seigneurs de la Cour, qui mêloient les lauriers de Mars à ceux d'Apollon : il fut lié avec la fameuse Duchesse de Longueville ; sa maison étoit le rendez-vous de tout ce que Paris & Versailles avoient d'ingénieux, les Racine, les Boileau, les Sévigné, les La Fayette trouvoient dans sa conversation des agrémens qu'ils cherchoient vainement ailleurs : la goute le tourmenta sur la fin de ses jours : il supporta les douleurs de cette maladie cruelle avec la constance d'un Philosophe, & mourut à Paris en 1680, à 68 ans.

927. Pensées ingénieuses des Anciens & des Modernes ; par le P. Bouhours. *Paris*, Florentin ; 1691, *in-12*, bas.

> Dominique Bouhours, né à Paris en 1628, Jésuite à l'âge de 16 ans, fut chargé, après avoir professé les humanités, de veiller à l'éducation des deux jeunes Princes de Longueville, & ensuite à celle du Marquis de Seignelai, fils du grand Colbert. Il mourut à Paris en 1702.

928. Raccolta di Scritti de Parrochi di Parigi edi altre Città della Francia, interno a varie opinioni Morali, Tradotti della Francese nulla Italiana Favella. *Avignone*, per Roberto Duchesne, 1759, *in-12*, br.
929. Le Théophraste moderne, ou nouveaux Caractères des mœurs. *Paris*, Brunet, 1701, *in-12*, bas.
930. Réflexions Morales, Satyriques & Comiques, sur les mœurs de notre siecle. *Liége*, J. F. Broucard, 1733, *in-12*, bas.
931. Pensées de M. le Comte d'Oxenstern, sur divers sujets, avec des Réflexions morales du même Auteur ; par M. D. L. M. Lahaie. J. Van Ducen, 1746, *in-12*, 2 tom. en 1 vol. avec fig. veau marb.
932. Pensées diverses, sur les situations de la vie, ou le Philosophe Chrétien ; par M. Formey. *Amsterdam*, par la Compagnie, 1755, 4 vol. *in-12*, veau marb.

933. Tableau du fiécle; par un Auteur connu. *Genève*, 1759; *in*-12, veau marb.

934. Bagatelles Morales, & differtations; par M. l'Abbé Coyer, avec le Teftament Littéraire de M. l'Abbé Desfontaines. *Londres*, 1759, *in*-12, veau marb.

935. Eclaircilfement fur les Mœurs; par l'Auteur des mœurs. *Amfterdam*, M. Mich. Rey, 1762, *in*-12, v. m.

936, Le Poëte des Mœurs, ou les maximes de la Sageffe. *Namur*, J. F. Stapleaux, 1772, *in*-12, 2 vol. veau marb.

937. Théorie des Sentimens Moraux, trad. de l'anglois de M. *Smilly*, ancien prof. de Philof. à Glafcow; par M. l'Abbé Blavet, Bibliothécaire de Mgr. le Prince Conty. *Paris*, Valade, 1774, *in*-12, v. f. d. fur tr.

938. Théorie des Sentimens agréables; par M. l'Évêque de Pouilly. *Paris*, Debure pere, 1774, *in*-12, m. r. d. fur tr.

939 La Morale du Citoyen du monde, ou la Morale de la Raifon, formant la troifieme partie d'un Cours de Philofophie; par l'Abbé Sauri. *Paris*, Froullé, 1777, *in*-12, v. f.

940. De l'Ufage des Paffions; par François Senault. *Rouen*, 1656, *in*-8°. parch.

941. La Grandeur d'Ame; par M. le Marquis de Caraccioli. *Francfort*, J. F. Baffompierre, 1762, *in*-12, veau marb.

942. De la Gaieté; par le même. *Francfort*, Baffompierre, 1762; *in*-12, veau marb.

943. La Converfation avec foi-même; par le même. *Liége*, Berghen, 1760, *in*-12, veau marb.

944. L'Univers Enigmatique; par le même. *Francfort*, Baffompierre, 1760, *in*-12, veau marb.

945. Difcours qui a remporté le prix à l'Académie de Dijon, en l'année 1750, fur cette queftion propofée par la même Académie: fi le rétabliffement des Sciences & des Arts a contribué à épurer les mœurs; par un Citoyen de Genève. *Londres*, 1751, *in*-8°. baf.

946. Réfutation du difcours du Citoyen de Genève, qui a remporté le prix à l'Académie de Dijon en 1750, fous le nom d'un Académicien de la même Ville; par M. Le Gat, & autres pieces fur le même fujet. (Sujet du Difcours: fi le rétabliffement des Sciences & des Arts a contribué à épurer les mœurs.) *Rouen*, 1752, *in*-8°. veau marb.

ECONOMIE.

ECONOMIE.

TRAITÉS GÉNÉRAUX ÉCONOMIQUES.

Traités généraux & particuliers de l'Homme & de la Femme, de leurs devoirs dans les différents états de la vie, &c.

947. Æconomium XENOPHONTIS. 1515, *in-fol.* veau marb.

948. De l'Homme & de ses Facultés intellectuelles & de son Éducation ; par M. HELVÉTIUS. *Londres*, 1775, *in-12*, 2 vol. veau marb.

949. Nouveaux Élémens de la Science de l'Homme ; par M. BARTHEZ. *Montpellier*, Martel, 1778, *in-8°*. 2 vol. m. r. d. sur tr.

950. De l'Homme, ou des Principes & des Loix de l'influence sur le corps, & du corps sur l'ame ; par J. P. MURET, Docteur en Médecine. *Amsterdam*, M. M. Rey, 1775, *in-12*, 2 vol. veau marb.

951. La Connoissance de l'Homme Moral, par celle de l'Homme Physique ; par M. l'Abbé ANT. JOS. PERNETY ; Bibliothécaire de sa Majesté Prussienne. *Berlin*, 1776, *in-8°*. 2 vol. veau marb.

952. Réflexions sur l'Homme, ou examen raisonné du Discours de M. Rousseau Citoyen de Genève, sur l'origine & les fondemens de l'inégalité parmi les Hommes ; par M. J. H. LE ROUX, Conseiller du Roi. *Genève*, 1758, *in-12*, v. f. d. sur tr.

953. Dignité de la Nature Humaine, considérée en vrai Philosophe & en Chrétien ; parr M. l'Abbé DE VILLIERS, Prêtre & Avocat en Parlement. *Paris*, d'Houry, 1778, *in-12*, v. f.

954. La Morale Universelle, ou les devoirs de l'Homme, fondés sur la Nature. *Amsterdam*, M. M. Rey, 1776, *in-8°*. 2 vol. veau marb.

955. Traité du Mérite ; par l'Abbé DE VASSETZ, Curé de St. Lambert. *Paris*, Vandive, 1703, *in-12*, bas.

956. Traité du vrai Mérite de l'Homme, considéré dans tous les âges & dans toutes les conditions ; par M. LEMAITRE DE CLAVILLE, ancien Doyen du Bureau des Finances de Rouen. *Paris*, Saugrain, 1740, 2 vol. bas.

957. Le Vrai Mérite. *Amsterdam*, 1754, *in-12*, v. m.

Q

958. L'École des Peres; par N. E. Retif de la Bretonne. (En France), *Paris*, Duchefne, 1776, *in*-8°. 3 vol. veau fauve d. fur tr.

959. Extrait du Journal de mes Voyages, ou Hiftoire d'un jeune Homme pour fervir d'école aux Peres & Meres; par M. Pahiu de la Blancherie. *Paris*, Debure, 1775, *in*-8°. 2 vol. m. r. d. fur tr.

960. Teftament, ou Confeils fideles d'un bon Pere à fes enfans; compofé par P. Fortin, Seigneur de la Hoguette. *Paris*, Vitré, 1656, *in*-12, baf.

961. Legs d'un Pere à fes Filles; par feu M. Gregory, Docteur en Médecine d'Édimbourg, traduit de l'Anglois, (Londres) *Paris*, Piffot, 1774, *in*-12, br.

962. L'Ami de l'Humanité, ou Confeils d'un bon Citoyen à fa Nation, fur certains préjugés auffi nuifibles à la fanté qu'à la fociété, fuivis du Chapeau, & de Réflexions auffi utiles qu'intéreffantes. *Paris*, Saugrain, 1778, *in*-8°. br.

963. L'Honnête Femme. *Paris*, 1638, *in*-4°. baf.

964. Caractere d'une Femme fans éducation. *Cologne*, *in*-12, b.

965. L'Ami des Femmes. *Hambourg*, Chrét. Hergld, 1758, *in*-12, veau marb.

966. Le Nouvel Ami des Femmes, ou la Philofophie du Sexe; par M. Boudier de Villemert. *Paris*, Monory, 1779, *in*-12, br.

967. Les Cynographes, ou idées de deux honnêtes Femmes, fur un projet de réglement propofé à toute l'Europe, pour mettre les Femmes à leur place; & opérer le bonheur des deux fexes; par M. N. E. Rétif de la Bretonne. *La Haie*, Goffe, 1777, *in*-8°. v. f. d. fur tr.

968. Inftructions pour les jeunes Dames qui entrent dans le monde, fe marient, leurs devoirs dans cet état & envers leurs enfans; pour fervir de fuite au Magafin des Adolefcentes; par Mgr. Le Prince de Beaumont. *Londres*, Nourfe, 1764, *in*-12, 4 vol. br.

969. Confeils à une Amie; par Madame de Puisieux, 1746, *in*-12, br.

Traités généraux & particuliers de l'Éducation, de la Politeffe, des Mœurs, des avantages & des devoirs des différens âges & des différens états de la vie civile, &c.

970. Émile ou de l'Education; par J. J. Rousseau, Cit. de Ge-

nève. *La Haie*, Néaulme, 1762, *in*-8°. 4 vol. avec fig. v. m.

Cet Ouvrage roule principalement sur l'éducation. Rousseau veut qu'on suive en tout la Nature, les préceptes qu'il y donne sont exprimés avec cette force & cette noblesse d'un cœur rempli des grandes vérités de la morale; tout ce qu'il dit contre le luxe, contre les spectacles, contre les vices & les préjugés de son siécle, est digne tout a la fois de Platon & de Tacite, son style est à lui, il paroît pourtant quelquefois, par une sorte de rudesse & d'âcreté affectée, chercher a se rapprocher de celui de Montaigne, dont il étoit grand admirateur, & dont il a rajeuni plusieurs sentimens & plusieurs expressions : ce qu'il y a de déplorable, c'est que voulant élever un jeune-homme Chrétien, il a rempli son 3ᵉ vol. d'objections contre le Christianisme : il fait à la vérité un éloge sublime de l'Évangile & un portrait touchant de son divin Auteur, mais les miracles, les prophéties qui établissent sa mission sont attaqués sans ménagement. L'Auteur n'admet que la Religion naturelle, pèse tout à la balance de la Raison, & cette Raison trompeuse le jette dans des écarts qui furent funestes à son repos. Le Parlement de Paris condamna ce Livre en 1762, & poursuivit criminellement l'Auteur, qui fut obligé de prendre la fuite à la hâte : son premier soin, quand il eut trouvé un asyle sûr, fut de défendre son Emile contre le Mandement de M. l'Archevêque de Paris, qui avoit anathématisé ce Livre. Il publia en 1763 une Lettre, où toutes ses erreurs sont reproduites avec la parure de l'éloquence la plus vive & la plus insidieuse. *Vid.* Dict. Hist. art. Rousseau.

971. J. J. Rousseau, Citoyen de Genève, à Christophe de Beaumont, Archevêque de Paris; contenant l'Arrêt de la Cour du Parlement, qui condamne son livre d'Emile avec la Lettre qu'il écrit à Mgr. l'Archevêque de Paris. *Amsterdam*, Mich. Rey, 1763, *in*-12, br.

972. Théorie de l'Éducation, Ouvrage utile aux Peres de famille & aux Instituteurs; par M. Grivel. *Paris*, Moutard, 1775, *in*-12, 3 vol. avec fig. veau marb.

973. Principes de la grande Science, ou seconde partie de l'Instruction nécessaire à tous les Hommes. *Paris*, Knapen, 1774, *in*-12, veau marb.

974. Cours d'Éducation à l'usage des Eleves destinés aux premieres professions & aux grands emplois de l'État; par M. Verdier, . Médecin du feu Roi de Pologne, Avocat en Parlement, &c. *Paris*, Moutard, 1777, *in*-12, veau marb.

975. Idée de l'Éducation du Cœur, ou Manuel de la Jeunesse; par un Pere de Famille. (*La Haie*) *Paris*, Cailleau, 1777, *in*-12, avec fig. br.

976. Œuvres diverses de M. l'Abbé de Sᵗ. Pierre. *Paris*, Briasson, 1728, *in*-12, 2 vol. baf.

Le 1ᵉʳ vol. consiste en un Traité, ou Projet pour perfectionner l'Education, dont le but est de faire voir que si en France ceux qui gouvernent regardoient comme une affaire de la derniere importance le soin de mieux faire élever les enfans dans les colléges & dans les couvens, qu'ils n'y sont élevés ; ces enfans deviendroient dans peu de tems, en hommes, en femmes, les modeles des autres nations de l'Europe, & par conséquent du reste de la terre, par l'acquisition au plus haut degré des beaux sentimens du cœur & des belles qualités de l'esprit ; à la suite du Traité est un Discours sur la Grandeur & la Sainteté des Hommes, où l'Auteur fait voir la différence qui se trouve entre homme illustre & grand homme, & entre grand homme & grand Saint. Le second vol. contient six projets, le premier, pour rendre les Sermons plus utiles ; le second, pour perfectionner l'éducation domestique des Princes & des grands Seigneurs ; le 3e, pour perfectionner l'éducation des Filles ; le 4e, pour l'établissement d'un bureau par rapport à l'éducation publique des Colléges ; le 5e, pour rendre les Spectacles plus utiles ; le 6e, contient des Réflexions politiques sur l'amour entre pareils. *Vid.* Journ. des Scav. 1728, p. 703.

Charles Irenée Castel de S. Pierre, né au Château de S. Pierre-Église en Normandie l'an 1648, embrassa l'état Ecclésiastique : dès 1695 il avoit une place à l'Académie Françoise, mais après la mort de Louis XIV il en fut unanimement exclus, pour avoir préféré dans sa Polisynodie l'établissement des conseils faits par le Régent, à la maniere de gouverner de Louis XIV. Ce fut le Comte de Polignac qui fit une brigue pour son exclusion, & il n'y eut que Fontenelle qui s'y refusa, mais le Duc d'Orléans ne voulut pas que la place fût remplie ; elle demeura vacante jusqu'à sa mort, arrivée en 1743, à 86 ans.

977. Discours sur l'Éducation ; par M. VICAIRE, ancien Vicaire de l'Université de Paris. *Paris*, Barbou, 1763, *in*-12, v. m.

978. Discours sur l'Éducation, prononcés au Collége Royal de Rouen, suivis des notes tirées des meilleurs Auteurs anciens & modernes ; auxquels on a joint des Réflexions sur l'amitié, par M. ANGER, Prêtre & Professeur d'Éloquence audit Collége. *Rouen*, Le Boucher, 1775, *in*-12, m. r. d. sur tr,

979. De l'Instruction Publique, ou Considérations Morales & Politiques sur la nécessité, la Nature & la source de cette instruction ; Ouvrage demandé par le Roi de Suede. (*Stockholm*) *Paris*, Didot, 1775, *in*-8°. br.

980. Le Livre des Enfans, ou idées générales & définitions des choses dont les Enfans doivent être instruits. *Paris*, Prault, 1732, *in*-12, bas.

981. Institutions des Sourds & Muets, ou Recueil des exercices soutenus par les Sourds & Muets pendant les années 1771, 1772, 1773 & 1774 ; avec les Lettres qui ont accompagné les Programes de chacun des exercices. *Paris*, Butard, 1774, *in*-12, v. f. d. sur tr.

982. Institution des Sourds & Muets, par la voie des signes méthodiques, Ouvrage qui contient le projet d'une Langue

universelle, par l'entremise des signes naturels assujettis à une méthode. *Paris*, Nyon, 1776, *in-12*, 2 parties en 1 vol. veau marb.

983. Cours Élémentaire d'Éducation des Sourds & Muets; par M. l'Abbé Deschamps, Chapelain de l'Église d'Orléans, suivi d'une dissertation sur la Parole, traduite du latin de Jean Conradamman, Médecin d'Amsterdam; par M. Beauvais de Préau, Docteur en Médecine à Orléans. *Paris*, Debure, 1779, *in-12*, veau marb.

984. Lettre de M. de S.***, Capitaine de Cavalerie, sur l'Institution des Sourds & Muets; par M. l'Abbé Deschamps, Chapelain de l'Église d'Orléans. (*Londres*) *Paris*, Valade, 1777, *in-12*, br.

985. Observation d'un Sourd & Muet sur un Cours Élémentaire d'Éducation des Sourds & Muets, publié en 1779; par M. l'Abbé Deschamps. (Amsterdam) *Paris*, Morin, 1779, *in-12*, br.

986. Projet d'une École gratuite de Sciences pour toutes les Provinces du Royaume. *En France*, 1761, *in-12*, piece.

187. Plan d'Éducation Nationale, en faveur des pauvres Enfans de la Campagne; par M. le Comte de Thelis, 1779, *in-12*, 2 vol. br.

> Le second vol. est intitulé, suite des Idées proposées au Gouvernement sur l'administration des Chemins, &c. &c.

188. Plan d'Éducation publique, par le moyen duquel on réduit à cinq années le Cours des Études-ordinaires, &c. *Paris*, Durand, 1777, *in-12*, br.

189. Essai Historique & Moral sur l'Éducation Françoise; par M. Bury. *Paris*, Desprez, 1777, *in-12*, veau marb.

190. Instruction d'un Pere à sa Fille, tirée de l'Écriture Sainte; par le sieur Dupuy, Secrétaire au Traité de la Paix de Riswik. *Paris*, le Clerc, 1707, *in-12*, m. r. d. sur tr.

191. Plan d'Éducation gratuite pour les jeunes Filles Nobles des Bailliages de Bar, Clermont & Verdun. *In-8°*. piéce.

192. Principes d'Institution ou de la maniere d'élever les Enfans des deux Sexes par rapport au Corps, à l'Esprit & au Cœur. *Paris*, Dessaint, 1774, *in-12*, veau marb.

193. Nouveau Traité de la Civilité qui se pratique en France parmi les Honnêtes Gens. *Paris*, Joffet, 1675, *in-12*, bas.

194. Le Génie de la Politesse. *Paris*, 1705, *in-12*, bas.

195. Idée du Monde, ou Idée générale des choses dont un Jeune Homme doit être instruit. *Dijon*, Frantin, 1779, *in-12*, 2 vol. dem. rel.

996. L'École du Monde, ou Inſtruction d'un Pere à un Fils, diviſée en Entretiens; par M. LE NOBLE, *Amſterdam*, 1709, *in*-12, 2 vol. baſ.

> Cet Ouvrage, qui renferme beaucoup de bonne morale, eſt écrit avec la légéreté propre à une production frivole.
> Euſtache le Noble, né à Troyes en 1643, mourut à Paris dans la plus affreuſe miſere, en 1711, à 68 ans. Il fallut que la charité de la Paroiſſe de S. Severin le fit enterrer, lui qui avoit fait gagner plus de 100 mille écus à ſon Imprimeur. On a de lui un grand nombre d'Ouvrages, recueillis en 19 vol. *in*-12, par Brunet.

ÉCONOMIE D'ÉTAT, OU POLITIQUE.

Introductions & Traités généraux anciens & modernes de la Politique.

997. Entretiens de Phocion ſur le rapport de la Morale avec la Politique, traduits du grec de NICOCLÈS, avec des remarques. *Amſterdam*, 1763, *in*-12, br.

998. Elementa Philoſophica de cive Auctore THOM. HOBBES, Malmesburienſi. *Amſtelodami*, Thom. Boom, 1696, *in*-12. baſ.

> Cet Ouvrage a été traduit en françois par Sorbiere. L'Auteur y pouſſe trop loin l'autorité du Monarque, iſ en fait un Deſpote, par reſſentiment contre les Préliminaires d'Angleterre qui vouloient anéantir tout gouvernement, à l'exception du républicain; il y ſuppoſe tous les hommes méchans, &c.
> Thomas Hobbes, en latin Hobbeſius & Hobbius, naquit à Malmesburi en 1588, & mourut à Hardwick en 1679, à 91 ans.

999. Politica de Dios govierno de Chriſto, y tirania de Satanas. *Salamanca*, 1629, *in*-12, baſ.

1000. Il Ritrato de lprivato Politico Chriſtiano. *Milano*, 1636, *in*-12, parch.

1001. Bizzarrie Politiche over, Raccolta, delle più Notabili Prattiche di ſtato, nella Chriſtianità Meſſa in luce, da Lorenzo di Banco Gotto. Alla *Franchera*, app. Giov. d'Accerio, 1658, *in*-12, parch.

1002. Traité Politique, compoſé par WILLIAM ALLEN, où il eſt prouvé par l'exemple de Moyſe, que tuer un Tyran, *titulo vel exercitio*, n'eſt pas un meurtre. *Lyon*, 1654, *in*-16, baſ.

> Ce Libelle, dont les exemplaires ne font pas communs, eſt attribué à M. Marigny, Gentilhomme François, & a été fait contre Olivier

Cromwel, pour exciter le peuple Anglois à se délivrer de sa tyrannie : l'Auteur, après avoir dédié son Ouvrage à Cromwel, par une Épître singuliere, entreprend de prouver trois propositions; la premiere, que Cromwel est un Tyran ; la seconde, que dans ce cas il est permis de s'en faire justice & de le tuer ; la troisieme, que cet acte étant légitime, ne peut manquer d'être utile à la République. L'on prétend qu'il lui fut présenté, sans qu'il se soit apperçu que l'Auteur vouloit parler de lui dans ce petit livret. Marigny mourut à Paris en 1670; il s'appelloit Jacques Carpentier, il étoit né à Marigny près de Nevers.

1003. La Politique des Souverains; par M. DE CLAVIGNY Ste. HoNORINE. *Caen*, Marmyvon, 1668, *in*-8°. parch.

1004. L'Oracle de ce siecle, consulté par les Souverains de la Terre, Ouvrage singulier sur les affaires Antiques & Politiques du tems. *Londres*, 1743, *in*-12, veau marb.

1005. L'Anti-Machiavel ou Examen du Prince de Machiavel, avec des notes Historiques & Politiques; publié par M. DE VOLTAIRE. *Amsterdam*, 1748, *in*-12, veau marb.

> Ce Livre est imprimé à deux colonnes, savoir le texte de Machiavel de la traduction d'Amelot de la Houssaye, d'un côté, & les réflexions sur ce texte de l'autre : elles sont attribuées à Ch. Frédéric, Roi de Prusse, & ont été données au public par Voltaire, qui a pu y mettre quelques phrases ou pensées. Les notes & la préface sont de la Houssaye ; les Réflexions tendent à détruire une partie des principes faux & dangereux de Machiavel. Amelot, dans sa préface, sans adopter ses principes, a cherché à l'excuser. *Vid.* Bibliot. de Fr. N°. 27094. Dict. de Pr. Marchand, tom. I, p. 43.

1006. Du Contrat Social, ou principes du Droit Politique ; par J. J. ROUSSEAU. *Amsterdam*, Mich. Rey, 1762, *in*-12, br.

1007. Sytême Social. *Londres*, 1773, *in*-8°. 3 vol. veau marb.

1008. De l'Ordre Social, Ouvrage suivi d'un Traité élémentaire sur la valeur, l'argent, la circulation, l'industrie & le commerce intérieur & extérieur ; par M. LE TROSNE, ancien Avocat du Roi. *Paris*, Debure, 777, *in*-8°. veau marb.

1009. Ouvrages Politiques & Philosophiques d'un Anonyme. *Londres*, 1776, *in*-8°. veau fauve.

1010. Discours Philosophique, Patriotique, sur la soumission dans l'ordre Politique ; par M. l'Abbé D. B. DE PAUMERELLE, de l'Académie des Arcades. (Amsterdam.) *Paris*, Bastien, 1774, *in*-12, piéce.

Traités particuliers de la Cour, des Rois, Princes, Magistrats, Courtisans, Ministres, Ambassadeurs, &c. de leurs Educations, Devoirs & de ceux de leurs Sujets.

1011. Il Cortegiano del Conte BALTESSAR, Castiglione. In *Venetia*, 1568, *in*-12, baf.

1012. Le Parfait Courtifan, du Comte Baltafar Castillonois, traduit par Gabriel CHAPUIS. *Paris*, 1585, *in*-8°. parch.

1013. La Science des Perfonnes de Cour, d'Épée & de Robe; commencée, par M. DE CHEVIGNY, continuée par M. DE LIMIERS, revue par M. MASSUET, Docteur en Médecine. *Amfterdam*, Chatelain & Fils, 18 vol. *in*-12, veau fauve.

1014. Traité de l'Éducation d'un Prince; par M. NICOLE. *Paris*, Savreux, 1671, *in*-12, baf.

1015. Les Devoirs du Prince, réduits à un feul principe, ou Difcours fur la Juftice; par M. MOREAU, Bibliothécaire de la Reine. *Verfailles*, de l'Impr. Royale, 1775, *in*-8°. mar. r. d. fur tr.

1016. Lettres fur l'Efprit de Patriotifme, fur l'idée d'un Roi Patriote, & fur l'état des partis qui divifoient l'Angleterre, lors de l'avénement de George I. Ouvrage traduit de l'anglois de Milord BOLINGBROKE, *Londres*, 1750, *in*-8°. veau marb.

1017. L'Horloge des Princes, avec le très-renommé Livre de Marc-Aurele; recueilli par Don ANTOINE DE GUENARE, Evêque de Guadix, traduit de Caftillan en François; par feu N. DE HERBERAY; Seigneur des Effarts. *Paris*, pour Étienne Grouleau, Libraire, 1561, *in*-8°. veau marb.

1018. Principes fur la fidélité due aux Rois; extraits de M. de Boffuet; (dans fa Politique tirée de l'Écriture Sainte) par M. l'Abbé DE VILLIERS, Prêtre & Avocat en Parlement. *Paris*, d'Houry, 1776, *in*-12, veau fauve.

1019. Les Devoirs des Grands; par Mgr. le Prince DE CONTY, avec fon Teftament. *Paris*, Thierry, 1666, *in*-12, baf.

1020. L'Ambaffadeur & fes Fonctions; par M. DE WICQUEFORT, *Cologne*, Pierre Marteau, 1690, *in*-4°. baf.

> Bayle dit dans fa lettre 21, que ce livre eft bon & curieux. On n'a rien changé dans la feconde édition; on l'a feulement augmentée de quelques autres traités. Ce Livre eft affez agréable & même utile lorfqu'on le lit avec difcernement. Au refte, l'Auteur n'y a pas gardé affez d'ordre; il confond fouvent les faits avec le droit; fes exemples ne font pas toujours affez juftes, & il fe contredit quelquefois.

1021. Traité du Juge Compétant des Ambaſſadeurs, tant pour le Civil que pour le Criminel, traduit du latin de M. de Bynkershoek, Conſeiller au haut Conſeil d'Holande; par M. J. Barbeyrac, Prefeſſeur en Droit Public- *la Haie*, Th. Johnſon, 1723, *in-8°.* veau marb.

1022. L'Homme de Cour de Baltasar Gracian; traduit & commenté par le Sieur Amelot de la Houssaie. *Paris,* Couterot; 1693, *in-12*, baſ.

1023. L'Homme d'État; par Nicolo Donato, trad. de l'It. en Fr. *Liege,* Clem. Plomteux, 1767, *in-4°.* veau marb.

1024. Dictionnaire Univerſel des Sciences Morales, Économique, Politique & Diplomatique, ou Bibliotheque de l'Homme d'État; par M. Robinet. *Londres,* 1778, *in-4°.* 9 vol. veau marb.

1025. Le Miniſtre Public .dans les Cours Étrangeres, ſes fonctions & prérogatives; par le Sieur de la Sarraz du Franquesnay. *Paris,* Etienne Ganeau, 1731, *in-12*, veau marb.

> Le but de l'Auteur eſt de faire connoitre les différentes eſpeces de Miniſtres que les Souverains envoient dans les Cours Étrangères & de tirer du droit naturel quelles ſont leurs prérogatives & leurs fonctions.

1026. Utrum, in formandis Heroïbus ſit magis idoneum, Regnum an Reſpublica Oration.

Lequel des deux États le Monarchique, ou le Républicain, eſt plus propre à former des Héros; par Charle Porée de la ſociété de Jéſus; dédié au Prince de Conti. *Paris,* Barbou, 1727, *in-4°.* broch.

Traités ſur le Gouvernement & des différentes ſortes d'Adminiſtration.

1027. Les Loiſirs du Chevalier Deon de Beaumont, ancien Miniſtre Plénipotentiaire de France; ſur divers ſujets importants d'adminiſtration, &c. pendant ſon ſéjour en Angleterre. *Amſterdam,* 1775, *in-8°.* 13 vol. veau marb.

1028. Pietra del Paragone politico di Triano Boccalini. *Parigini,* Villery, 1626, *in-8°.* parch.

1029. — La Medeſima di Pietra Paragone. in *Coſmopoli,* Cornelio Laſt. 1667, *in-16,* baſ.

> Trajan Boccalini, Romain, Singe de l'Arétin pour la ſatyre, compoſa ſa Pietra di Paragone, contre l'Eſpagne; le Satyrique craignant le reſſentiment de cette Cour, ſe retira à Veniſe, où il ſe crut plus

R

en sureté qu'ailleurs, & y mourut en 1613, âgé de 57 ans. Boccalini eft Auteur de plufieurs autres Ouvrages Satyriques.

1030. Gouvernement Politique & Économique. *Amfterdam,* Compagnie, 1766, *in-*12, 3 vol. veau marb.

1031. Tableau du meilleur Gouvernement poffible, ou Eutopie de Thomas Morus; traduit en françois; par M. T. Rousseau. *Paris,* Cellot, 1780, *in-*12, dem. rel.

> Cet Ouvrage plein d'idées bizarres & inexécutables, contient le plan d'une République à l'imitation de celle de Platon, mais il n'eft pas écrit du Style éloquent du Philofophie grec; l'Auteur voudroit éta-blir un partage abfolument égal des biens & des maux entre tous les Citoyens : idée chimérique ! il prêche un amour de la Paix & un mé-pris de l'Or, qui expoferoit à des guerres continuelles de la part d'un Voifin puiffant & ambitieux. Enfin il voudroit que les Fiancés fe viffent tous nuds avant de fe marier. *Vid.* Dict. des Hom céléb.
>
> Thomas Morus nâquit à Londres, vers l'an 1473, d'un Avocat Confultant, la fcience & la vertu eurent beaucoup d'attraits pour lui & il cultiva l'une & l'autre avec fuccès. Henri VIII, Roi d'Angleterre, fe fervit de lui dans plufieurs Ambaffades. Les talens, la fagacité & le zéle que Morus montra pour le fervice de fon Maître, lui valurent la place de Chancellier; fa faveur ne fut pas de longue durée, Henri VIII amoureux d'Anne de Boulen, rompit les liens qui le tenoient à l'É-glife Romaine. Morus fut obligé de fe démettre de fa charge en 1531, les follicitations de fes amis & les prieres de fa Femme ne lui firent pas changer de fentiment & Henri VIII le voyant innébranlable, lui fit trancher la téte en 1535, fa mort fut celle d'un martyre, il avoit vecu à la Cour fans orgueil, il mourut fur l'échafaut fans foibleffe. Ces différens Ouvrage font en latin, & ont été reueillis en 1566 *in-fol.* à Louvain. *Vid.* Sa vie, *in-*8°. 1716.

1032. Ethocratie, ou le Gouvernement fondé fur la morale. *Amfterdam,* mich. Rey, 1776, *in-*8°. veau marb.

1033. Les fix livres de la République de J. Bodin, avec l'Apo-logie de René Herpin. *Lyon,* Barth. Vincent, 1593, *in-*8°. baf.

> L'Ouvrage de Bodin eft fort étendu; quoiqu'il paroiffe d'abord que l'Auteur n'ait eu aucune régle fixe & déterminée de politique, on ne laiffe pas d'y trouver d'excellentes maximes, & beaucoup de citations curieufes; il paffe en revue tous les Gouvernemens, & depuis le particulier jufqu'au Souverain, les Magiftrats, les Corps & Commu-nautés; les droits & les devoirs de chacun, l'origine & la décadence des différens Etats & Républiques, il finit par un Traité de la Juftice. Jean Bodin avoit l'efprit crédule, il nâquit l'an 1530, & mourut en 1596 de la pefte, à Laon âge de 67 ans.

1034. Difcours Politiques, Hiftoriques & Critiques, fur quelques Gouvernements de l'Europe; par M. le Comte d'Albon, de l'Académie de Dijon &c. *Neufchatel,* 1779, *in-*8°, veau marb.

1035. De l'état du fort des Colonies des anciens peuples. Ou-
vrage dans lequel on traite du Gouvernement des anciennes
Républiques de leur droit public &c. avec des observations sur les
Colonies des Nations modernes, & la conduite des Anglois en
Amérique. *Philadelphie*, 1779, *in-8°*. veau marb.

1036. Science des Princes, ou Considérations Politiques sur les
Coups d'État; par GABRIEL NAUDÉ, parisien. Imprimé sans
nom de ville, en 1673, *in-8o*.

> Cette Edition forme un *in-8°*. de 955 pag. sans compter le titre
> l'Épitre dédicatoire & une analyse de tout l'Ouvrage, réduite en forme
> de table que l'on trouve à la fin. Ce qui a grossi le volume, ce font
> les longs Commentaires de l'Editeur, que l'on remarque devenir ex-
> trêmement passionné, lorsqu'il s'agit de la prétendue Réformation de
> l'Église par Luther; il ne ménage aucunement alors la Cour de Rome,
> & son Ouvrage devient dans ces momens plutot une satyre, qu'un
> Recueil de Réflexions politiques. L'on y trouve encore quelques idées
> singulieres au sujet de différens évenemens tristes & facheux, comme
> la S. Barthelemi, les cruautés des Espagnols dans les Indes, &c.
> Cet Ouvrage vient d'être réimprimé nouvellement à Paris, en 3 vol.
> *in-12*, mais les curieux n'ont point de foi à cette réimpréssion, &
> ils font toujours cas de l'originale, que nous annonçons, dont les
> exemplaires ne font pas communs. Debure N°. 1354.
> Gabriel Naudé, naquit à Paris en 1600, & mourut en 1653
> il fut Bibliothécaire du Cardinal Mazarin. Naudé joignoit à des mœurs
> pures & à une vie réglée, beaucoup d'esprit, de savoir & de jugement.

1037. Le Monarque accompli, ou prodiges de bonté, de savoir,
de sagesse, qui font l'éloge de sa Majesté Impériale Joseph II,
& qui rendent cet Auguste Monarque si précieux à l'humanité; par M. DE LANJUINAIS, principal du College de Mou-
don. *Lausanne*, J. P, Heubach, 1774, *in-8o*. 3 vol. veau marb.

1038. Abrégé du projet de Paix perpétuelle; par l'Abbé DE SAINT
PIERRE, de l'Accadémie Françoise. *Rotterdam*, J. D. Beman,
1726, *in-12*, baf.

> C'est l'abrégé d'un grand Ouvrage donné en 1715, en 3 vol. in-12.
> L'Auteur persuadé que l'Europe entiere s'étoit mise au fait de son sys-
> tême, s'est cru obligé d'en donner une espèce d'extrait, pour que les
> idées qu'a données son premier travail se conservent plus aisément dans
> le monde savant & politique.

1039. Extrait du projet de Paix perpétuelle de l'Abbé DE SAINT
PIERRE; par J. J. ROUSSEAU. 1761, *in-12*, br.

1040. La suprême Restauration du Royaume de France. 1581,
in-8°. parch.

1041. Les Vrais Principes du Gouvernement François, démontrés

R ij

par la raifon & par les faits; par un François. *Genève*, 1777, *in*-8o. br.

1042. Les Maximes du Gouvernement Monarchique, pour fervir de fuite aux élémens de la Politique. *Londres*, 1778, *in* 8o. 4 vol. veau marb.

1043. Hiftoire Politique du Gouvernement François, ou les quatre Ages de la Monarchie Françoife. *Paris*, Grangé, 1777, *in*-4°. vol. veau marb.

1044. Teftament Politique D'ARMAND DU PLESSIS, Cardinal Duc de Richelieu. *Amfterdam*, Desbordes, 1688, (1696), *in*-12.

1045. Teftament Politique de M. J. B. COLBERT, Miniftre, Secrétaire d'État, où l'on voit tout ce qui s'eft paffé fous le régne de Louis le Grand, jufqu'en l'année 1684. *la Haie*, Buldemen, 1693, *in*-12, baf.

1046.—Le même Teftament Politique. *la Haie*, 1694, *in*-12, baf.

1047. Examen du Miniftere de Colbert. *Paris*, d'Houry, 1774, *in*-8o. veau marb.

1048. Réflexions fur les avantages d'Écrire & d'Imprimer fur les matieres de l'Adminiftration, écrites en 1764 à l'occafion de la Déclaration du Roi du 28 mars de la même année, qui fait défenfes d'Imprimer, débiter aucuns Écrits, Ouvrages ou projets concernant la réforme ou adminiftration des Finances &c; par M. l'Abbé MORLÉ. (Londres) *Paris*, Eftienne, 1775, *in*-8o. br.

Traités particuliers fur la Population & les Finances; fur les moyens de faire ceffer la mendicité & autres relatifs aux foulagement des Peuples.

1049. L'Ami des Hommes, ou Traité de la Population. *Avignon*, 1756, *in*-4o. 3 parties en 3 vol. br.

1050. L'Ami des Hommes, ou Traité de la Population; par M. le Marquis DE MIRABEAU. *Hambourg*, Ch. Herole, 1758, *in*-12. 6 vol. veau marb.

1051. Recherches fur la Population des Généralités d'Auvergne, de Lyon, de Rouen, & de quelques Provinces & Villes du Royaume, avec des réflexions fur la valeur du Bled, tant en France qu'en Angleterre : depuis 1674 jufqu'en 1764; par M. MESSANGE, Receveur des Tailles de l'Élection de Saint Etienne. *Paris*, Durand, 1767, *in*-4°. br.

1052. Recherches & Confidérations fur la Population de France;

par M. Moreau. *Paris*, Moutard, 1778, *in*-8°. veau marb.

1053. Hiftoire Générale & particuliere des Finances, où l'on voit l'origine, l'établiffement, la réception & la régie de toutes les impofitions, dreffée fur les pieces authentiques; par M. du Fresne de Francheville. *Paris*, 1748, *in*-4°. 3 vol. maroq. roug. dor. fur tran.

> Cet Ouvrage ne contient encore qu'une partie du plan de l'Auteur, & elle regarde plus particulierement le Commerce que les Finances. Le tom. 1ᵉʳ renferme l'hiftoire du Tarif de 1664, & l'origine de ce Tarif, avec fes fixations & celles qui ont eu lieu avant & depuis 1664, fur chaque marchandife à la fortie. Le tom. 2ᵉ contient les fixations de ce Tarif, & celles qui ont eu lieu avant & depuis 1664, fur chaque marchandife, droguerie & épicerie, à la rentrée. Le tom. 3ᵉ préfente l'hiftoire de la Compagnie des Indes jufqu'en 1737, & eft fuivie d'un recueil de preuves pour cette hiftoire, contenant les titres de conceffion & autres Principales pieces juftificatives indiquées dans le récit hiftorique ; à la fin fe trouve une table chronologique des titres & principaux faits mentionnés dans tout l'Ouvrage. *Vid.* Lenglet. fupplement à la meth. hift. *in*-4°. p. 179.

1054. Recherches & Confidérations fur les Finances de France, depuis l'année 1595; par M. de Forbonnais. *Bafle*, freres Cramer, 1758, *in*-4°. 2 vol. veau marb.

> Le tom. 1ᵉʳ contient les trois premieres époques depuis 1595, jufqu'en octobre 1763. Le tom. 2ᵉ les deux dernieres époques depuis octobre 1683 jufqu'en 1718, le tout dans un détail très-circonftantié, accompagné de calculs & tables numéraires ; cela eft fuivi de quatre mémoires pour les années fuivantes, jufqu'à la fin du Syftéme, en 1721.

1055. Mémoire Hiftorique Critique & Politique fur les Droits de Souveraineté, relativement aux Droits de Traite qui fe perçoivent en Bretagne. 1765, *in*-8°. br.

1056. Le Guidon général des Finances, contenant l'Inftruction du maniement de toutes les Finances de France; par Jean Hennequin, champenois : avec les Annotations de Vincent Gelée, Confeiller du Roi. *Paris*, Abel Langellier, 1596, *in*-8°. parch.

1057. La Finance Politique, réduite en principe & en pratique, pour fervir de Syftême général en Finance ; par M. Groubert de Groubentat, Ecuyer, Avocat au Parlement de Paris. *Paris*, Grangé, 1775, *in*-8°. v. f. d. fur tr.

1058. — Le même ouvrage. *Paris*, Baftien, 1775, *in*-8°. vol. v. fauve dor. fur tr.

1059. Idées d'un Citoyen fur l'adminiftration des Finances du Roi. *Amfterdam*, 1763, *in*-8°. br.

1060. Sur les Finances. Ouvrage posthume de PIERRE ANDRÉ, fils d'un bon Laboureur; mis au jour par M. ***. Curé D.... *Londres*, 1775, *in-*8°. veau marb.

1061. Mémoire sur les Finances, contenant un moyen certain pour rembourser la masse de la Dette de l'État, & assurer la diminution des Impôts. *Paris*, Butard, 1774, *in-*8°. encart.

1062. Précis d'un Projet d'opérations de Finance par forme de Loterie, &c. &c : par M. DE LAFONTAINE, ancien Officier au Régiment des Gardes-Suisses. *Londres*, 1775, *in-*12; piéce.

1063. Plan d'Imposition Économique & d'Administration des Finances ; par M. RICHARD DE GLANNIERES. *Paris*, Simon, 1774. *in-*4°. br.

1064. Réflexions sur le plan d'Imposition Économique; par M. RICHARD DE GLANNIERES ; par M. B* *. *Paris*, Didot, 1774, *in-*4°. piéce.

1065. Indications Politiques sur les Finances. *Paris*, Duchesne, 1775, *in-*8°. piece.

1066. Essai de Finances; par M. le Comte DE MAGNIERES, de l'Académie Royale de Nancy. *Paris*, Bastien, 1775. *in-*8°. m. r. d. sur tr.

1067. Mémoire sur les Finances de la France & leur administration ; par M. NECKER. *Amsterdam*, 1778, *in-*8°. v. m.

1068. Théorie de l'Impôt; par le Marquis DE MIRABEAU, 1760, *in-*12, veau marb.

1069. Le Consolateur; pour servir de réponse à la Théorie de l'Impôt & autres Écrits sur l'économie politique. (Bruxelles) *Paris*, Valleyre, 1763, *in-*12, br.

1070. Essai sur l'Impôt, *in-*12, piéce.

1071. Réflexions Philosophiques sur l'Impôt, ou l'on discute les principes des Économistes, & où l'on indique un plan de perception patriotique , accompagné de Notes; par JÉROME TIFAUT DE LA NOUE. (Londres) *Paris*, Barroi, 1775, *in-*8°. avec fig. maroq. r. d. sur tr.

1072. Les Effets de l'Impôt Indirect, prouvés par les deux exemples de la Gabelle & du Tabac. Ouvrage dans lequel on fait voir ce qu'ils coûtent à la Nation, & ce qu'ils font perdre au Roi. 1770, *in-*12, br.

1073. Mémoire contenant la liquidation & le remboursement des Dettes de l'État. *Paris*, Didot, 1774, *in-*4°. piéce.

1074. Plan pour amortir les Dettes de l'État; par M. WEBER. *Strasbourg*, Fred. Stein, *Paris*, Monory 1775, *in-*4°. piéce.

1077. Richesse du Roi de France, fondée uniquement sur le

zele de ſes Sujets; par M. Roussel, Conſeiller, Maître de la Chambre des Comptes, Cour des Aides, Domaine & Finances du Comté de Bourgogne. *Paris*, Mequignon, 1775, *in-*4°. piéce.

1076. Lettres ſur l'Emprunt & l'Impôt; adreſſées à M.✶✶✶. par M. Rilliet de Saussure, Conſeiller au Grand Conſeil, 1779, *in-*8°. br.

1077. Projet d'une Dixme Royale, qui ſupprimant la Taille & les autres Impôts, produiroit au Roi un revenu certain & ſuffiſant. 1708, *in-*12, baſ.

1078. Lettre à un célebre Journaliſte ſur un ſujet intéreſſant. *Londres*, 1774, *in-*8°. piéce.

1079. Eſſai de bien Public, ou Mémoire ráiſonné pour lever, à coup-ſûr tous les obſtacles qui s'oppoſent à l'éxécution des défrichements & deſſéchements; faire mettre en valeur, par des moyens ſimples & avantageux à tout le monde, toutes les terres & fonds incultes quelconques; & pour perfectionner l'art de l'Agriculture. *Neufchatel*, 1776, *in-*12, br.

1080. Diſcours ſur les moyens les plus conformes à la Religion, à l'Humanité & à la Politique, de faire ceſſer la mendicité dans la Province de Normandie; par M. D.✶✶✶. (Avignon) *Paris*, d'Houry, 1780, *in-*8°. m. r. d. ſur tr.

1081. Réſumé des Mémoires qui ont concouru pour le Prix accordé en l'année 1777, par l'Académie des Sciences, Arts, & Belles-Lettres de Châlons-ſur-Marne, & dont le ſujet étoit : Les moyens de détruire la mendicité en France, en rendant les Mendians utiles à l'État, ſans les rendre malheureux. *Châlons-ſur-Marne*, Seneuze, 1779; *in-*8°.br.

1082. L'Homme déſintéreſſé (Bruxelles) *Paris*, Valleyre, 1760, *in-*12 br.

1083. Mémoires qui ont remporté les Prix ſur le ſujet propoſé par la Société Royale d'Agriculture de Lyon : pour les années 1776 & 1777, ſur les avantages qui réſulteroient de la confection ou réparation de chemins de traverſe, autres que les grandes routes entretenues aux frais de ſa Majeſté, & indiquer les moyens les plus ſimples & les moins diſpendieux de pourvoir à cet objet. 1778, *in-*8°. piéce.

1084. Remontrances du Parlement de Paris contre les Edits portant l'abolition des Corvées &c. &c. *Amſterdam*, 1776, *in-*8°. piéce.

1085. Lettre de M. de Fontete Intendant de Caen à M.✶✶✶. avec ſon Mémoire pour juſtifier la Conſtruction & l'entretien des grands Chemins dans la Généralité de Caen. *In-*12, piéce.

1086. Proaris & Focis, ou Canevas d'un projet propofable aux Etats de Bretagne, pour le payement de la Corvée. *Philadelphie*, 1776, *in*-12, br.

1087. Le Vœu de l'Humanité; ou Lettres fur les Spectacles de Bordeaux. (la Haie) *Bordeaux*, Pallandre, 1778, *in*-12, m. rou. dor. fur tr.

1088. Difcours fur l'Humanité; par M. DE BEGON : prononcé à la Séance publique de la Société Littéraire de Clermont-Ferrand le 25 août, 1779, *in*-4°. piéce.

1089. Triomphe de l'Intolérance, ou Anecdotes de la vie d'Ambroife Borelly, mort à Londres, âgé de 103 ans, recueillies par W. Jefterman ; Ouvrage, traduit de l'Anglois, & trouvé parmi les papiers de M. DE VOLTAIRE, fuivi de la Tolérance aux pieds du Trône. *Londres*, 1779, *in*-8°. br.

Traités Politiques, concernant le Commerce, la Navigation & les Arts.

1090. Traité des Péages dans lequel, après avoir démontré les avantages qui réfulteroient de la fuppreffion de ce Droit. On donne un plan de liquidation & d'indemnité; par M. ALLEMAND, ancien Confervateur des Forêts de l'Ifle de Corfe. *Paris*: 1779, *in*-4°. dem. rel.

1091. Le Commerce vengé, ou réfutation du Difcours couronné par l'Académie de Marfeille en 1777, fur cette queftion : quelle a été l'influence du Commerce fur l'efprit & les mœurs des Peuples. (Bruxelles) *Paris*, Defprez, 1779, *in*-8°. br.

1092. Indication des Ouvrages & Piéces de légiflation rélatives à la faifie des Bâtimens neutres ; par M. GRERELT, Docteur ès Droit. *Paris*, Lottin, 1780, *in*-8°. piéce.

1093. Confidération de la démiffion des Navires Neutres. 1780, *in*-12, dem. rel.

1094. Hiftoire Philofophique & Politique des établiffemens & du Commerce des Européens dans les deux Indes. *la Haie*, Goffe fils, 1774, *in*-8°. 7 vol. avec fig. & cartes géograp. maroq. rou. dor. fur tr.

1095. Le même Ouvrage. *la Haie*, chez les Affociés, 1776, *in*-8°. 7 vol. veau marb.

1096. Obfervations fur plufieurs Affertions, Extraites littéralement de l'Hiftoire Philofophique des établiffements des Européens dans les deux Indes, édition de 1770. (Amfterdam) *Paris*, Knapen, 1776, *in*-8°. veau marb.

1097. La Profpérité du Commerce : par M. DE LA CROIX Avocat au Parlement. *Paris*, Simon, 1774, *in-4°*. piéce.

1098. Effai d'une méthode générale propre à étendre les connoiffances des Voyageurs ; ou Recueil d'Obfervations relatives à l'Hiftoire, à la répartition des Impôts, au Commerce, aux Sciences, aux Arts & à la culture des Terres ; le tout appuyé fur des faits exacts, & enrichi d'expériences utiles ; par M MEUNIER Infpecteur des Ponts & Chauffées. *Paris*, Moutard. 1779. *in-8°.*, 2 vol. dem. rel.

1099. Effai fur la liberté du Commerce & de l'Induftrie ; par feu M. le Préfident BIGOT DE SAINTE-CROIX. (Amfterdam) *Paris*, Lacombe, 1775, *in-12*, br.

1100. Clef de la Circulation ou du mouvement Univerfel, en faveur de la confervation entre la liberté des Poffeffions & du Commerce, pour fervir de fupplément à l'Art de l'Archivifte-Expert-Féodifte ; par le Sieur CARPENTIER DE BEAUVAIS. *Paris*, Valleyre, 1777, *in-12* br.

1001. Recueil d'Actes & Piéces concernant le Commerce de divers Pays de l'Europe. *Londres*, 1754, *in-12*, veau marb.

1102. Remarques fur les avantages & les defavantages de la France & de la Grande-Bretagne, par rapport au Commerce & aux autres fources de la puiffance des Etats ; traduit de l'Anglois de JOHNICKOLLS, par N. PLUMARD DE DANGEUL, Maître des Comptes 3e. édition. (Leyde) *Paris*, 1754, *in-12*, v. m.

> Ce qui regarde particulierement la France, remplit la premiere partie de l'Ouvrage. l'Auteur a omis d'y compter parmi nos avantages, notre fituation, nos ports fur les deux mers. Journ. des Sav. juin 1754.

1103. Sur le Commerce du Nord, Difcours deftiné pour concourir au Prix de l'Académie d'Amiens en 1760. (Amfterdam) *Paris*, Fournier, 1762, *in-12*, br.

1104. Réflexions fur une Queftion importante propofée au Public ; favoir fi le Territoire immenfe que la Nation Angloife à acquis par le dernier Traité de Paix, contribuera à la profpérité ou à la ruine de la Grande-Bretagne ; trad. de l'Anglois. *Londres* 1768, *in-12*, br.

1105. Le Vœu de toutes les Nations & l'Intérêt de toutes les Puiffances, dans l'abaiffement & l'humiliation de la Grande-Bretagne. 1778, *in-8°*. dem. rel.

1106. Effai fur la Police générale des Grains, fur leur prix & fur les effets de l'Agriculture. *Berlin*, 1755, *in-12*, br.

1107. La liberté du Commerce des Grains, toujours utile & jamais nuifible; par M. LE TROSNE, Avocat du Roi au Bailliage d'Orléans. *Paris*, 1765, *in*-12, br.

1108. Obfervations fur le Commerce des Grains écrites en décembre 1769; par M... Avocat. (Amfterdam) *Paris*, Cellot, 1765, *in*-8°. piéce.

1109. Réponfe du Magiftrat de Normandie au Gentilhomme de Languedoc, fur le Commerce des Bleds, des Farines & du Pain. *In*-12, piéce.

1110. Réflexions Patriotiques concernant le Commerce des Bleds; par M. D.***. *In*-8°. piéce.

1111. Faits qui ont influé fur la cherté des Grains, en France & en Angleterre. *In*-12, piéce.

1112. Difcours fur la Mouture économique, préfenté pour concourir au Prix propofé par l'Académie des Belles-Lettres, Arts & Sciences de Lyon; fur les moyens les plus convenables de moudre les Bleds néceffaires à la fubfiftance de la ville de Lyon; par M. BEGUILLET, Avocat. *Paris*, Pankoucke 1775, *in*-8°. br.

1113. L'Unique moyen de foulager le Peuple & d'enrichir la Nation Françoife: on y propofe, entr'autres chofes, d'augmenter les Prairies & de faciliter le Commerce par la Navigation dans le Royaume, & un nouveau plan pour le Commerce des Grains à l'avantage du Cultivateur &c. &c.; par M. G.***. *Paris*, Boudet; 1775, *in*-8°. br.

1114. Recueil de plufieurs Morceaux Économiques, principalement fur la concurrence des Etrangers dans le tranfport de nos Grains; par M. TROSNE, Avocat du Roi au Bailliage d'Orléans. (Amfterdam) *Paris*, Defaint, 1768, *in*-12, br.

1115. La Ferme de la Penfylvanie. Les avantages de la Vertu. Plan d'inftruction pour le Peuple, avec quelques obfervations fur la liberté du Commerce des Grains. (Philadelphie) *Paris*, Ribon, 1775, *in*-12, br.

1116. La Science du Bon-Homme Richard, ou moyen facile de payer les Impôts, (traduit de l'Anglois) avec l'Interrogatoire que M. Franklin fubit au mois de février 1766, devant le Parlement d'Angleterre, la conftitution de la Penfylvanie & l'Interrogatoire de M. Pefm à la Barre du Parlement, au mois de novembre de la même année. (Philadelphie) *Paris*, Ruault, 1777, *in*-12, dem. rel.

1117. Examen des Effets que doivent produire dans le Commerce de France, l'ufage des Toiles peintes ou réponfe à l'Ouvrage

intitulé, Réflexions, sur les avantages de la libre fabrication
& de l'usage des Toiles peintes. (Genève) *Paris*, Delaguette,
1759, *in-12*, br.

1118. Rétablissement des Manufactures & du Commerce Ma-
ritime d'Espagne. Ouvrage divisé en deux parties; traduit de
l'Espagnol de Don BERNARD D'ULLOA, Gentilhomme. Publié à
Madrid, en 1740. (Amsterdam) *Paris*, Estienne, 1753,
in-12. veau marb.

Traités pratiques du Commerce & des Changes, & de l'Art de Commercer.

1119. Almanach général des Marchands, Négocians, Armateurs
& Fabricans de la France & de l'Europe & autres parties du
Monde; année 1779. *Paris*, Cellot, 1779, *in-8°*. br.

1120. Théorie des Traités de Commerce entre les Nations; par
M. BOUCHAUD, de l'Académie Royale des Inscriptions, &c.
Paris, Duchêne, 1777, *in-12*, m. r. d. sur tr.

1121. Elémens du Commerce; par M. VERRON DE FORBONNAIS,
Inspecteur-général des Monnoies de France. (Leyde), *Paris*,
Briasson, 1754, 2 vol. *in-12*, veau marb.

1122. Exercice des Commerçans, contenant des Assertions Con-
sulaires sur l'Édit du mois de novembre 1563, le titre de
l'Ordonnance du mois d'avril 1667, avec l'Édit du mois de
janvier 1718, &c. par M. NICODEME, ancien Consul des
Marchands & Echevins en charge à Valenciennes. *Paris*, Valade,
1776, *in-4°*. m. r. d. sur tr.

1123. Le Parfait Négociant, ou instruction générale pour ce
qui regarde le Commerce des marchandises de France & des
Pays Étrangers; par le sieur J. SAVARY. *Paris*, J. Cognard,
1679, *in-4°*. bas.

1124. Mémoire pour le rétablissement du Commerce en France,
rédigé par le sieur J. LE PELLETIER, ancien Juge-Consul à
Nosseigneurs du Conseil du Commerce. 1701, *in-12*, bas.

1125. Livre utile aux Négocians de l'Europe, contenant la théorie
complette & facile des opérations du Change, le rapport des
valeurs de différentes Monnoies de l'Europe, la connoissance
des Mesures, poids & aulnages des principales Villes qui com-
mercent avec la France, une discussion en matieres de reven-
dication dans les Faillites, une dissertation sur les Lettres de
change, leur valeur & le terme de leur paiment, un tarif de

glace & l'état des Foires du Royaume, &c. par M. LA S ***.
Paris, Valade, 1775, *in*-12, veau m.

1126. Nouveau Tarif du prix des Glaces. 1758, *Paris*, Prault,
in-12, m. r. d. fur tr.

1127. Tables de Réductions des aulnes & argent de Lille, en
aulnes & argent de France, avec le rapport des aulnes & argent
de France & aulnes & argent de Lille, de l'argent des principales places de l'Europe, réduit en argent de France & en
celui de Lille; par P. SUCHENOT, Répétiteur. *Lille*, Crame,
1776, *in*-12, veau éc. d. fur tr.

1128. Difcours pour & contre la réduction de l'intérêt naturel
de l'Argent, qui, ayant été prononcés en 1737 dans la Chambre
des Communes du Parlement de la Grande Bretagne, occafion-
nerent en ce pays la reduction de 4-à-3 p. o. traduit de
l'anglois Wefnel. *Paris*, Grangé, 1757, *in*-12, veau m.

1129. Le Tarif général des reductions des Monnoies de France,
d'Angleterre, d'Hollande & de Flandre, fuivant le cours du
Change; par M. DE LA PORTE, Hollandois, maître Écrivain.
Paris, 1687, *in*-12, baf.

1130. Effai fur le rapport des Poids Etrangers, avec le Marc
de France, lû à l'Affemblée publique de l'Académie Royale
des Sciences, le 9 avril 1766; par M. TILLET, de la même
Académ. *Paris*, Imp. Royale, 1766, *in*-4°. piece.

METAPHISIQUE.

*Traités généraux & particuliers de Métaphyfique, fous
le titre fimple d'Ouvrages Philofophiques, fur Dieu,
l'Ame de l'homme, la Raifon, l'Entendement humain, fur l'Ame des bêtes, &c.*

1131. Reflexions Philofophiques fur le Syftême de la Nature;
par M. Holland. *Paris*, Valade, 1775, *in*-8°. veau f.

1132. Lettre à M. traduit de l'anglois, au fujet d'un livre qui
a pour titre, de l'Efprit. *Amfterdam*, 1759, *in*-8°. piece.

1133. Mémoires Philofophiques du Baron DE ***. Grand-Cham-
bellan de S. M. l'Impératrice Reine. *Vienne* en Autriche, 1777,
in-8°. avec fig. broché.

1134. Effai d'une Philofophie Naturelle. *Paris*, 1724, *in*-12,
baf.

1135. Principes Mathématiques de la Loi Naturelle. La Haye, *Paris*, Froillé, 1779, *in-8°*. piece.

1136. De l'Action de Dieu sur les Créatures, Traité dans lequel on prouve la Prémotion Physique par le raisonnement, *Paris*, F. Babuti, 1713, *in-4°*. 2 vol. en 1. baf.

1137. Essai Philosophique, concernant l'Entendement humain; trad. de l'anglois de M. LOCKE, par P. COSTE. *Amsterdam*, Henr. Schelte, 1723, *in-4°*, veau marb.

> Jamais on ne vit plus de solidité jointe à une plus vaste étendue d'esprit, qu'il n'y en a dans cet essai. Ouvrage de la métaphysique la plus profonde & la plus hardie : pour connoître notre ame, ses idées, ses affections, Locke ne consulta point les Livres des anciens Philosophes, qui l'auroient mal instruit; ni ceux des nouveaux, qui l'auroient égaré : il fit comme Malebranche; il se renferma dans lui-même, & après s'être, pour ainsi dire, contemplé long-tems, il présenta aux hommes le Miroir dans lequel il s'étoit vu, il auroit été à souhaiter que l'Auteur n'eût pas toujours consulté la Physique, dans une matiere que son flambeau ne peut éclairer. En voulant développer la raison humaine, comme un Anatomiste explique les ressorts du corps humain, il a été plus favorable au matérialisme, qu'il ne pensoit; son idée, que Dieu par sa toute-puissance pourroit rendre la matiere pensante, a paru avec raison d'une dangereuse conséquence; à ces défauts près, l'Ouvrage de Locke est très estimable pour la clarté, la methode, la profondeur & l'esprit d'analyse qui le caractérisent.
>
> Jean Locke, l'un des plus profonds méditatifs que l'Angleterre ait produits, naquit à Wrington près Bristol, en 1632, & mourut en 1704, à 63 ans.
>
> Pierre Coste, natif d'Usès, refugié en Angleterre, mort à Paris en 1743.

1138. Essai sur l'Origine des Connoissances Humaines, Ouvrage où l'on réduit à un seul principe tout ce qui concerne l'Entendement Humain. *Amsterdam*, P. Mortier, 1746, *in-12*, veau marb.

1139. Le Bon-Sens, ou Idées naturelles opposées aux Idées surnaturelles. *Londres*, 1774, *in-8°*. veau marb.

1140. Théorie des Êtres insensibles, ou Cours complet de Métaphysique sacrée & profane, misee à la porté de tout le monde; par M. l'Abbé PARA DU PHANJAS. *Paris*, Jombert, 1779, *in-8°*. 3 vol.

1141. De l'Ame des Bêtes; par A. D * * *. *Lyon*, Anisson, 1676, *in-12*, baf.

METAPHISIQUE.

Traités particuliers des Diables, de la Magie, des Maléficiers & des Sorciers.

1142. Hiſtoire du Diable, traduit de l'anglois, contenant un détail des circonſtances où il s'eſt trouvé, depuis ſon baniſſement du Ciel, juſqu'à la création de l'Homme, avec quelques refléxions ſur les erreurs de certains auteurs, touchant la raiſon & la maniere de ſa chute. *Amſterdam.* 1730, 2 vol. *in*-12, v. m.

1143. Lettres de M. DE SAINT-ANDRÉ, Conſeiller Médecin ordinaire du Roi, à quelques-uns de ſes Amis; au ſujet de la magie, des maléfices & des ſorciers. *Paris*, Deſpilly, 1725, *in*-12, baſ.

PHYSIQUE

Traités généraux de Phyſique.

1144. Dictionnaire de Phyſique; par le P. Aimé-Hen. PAULIAN, Jéſuite. *Avignon*, L. Chambeau, 1771, 3 vol. *in*-4°. v. m.

1145. Nouveau Dictionnaire raiſonné de Phyſique & des Sciences naturelles, contenant l'hiſtoire-générale des Animaux, des Végétaux, des Minéraux & de tous les phénomènes de la Nature, avec l'hiſtoire des Sciences Phyſico-Mathématiques, de tout ce qui a rapport à la Phyſique & à l'Hiſtoire Naturelle; par une ſociété de Phyſiciens. *Paris*, Hôtel de Thou, 1776, *in*-8°. 2 vol. veau marb.

1146. Traité de Phyſique; par J. ROHAULT. *Paris*, Ch. Saureux, 1671, *in*-4°. veau f.

1147. — Le même. *Paris*, 1675, 2 vol. *in*-12. baſ.

1148. — Le même. *Paris*, Deſprez, 1681, 2 vol. *in*-12. baſ.

Le choix des choſes contenues dans ce Traité, ne le rend pas moins recommendable que la maniere dont elles y ſont préſentées, au lieu des ſubtilités de l'ancienne Phyloſophie, l'Auteur y a ramaſſé quantité de choſes dont la connoiſſance eſt également utile & curieuſe, il y ſuit la méthode des Géomettres, tout ſon livre n'eſt qu'une ſuite d'experiences raiſonnées & arrangées méthodiquement. Samuel Clarke a traduit cet Ouvrage en latin, & Jean Clarke en anglois: quoiqu'il y ait de bonnes choſes il n'eſt pas auſſi eſtimé qu'autre fois.
Jacques Rohault naquit en 1620, & mourut en 1675, à 55 ans.

1149. Les Entretiens Physiques d'Ariste & d'Eudoxe, ou Physique nouvelle en dialogues qui renferment précisement ce qui s'est découvert de plus curieux & de plus utile dans la nature; par le P. REGNAULT, Jésuite. *Paris*, David & Durand, 1729, 4 vol. *in*-12, avec fig. baſ.

1150.— Les mêmes entretiens Physiques.*Paris*, 1745, *in*-12, 4 vol. fig. veau marb.

> L'Auteur a réuni dans une suite d'entretiens qui semblent naître les uns des autres, ce qui a paru jusqu'à nos jours de plus recherché dans les nouvelles découvertes; ils sont écrits d'une maniere proportionnée à l'intelligence des Jeunes-gens, & peuvent être facilement compris de tout le monde.
> Noel Regnault, Jéſuite, naquit à Arras en 1683, & mourut à Paris en 1762.

1151. Opuscules Physiques & Chymiques; par M. LAVOISIER, de l'Académie Royale des Sciences. *Paris*, Durand, 1774, *in*-8°. fig.veau fauve.

Traités particuliers de Physique , où il est traité de la péſenteur , de la nature du Ciel , de l'Air , du Tonnerre , du Feu , de la Lumiere , des Couleurs , des Phénomènes , Volcans & Feux soutérains , du flux & reflux de la Mer, &c.

1152. Dissertation sur la Cause de la péſenteur & de l'uniformité des Phénomènes que la nature nous préſente; par M. DAVID, Maître-ès-Arts &en Chirurgie de Paris . Doct. en Medecine. (Amsterdam) *Paris*, Vallat, 1767, *in*-8°. v. m.

1153. Traités de l'équilibre des Liqueurs & de la péſenteur de la maſſe de l'Air; par M. PASCAL. *Paris*, Ch. Savreux, 1664, *in*-12, fig. baſ.

1154. Code de la Nature. 1758, *in*-12, br.

1155. Nouvelle Physique Celeste & Terreſtre, à la portée de tout le monde; par M. J. C. F. DE LA PERRIERE, Chevalier Seigneur de Roiſſé, de la Société Royale des Sciences & des Arts de Metz. *Paris*, Delalain, 1766, 3 vol. *in*-12, fig. v. m.

1156. Histoire du Ciel, où l'on recherche l'origine de l'Idolatrie, & les méprifes de la Phylofophie fur la formation des Corps

Céleftes, & de toute la Nature ; par M. l'Abbé PLUCHE. *Paris*, Eftienne, 1742, 2 vol. *in-12*, fig. baf.

> On trouve dans cet Ouvrage deux Traités indépendans l'un de l'autre, le premier contient des recherches favantes fur l'origine du Ciel poëtique, c'eft prefque une mythologie complette fondée fur des idées neuves, mais fimples & ingénieufes ; le fecond eft deftiné à l'Hiftoire du Ciel, ou du moins des Philofophes : outre une diction noble & arrondie, on y trouve une érudition qui ne fatigue point, quand au fond du Syftéme il eft affez heureux, mais il n'eft pas certain qu'il foit auffi vrai.

1157. Venus Phyfique. 1745, *in-12*, br.

1158. Recherches Phyfiques fur le Feu ; par M. MARAT, Docteur en Médecine. *Paris*, Jombert, 1780, *in-8°*. dem. rel.

1159. Mémoire fur les moyens de fe garantir de la Foudre dans les maifons, fuivi d'une lettre fur l'invention du Cerf-volant électrique, avec les pieces juftificatives de cette même lettre ; par M. DE ROMAS, *Bordeaux*, Bergeret, *Paris*, Piffot, 1776, *in-12*, br.

1160. Mémoires fur les Conducteurs, pour préferver les édifices de la Foudre ; par l'Abbé JOSEPH. TOALDO, trad. de l'italien par M. BARBIER DE TINAN. *Strasbourg*, J. H. Heitz, 1779, *in-8°*. fig. br.

1161. Théorie des Couleurs & de la Vifion ; par M. G. PALMER, traduit de l'anglois. *Paris*, Prault, 1777, *in-8°*. br.

1162. Effai fur les moyens de diminuer les dangers de la Mer. *Amfterdam*, 1776, *in-8°*. br.

1163. Ecclairciffement de l'abyme du flux & reflux de la Mer. *Avranche*, 1669, *in-12*, parch.

1164. Effai fur le Beau ; par le P. ANDRÉ, Jéfuite, avec un difcours préliminaire & des refléxions fur le goût ; par M. FORMEY. *Amfterdam*, Schneider, 1760, *in-12*, veau marb.

> Yves-Marie André né en 1675 à Châteaulin dans le Comté de Cornouailles, mourut le 26 février 1764 ; il eft Auteur de plufieurs Ouvrages, mais il eft principalement connu par fon Effai fur le Beau, dont on a donné une nouvelle édition dans le recueil de fes Ouvrages en 1766, *in-12* 5 vol. Ce Livre, plein d'ordre & de goût, offre de la nouveauté dans le fujet, de la nobleffe dans la diction & affez de force dans le raifonnement.

1165. Effai fur le Beau, nouvelle édition augmentée de fix difcours fur le *Modus*, fur le *Decorum*, fur les Grâces, fur l'amour du Beau, fur l'Amour défintéreffé. *Paris*, L. Etien. Ganeau, 1763, 2 vol. *in-12*, veau marb.

1166.

1166. Essai sur la Beauté ; par M. DE MARCENAY. *Paris*, d'Houry, 1770, *in-*8°. piéce.

Mélanges de Physique, où sont contenus les Traités particuliers, Entretiens & Dialogues, &c. sur les différentes parties de la Physique Expérimentale & autres.

1167. Leçons de Physique Expérimentale ; par M. l'Abbé NOLLET, de l'Académie Royale des Sciences. Poseffeur Royal de Physique Expérimentale au Collége de Navarre. *Paris*, L. Guerin & L. François De la Tour, 1764, 6 vol. *in-*12, avec fig. v. m.

> Jean-Antoine Nollet, Diacre, Licencié en Théologie, Maître de Physique & d'Histoire-Naturelle des Enfans de France, de l'Académie des Sciences, &c. naquit à Pimbré Diocése de Noyon, le 17 novembre 1700 ; l'Abbé Nollet a rendu à la Physique les services les plus importans, par les vues nouvelles dont il a enrichi cette Science & particulierement l'Electricité. Cet homme célebre est auteur de plusieurs Ouvrages, tous très - estimés, & aussi agréables qu'utiles. étant allé faire sa cour à un homme en place, dont la protection pouvoit lui être utile, il lui présenta ses Œuvres, le protecteur dit froidement, en jettant les yeux dessus, « qu'il ne lisoit pas ces sortes d'ouvrages », Monsieur, lui répondit M .Nollet, « voulez-vous permettre » que je les laisse dans votre anti-chambre ? il s'y trouvera peut-être » des gens d'esprit qui les liront avec plaisir ». Ce célebre & laborieux Physicien, mourut à Paris le 25 avril 1770, regretté du Public éclairé, & de ses amis du sein desquels il s'échappoit sécretement pour aller secourir une famille peu-riche.

1168. Lettres sur l'Électricité, dans lesquels on examine les Découvertes qui ont été faites sur cette matiere depuis 1752 & les conséquences que l'on en peut tirer ; par le même. *Paris*, Guerin & de la Tour, 1764, 2 vol. *in-*12, avec figures veau marb.

1169. Recherches sur les Causes particulieres des Phénomenes Électriques & sur les effets nuisible ou avantageux qu'on peut en attendre ; par le même. *Paris*, Guerin & de la Tour, 1764, *in-*12, avec fig. v. m.

1170. Essai sur l'Électricité des Corps ; par le même. *Paris*, les Freres Guerin, 1765, *in-*12, avec fig. veau marb.

1171. Cours de Physique expérimentale & Théorique, formant la derniere partie d'un Cours complet de Philosophie ; par M.

l'Abbé SAURI ancien Profeſſeur au Collége de Montpellier.
Paris, Froullé 1777, *in*-12. 4 vol. avec fig. v. f.

1172. Précis de Phyſique ; par le même *Paris*, Froullé
1779, *in*-12, 2 vol. dem. rel.

1173. Élémens de Phyſique, Théorique & Expérimentale, pour
ſervir de ſuite à la deſcription & à l'uſage d'un Cabinet de
Phyſique Expérimentale. 2 vol. *in*-8°. avec fig. par M. SIGAUD,
DE LA FOND. *Paris*, Gueffier, 1777, *in*-8°. 4 vol. fig. v. m.

1174. Opuſcules de Phyſique, Animale & Végétale; par M.
l'Abbé SPALLAUZANI, traduits de l'italien par J. SENEBIER,
Bibliothécaire de la République de Genève. *Genève*, Chirol,
1777, *in*-8°. 2 vol. fig. v. m.

1175. Entretiens ſur différentes Queſtions de Phyſique. *Rennes*,
Vatar, 1778, *in*-12, br.

HISTOIRE NATURELLE.

Hiſtoire Naturelle générale univerſelle.

1176. Hiſtoire des Progrès de l'Eſprit Humain dans les Sciences
& dans les Arts qui en dépendent. (Hiſtoire Naturelle) par
M. SAVERIEN. *Paris*, Humblot, 1778, *in*-8°. dem. rel.

1177. CAII PLINII Sec. Naturalis Hiſtoriæ. *In-fol.* anc. rel.

1178. CAII PLINII ſecundi Hiſtoriæ Naturalis libri 37 quos
recenſuit & notis illuſtravit GABRIEL BROTIER. *Pariſiis*,
Barbou, 1779, *in*-12, 6 vol. v. m. d. ſur tr.

> Cette magnifique Édition eſt ornée d'un frontiſpice, de deux vig-
> nettes & culs-de-lampes, & eſt exécuté avec tout le ſoin poſſible.

1179. Hiſtoire Naturelle de PLINE, avec le Texte Latin ; rétabli
d'après les meilleures Leçons manuſcrites; traduite en françois.
Paris, Deſaint, 1771, *in*-4°. 11 vol. veau écaille.

1180. Hiſtoire Naturelle, & particuliere du Cabinet du Roi,
par MM. DE BUFFON & D'AUBENTON, ou Œuvres complettes
de M. DE BUFFON. *Paris*, Impr. Royale, 1774, & ſuiv. 1 2
3 4   vol. veau marb.

1281. —La même Hiſtoire Naturelle. *Paris*, Impr. Royale,
1769, *in*-12, 13   vol. v. f.

1182. Hiſtoire Naturelle des Oiſeaux; par M. le Comte DE
BUFFON. *Paris*, Impr. Royale, 1774, *in*-12, 6.   vol. v. f.

1183 — Le même Ouvrage. *Paris*. Impr. Royale, 177 , *in*-4°.
1   vol. veau marb.

1184. Hiftoire Naturelle Générale & Particuliere fervant de fuite à la Théorie de la Terre & d'introduction à l'Hiftoire des Minéraux ; par le même, *Paris*, 1774 *in-12*, 1 2 3 4 vol. v. f.

1185. — Le même Ouvrage. *Paris*, Impr. Royale, 1774, *in-4°.* 1 vol. veau marb.

1186. Obfervations fur la formation des Montagnes & changemens arrivés au Globe, pour fervir à l'Hiftoire Naturelle de M. le Comte DE BUFFON ; par P. S. PALLAS, Académicien de Péters-bourg. (Pétersbourg) *Paris*, Segaud, 1779, *in-8°.* dem. Rel.

1187. Œuvres d'Hiftoire Naturelle & de Philofophie de CHARLES BONNET. *Neufchatel*, Sam. Fauche, 1779, *in-8°.* 6 vol. fig. veau marb.

1188. Hiftoire Générale, Economique de la Nature, contenant, 1°. la defcription Anatomique & Phyfique de l'Homme, fes Maladies, les remedes qu'on peut y apporter ; les Alimens qui lui conviennent en état de fanté, &c. 2°. l'Anatomie comparée des Animaux, conjointement avec leurs pefcriptions, leurs mœurs, leurs caracteres ; &c. par M. BUCHOZ, Médecin Botanifte. *Paris*, Didot, 1777 & fuiv. 2. vol. veau marb.

1189. Lettres Phyfiques & Morales fur l'hiftoire de la Terre & de l'Homme, adreffées à la Reine de la Grande-Bretagne, par JEAN ANDRÉ DE LUC, Citoyen de Genève. *Paris*, veuve Duchefne, 1779, *in-8°.* 5 vol. veau marb.

1190. Telliamed, ou entretiens d'un Philofophe Indien avec un Miffionnaire François, fur la Diminution de la Mer, la formation de la Terre, l'origine de l'Homme ; &c. mis en ordre fur les Mémoires de feu M. MAILLET, par J. A. G. ***. *Amfterdam* ; Honoré, 1748, *in-8°.* 2 tom. 1. vol. veau marb.

> Benoît de Maillet, né en Lorraine en 1649, d'une famille noble fut nommé à l'âge de 33 ans, Conful général d'Egypte, emploi qu'il exerça pendant 16 ans avec beaucoup d'intelligence ; le Roi lui accorda enfuite le Confulat de Livourne, le premier & le plus confidérable de nos Confulats : en 1715, il fut nommé pour faire la vifite des Echelles du Levant & de Barbarie, & remplit cette commiffion avec tant de fuccès, qu'il obtint la permiffion de fe retirer avec une penfion confi-dérable, il fe fixa à Marfeille où il mourut en 1738, à 79 ans : Maillet avoit fait toute fa vie une étude particuliere de l'Hiftoire-naturelle, fon but principal étoit de connoitre l'origine de notre Globe, il a laiffé fur ce fujet important des obfervations curieufes, qu'on a données fous le titre de Telliamed, c'eft le nom de *Maillet* renverfé. L'Abbé le Mafcrier, éditeur de cet Ouvrage, l'a mis en entretiens.

1191. Plufieurs Cahiers de Planches enluminéés repréfentant au naturel ce qui fe trouve de plus intéreffant & de plus curieux parmi les Animaux, les Végétaux & les Minéraux, pour fervir

d'intelligence à l'Histoire générale des trois regnes de la Nature ;
par M. Buchoz, Médecin Botaniste. *Paris*, Lacombe, *in-fol.*

1191. Joh. Jonstoni Thaumatographia Naturalis, in decem classes
distincta inquibus admiranda. 1°. Cœlis. 2°. Elementorum.
3°. Meteororum. 4°. Fossilium. 5°. Plantarum. 6°. Avium. 7°.
Quadrupedum. 8°. Exanguium. 9°. Piscium. 10°. - Hominis.
Amstelodami, J, Janssonium, 1661, *in-12.* parch.

1192. Dictionnaire raisonné universel, d'Histoire Naturelle,
contenant l'Histoire des Animaux des Végétaux des Minéraux, &c. par M. Valmon de Bomare. *Paris*, Brunet,
1768, *in-8°.* 6 vol. v. m.

1193. — Le même Dictionnaire. *Paris*, Lacombe, 1775, *in-4°.*
6 vol. veau fauve dor. sur tr.

> Ce Dictionnaire n'est qu'une compilation des meilleurs Ouvrages
> qui ont été faits sur l'Histoire naturelle, & dont les différens articles
> ont été tronqués en bien des endroits. On reproche à l'Auteur de n'a-
> voir pas rendu assez de justice aux Auteurs, dont il a emprunté bien
> des fois jusqu'aux expressions ; c'est cependant un des plus complets
> que l'on ait sur cette matiere : il entre assez souvent dans des détails
> intéressans sur les différentes productions de la France.

1194. Précis d'Histoire Naturelle, extrait des meilleurs Auteurs
François & Étrangers, servant de suite & de supplément au
Cours de Physique de l'Auteur & formant la cinquieme partie
des Opuscules de M. l'Abbé Sauri. *Paris*, 1778, *in-12*,
5 volumes. dem. rel.

1195. Le Voyageur Naturaliste ou Instruction sur les moyens de
ramasser les objets d'Histoire Naturelle, & de les bien conserver avec un traité sur l'art de Calmer les flots de la Mer,
ou Epreuves des effets de l'Huille sur les Vagues de la Mer,
par M. Jonh. Coakley Lettrom, Docteur, Médecin, &c.
traduit de l'anglois. (Amsterdam) *Paris*, Lacombe, 1775 ;
in-12. v. m.

Histoire Naturelle Générale & Particuliere des Élémens.

1196. Expériences & observations sur différentes especes d'Air;
traduites de l'anglois de M. J. Priestley, Docteur en Droit,
& par M. Gibelin, Docteur en Médecine de la Société de
Londres. (Berlin) *Paris*, Saillant, 1775, *in-12.* dem. rel.

1197. Essai sur différentes especes d'Air qu'on désigne sous le
nom d'Air Fixe; par M. Sigaud de la Fond. *Paris*, Gueffier,
1779, *in-8°.* veau. marb.

1198. Lettres de M. ALEXANDRE VOLTA Noble Praticien de Come &c. sur l'air inflammable des Marais, auxquels on à ajouté trois Lettres du même Auteur, tirées du Journal de Milan; traduites de l'italien par M. BARBIER. *Strasbourg*, J. H. Heitz, 1778, *in-8°*. br. avec fig.

1199. Recherches sur les Volcans éteins du Vivarais & du Velay &c. par M. FAUJAS DE S. FOND. *Paris*, Nyon, 1778, *in-fol.* avec fig. veau marb.

1200. Dissertation Physique, Chymique & Economique, sur la nature & la salubrité des Eaux de la Seine; par M. PARMENTIER, de l'Académie des Sciences. *Paris*, Clousier, 1775, *in-4°*. piéce.

Histoire Naturelle des Métaux, Minéraux, Fossiles;
Pétrifications, Eaux Minérales. &c.

1201. Nouvelles Expériences & Observations sur le Fer, relativement à ce que M. de Buffon a dit de ce métal dans l'introduction à l'Histoire des Minéraux, qu'il vient de publier; par M. DUCOUDRAY, Capitaine d'Ouvriers au Corps de l'Artillerie, &c. (Upsal) *Paris*, Ruault, 1775, *in-8°*. veaumarb.

1202. Essais de J. REY, Docteur en Médecine sur la recherche de la cause pour laquelle l'Étain & le Plomb augmentent de poids quand on les Calcine; édition revue sur l'exemple original & augmentée sur les manusc. de la Biblioth. du Roi avec des notes de M. GOBET. *Paris*, Ruault, 1777, *in-8°*. br.

1203. Les anciens Minéralogistes du Royaume de France; avec des notes. *Paris*, Ruault, 1779, *in-8°*. 2 vol. veau marb.

1204. Élémens de Minéralogie Docimastique; par M. SAGE, de l'Académie Royale des Sciences. *Paris*, de Lormel, 1772, *in-8°*.

1205. — Le même ouvrage. *Paris*, Imprimerie Royale, 1777, *in-8°*. 2 vol. veau marb.

1206. Histoire Naturelle de la France Méridionale; ou recherches sur la Minéralogie du Vivarais, du Viennois, du Valentinois, du Forez, du Velay &c., sur la Physique de la Mer Méditerranée; sur les Météores, les Arbres, les Animaux, l'Homme & la Femme de ces contrées; par M. l'Abbé GIRAUD-SOULAVIE. *Nismes*, C. Belle, 1780, *in-8°*. avec fig. 1 2.   vol.

1207. Traité sur la Science de l'exploitation des Mines, par Théorie & Pratique, avec un Discours sur les principes des

Finances; par M. CHRIST. FRAN. DELIUS : traduit en françois par M. SCHREIBER. *Paris*, Pierres, 1778, *in*-4°. 2 vol. avec fig. veau marb.

1208. Recueil de Mémoires & d'Obfervations fur la formation & fur la fabrication du Salpêtre, par les Commiffaires nommés par l'Académie pour le Jugement du prix du Salpêtre. *Paris*, Lacombe, 1776, *in*-8°. v. f. d. fur tr.

1209. Inftruction fur l'établiffement des Nitrieres & fur la Fabrication du Salpêtre, publiée par ordre du Roi. *Paris*, Impr. Royale, 1777, *in*-4°. avec fig. v. f. d. fur tr.

1210. L'Art de fabriquer le Salin & la Potaffe, publié par ordre du Roi, par les Régiffeurs généraux des Poudres & Salpêtres. *Paris*, de l'Impr. Royale, 1779, *in*-8°. v. f. d. fur tr.

1211. Mémoires fur des Bois de Cerfs Foffilles, trouvés en creufant un Puits, dans les Environs de Montelimar en Dauphiné, à 14 pieds 2 pouces de profondeur, le 28 du mois d'août 1775. *Grenoble*, J. Cuchet 1776, *in*-4°. br. piéce avec fig. enlum.

1212. Traité des Pétrifications; par M. BOURGUET. *Paris*, Jombert, 1778, *in*-8°. veau marb.

1213. Traité des Eaux Minérales de la ville de Rouen; par M. DE NIHELL, Ecuyer, Confeiller, Médecin du Roi. *Rouen*, Machuel, 1759, *in*-12. v. f. d. fur tr.

> Les Eaux dont il eft ici queftion, partent du pied de la montagne Sᵗᵉ Catherine, dans le quartier qu'on applle la Marequerie, elles traverfent dans leur cours une Mine de fer, à laquelle elles doivent toutes leurs propriétés.

1214. Mémoire fur les Eaux des lieux de Santé, par le P. FERRY, Minime. *Rouen*, 1767, *in*-4°. br.

1215. Differtation Chymique fur les Eaux Minérales de la Lorraine; par M. NICOLAS, Maitre-ès-Arts &c. *Nancy*, Thomas, 1778, *in*-8°. br.

1216. Parallele des Eaux Minérales d'Allemagne, que l'on tranfporte en France, & de celles de la même nature qui fourcent dans le Royaume, avec des remarques fur l'analife des Eaux Minérales en général; par M. RAULIN, Docteur en Médecine &c. *Paris*, Impr. Royale, 1777, *in*-12. m. r. d. fur tr.

AGRICULTURE.

ECONOMIE RUSTIQUE

Traités généraux & particuliers de l'Économie Rurale,
& du ménage des Champs.

1217. Dictionnaire Économique, contenant divers moyens d'augmenter son Bien, & de conserver sa Santé; par NOEL CHOMEL. *Paris*, vᵉ. Etienne, 1740, *in-fol.* 2 vol. baf.

1218. Supplément dudit Dictionnaire; par le même. *Paris*, vᵉ. Etienne, 1743, *in-fol.* 2 vol. avec fig. baf.

> Ce Livre imparfait dans fa naiffance, a été amélioré par M. de La-mare, qui en a donné une nouvelle édition en 1767 en 3 vol. *in-fol.* entierement corrigée & confidérablement augmentée. Noël Chomel, Curé de S. Vincent de Lyon, mourut en 1712.

1219. La nouvelle Maifon Ruftique, ou Économie générale de tous les Biens de la Campagne : la maniere de les entretenir & de les multiplier; par le fieur LIGER. Edition donnée par M.***. avec fig. *Paris*, Prud'homme, 1721, *in-4°.* 2 vol. baf.

1220. Traité de la Connoiffance Générale des Grains & de la Mouture par économie, contenant la maniere de moudre les Grains pour en tirer une plus grande quantité de meilleure Farine, avec le moins de déchet, le méchanifme & la conftruction de diverfes fortes de Moulins &c. précédé des principes fur la connoiffance & l'achat des Grains, & leur confervation &c.; par M. BEGUILLET, Avocat. *Paris*, Pankoucke, 1775, *in-8°.* 2 vol. br.

1221. Analyfe des Bleds, & expériences propres à faire connoître la qualité du Froment, & principalement celle du Son de ce grain, &c. par M. SAGE. *Paris*, Impr. Royale, 1776, *in-8°.* v. m.

1222. Expériences & Réflexions relatives à l'Analyfe du Bled & des Farines; par M. PARMENTIER, Maître en Pharmacie. *Paris*, Monory, 1776, *in-8°.* br.

1223. Mémoire fur les Pommes de Terre & fur le Pain économique, lu à la Société Royale d'Agriculture de Rouen; par M. MUSTET, Chevalier de S. Louis. *Rouen*, Befongne, 1767, *in-8°.* piéce.

1224. Lettre d'un Citoyen à fes Compatriotes au fujet de la

Culture des Pommes de Terre. *Rouen*, Machuel, 1770 ; *in*-8°. piéce.

1225. Œnolagie, ou Difcours fur la meilleure méthode de faire le Vin & de cultiver la Vigne; par l'Auteur du Traité de la Mouture économique. *Dijon*, Capel, 1770, *in*-12, br.

1226. Traité fur l'ufage des Colombiers & des Volieres en Bourgogne. *Dijon*, 1772, *in*-8°. v. m.

Traités généraux & particuliers de la Culture des Terres.

1227. De Principiis Vegetationis & Agriculturæ & de Caufis Tripticis Culturæ in Burgundia difquifitio Phyfica. aut. Edm. BEGUILLET, Divionenfi, *Divione*. Frantin 1763, *in*-8°. br.

1228. Projet d'un Prix d'Agriculture. *Paris*, Knapen, 1777, *in*-12, broché.

1229. Manuel d'Agriculture pour le Labourenr pour le Proprié-taire & pour le Gouvernement, contenant les vrais & feuls moyens de faire profpérer l'Agriculture, tant en France que dans tous les autres États où l'on cultive, avec la réfutation de la nouvelle méthode de Thult ; par M. DE LA SALLÉ DE L'ETANG, Seigneur de Muyr, Ancien Député de la ville de Reims à Paris. *Paris*, Lottin, 1764, *in*-8°. v. éc. d. fur tr.

1230. Principes du Cultivateur; par DOM LE ROUGE. *Fontenay*, 1773, *in*-8°. baz.

1231. Délibérations & Mémoires de la Société Royale d'Agriculture de la Généralité de Rouen. *Rouen*, Rich. l'Allemant, 1763, *in*-8°. 2 vol. avec fig. veau m.

1232. Almanach d'Agriculture. néceffaire à tout Laboureur, Fermier, Cultivateur, &c. troifieme Cours, année 1775; par M. PELET DE LA BONNEVILLE, ancien Officier d'Infanterie &c. *Paris*, Dorez, 1775, *in*-12. veau m.

1233. La Nobleffe Cultivatrice, ou Moyens d'élever en France la culture de toutes les Denrées que fon fol comporte au plus haut dégré de perfection; par M. FRESNAIS DE BEAU-MONT. *Paris*, Morin, 1778, *in*-8°. piéce.

Traités généraux concernant le Jardinage, & particuliers fur la Culture des Jardins fruitiers & potagers.

1234 Sur la Formation des Jardins; par l'Auteur des confidé-tions fur le Jardinage. *Paris*, Dorez, 1775, *in*-8°. br.

1235. Traité des Jardins ou le nouveau de la Quintinye, contenant; 1°. La Defcription & la Culture des Arbres Fruitiers; 2°. des Plantes Potageres; 3°. des Fleurs; 4°. des Arbres & Arbriſſeaux d'ornement; en deux parties, la premiere, Jardins Fruitiers, la deuxieme, Jardins Potagers; par M. L. B***. *Paris*, Didot, 1775, *in-*8°. 2 vol. avec fig. v. m.

1236. Dictionnaire du Jardinage, relatif à la Théorie & à la Pratique de cet Art, avec des figures; par M. D. ***. *Paris*, Debure, 1777, *in-*12, v. f.

1237. Le Jardinier Solitaire, ou Dialogues entre un Curieux & un Jardinier Solitaire, contenant la méthode de faire & de cultiver un Jardin fruitier & potager, avec des réflexions ſur la Culture des Arbres. *Paris*, 1707, *in-*12, baſ.

1238. — Le même Ouvrage. *Liege*, F. Baſſompierre, 1761, *in-*12, avec fig. baſ.

1239. Inſtruction pour les Jardins Fruitiers & Potagers; par M. DE LA QUINTINYE, *Paris*, Clouzier, 1716, *in-*4°. 2 vol. baſ.

1240. Abrégé pour les Arbres Nains & autres; avec un Traité de la Culture des bons Melons & des Fleurs; &c. par J. LAURENT, Notaire de Laon. *Paris*, de Fercy, 1683, *in-*12.

1241. Inſtructions pour les Arbres Fruitiers; par M. VAUTIER, premier Médecin du Roi. *Paris*, Defercy, 1676, *in-*12. parch.

1242. Nouveau Traité de la Taille des Arbres Fruitiers; par RENÉ D'AHURON, Jardinier. *Paris*, Defercy, 1697, *in-*12, avec fig. parch.

1243. Traité des Arbres Fruitiers, contenant leur figure, leur defcription, leur culture; &c. par M. DUHAMEL-DUMONCEAU, de lAcadémie des Sciences &c. *Paris*, Saillant 1768, *in-*4°. 2 vol. gr. pap. avec fig. veau fau. d. ſur tr.

1244. Defcription du Mangoſtan. ou du Fruit à Pain : le premier eſtimé l'un des plus délicieux, l'autre le plus utile de tous les Fruits des Indes Orientales. Ouvrage traduit de l'anglois de JOHN ELLIS. *Rouen*, Machuel 1779, *in-*8°. br. fig.

BOTANIQUE.

INTRODUCTIONS ET DICTIONNAIRES DE BOTANIQUE

Hiſtoire Naturelle des Plantes en général & en particulier & de différens Pays.

1245. Dictionnaire Botanique & Pharmaceutique, contenant

V

les principales propriétés des Minéraux, des Végétaux, & des Animaux d'usage. *Paris*, le Conte, 1716, *in-8°*. baf.

1246. — Le même Ouvrage. *Paris*, le Conte 1768. *in-8°*. v. m.

1247. Histoire Universelle du Règne végétal, ou nouveau Dictionnaire Physique & Économique de toutes les Plantes qui croiffent fur la furface du Globe; par M. Buchoz, Docteur en Médecine. *Paris*, Brunet, 1775, *in-fol*. 24 vol. encart. (12 de pl. 12 de difc.)

1248. Joann. Jonstoni Historiæ Naturalis de Arboribus & Plantis libri 10 tabulis centum trignita feptem ab illo celeberr. Mathia Moriano aeri incifis ornati ex fcriptoribus tam antiquis quam recentioribus. *Francofurti* ad moenum Imp. Matth. Moriani, apud Fr. Jofep. Eckebrecht, 1768, *in-fol*. v. m.

> L'Édition 1662 eft très rare. Jean Joufton, Naturalifte, né à Samber dans la grande Pologne en 1603 , parcourut tout les Pays de l'Europe , & mourut dans fa terre de Ziebendorf en Siléfie, l'an 1675; tous les Ouvrages de cet infatigable Naturalifte , ont été imprimés en 10 vol. *in-fol*.

1249. Histoire des Plantes Vénéneufe de la Suiffe, contenant leur defcription, leur mauvais effets fur les Hommes & fur les Animaux, avec leur Antidotes; par M. P. R. Vicat, Docteur Médecin. *Yverdon*, 1776, *in-8°*. fig. veau m.

1250. Collection précieufe enluminée, des Fleurs les plus belles qui fe cultivent tant dans les Jardins de la Chine que dans ceux de l'Europe, dirigée par les foins & fous la conduite de M. Buchoz pour fervir de fuite à l'Hiftoire Naturelle & Économique des trois regnes de la Nature. *Paris*, Lacombe, 1777, *in-fol*. br.

1251. Histoire des Plantes de la Guiane Françoife, rangées fuivant la méthode fexuelle, avec plufieurs Mémoires fur différents objets relatifs à la Culture & au Commerce de la Guiane Françoife & une notice des Plantes de l'Ifle de France, Ouvrage orné de près de quatre cens planches; par M. Fusée Arblel. (Londres) *Paris*, Didot, 1775, *in-4°*. 4 vol. v. m.

1252. Differtation fur la maniere de Cultiver des Plantes choifies; dans les Chaffis Phyfiques du fieur Mallet leur inventeur, avec la defcription de ces Chaffis. *Paris*, 1778, *in-4°*. br. avec fig.

1253. Lettre à M. le Chevalier de Born, fur la Tourmaline du Tirol; par M. Muller, Confeiller du Département des Mines & des Monnoyes en Tranfylvanie, traduction de l'allemand. *Bruxelles*. Berghen, 1779, *in-4°*. dem. rel.

Traités généraux & particuliers des Arbres & Arbustes.

1254. Catalogue de Plantes, Arbres, Arbrisseaux & Arbustes, &c. *Paris*, 1778, *in*-12, br.

1255. Manuel de l'Arboriste & du Forestier Belgique extrait des meilleurs Auteurs; par M. DE POEDERLÉ l'aîné (Bruxelles) *Paris*, Valade, 1774, *in*-12. v. m. d. sur tr.

1256. Mémoire Économique, dans lequel on propose une forme de Plantation pour les Bois, plus avantageux que celle qui a été pratiquée par le passé. *Clermond-Ferrand*, Viallanes, 1767, *in*-8°. piéce.

1257. Essai sur l'Aménagement des Forêts; par M. PANNELIER D'ANEL. *Paris*, Desprez, 1778, *in*-8°. br.

1258. Examen de l'Essai sur l'Aménagement des Forêts de M. PANNELIER D'ANEL; par M. DE SESSEVALLE, Maître des Eaux & Forêts de Clermont en Beauvaisis. *Paris*, Lottin, 1779, *in*-8°. piéce.

1259. Traité de la Chataigne; par M. PARMENTIER. (Bastia) *Paris*, Monory, 1780, *in*-8°. br.

Traités particuliers sur les Jardins d'Ornemens, & la culture des Fleurs.

1260. Flore Françoises, ou description succinte de toutes les Plantes qui croissent naturellement en France; par M. le Chevalier DE LA MARK. *Paris*, Impr. Royale, 1779, 3 vol. *in*-8°. fig. v. m.

1261. Essai sur les Jardins; par M. WATELET. *Paris*, Prault, 1774, *in*-8°. br.

1262. De la composition des Paysages ou des moyens d'embellir la Nature autour des Habitations, en joignant l'agréable à l'utile; par L. GERARDIN. Mestre-de-Camp de Dragons. (Genève) *Paris*, de Laguette, 1777, *in*-8°. br.

1263. Essai sur la Culture de plusieurs especes de Fleurs, savoir la Jacinte, l'Anemone, la Semi-double, la Tulipe & l'Œillet; par M. ***. *Caen*, G. le Roy, 1768, *in*-12, br.

1264. Nouveau Traité des Œillets, la façon la plus utile & la plus facile de les bien cultiver, leurs noms, leurs couleurs & leurs beautés; par L. C. B. M. *Paris* de Sercy, 1776, *in*-12. parch.

Hiſtoire naturelle, générale & particuliere des Animaux de tous les Pays, enſemble de leurs maladies, &c.

1265. JOAN. JONSTONI Theatrum Univerſale omnium Animalium quadrupedum, de Avibus, de Inſectorum, de Piſcibus & Cetis libri quinque. Cum tabul.; celeber. MATHIA MERIANO. *Rothomagi*; Beſongne, 1768, *in-fol.* 4 vol. cum fig. veau marb.

> L'Édition originale de cet Ouvrage eſt de 1650 en 4 vol. & eſt préférée par les curieux, à celle d'Amſterdam, qui a paru en 1657 : cette derniere eſt beaucoup plus commune, & quoique la partie de l'impreſſion ſoit plus belle que dans la premiere, elle ne peut cependant lui être préférée, parceque dans celle de Francfort les figures ſont du fameux Merian, & que celles qui ont été miſes dans l'édition d'Hollande, ne ſont que des copies faites ſur les figures originales, gravées par Merian. l'Édition que nous annonçons eſt dans le cas de celle d'Amſterdam, mais comme les exemplaires de la premiere Edit. ne ſe trouvent pas aiſément, les amateurs d'hiſtoire naturelle ſe contentent alors de l'une de ſes éditions. *Vid.* Debure N°. 1694.

1266. Phyſiologie des Corps Organiſés, ou examen analytique des Animaux & des Végétaux comparés enſemble, à deſſein de démontrer la chaîne de continuité qui unit les différens regne de la Nature. Edition Françoiſe du Livre publié en Latin à Manheim, ſous le titre de Phyſiologie des Mouſſes; par M. NECKER, Botaniſte. *Bouillon*, 1775, *in-*12. v. m.

1267. Phyſiologie, des Corps Organiſés. *Bouillon*, 1775, *in*8-°. avec fig. veau marb.

1268. Le Nouveau parfait Maréchal, ou la Connoiſſance générale & univerſelle du Cheval; par M. Fr. A. DE GARCEAULT. *Paris*, Mathey 1741, *in-*4°. avec fig. baſ.

> Cet Ouvrage eſt diviſé en ſix Traités, l'Auteur y a joint un Dictionnaire des Termes de Cavalerie, avec un grand nombre de fig. en taille-douce, qui mettent ſous les yeux, le cheval & ſes différentes parties, tous les inſtrumens deſtinés & propres à ſon ſervice, les herbes & les plantes qu'on a coutume d'employer pour la conſervation de ſa ſanté & pour ſa guériſon.

1269. — Le même. *Paris*, Brocas, 1755, *in-*4°. avec fig. baſ.

1270. Dictionnaire d'Hippiattrique pratique, ou Traité complet de la médecine des Chevaux; par M. ROBINET. (Bruxelles) *Nancy*, Babin, 1777, *in-*4°. veau marb.

1271. Proſpectus d'un Cours complet d'Hippotomie, ou Anatomie du Cheval & de Pathologie ; par M. DE DELAY D'AEGIR Gendarme Ecoſſois. *Nancy*, Le Clerc, 1778, *in*-8°. br.

1272. Mémoire Artificielle des principes relatifs à la fidelle repréſentation des Animaux, tant en Peinture qu'en Sculpture, premiere partie concernant le Cheval; par feu M. GOIFFON & par M. VINCENT, ſon adjoint, l'un des Eleves de l'Ecole Royale Vétérinaire de Paris, & attachés à cette Ecole. (Alfort) *Paris*, Valat la Chapelle, 1779, *in-fol.* 3 vol. v. m.

1273. Le Parfait Bouvier, ou introduction concernant la connoiſſance des Bœufs & Vaches, avec deux Traités pour les Moutons & Porcs; par M. J. G. BOUTROLLE. *Rouen*, Beſongne 1766, *in*-12. v. m.

1274. Expoſé des Moyens curatifs & préſervatifs qui peuvent être employés contre les Maladies peſtilentielles des Bêtes à cornes, diviſés en trois parties ; publiés par ordre du Roi par M. VICQ-D'AZIR, Docteur Régent de la Faculté de Médecine de Paris. *Paris*, Merigot, 1776, *in*-8°. veau fauv.

1275. Traité des Prairies Artificielles, des Enclos, & de l'Education des Moutons de race Angloiſe. *Paris*, Hochereau, 1778, *in*-4°. avec fig. m. r. d. ſur tr.

1276. Inſtructions & Avis aux Habitans des Provinces Méridionales, ſur la Maladie des Beſtiaux. *Paris*, 1775, *in*-4°. br.

1277. Second Mémoire inſtructif ſur l'exécution du plan adopté par le Roi, pour parvenir à détruire entierement la Maladie qui s'eſt répandue ſur les Beſtiaux dans les Provinces Méridionales de France. *Paris*, Impr. Royale, 1775, *in*-4°. piéce.

Hiſtoire naturelle générale & particuliere des Oiſeaux.

1278. Ornithotrophie artificielle, ou l'Art de faire éclorre & d'élever la Volaille, par le moyen d'une chaleur artificielle. *Paris*, Morin, 1780, *in*-12, avec fig. dem. rel.

1279. Nouveau Traité des Serins de Canarie; par M. HERVIEUX, *Paris*, Prud'homme, 1709, *in*-12. baſ.

1280. { Aëdologie, ou Traité du Roſignol franc, ou chanteur. *Paris*, Debure, 1751, *in*-12, avec fig, Le Grelot, ou les &c. &c. &c. *In*-12. v. m.

Hiſtoire naturelle générale & particuliere des Poiſſons, des Coquillages, des Inſectes, &c. de tous les Pays.

1281. Hiſtoire Naturelle des Dorades de la Chine. *Paris*, 1780, *in-fol.* vol. avec fig. enlum. m. r. d. ſurtr.

1282. La Conchyliologie, ou Hiftoire Naturelle des Coquilles de mer, d'eau douce, terreftres & foffilles; avec un Traité de la Zéomorphofe, en repréfentation des Animaux-qui les habitent; par M. DE SALLIER D'ARGENVILLE, Maître des Comptes, &c. troifieme édition donnée par M. M. DE FAVANNE DE MONT-CERVELLE Pere & Fils. *Paris*, Debure, 1780, *in*-4°. 2   vol. avec fig. veau marb.

1283 Papillons d'Europe Peints d'après nature, par Erneft, gravés par M. Gerardin, & coloriés fous leur direction; décrits par le R. P. ENGRAMELLE, Relig. Auguft. *Paris*, Bazan, 1779, *in*-4°.   vol. avec fig. Enlum. veau écaille.

Hiftoire Naturelle de divers Pays, mélanges, collections & Recueil de Secrets fur les Merveilles de la Nature

1284. Hiftoire Naturelle & Civile de la Californie, contenant une defcription éxacte de ce Pays, de fon Sol, Montagnes, Rivieres, & Mers, de fes Animaux, Végétaux, &c. de fa fameufe Pêcherie des Perles, Mœurs des Habitans, &c. Enrichie de la Carte du Pays & des Mers adjacentes; traduite de l'anglois par M. E. ✳✳✳ *Paris*, Durand. 1767, 3 vol. *in*-12.

1285. Effai fur l'Hiftoire Naturelle de l'Ifle de Saint Domingue. *Paris*, Gobreau, 1776, *in*-8°. avec fig. v. in.

1286. Les Secrets & Merveilles de la Nature; par J. J. Wecker de Bafle, Méd. de Colmar. *Rouen*, 1614, *in*-8°.parch.

MEDECINE
Introduction à la Médecine.

1287. Mémoires Littéraires, Critiques, Philologiques, Biographiques & Bibliographiques pour fervir à l'Hiftoire ancienne & moderne de la Médecine; par M. GOULIN, *Paris*, Baftien, 1775, *in*-4°. mar. rou. dor. fur tr.

1288. Bibliotheque Littéraire Hiftorique & Critique de la Médecine ancienne & moderne; par M. JOS. FR. CARRERE, Docteur en Médecine &c. *Paris*, Ruault, 1776, *in*-4°. 2 vol. veau marb.

1289. Etat de la Médecine, Chirurgie & Pharmacie en Europe, & principalement en France, pour l'année, 1777; par M. M. DE HORNE, DE LA SERVOLLE ET GOULIN. *Paris*, Thibouft, 1777, *in*-12, m. r. d. fur tr.

1290. **Lettre de M.** le Cat à M. David Maître-ès-Arts & en Chirurgie de Paris, sur les avantages de la réunion du Titre de Docteur en Médecine, avec celui de Maître en Chirurgie, & sur quelques abus dans l'un & l'autre Art. *Amsterdam*, 1762, *in*-8°. piéce.

1291. Discours sur la véritable Gloire du Chirurgien, prononcé aux Écoles de Médecine, pour l'ouverture solemnelle des Ecoles de Chirurgie, le 29 novembre 1778 ; par M. Et. Groslin Duhaume, Docteur en Médecine. *Paris*, d'Houry, 1779, *in*-4°. piéce.

1292. Histoire de la Société Royale de Médecine, années 1776, 1777 1778 177 *Paris*, Didot, 1779, *in*-4°. 2 vol. veau fauve dor. sur tr.

Médecins anciens & modernes.

1293. Les Œuvres d'Hyppocrate, traduites en François, avec des remarques par M. Dacier. *Paris*, Compagnie, 1697, *in*-12, 2 vol. baf.

1294. Les Aphorismes d'Hyppocrate, rangés selon l'ordre des parties du Corps Humain, par M. Dufour, Docteur en Médecine. *Paris*, d'Houry, 1703, *in*-12, baf.

1295. Prælectiones Medicæ decem habitæ in Ludovicæo Medico Monspeliensi pró Regia Cathedra vacante per obitum N. D. Gabrielis Francisci Venel. Regis Conf. & Professoris meritissimi, ab Henr. Fouquet, Monspeliensi, &c. *Monspelii*, Picot, 1777, *in*-8°. piéce.

TRAITÉ SINGULIERS DE MÉDECINE.

Physiologie, ou la connoissance de la Nature Humaine.

1296. Conspectus Æconomiæ Animalis seu Compendium Physiologiæ ad usum Medicinæ & Chirurgiæ Tironum, tum & cœterorum Naturæ Humanæ Curiosorum utilitati consecratum à M. Steph. Groslin Duhaume, Doct. Medico Monspeliensi. *Parisiis*, Lud. Cellot, 1777, *in*-12, veau marb.

1297. Compendium ex actuarii Zachariæ Libris de differentiis Urinarum, Judiciis & prœvidentiis, universalis Doctrina Claudii Galeni de compositione Pharmacorum ; per Conradum Gesnerum med. Tigurinum in stud. Grat. congesta. *Tirugi*, Chritoph. Froschoverum, 1541, *in*-8°. baf.

Corard Gesner surnommé le Pline de l'Allemagne, né à Zurich en 1516 mort en 1565, à 49 ans, il profeſſa la Médecine & la Philoſophie avec beaucoup de réputation ; après avoir employé toute ſa vie à la culture des Lettres, il voulut mourir au milieu d'elles. Attaqué de la peſte & ſe ſentant près de ſon dernier moment, il ſe fit porter dans ſon cabinet, où il expira. La Botanique & l'Hiſtoire Naturelle l'occupèrent toute ſa vie. Beze, dit, « qu'il avoit lui ſeul toute la ſcien- » ce qui avoit été partagée entre Pline & Varron ». Sa probité & ſon humanité le firent autant eſtimer que ſon ſavoir.

1298. Carmina de Urinarum, Judiciis : edita ab Excel. Domino MAG. EGIDIO. Lugd. *Franc.* Fradin, 1505, *in-*8°. baſ.

1299. Tableau de l'Amour Conjugal, ou la Génération de l'Homme, diviſé en quatre parties ; par M. NICOLAS VENETTE, Médecin. *Amſterdam*, 1740, *in-*12, 2 vol. avec fig. baſ.

Cet Ouvrage eſt celui qui a donné le plus de réputation à ſon Auteur, mais la lecture en eſt dangéreuſe pour les jeunes perſonnes, & inſuf-fiſante pour celles qui veulent s'inſtruire. Nicolas Venette, Docteur en Médecine, mourut en 1698, à la Rochelle ſa patrie, âgé de 65 ans.

1300. Traité de la Nutrition & de l'Accroiſſement, précédé d'une Diſſertation ſur l'uſage des Eaux de l'Amnios ; par J. P. DAVID, Docteur en Médecine. *Paris*, Didot, 1771, *in-*8°. baſ.

1301. Œuvres Phyſiologiques de M. LE CAT, ou Traité des Senſations & des Paſſions en général, & des ſens en parti-culier, Ouvrage diviſé en deux parties. *Paris*, Vallat la Chapelle, 1767, *in-*8°. 2 vol. avec fig. veau marb.

1302. Traité des Sens, par le même Docteur en Médecine & Maître Chirurgien en chef de l'Hotel-Dieu de Rouen. *Amſterdam*, Weſtein, 1744, *in-*8°. avec fig. veau marb.

1303. Traité de l'Éxiſtence de la Nature & des propriétés du Fluide des Nerfs & principalement de ſon action dans le mouvement Muſculaire, Ouvrage couronné en 1753, par l'A-cademie de Berlin ; par M. LE CAT, *Berlin*, 1765, *in-*8°.

1304. Diſſertation ſur le Méchaniſme & les Uſages de la Reſ-piration, Ouvrage couronné par l'Académie des Sciences & Belles-Lettres de Rouen le 7 août, 1765 ; par M. DAVID. *Paris*, Vallat la Chapelle, 1766, *in-*12, veau marb.

Traités ſur la conſervation de la Santé

1305. Dictionnaire Portatif de Santé ; par M. L. ✱ ✱ ✱, Médecin des Armées du Roi. *Paris*, Vincent, 1760, *in-*12, 2 vol. veau marb.

1306. Arte di Vivere, Soper Vivere, el a Seiar Vivere, *in Milano*, 1733. *in-*12, baſ.

1307. {
LHygiene, ou l'Art de conferver la Santé, Poëme Latin de M. Geoffroy, Docteur en Médecine, & traduit en François par M. de Launay, Docteur en Médecine. *Paris*, Cavelier, 1774.

La Couronne de Rofes, ou la Fête de Salency, Comédie en deux actes; par M. ***. *Paris*, Merigot, 1770.

Les trois Sortes de Piéces, ou les Kalenders & les Faquirs, Comédie. (Amfterdam) *Paris*, Merigot, 1771.

Analyfe raifonnée des Eaux Minérales, Médicinales d'Availles en Poitou; par M. de Launay. *Paris*, Didot.

L'Efprit du Sage Médecin, Poëme; par le même. *Paris*, Merigot, 1772, veau écaille.
}

1308. L'École de Salerne, ou l'Art de conferver la Santé, en Vers latins & françois; par M. le Vacher de la Feutrie. *Paris*, Segaud, 1779, *in-*12, veau marb.

1309. Effai fur la Santé & fur les moyens de prolonger la Vie, traduit de l'anglois de M. Cheyne, par M. ***. *Paris*, Rollin, 1725, *in-*12, baf.

> Cet Ouvrage a été compofé principalement pour les Gens de Lettres, amis de l'étude, & d'une foible fanté, l'Auteur y expofe les regles qui lui paroiffent les plus claires & les plus faciles à obferver pour la confervation de la fanté & pour la prolongation de la vie, comment on doit fe conduire à l'égard des alimens, du fommeil, des veilles, des exercices du corps & des paffions de l'ame. GeorgeCheyne, anglois, Docteur en Médecine, naquit en Ecoffe, & mourut vers 1748.

1310. Traité des Erreurs Populaires fur la Santé; par M. J. D. F. de Bienville, Docteur en Médecine. *La Haye*, Goffe, 1775, *in-*8°. veau marb.

1311. Médecine Domeftique, ou Traité complet des Moyens de fe conferver la Santé, de guérir & de prévenir les Maladies, par le régime & les remedes fimples; par Guil. Buchan, trad. de l'anglois par J. D. Duplanil, Docteur en Médecine. *Paris*, Defprez, 1780, *in-*8°. 5 vol. veau marb.

1312. De la Vieilleffe; par M. Robert, de la Faculté de Médecine de Paris. *Paris*, Cellot, 1777, *in-*12, veau marb.

Traités Diététiques & Hygiaftiques, du régime de la vie, des alimens, de l'art de la cuifine, &c.

1313. Ludovici Nonui Antuerp. Diœteticon five de re Cibaria lib. 4. 2 édit. cum notis manufcript. *Antuerpiæ*, Aff. Pet. Belleri, 1645, *in-*4°. baf.

X

1314. Mémoire fur l'Ufage Economique du Digefteur, de Papin ; par M. *** Avocat. *Clerm. Ferr.* Viallanes, 1761, *in-*8°. piéce,

1315. Traité des Alimens, où l'on trouve par ordre, & féparément la différence & le choix qu'on doit faire de chacun d'eux en particulier; par L. L'EMERY. *Paris,* Witte, 1705, *in-*12, baf.

> L'ordre que l'Auteur a fuivi, eft très-clair & méthodique; à la fin de chaque chapitre font des remarques dans lefquelles la vertu des alimens & l'étymologie de leurs noms fe trouvent expliqués : il s'eft auffi attaché à donner des regles familieres, faciles & uniformes; le difcours eft entremélé de paffages latins, tirés de nos meilleurs Poëtes, & fur-tout de l'Ecole de Salerne. L. Lemery mourut en 1743, âgé de 66 ans.

1316. Obfervations très-importantes à l'humanité, fur l'Amidon de Santé. *In-*8°. piéce.

1317. Les *Délices de la Campagne,* où il eft enfeigné à préparer pour l'ufage de la Vie, tout ce qui croit fur la Terre & dans les Eaux. *Paris,* Prud'homme, 1713, *in-*12, avec fig. parc.

1318. Traité des Feftins. *in-*12, br.

1319. Nouvelle Inftruction pour les Confitures, les Liqueurs & les Fruits, où l'on apprend à confire toutes fortes de Fruits, &c. *Paris,* Prud'homme, 1737, *in-*12, avec fig. baf.

Pathologie, ou connoiffance des Maladies.

1320. Dictionnaire des Maladies avec leur Traitement, extrait du Livre intitulé traité de la vraie caufe des Maladies, & la Maniere la plus fûre de les guérir par le moyen d'un feul Remede; par J. G. D'AILHAUD, Docteur en Médecine. *Carpentras,* Dom. Gafp. Quenin, 1776, *in-*12, br.

1321. Vocabulaire de la Nofologie de M. DE SAUVAGES, contenant tous les termes Techniques qui s'y trouvent, avec leur explication, leur étymologie, & leurs renvois au Corps même de l'Ouvrage, en 3 vol. *in-*8°. *Paris,* 1775, *in-*8°. piéce.

1322. Effai fur le Pouls, par rapport aux Affections des principaux Organes, avec des figures qui repréfentent les Caracteres du Pouls, dans ces Affections; &c. par M. HENRY FOUQUET, Docteur en Médecine. *Montpellier,* Martel, 1767, *in-*12, veau marb.

1323. La Médecine Pratique de Londres, Ouvrage dans lequel on a expofé la définition & les fymptomes des Maladies, avec la Méthode actuelle de les guérir; traduit fur la 2ᵉ édition enrichie de notes par M. J. F. DE VILLIERS, ancien Médecin des Armées du Roi de France en Allemagne, de la Faculté de Paris. *Paris*, Segaud, 1778, *in*-8°. dem. rel.

1324. Extrait des Journaux tenus pour quatre-vingt-deux Malades qui ont été électrifés; par M. MAUDUYT. *Paris*, Pierres, 1779, *in* 4°. piéce.

1325. Diſſertatio de Arthritide, Mantiſſa Schematica : de Æcupunctura : & Orationes tres 1º. de Chymiæ ac Botaniæ antiquitate & dignitate, 2º. de Phyſiognomia, 3°. de Monſtris : Authore WILHELMI. *Londini*, Chiſmel, 1683, *in*-8º. cum mult. fig. baſ.

TRAITÉS PARTICULIERS SUR DIFFÉRENTES MALADIES.

Traités ſur les Maladies aigues, du Cœur, Diſſentriques, & autres.

1326. De la Connoiſſance & du Traitement des Maladies, principalement des Aigues ; traduit du latin de M. ELLER, par M. J. AGATHANGE LE ROY, Docteur en Médecine. *Paris*, Valade, 1775, *in*-12, m. r. d. ſur tr.

1327. Traité des Maladies du cœur; par M. DE SENAC, Conſeiller d'État, premier Médecin du Roi. *Paris*, Barbou, 1778, *in*-12, 2 vol. veau marb.

> Jean Senac, né dans le diocefe de Lombez, mort à Paris le 20 décembre 1770, avec le titre de premier Médecin du Roi, mérita cette place par des talens diſtingués. Son Traité de la Structure & des Maladies du Cœur, eſt le chef-d'œuvre de cet habile Médecin : il employa 20 ans à ce travail, le plus vaſte & le plus pénible.

1328. Hiſtoire Médicinale des Maladies Dyſſentriques qui affligerent la province du Maine en 1779; par M. VETILLART. *Au Mans*, Monoyer, 1779, *in*-12, br.

Traités ſur les Maladies Epidémiques, Eudémiques, & Chroniques.

1329. Obſervations ſur les Maladies Épidémiques, Ouvrage rédigé d'après le tableau des Épidémiques d'Hyppocrate, par M. LEPECQ DE LA CLOTURE, Docteur de la Faculté de Médecine de Caen. *Paris*, Vincent, 1776, *in*-4°. m. r. d. ſur tr.

1330. Collection d'Obſervations ſur les Maladies & conſtitutions

Épidémiques, &c.; par le même. *Rouen*, 1778, 2 vol. *in-4°*. 1763 à 1778, m. r. d. fur tr.

1331. Découverte particuliere & univerfelle fur les Maladies Épidémiques, dans leurs effets fur les hommes & les animaux: Épidémies qui exiftent depuis près de 1740; par M. J. J. GON-DRAND. 1779, *in-12*, br.

1332. Mémoire fur les Fiévres & fur la Contagion, Ouvrage traduit de l'anglois par M. HEN. FOUQUET, Médecin du Roi. *Montpellier*, Picot, 1778, *in-12*, br.

1333. Differtation qui a remporté le Prix de l'Académie des Belles-Lettres & Arts de Befançon, en l'année 1777 (fur ce fujet) quels font les caractères & les caufes d'une maladie qui commence à attaquer plufieurs vignobles de Franche-Comté, & les moyens de la prévenir & de la guérir; par le R. P. PRUDENT DE FAUCOGNEY, Religieux Capucin à Befançon. *Befançon*, Daclin, 1778, *in-8°*. br.

1334. Obfervations fur le Difcours de M. PRINGLE, qui termine la relation des voyages de M. Cook, ou Obfervations fur les Maladies des Gens de mer; par M. POISONNIER DESPERRIERS. 1779, *in-12*, br.

1335. Traité de la Couleur Humaine en général, de celle des Negres en particulier, & de la métamorphofe d'une de ces couleurs en l'autre, foit de naiffance, foit accidentellement, en trois parties; par M. LE CAT. *Amfterdam*, 1765, *in-8°*. avec fig. veau marb.

1336. Obfervations fur les Maladies des Negres, leurs caufes, leurs traitemens & les moyens de les prévenir; par M. DAZILLE, Médecin. *Paris*, Didot, 1776, *in-8°*. veau marb.

1337. Recherche fur les Maladies Chroniques, particuliérement fur les Hydropifies, & fur les moyens de les guérir; par M. BACHER, Docteur Régent de la Faculté de Médecine de Paris. *Paris*, Thibouft, 1776, *in-8°*. m. r. d. fur tr.

1338. Syftême de la Nature fur le Virus écrouelleux, ou Médecine Empyrique; par le Docteur CHAPPOT. *Touloufe*, Defclaf-fan, 1779, *in-8°*. br.

1339. Traité des Scrophules, vulgairement appellés Écrouelles ou Humeurs-froides; par P. L'ALOUETTE. *Paris*, Didot, 1780, *in-12*, dem. rel.

Traités sur les Maladies des Femmes, des Enfans, de leurs Habillemens, ensemble les Traités sur les Maladies de la Peau.

1340. Essai sur la Santé des Filles Nubiles; par P. VIRARD, Docteur en Médecine. *Londres*, 1779, *in-8°*. br.

1341. Nouveau Système sur la cause de l'Evacuation périodique du Sexe; par M. LE CAT. *Amsterdam*, 1776, *in-8°*. v. m.

1342. Dissertation sur cette question : Quelles sont les Causes principales de la mort d'un aussi grand nombre d'Enfans, & quels sont les préservatifs les plus efficaces & les plus simples pour leur conserver la vie; par M. J. BALLEXSERT, Citoyen de Genève, couronnée par l'Académie Royale de Mantoue en 1772. *Genève*, Isaac Barbin, 1775, *in-°*. br.

1343. Dangers du Maillot & du Lait de la Femme, moyen d'y remédier, avis aux meres; par M. LASCAZES DE COMPAYRE, Médecin. *Paris*, Laporte, 1778, *in-12*, veau marb.

1344. Avis très-important au Public, sur différentes especes de Corps & de Ceintures d'une nouvelle invention; par le sieur D'OFFEMONT, Mᵉ. & Md. Tailleur. *Paris*, Couturier, 1775, *in-12*, veau marb.

1345. Recherches sur les habillemens des Femmes & des Enfans, ou Examen de la maniere dont il faut vêtir l'un & l'autre Sexe; par M. ALPHONSE LE ROY, Médecin de la Faculté de Paris, Le Boucher, 1772, veau marb.

1346. Mémoire sur le Rakitis, ou Maladie de la Colonne Vertébrale, à laquelle les Enfans sont sujets jusqu'à la pleine adolescence; par M. Magny, Ingénieur-Physicien. *Paris*, 1780, *in-8°*. dem. rel.

1347. Le seul préservatif de la Petite Vérole; par M. PAULET, Docteur en Médecine. (Amsterdam) *Paris*, Ruault, 1776, *in-12*, br.

1348. Le Secret des Suttons dévoilé, ou l'Inoculation mise à la portée de tout le monde; par J. J. GARDANE, Docteur Régent de la Faculté de Médecine de Paris. (La Haye) *Paris*, Ruault, 1774, *in-12*, br.

1349. Traitement de la Petite Vérole des Enfans, à l'usage des Habitans de la Campagne, & du Peuple dans les Provinces méridionales, avec la méthode actuelle d'Inoculer la Petite Vérole, &c. par M. HEN. FOUQUET, Docteur en Médecine.

(Amſterdam) *Montpellier*, Rigaud & Pons , 1772, *in*-12, 2 tom. en , 1. vol. veau marb.

1350. Diſſertation ſur la Petite Vérole; par M. PAJON DE MONCETS, Médecin. *Paris*, Ant. Boudet , 1758 , *in*-12 , veau marb.

1351. Traité des Remedes Domeſtiques , pour faire ſuite au Traité de la Petite Vérole; par M. GROSSIN DUHAUME. *Paris*, 1779 , *in*-12 , br.

1352. Recherches ſur la Rougeole , ſur le paſſage des Alimens & des Médicamens dans le torrent de la Circulation , ſur le choix des Remedes Mercuriaux dans les Maladies Vénériennes; par M. J. T. G. DUBOSCQ DE LA ROBERDIERE , Doɥteur en Médecine. *Paris* , Deſventes de la Doué , 1776 , *in*-12 , m. roug. d. ſur tr.

Traités ſur les Maladies Vénériennes.

1353, Obſervation ſur les Maladies Vénériennes , avec leur cure ſure & facile ; par les ſieur C. THUILLIER , Doɥt. Médecin de la Faculté de Paris. *Paris*, Chaſtelain , 1707 , *in*-12 , baſ.

1354. Nouvelle Méthode de traiter les Maladies Vénériennes par la Fumigation , avec les Procès-verbaux des guériſons opé-rées par ce moyen; par M. P. LALOUETTE , Doɥt. Régent de la Facul. de Medecine de Paris. *Paris* , Mérigot , 1776 , *in*-8°. m. r. d. ſur tr.

1355. Expoſition raiſonnée des différentes méthodes d'adminiſtrer le Mercure dans les Maladies Vénériennes , précédée de l'Exa-men des préſervatifs; par M. DE HORNE , Doɥt. en Médecine. *Paris* , Monory , 1775 , *in*-8°. m. r. d. ſur tr.

1356. Obſervations faites & publiées par ordre du Gouvernement , ſur les differentes méthodes d'adminiſtrer le Mercure dans les Maladies Vénériennes; par le même *Paris* , Monory , 1779, *in*-12 , 2 vol. veau marb.

THERAPENTIQUE
Ou de la Cure des Maladies

1357. Obſervations ſur le Magnétiſme Animal ; par M. D'ESLON, Doɥt. en Médecine. *Paris* , Didot , 1780 , *in*-12 , br.

1358. Traité des mauvais effets de la Lytharge & des Maladies qu'elle cauſe , avec une Épître de l'Auteur au Surintendant des Mines & Fonderies des Duchés de Brunſwick & de Lunebourg. *in*-12 , br.

1359. Contre-Poisons de l'Arsenic, du Sublimé Corrosif, du Verd-de-gris & du Plomb , suivis de trois dissertations intitulées , la 1ʳᵉ. Recherches Médico-Chymiques sur les différens moyens de dissoudre le Mercure , &c. la 2ᵉ. Exposition de différens moyens d'unir le Mercure au Fer, &c. & la derniere, Nouv. Observations sur l'Ether , &c. par M. P. Touss. NAVIER , Doct. en Médecine. *Paris*, Méquignon , 1777, *in-12* , 2 vol. v. m.

1360. Recherches sur les Remedes capables de dissoudre la Pierre & la Gravelle ; trad. de l'anglais par M. GUILBERT. (Londres) *Paris*, Pierres, 1775 , *in-8°*. br.

1361. Mémoire sur les Dissolvans de la Pierre ; par M. DUHAUME, Doct. en Méd. *Paris*, d'Houry, 1776 , *in-4°*. piece.

1362. Nouvelle Methode d'extraire la Pierre de la Vessie urinaire par dessus le Pubis, qu'on nomme vulgairement le haut appareil dans l'un & l'autre sexe , sans le secours d'aucun fluide retenu ni forcé dans la Vessie. *Paris* , d'Houry, 1779 , *in-12*, fig. veau marb.

1363. Lettre d'un Médecin de Paris , à un Médecin de Province, sur le traitement de la Rage. (S. Hubert) *Paris*, d'Houry , 1776 , *in-4°*. piéce.

1364. Recherches sur la Rage ; par M. ANDRY. *Paris*, Pierres , 1779 , *in-8°*. br.

1365. Avis au Peuple sur les Asphyxies, ou morts apparentes & subites, contenant les moyens de les prévenir & d'y remédier , par M. GARDANE , Doct. en Méd. *Paris* , Ruault , 1774 , *in-12* , br.

1366. Expériences propres à faire connoître que l'Alkali Volatil-Fluor est le remede le plus efficace dans les Asphyxies , avec des remarques sur les effets avantageux qu'il produit dans la morsure de la Vipere, dans la Rage , la Brûlure , l'Apoplexie , &c. par M. LESAGE. *Paris*, Imp. Roy. 1777 , *in-8°*. br.

1367. Traitement contre le Ténia ou Ver solitaire , pratiqué à Morat en Suisse , examiné & éprouvé à Paris ; publié par ordre du Roi. *Paris* , Imp. Roy. 1775 , *in-4°*. piéce.

1368. Essai sur l'usage de l'Ecorce du Garou, ou Traité des effets des Exutoires employés contre les Maladies rebelles & difficiles à guérir, avec une dissertation médicinale sur l'Huile du Tartre ; par J. AGAT. LE ROI , Doct. en Méd. & Médecin de Monsieur. *Paris*, Didot , 1775 , *in-12*, m. r. d. sur tr.

1369. Question agitée dans les Écoles de la Faculté de Médecine de Reims, le 14 mai 1777 ; par M. NAVIER fils , Doct. en Méd. sur l'usage du Vin de Champagne mousseux contre les Fievres putrides & autres Maladies de même nature. *Paris*, Didot, 1778, *in*-8°. piéce.

Mélanges de Médecine.

1370. Differtation dans laquelle on explique un paffage de Ciceron, relatif à la Médecine, dans laquelle on démontre par occafion, que Lyfo, dont parle cet Orateur, ne fut point Médecin, bien que *Bernier*, *Daniel le Clerc*, *Eloy* & *Mathias* lui aient donné cette qualité; par M. GOULIN. 1779, *in*-12, piéce.

1371. Piéces concernant l'établiffement fait par le Roi, d'une Commiffion ou Société & Correfpondance de Médecine. *Paris*, *in*-4°. m. r. d. fur tr.

1372. Requête au Roi (Louis XVI), préfentée par la Faculté de Médecine de Paris, pour prier S. M. de lui accorder un bâtiment neceffaire pour fes exercices, &c. *Paris*, Quillau, 1777, *in*-4°. piéce.

1373. Orationes in diverfis Facultatis Medicinæ Parifienfis Actibus habitæ; à Magiftro P. ABR. PAJON DE MONCETS, Equit. *Amftel-lodami*) *Parifiis*, Quillau, 1776, *in*-8°. veau marb.

1374. Séance publique tenue par la Faculté de Médecine en l'Univerfité de Paris, dans les Écoles extérieures de la Sorbonne, le 5 novembre 1778. *Paris*, Quillau, 1779, *in*-4°. v. m. r. d. fur tr.

1375. ⎰ Lettres fur les Paranymphes de la Faculté de Médecine.
⎱ Lettres fur l'étymologie du mot Laïc.
⎰ Confultation adreffée à M. Pajon de Moncet, fur les
⎱ Adhérenies du Poumon. *In*-12. veau marb.

1376. Detail des fuccès de l'établiffement que la ville de Paris a fait en faveur des Perfonnes noyées; Années 1774, jufqu'en 1779 & fuiv. par M. PIA. *Paris*, Lottin, 1775, *in*-12, 4   vol. veau marb.

1377. Recueil de Thefes de Médecine & de Chirurgie, &c. forme *in*-4°   vol. en carr.

CHIRURGIE.

Traités généraux & particuliers de Chirurgie, & des différentes Opérations chirurgicales.

1378. Hiftoire de la Chirurgie depuis fon origine jufqu'à nos jours; par M. DUJARDIN, du Collége de l'Académie Royale de
Chirurgie

Chirurgie. *Paris*, de l'Imp. Royale, 1774, *in-4°*. 1 vol. avec fig. veau marb.

1379. Œuvres Chirurgicales de Hierome Fabrice d'Aquapendante, Médecin de l'Univ. de Padoue. *Lyon*, Ruvaud, 1643, *in-12*, parch.

1380. Principes de Chirurgie, par M. George de la Faye, Professeur Roy. en Chirurgie. *Berlin*, Comp. 1758, 2 vol.

> L'Auteur déclare dans sa préface, qu'il n'a pas tiré ses remarques de son propre fond, mais de la lecture des meilleurs Auteurs, des leçons & des conversations des plus grands Maîtres de nos jours : ces remarques sont solides, précises & toutes plus importantes les unes que les autres.

1381. Principes de Chirurgie. *Paris*, 1758, *in-12*, veau m.

1282. Précis d'Opérations de Chirurgie ; par M. le Blanc, Professeur d'Anatomie. *Paris*, d'Houry, 1775, 2 vol avec fig. v. m. d. sur tr.

1383. Progrès ultérieurs de la Chirurgie, ou remarques & observations nouvelles de M. Theden, un des Chirurgiens généraux de S. M. le Roy de Prusse ; Ouvrage trad. de l'Allemand par M. Chayron, Chirurgien-major du Régiment de Neustrie. *Bouillon*, 1777, *in-8°*. br.

1384. Traité des Maladies & des Opérations réellement Chirurgicales de la Bouche ; par M. Jourdain, Dentiste. *Paris*, Valeyre, 1778, *in-8°*. 2 vol. dem. rel.

1385. Pieces concernant l'Opération de la Taille ; par Cl. Nicolas. le Cat, 3 recueils. *Rouen*, Dumesnil, 1749, *in-8°*. 3 vol. avec fig. veau m.

1386. Parallele de la Taille Latérale de M. le Cat, avec celle du Lithotome caché, suivi de deux dissertations, la premiere sur l'adhérence des Pierres à la Vessie ; la 2e sur quelques nouveaux moyens de briser la Pierre ; par le même, & publié par Alex. Pier. Nahuys. *Amsterdam*, M. Rey, 1766, *in-8°*. avec fig. veau marb.

1387. Mémoires de l'Académie Royale de Chirurgie. *Paris*, Didot, 1774, *in-4°*. vol. avec fig. veau marb.

1388. Traité des Affections Cancéreuses, pour servir de suite à la théorie nouvelle sur les Maladies du même genre ; par M. J. M. Gamat, ancien professeur Royal d'Anatomie à Lyon. *Paris*, Didot, 1777, *in-8°*. veau marb.

1389. Mémoire sur les sujets proposés pour le Prix de l'Académie Royale de Chirurgie, tom. 4e premiere & seconde partie. *Paris*, Lambert, 1778, *in-4°*. 2 vol. veau marb.

1390. Mémoire qui a remporté le Prix de l'Académie Royale de Chirurgie de Paris en 1763 , fur les Maladies de l'Oreille , avec un autre Mémoire fur la cure des Abſcès ; par M. l'Eschevin, Chirurgien de l'Hôpital de Rouen. *Amſterdam* , 1764, *in*-12 , veau marb.

1391. Differtation fur les effets du Mouvement & du Repos dans les Maladies chirurgicales ; par M. David, Doct. en Chirurgie. *Paris* , Vallat , 1779 , *in*-12 , dem. rel.

1392. Précis fur l'hiſtoire, les effets & l'uſage de la Saignée , où Article Saignée : Médicine Thérapeutique , extrait du Dictionnaire Encyclopédique. (Amſterdam) *Paris* , Eſprit , 1778 , *in*-12 , br.

1393. Recherches fur la maniere d'agir de la Saignée & fur les effets qu'elle produit relativement à la partie où on la fait ; par M. David. *Paris* , Vallat-la-Chapelle , 1763 , *in*-12 , v. m.

Traités fur les Accouchemens.

1394. Eſſais hiſtorique , littéraire & critique fur l'art des Accouchemens ; par M. Sue le jeune. *Paris* , Baſtien , 1779 , *in*-8°. 2 vol. veau marb.

1395. Précis de Doctrine fur l'art d'Accoucher, par M. le Bás. *Paris* , Prevoſt , 1780 , *in*-12 , veau marb.

1396. Tractatus de anteponenda Sectione Cœſarea Sectioni Symphyſis Oſſium Pubis ; Aut. Arn. Bamps , Lugduno-Batavæ Facultatis Medicinæ Doctore. (Genevæ) *Pariſiis* , de Bure , 1778 , *in*-12 , br.

1397. Récit de ce qui s'eſt paſſé à la Faculté de Médecine de Paris , au ſujet de la Section de la Symphiſe des Os Pubis pratiquée fur la Femme Souchot. *Paris* , Quillau , 1777, *in*-4°. piéce.

1398. Réflexion fur la Section de la Symphiſe du Pubis ; par M. Piet, Accoucheur. (La Haye) *Paris* , Didot , 1778 , *in*-8°. piéce.

1399. Obſervations intéreſſantes en faveur de la Section de la Symphiſe du Pubis ; par M. Retz , Docteur en Méd. 1778 , *in*-8°. encart.

1400. Obſervations fur l'Opération Céſarienne à la ligne blanche , & fur l'uſage du Forceps , la tête arrêté au détroit ſuperieur ; par M. F. A. de Leurye. *Paris* , Lambert , 1779 , *in*-8°. en cart.

ANATOMIE.

Traités généraux de l'Anatomie & de ses différentes parties.

1401. Toutes les Œuvres de M. André du Laurens Sr. de Ferrieres, premier Méd. de Henry IV; trad. en françois, par Thop. Gelée. *Rouen*, veuve David, 1661, *in-fol.* fig. baf.

1402. L'Anatomie Françoife de Gelée, Méd. de la ville de Dieppe. *Lyon*, Devile, 1655, *in-8°.* veau marb.

1403. — Le même ouvrage. *Lyon*, Devile, 1673, *in-8°.* baf.

1404. Expofition Anatomique du Sang, jointe à la Névrologie entiere du Corps Humain, &c. par M. Dagoty, pere, Anatomifte penfionné du Roi. *Paris*, Demonville, 1775, *in-fol.* fig. enlum. parch. v. filets.

1405. De Corpore Cribrofe Hippocrates, feu de teftu Mucofo Bordevii. *in-4°* 1777, piéce.

PHARMACIE.

Pharmacopée univerfelle & fimple.

1406. Pharmacopée de Lyon, ou Expofition méthodique des Médicamens fimples & compofés; par M. Vitet, Médecin. *Lyon*, Periffe, 1778, *in-4°.* veau marb.

1407. Plantes Purgatives d'ufage, tirées du Jardin du Roi & des Apothicaires de Paris, &c. dédiés à M. Lieutaud, par M. Dagoty, pere. Premier cahier. *Paris*, Valeyre, *in-4°.* 1776, piéce.

1408. Nouvelles Obfervations fur le Sel purgatif, fondant & calmant; par M. Decroizilles, Apothicaire à Dieppe. *Rouen*, 1762, *in-12*, veau marb.

1409. Découverte d'un Remede purgatif fondant & calmant, ou Traité fur un nouveau Sel neutre; par le même. *Rouen*, Befongne, 1760, *in-12*, veau marb.

1410. Remedes Secrets; par J. Liebaut, 1573, *in-12*, parch.

1411. Les Remedes Charitables de Md^e Fouquet, pour guérir à peu de frais toute forte de maux. *Lyon*, J. Certe, 1685, *in-12*, baf.

1412. Le Manuel des Dames de Charité, ou Formules de médicamens faciles à préparer, avec un Traité de la Saignée, par MM. ARNAULT DE NOBLEVILLE. *Salerne*, Loyre du Perron & autres: *Paris*, Debure, 1758, *in-12*, veau marb.

CHYMIE.

Dictionnaires Cours, Traités généraux & mélanges de Chymie.

1413. Dictionnaire de Chymie, contenant la théorie & la pratique de cette Science, son application à la Physique, à l'Histoire naturelle, à l'Économie animale. *Paris*, Lacombe, 1766, *in-8°*. 2 vol. veau marb.

1414. Dictionnaire de Chymie, contenant la théorie & la pratique de cette Science; par M. MACQUER. *Paris*, Didot, 1778. *in-8°*. 4 vol. veau marb.

1415. Elémens de Chymie pratique; par le même. *Paris*, Hérissant, 1751, *in-12*, 3 vol. fig. veau marb.

1416. Œuvres de BERN. PALISSY, revues sur les exemplaires de la Bibliotheque du Roi, avec des notes; par M. FAUJAS DE SAINT FONT & GOBET. *Paris*, Ruault, 1777, *in-4°*. v. m.

1417. La Royale Chymie de CROLLIUS, trad. en françois par J. MARCEL DE BOULENE. Paris, Henault, 1633, *in-8°*. parch.

1418. Cours de Chymie; par LEMERY, Docteur en Méd. *Paris*. Delespine, 1701, *in-8°*. baf.

14 9. Recueil de Dissertations Physico-Chymiques, présentées à différentes Académies, par M. MACHY, des Académ. de Berlin, de Rouen, &c. (Amsterdam) *Paris*, Monory, 1774, *in-8o*. fig. veau marb.

1420. L'Art de faire les Crystaux colorés, imitant les Pierres précieuses; par M. DE FONTANIEU. *Paris*, Imp. Royale, 1777, *in-8o*. fig. veau marb.

1421. Réponse de M. CADET, ancien Apothicaire Major des armées du Roi, à plusieurs Observations de M. Baumé, Apothicaire de Paris, on y a joint une Observation de M. TILLET, de l'Académie des Sciences sur la fonte des Chaux de Cuivre. *Paris*, Clousier, 1775, *in-4°*. piéce.

1422. Lettre du Docteur * *, au Docteur * * *. au sujet de celle que M. le Duc de Chaulnes a fait inférer dans le Mercure du 15 avril 1779. *In-12*, piéce.

Mélanges de Médecine & de Chymie, ou Recueil de Secrets.

1423. Les admirables Secrets d'ALBERT le Grand. *Lyon*, les Héritiers de Beringos Fratres, 1729, *in-*12, br.

1424. Secrets merveilleux de la Magie naturelle & cabaliftique du petit ALBERT. *Lyon*, les Héritiers de Beringos Fratres, 1729, *in-*12, br.

14˘5. Les Secrets du Seigneur ALEXIS, Piémontois, divifés en deux parties, chacune d'icelles en fix livres. *Paris*, Hier. de Marnef, 1564, *in-*12, veau marb.

1426. Les Secrets les plus cachés de la Philofophie des Anciens, découverts & expliqués, à la fuite d'une Hiftoire des plus curieufes; par M. GROSSET DE LA HAUMERIE. *Paris*, d'Houry, 1722, *in-*12, baf.

ALCHYMIE,

ou *Philofophie Hermétique.*

1427. Divers Traités de la Philofophie naturelle, favoir la Turbe des Philofophes, &c. trad. en françois. *Paris*, d'Houry, 1672, *in-*12, baf.

ARTS ET MÉTIERS.

MATHÉMATIQUES.

Inftitutions, Cours & Traités généraux de Mathématiques tant anciens que modernes.

1428. Théorie générale des Équations Algébriques; par M. BEZOUT, de l'Académie Roy. des Sciences. *Paris*, Pierres, 1779, *in-*4°. veau marb.

1429. Mémoires de Mathématiques, trad. du bas Allemand de STEVIN en François par J. TUNING, Licentié ès Loix. *Leyde*, J. Paedts Jccolfz, 1608, *in-fol.* parch.

> Simon Stevin, Mathématicien de Bruges, mort en 1635, fut Maître de Mathématiques du Prince Maurice de Naffau, on dit qu'il fut l'inventeur des chariots à voiles, dont on s'eft quelquefois fervi en Hollande; les Ouvrages de Stevin font curieux & eftimés, on y trouve plufieurs idées utiles.

1430. Œuvres du feu P. ANDRÉ, Profeſſeur Royal de Mathématiques de la Société des Belles-Lettres de Caen. *Paris*, Ganeau, 1767, *in*-12, 4 vol. veau marb.

1431. Recréations Mathématiques & Phyſiques, &c. par OZANAM, de l'Acad. Roy. des Sciences, &c. *Paris*, Jombert, 1778, *in*-8°. 4 vol. fig. veau marb.

1432. Cours de Mathématiques, à l'uſage du Collége de Metz; par D. N. CASBOIS, Religieux Bénédic. *Metz*, Joſ. Antoine, 1772, *in*-8°. 2 vol. fig. veau marb.

1433. Leçons de Mathématiques par M. l'Abbé DE LA CAILLE, édit. donnée par M. l'Abbé MARIE. *Paris*, Deſaint, 1778, *in*-8°. fig. veau marb.

1433*. Inſtitutions Mathématiques, ſervant d'introduction à un Cours de Philoſophie, à l'uſage des Univerſités de France; par l'Abbé SAURI. *Paris*, Valade, 1777, *in*-8°. fig. v. m.

1434. Précis de Mathématiques, à l'uſage des Colléges & Penſions & des jeunes Officiers; par le même. *Paris*, Deſſain, 1776, *in*-12, fig. veau f. d. ſur tr.

1435. Leçons Élémentaires de Mathématiques, pour ſervir d'introduction à l'étude de la Phyſique; par M. l'Abbé LINGOIS. *Paris*, Didot, 1779, *in*-8°. br.

1436. Theſes Mathematicæ, propugnabuntur à CAROLO BARON, Pariſino, die 6 julii 1686, in Regio Ludov. Magni Collegio Societatis Jeſu. *in*-4°. piéce.

Arithmétique & Algebre.

1437. Elementi d'Aritmetica numerica, e Lettere Eſpoſti da GIOVANNI CRIVELLI, C. R. S. Veneto. *In Veneſia*, a Preſſo Gab. Hertz, 1728, *in*-8°. en cart.

1438. Elémens d'Arithmétique, d'Algebre & de Géométrie, avec une introduction aux Sections Coniques, par J. M. MAZÉAS. *Paris*, Pierres, 1777, *in*-8°. fig. veau marb.

1439. Abrégé des Élémens d'Arithmétique, d'Algebre & de Géométrie; par le même. *Paris*, Pierres, 1775, *in*-12, fig. v. m.

1440. Amuſemens Arithmétiques & Algébriques de la Campagne. *Genève*, Duvillard, 1779, *in*-4°. veau marb.

1441. Leçons Analytiques du Calcul & des Fluxions & des fluentes, ou Calcul différentiel & intégral; par M. l'Abbé GIRAULT KOUDON, Conſeiller du Roi. *Paris*, Pierres, 1777, *in*-8°.

1442. Leçons Elémentaires d'Arithmétique, ou Principes d'Analyſe Numérique; par M. MAUDUIT. *Paris*, Cellot, 1779, *in*-8°.

1443. Le Livre des Comptes faits ; par M. Bareme, Arithméticien *Paris*, 1700, *in-*12, veau f.

1444. — Le même. *Paris*, 1708, *in-*12, veau fauv.

1445. — Le même. 1760, *Avignon*, *in-*12, veau marb.

GÉOMÉTRIE.

1446. Nuova Elementare di Geometria, Dell' Ant. D. Giovan. Crivelli, C. R. S. *In Venezia*, a Preſſo Gioam-maria Lazzaroni, 1738, *in-*8o. fig. en cart.

1447. Introduction aux Sections Coniques, pour ſervir de ſuite aux Elémens de Géométrie de M. Rival, par M. Mauduit. *Paris*, Deſſaint, 1761, *in-*8°. fig.
Principes d'Aſtronomie Sphérique, ou Traité complet de Trigonométrie Sphérique ; par le même. *Paris*, Guérin, 1765, *in-*8o. fig. m. r. d. ſur tr.

1448. Leçons de Géométrie théorique & pratique, à l'uſage de MM. les Eleves de l'Académie Royale d'Architecture ; par le même. *Paris*, J. B. G. Muſier, 1773, *in-*8°. fig. m. r. d. ſur tr.

1449. Traité Élémentaire de Géométrie, & de la maniere d'appliquer l'Algebre à la Géométrie ; par M. l'Abbé Bossut, de l'Acad. Roy. des Sciences de Paris. *Paris*, Jombert, 1775, *in-*8°. fig. veau m.

1450. La Géométrie Souterraine, ou Traité de Géométrie-pratique, appliqué à l'uſage des travaux des Mines ; par M. Genssane, de la Soc. R. de Montpellier, &c. *Montpellier*, Rigaud, 1776, *in-*8°. fig. veau m.

1451. Traité Analytique des Sections Coniques & de leur uſage pour la réſolution des Équations dans les problêmes, tant déterminés qu'indéterminés, Ouvrage poſthume de M. le Marq, de l'Hoſpital. *Paris*, Moutard, 1776, *in-*4°. fig. veau marb.

> Cet Ouvrage renferme en dix livres toute la Géométrie compoſée : la méthode particuliere que ſuit l'Auteur, eſt de tout démontrer par l'analyſe ; on y trouve quelques propoſitions conſidérables déja connues à la vérité, mais démontrées ici d'une maniere nouvelle ; rien n'y eſt traité avec plus d'art & de ſcience, que la conſtruction des lieux Géométriques, & celles de leur égalités. En général le plan de ce livre eſt celui de la Géométrie de Décartes, mais beaucoup plus étendu & plus complet.
> Guil. Fr. Ant. de l'Hoſpital, Marquis de Ste Meſme, nâquit en 1661, & mourut d'apoplexie en 1704, âgé ſeulement de 43 ans.

1452. Abrégé Élémentaire des Sections Coniques ; par M. * * *. *Paris*, Pierres, 1777, *in-*8°. br.

1453. Quadrature définie du Cercle, ou Lettre de M. le Roh-BERGHERR-DE-VAUSEUVILLE, Profef. de Math. &c. à M. Dalembert, Sécrét. perp. de l'Acad. Fr. &c. 1774, *in-12*, piéce.

ASTRONOMIE.

Traités généraux & particuliers d'Aſtronomie, où il eſt traité de la Sphere, des différens Syſtémes, des Planettes, des Étoiles, de leur mouvement, révolution, &c. comme auſſi des Phénomenes Céleſtes, Cometes, &c.

1454. Atlas Célefte de FLAMSTÉED, approuvé par l'Acad. R. des Sciences, & publié par M. FORTIN, Ingénieur du Roi, &c. *Paris*, Defchamps, 1776, *in-4°*. fig. dem. rel.

1455. Hiftoire de l'Aftronomie ancienne, depuis fon origine, jufqu'à l'établiffement de l'Ecole d'Alexandrie; par M. BAILLY, Garde Tableaux du Roi. *Paris*, Debure, 1775; *in-4°*. fig. v. m.

1456. Hiftoire de l'Aftronomie moderne, depuis la fondation de l'Ecole d'Alexandrie, jufqu'à l'époque de 1730; par le même. *Paris*, Debure, 1779, *in-4°*. 3 vol. veau marb.

1457. Abrégé Élémentaire d'Aftronomie, de Phyfique, d'Hiftoire Naturelle, de Chymie, d'Anatomie, de Géométrie & de Méchanique; par M. T. B. *Paris*, Froullé, 1777, *in-8°*. fig. v. m.

1458. Abrégé d'Aftronomie pour l'ufage des Planifpheres, dédié & préfenté au Roi par le P. CHRYSOLOGUE DE GUY, en Franche-Comté, Capucin. *Paris*, Merigot, 1778, *in-8°*. br. avec les cartes

1459. Tablettes Aftronomiques, ou Abrégé Élémentaire de la Sphère & des différens Syftêmes de l'Univers; par BRION, Ingénieur. (Amfterdam) *Paris*, Defnos, 1774, *in-12*, br.

1460. Obfervations Aftronomiques, faites à Touloufe, par M. DARQUIER. *Avignon*, J. Aubert, 1777, *in-4°*. br.

1461. Effai fur les Cometes en général, & particuliérement fur celles qui peuvent approcher de l'Orbite de la Terre; par M. DIONIS DUSÉJOUR. *Paris*, Valade, 1775, *in-8°*. fig. v. f. d. fur tr.

1462. Effai fur les Phénomenes relatifs aux difparitions périodiques de l'Anneau de Saturne; par le même. *Paris*, Valade, 1776, *in-8°*. fig. v. f. d. fur tr.

1463. Effai fur les Cometes. 1777, *in-8°*. fig. br.

1464. PETRI GASSENDI de apparente magnitudine folis humilis

&

& fublimis Epiftolæ quatuor , in quibus complura Phyfica , Opticaque Problemata proponuntur & explicantur. *Parifiis,* Heuqueville , 1642 , *in-4°.* parch.

Pierre Gaffendi , Prévôt de la Cathédrale de Digne , & Profeffeur Royal de Mathématiques à Paris , naquit en 1592 , à Chanterfier , bourg près de Digne , mourut le 25 Octobre 1655 , dans la foixante-quatrieme année de fon âge.

1465. Mémoire contenant toutes les Eclipfes de Soleil vifibles à Paris , depuis 1767 jufqu'en 1900 ; par M. Du Vaucel. *in-4°.*

1466. Abrégé des Obfervations & des Réflexions fur la Comete qui a paru au mois de novembre 1680 , & aux mois de janvier février & mars 1681 ; par M. Cassini. *Paris,* Michallet , 1681 , *in-4°.* fig. baf.

1467. Almanach Royal, pour les années 1703.1708 jufqu'en 1780. *Paris,* d'Houry, le Breton, *in-8°.* 34   vol. m. r. d. fur tr.

1468. Almanach Aftronomique de la ville de Lyon & des Provinces de Lyonnois, Forez & Beaujolois. *Lyon,* de la Roche , années 1775 & 1776 , avec les cart. *in-8°.* 2   vol. v. m.

1469. Planétaire, ou Planifphere nouveau, rendu aifé & mis à la portée de la jeuneffe ; inventé par M. Flecheux. *Paris,* Mérigot, 1780 , *in* 4°. piéce.

1470. Mémoires fur la réforme des Termometres ; par M. L. A. B. * * *. *Tours,* Vauquer, 1779, *in-8°.* br.

1471. Mémoire fur une Courbe à double courbure dont la conférence & les diametres font donnés fur le Cône, & fervent à réfoudre plufieurs Problêmes de Géométrie ; par M. l'Abbé Rose. *Befançon,* Couche , 1779 , *in-4°.* piéce.

ASTROLOGIE.

Traités généraux & finguliers d'Aftrologie.

1472. Joannis de Monte Regio , Mathematici clariffimi , Tabulæ Directionum Profectionumque non tam Aftrologiæ Judiciare, quam Tabulis Inftrumentifque innumeris fabricandis utiles ac neceffariæ. *Tubingæ,* Ulric. Morchardus , 1550 , *in-4°.* baf.

1473. Cl. Salmasii , de annis Climactericis & antiqua Aftrologia Diatribæ. *Lugd. Batav.* ex Officina Elzeviriorum , 1648, *in-8°.*

1474. Artemidori Daldiani Philofophi excellentiffimi de Somniorum interpretatione libri quinque à Jano Cornario Medico Phyfico, Francofordienfi latina lingua confcripti. *Lugduni,* Seb. Gryphium , 1546 , *in-8°.* baf.

Z

1475. Le grand Grimoire avec la Clavicule de Salomon. M. C. C. II. *in*-12, fig. dem. rel.

Hydrographie, ou la Science de la Navigation.

1476. Etat de la Marine. *Paris*, le Breton, années 1775 jusq. 1777 17 *Paris, in*-12, m. r. d. sur tr.

1577. Dictionnaire de Marine, contenant les Termes de la Navigation & de l'Architecture Navale, &c. par J. COVENS & C. MORTIER. *La Haye*, Moetjens, 1742, *in*-4°. fig. v. m.

1478. Leçons de Navigation. *Rouen*, Besogne, 1768, *in*-8°. fig. m. r. d. sur tr.

1479. Solutio Problematis ab Regia Scientiarum & Litterarum Academia Mantuana propositi ad annum 1776. eum modum determinare, quo, minimo labore, & minima impensa, Navigabiles Alvei expediantur ex Arenæ, & Terræ acervis, qui horum fundum altius evehunt à P. ALEX. FORFAIT, Rothomagensis, &c. *Mantua*, 1777, *in*-4°. v. f. d. sur tr.

1480. La Marine des anciens Peuples, expliquée & considérée par rapport aux lumieres qu'on en peut tirer pour perfectionner la Marine moderne, avec fig. représentant les Vaisseaux de Guerre de ces Peuples; par M. LE ROY, de l'Académie des Inscrip. *Paris*, Nyon, 1777, *in*-8°. m. r. d. sur tr.

1481. Des Canaux de Navigation, & spécialement du Canal de Languedoc; par M. DE LA LANDE, Censeur Royal, &c. *Paris*, v. Desaint, 1778, *in-fol.* fig. gr. pap. m. r. d. sur tr.

1482. Jungendorum Marium Fluviorumque omnis Ævi Molimina Auctor J. J. OBERLINUS. *Argentorati*, apud Stein, Typis Lornezii, 1775, *in*-4°. en cart.

1483. Histoire Critique de la découverte des Longitudes, par l'auteur de l'Astronomie des Marins. *Avignon*, Offray, 1775; *in*-8°. m. c.

1484. Tables générales de la Hauteur & de la Longitude du Nonagésime, calculées pour toutes les Latitudes terrestres tant septentrionales que méridionales, depuis l'Equateur jusqu'au Cercle Polaire, à l'usage de l'Astronomie & de la Marine; par M. LEVÊQUE, Prof. R. d'Hydrographie. *Avignon*, Aubert, 1776, *in*-8°. 2 vol. veau marb.

1485. Mémoire lû à la rentrée publique de l'Acad. R. des Sciences le 15 nov. 1775, sur les moyens de conduire à Paris une partie de l'eau des Rivieres de l'Yvette & de Bievre; par M. PERRONNET, pr. Ingénieur des Ponts & Chaussées. *Paris*, Imp. R. 1776, *in*-4°. fig. veau marb.

Optique, Méchanique, Statique, Hydrolique, &c.

1486. Mémoire fur les différences de la conftruction & des effets du Microfcope de M. L. F. DELLEBARRE, d'avec tous ceux qu'on a faits précédemment. *La Haye*, 1777, *in-12*, piéce.

1487. Fragment d'un Ouvrage Grec d'Anthénius, fur des Paradoxes de Méchanique, revu & corrigé fur quatre manufcrits, avec une trad. Fr. & des notes; par M. DUPUY, Secr. perp. de l'Acad. des Infc. & Belles-Lett. 1777, *in-4°*. m. r. d. f. tr.

1488. Traité Élémentaire de Méchanique, avec des notes; par M. l'Abbé BOSSUT, de l'Acad. des Sc. de Paris, &c. *Paris*, Jombert, 1775, *in-8°*. veau marb.

1489. Mémoire fur une nouvelle difpofition de Montre; par M. BELLIARD. *Paris*, Mérigot, 1778, *in-8o*. piéce.

1490. Mémoire fur un Rouet à filer des deux mains à la fois; par M. de BERNIERES. *Paris*, Cloufier, 1777, *in-4°*. fig. p.

1491. Effai fur les Moulins à Soie, & defcription d'un Moulin propre à fervir feul à l'Organfinage & à toutes les opérations du Tord de la foie; par M. LE PAYEN, Procureur du Roi au Bureau des Finances de la Généralité de Metz. *Metz*, J. Antoine, 1767, *in-4°*. veau marb.

1492. Principes fur le Mouvement & l'Équilibre, pour fervir d'introduction aux Méchaniques & à la Phyfique; par M. TRABAUD, Maître-ès-Arts. *Paris*, Defaint, 1743, *in-8°*. fig. v. m

MUSIQUE

1493. Effai fur la Mufique des Anciens & des Modernes; par M. DE LA BORDE, Valet-de-Chambre du Roi. *Paris*, Pierres, 1780, *in-4°*. 4 vol. avec fig. v. éc. d. fur tr.

1494. Entretiens fur l'état de la Mufique Grecque vers le milieu du quatrieme fiécle avant l'Ere-Vulgaire. (Amfterdam) *Paris*, Debure, 1777, *in-8°*. br.

1495. Nouvelle Méthode pour apprendre la Mufique; par MONTCLAIR, de l'Académie R. de Mufique. *Paris*, 1709, *in-4°*. baf.

1496. Théorie de la Mufique; par M. BALLIERE, de l'Académie des Sciences de Rouen. *Paris*, Didot, 1764, *in-4°*. v. m.

1497. Recherches fur la théorie de la Mufique; par M. JAMARD, Chanoine Rég. de Ste Genevieve, &c. *Paris*, Jombert, 1769, *in-8°* veau marb.

1498. Le Lecteur y mettra le titre. *Londres*, 1777, *in-8°*. br.

1499. Entretiens sur l'état actuel de l'Opéra de Paris. *Paris*, Esprit, 1779, *in-8°*. br.

1500. Incipite Domino in Tympanis cant. Judith. 16. 2. Motet à grand chœur, avec Symphonie; par M. TOUTIN, Mtr. de Musique à Rouen. 1757, *in-4°*. manusc. piéce.

1501. Recueil de Menuets nouveaux avec la basse chiffrée, dédié à Mde. le Bret; par M. BAQUOY-GUÉDON. *Paris*, *in-4°*. piéce

ARTS.

Dictionnaires & Traités généraux des Arts Libéraux & Méchaniques.

1502. Encyclopédie, ou Dictionnaire raisonné des Sciences, des Arts & des Métiers; par une Société de Gens de Lettres, mis en ordre & publié par M. DIDEROT, & la partie de Mathématique par M. D'ALEMBERT. *Paris*, Briasson, 1751, *in-fol.* 30 vol. fig. veau marb.

1503. Nouveau Dictionnaire, pour servir de supplément aux Dictionnaires des Sciences, &c. par une Société de Gens de Lettres, mis en ordre & publié par M. * * *. *Paris*, Pankouke, 1776, *in-fol.* 5 vol. fig. veau marb.

1504. Questions sur l'Encyclopédie, distribuées en forme de Dictionnaire; par des Amateurs. seconde Édit. *Londres*, 1771, *in-8°.* 9 vol. veau marb.

1505. Bibliothèque des Artistes & des Amateurs, ou Tablettes analytiques & méthodiques sur les Sciences & les Beaux-Arts; par l'Abbé PETITI. *Paris*, P. G. Simon, 1766, *in-4°.* 3 vol. fig. veau f.

1506. Nouveau Dictionnaire Universel des Arts & des Sciences, François, Latin & Anglois, trad. de l'angl. de T. DYCHE. *Avignon*, Fr. Girard, 1753, *in-4°.* 2 vol. veau f.

1507. Dictionnaire de l'Industrie, ou collection raisonnée des procédés utiles dans les Sciences & dans les Arts; par une Société de Gens de Lettres. *Paris*, Lacombe, 1776, *in-8°.* 3 vol. veau marb.

1508. Dictionnaire des Origines, Découvertes, Inventions & Établissemens, &c. par une Société de Gens de Lettres. *Paris*, Moutard, 1777, *in-8°.* 3 vol. veau m.

1509. Le même Ouvrage. *Paris*, Bastien, 1777, *in-12*, 2 vol. veau m.

Art Typographique, ou la Science de l'Imprimerie.

1510. Differtation fur l'Origine & les Progrès de l'Art de Graver fur Bois; par M. FOURNIER le jeune, Graveur & Fondeur de Caracteres d'Imprimerie. *Paris*, Barbou, 1757, *in*-12, br.

1511. Differtation fur l'Origine de l'Imprimerie en Angleterre; trad. de l'angl. du Doct. MIDLETON, par D. G. IMBERT. (Londres) *Paris*, Couturier, 1775, *in*-8°. piéce.

1512. Epreuve des Caracteres de la Fonderie de J. J. JOANNIS, Fondeur & Graveur en Caracteres d'Imprimerie. *Paris*, 1776, *in*-8°. veau marb.

Art du Deffein, de la Peinture, de la Gravure & de la Sculpture.

1513. Sur l'utilité des Etabliffemens des Écoles gratuites de Deffein en faveur des Métiers, Difcours qui a remporté le Prix au jugement de l'Académie Françoife; par M. J. B. DESCAMPS. *Paris*, Regnard, 1767, *in*-8°. br.

1514. Dictionnaire Iconologique, ou Introduction à la connaiffance des Peintures, Sculptures, Eftampes, Médailles, &c. par M. DE PREZEL. *Paris*, Hardouin, 1779, *in*-12, 2 vol. d. rel.

1515. { Idée de la perfection de la Peinture; par ROLANT FREART fieur DE CHAMBRAY, (au Mans). *Paris*, Yfambart, 1662, *in*-4°.
La Perfpective d'Euclide, trad. en fr. par le même. 1663, baz.

1516. Conférences de l'Académie Royale de Peinture & de Sculpture, avec l'idée du Peintre parfait; par FELIBIEN, Hiftoriographe du Roi. *Amfterdam*, Roger, 1706, *in*-12, baf.

> A la tête de ces Conférences eft une préface fort ample de Felibien où il donne une idée générale de la Peinture, & s'arrête principalement fur la théorie pour laquelle il établit prefque les mêmes regles, qu'on donne dans l'art Poétique pour le Poëme Épique, cette préface eft fuivie de fept Conférences, où l'on voit les réflexions de plufieurs favans Peintres, fur quelques-uns des plus beaux Tableaux du Roi.

1517. Obfervations hiftoriques & critiques fur les Erreurs des Peintres, Sculpteurs & Deffinateurs, dans la repréfentation des fujets tirés de l'Hiftoire Sainte; par M. MOLÉ. *Paris*, Debure, 1771, *in*-12, 2 vol. veau marb.

1518. Traité des Couleurs matérielles, & de la maniere de Colorer, relativement aux différens Arts & Métiers ; par M. le Pileur d'Apligny. *Paris*, Lamy, 1779, *in-12*, d. rel.

1519. La Lanterne Magique aux Champs Elifées, ou Entretien des grands Peintres fur le Salon de 1775. *in-8°*. piéce br.

1520. Lettres Pittorefques à l'occafion des Tableaux expofés au Sallon, en 1777, *in-12*, br.

1521. Les Tableaux du Louvre, où il n'y a pas le fens commun, Hiftoire véritable. *Paris*, Cailleau, 1777, *in-8°*. piéce.

1522. La Prêtreffe, ou nouvelle maniere de prédire ce qui eft arrivé. (Rome) *Paris*, 1777, *in-8°*. piéce.

1523. Lettres d'un Voyageur à Paris à fon ami Sir Charles Lovers, demeurant à Londres, fur les nouvelles Eftampes de M. Greuze, publiées par M. N.... (Londres) *Paris*, Hardouin, 1779, *in-8o*. piéce.

1524. Principes abrégés de Peinture ; par M. M. F. Dutens. *Tours*, Vauquer, 1779, *in-12*, br.

1525. Anecdotes des Beaux-Arts, contenant tout ce que la Peinture, la Sculpture, la Gravure, l'Architecture, &c. offrent de plus curieux ; par M. Nougaret. *Paris*, Baftien, 1776, *in-8°*. 3 vol. veau f. d. fur tr.

1526. Almanach hiftorique & raifonné des Architectes, Peintres, Sculpteurs, Graveurs & Cizeleurs, par M. l'Abbé Lebrun, années 1776-177 . *Paris*, Delalain, 1776, *in-12*, m. r. d. f. tr.

ARCHITECTURE.

Traités généraux & particuliers d'Architecture Civile ; Militaire & Navale, &c.

1527. Abrégé des Dix Livres d'Architecture de Vitruve ; par Perrault. *Paris*, Coignard, 1674, *in-12*, baf.

> Claude Perrault, né à Paris en 1613, s'appliqua d'abord à la médecine, mais fon amour pour les Beaux-Arts & finguliérement pour l'Architecture, lui fit abandonner la Médecine. La belle Façade du Louvre, du côté de S. Germ. l'Aux., le grand modele de l'Arc de triomphe au bout du faubourg S. Ant. & l'Obfervatoire, furent élévés fur fes deffins. Cet habile Homme mourut en 1668, à 75 ans.

1528. L'Architecture Françoife des Bâtimens ; par L. Savot. *Paris*, Cloufier, 1685, *in-8o*. baf.

1529. Maniere de rendre toutes fortes d'Edifices Incombuftibles, par M. le Comte d'Espie, Chev. de S. L. *Paris*, v. Duchefne, 1776, *in*-12, fig. veau marb.

1530. Recherches fur la Préparation que les Romains donnoient à la Chaux dont ils fe fervoient pour leurs conftructions, & fur la compofition & l'emploi de leurs Mortiers ; par M. de la Faye, Tréforier général des Gratifications des Troupes. *Paris*, Imp. R. 1777, *in*-8°. v. f. d. fur tr.

1531. Recherches fur la Pouzzolane, fur la théorie de la Chaux & fur la caufe de la dureté du Mortier ; par M. Foujas de Saint-Fond. (Grenoble) *Paris*, Nyon, 1778, *in*-8°. br.

1532. Nouveau Palais de la Juftice, d'après les Plans de M. Perrard de Montreuil , Cenfeur R. & Architecte de Mg. le Comte d'Artois. *Paris*, Simon 1776, *in*-40. piéce.

1533. Difcours fur le Projet d'une nouvelle Salle de Spectacle pour les Comédiens Italiens , d'après le Plans de M. Bonet de Bois-Guillaume, Architecte, 1777, *in*-4°. piéce.

1534. Effai Géométrique & Pratique fur l'Architecture Navale, à l'ufage des Gens de Mer ; par M. Vial du Clairbois. *Breft*, Malaffis, *Paris*, Durand, 1776, *in*-8°. veau marb. fig.

1535. Temples anciens & modernes , ou Obfervations hiftoriques & critiques fur les plus célebres Monumens d'Architecture Grecque & Gothique. (Londres) *Paris*, Mufier, 1774, *in*-8°. fig. veau marb.

1536. Traité des Edifices, Meubles, Habits, Machines & Uftenciles des Chinois, gravés fur les originaux deffinés à la Chine ; par M. Chambers , Architecte Anglois. *Paris*, Lerouge, 1776, *in*-4°. fig. en cart.

ART MILITAIRE

Traités généraux de l'Art Militaire.

1537. Etat Militaire de France ; par MM. Roussel & de Montandre. *Paris*, Guillyn , années 1775, 1776, 177   *in*-12, 3 vol. m. r d. fur tr.

1537. Commentaires fur les Inftitutions Militaires de Végéce ; par le Comte Turpin de Crissé. *Montargis*, Cl. Lequatre, 1779, *in*-4°. 3 vol. m. r. d. fur tr.

1539. Le Nouvel Art de la Guerre ; par le fieur de Gaya , Cap. au Rég. de Champ. *Paris*, Michellet, 1692, *in*-12, baf.

1540. Mes Rêveries, Ouvrage Pofthume de Maurice, Comte de

Saxe, avec une abrégé de fa vie ; par l'Abbé PERAU. *Paris,* Saillant, 1757, *in-*4°. 2 vol. fig. veau marb.

1541. {
Edition portative des Rêveries, ou Mémoires fur l'Art de la Guerre ; par MAURICE Comte de Saxe, redigé par M. VIOLS, ancien Officier d'Artillerie. *Drefde,* 1757, *in-*12, veau marb.

Amufemens férieux à MM. les Militaires, pour fervir de fuite aux précédens, avec le Poëme Héroïque fur l'établiffement de l'École Royale Militaire ; par M. MARMONTEL.
}

1542. Principes de l'Art de la Guerre. *Paris,* Cellot, 1779, *in-*8°. veau marb.

1543. Le véritable Militaire, ou l'Art de rendre les Guerres moins funeftes ; par M. le Chev. de C. ＊ ＊ ＊. Lieutenant Colon. au fervice de S. M. C. *Liege,* Tutot, 1774, *in-*8°. 2 tom. en 1 vol. fig. veau marb.

1544. Suite de la Correfpondance fur l'Art de la Guerre. (Bouillon) *Befancon,* Fautel, 1774, *in-*8°. br.

1545. Théorie de la Guerre, où l'on expofe la Conftitution & la Formation de l'Infanterie & de la Cavalerie, &c. par M. JOLY DE MAIZEROY, Lieut. Colon. d'Infanterie, de l'Acad. des Belles-Let. *Nancy,* v. Leclerc, 1777, *in-*8°. fig. br.

1546. Défenfe du Chev. DE FOLLARD, contre les nouvelles Opinions fur la maniere des anciens dans leur Siéges, &c. *Bouillon,* la Soc. Typ. 1776, *in-*8°. en cart.

1547. L'Efprit & l'Excellence de la Profeffion Militaire, felon les principes de Vertu & de Religion. *Paris,* Dehanfy, 1774, *in-*12, veau marb.

1548. Le Soldat François ; par le fieur D. R. S. Soldat. *Francfort,* 1777, *in-*12, br.

1549. Ecole Militaire, Ouvrage compofé par ordre du Gouvernement. *Paris,* Durand, 1762, *in-*12, 3 vol. veau marb.

Traités particuliers de l'Art Militaire.

1550. Effai théorique & pratique fur les Batailles ; par M. le Chev. DE GRIMOUARD. *Paris,* Defaint, 1775, *in-*4°. fig. v. m.

1551. SEXTI JULII FRONTINI Viri Confularis Stratagematicon five de folertibus ducum Factis & Dictis, libri quatuor. *Parifiis,* Cramoifi, 1674, *in-*12, parch.

1552. Les Stratagèmes & les Rufes de Guerre, tirés des Hiftoriens Grecs, Latins & François, tant anciens que modernes ; par DE LA FÉ. *Paris,* Efchart, 1694, *in-*12, parch.

Tactique.

Tactique & Artillerie.

1553. L. Guerre dans tout ce qu'elle a de plus général. 1773, *in*-12º fig.

1554.
Recueil, où font contenus les Ouvrages fuivans.
Obfervations fur la Tactique moderne. *Francfort*, 1770.
Obfervations élémentaires fur la Tactique ; par M. KE-RALIO. *Francfort*, 1771.
Les Exercices d'Infanterie. *Francf.* 1770.
Introduction pour la Difcipline Militaire. *Francf.* 1771.
Obfervations élémentaires fur les fonctions des Officiers. *Francf.* 1771.
Les nouveaux Exercices de l'Infanterie. *Francf.* 1771, *in*-12, 3 vol. veau marb.

1555. Effai général de Tactique, précédé d'un Difcours fur l'état actuel de la Politique & de la Science Militaire en Europe, avec le plan d'un Ouvrage intitulé la France Politique & Militaire. *Liege*, Plomteux, 1773, *in*-8º. 2 vol. v. m.

1556. Elémens de Tactique, démontrés géométriquement, Ouvrage Allemand, orné de Planches, compofé en 1771 par un Officier de l'Etat Major des Troupes Pruffiennes, traduit en Fr. par M. le Baron DE HOLTZENDORFF, ancien Prébendataire d'Halberftad, &c. *Paris*, Nyon, 1777, *in*-8º. 2 vol. v. m.

1557. Fragments de Tactique. *Paris*, Jombert, *in*-4º. br. fig.

1558. Mémoire fur les nouveaux Syftêmes d'Artillerie. *in*-8º fig. br.

1559. De l'Ufage de l'Artillerie nouvelle dans la Guerre de Campagne, connoiffance néceffaire aux Officiers deftinés à commander toutes les Armées ; par le Ch. DU TEIL. *Metz*, Marchal, *in*-8º. fig. 1778, v. m.

1560. Traité des Feux Artificiels pour la Guerre & pour la Recréation, &c. *Paris*, Befogne, 1640. *in*-12 baf.

1561. Du fervice de l'Artillerie à la guerre ; par le Chev. D'ATTONI, trad. de l'Ital. en Fr. par DE MONT-ROZARD. *Paris*, Cellot, 1780. *in*-12. v. marb.

G E N I E.

1562. L'Art Univerfel des Fortifications, Françoifes, Hollandoifes, Efpagnoles, Italiennes compofées ; par le fieur DE BITAMVIEU. *Paris*, Dubrueil, 1674, *in*-4º. baf.

A a

1562. Principes Fondamentaux de la Conſtruction des Places. (Londres) *Paris*, Ruault, 1775, *in-8°.* fig. veau marb.

1563. La Fortification Perpendiculaire, ou Eſſai ſur pluſieurs manieres de Fortifier la Ligne Droite, le Triangle, le Quarré, &c. par M. le Marquis DE MONTALEMBERT, Maréchal des Camps Armées & du Roi, &c. *Paris*, Pierres, 1776, *in-4°.* 2 vol. veau marb. fig.

1564. Recueil des Fortifications, Forts & Ports de Mer de France ; par le ſieur LEROUGE , Ingénieur Géographe. *Paris*, *in-8°.* avec les plans, veau marb.

Art Pyrotechnique, ou du Feu.

1565. Mémoire ſur l'Acier , dans lequel on traite des différentes qualitésde ce Métal, de la Forge, du bon emploi & de la trempe ; par J. J. PERRET, Coutelier. *Paris*, Nyon, 1779, *in-8°.* fig. d. rel.

ART GYMNASTIQUE.

Art de monter à Cheval, de la Chaſſe, de la Pêche.

Jeux Académiques.

1566. Traité de la Cavalerie ; par M. le Comte DRUMMOND DE MELFORT, Maréchal de Camp, &c. *Paris*, Deſprez, 1776, *in-fol.* fig. m. r. d. ſur tr.

1567. Traité ſur la Cavalerie , ou l'Art de monter à Cheval. *In-fol.* fig. m. r. d. ſur tr.

1568. La Science & l'Art de l'Équitation , démontrés d'après la Nature ; ou théorie & pratique de l'Équitation , fondées ſur l'Anatomie, la Méchanique, la Géométrie & la Phyſique ; par M. DUPATY DE CLAM , ancien Mouſquetaire. *Paris*, 1776, *in-4°.* fig. veau m.

1569. Traité d'Équitation; par feu M. DE MONTFAUCON DE ROGLES , Ecuyer ordinaire du Roi, &c. *Paris*, Imp. R. 1778, *in-4°.* veau marb.

1570. L'Ecole de la Chaſſe aux Chiens courans ; par M. VERRIER DE LA CONTERIE , Ecuyer , &c. précédé d'une Bibliothèque hiſtorique & critique des Thérenticographes. *Rouen*, Lallemant, 1763 , *in-8°.* 2 vol. veau marb.

1571. Dictionnaire théorique & pratique de Chaſſe & de Pêche. *Paris*, Muſier, 1769, *in-12*, 2 vol. veau marb.

1572. Venerie Normande, ou l'École de la Chaffe aux Chiens coaurans, pour le Lievre, le Chevreuil, le Cerf, le Daim, le Sanglier, &c. par M. LE VERRIER DE LA CONTERIE, Ecuyer Seigneur d'Amigny les Aulnets, &c. *Rouen*, Dumefnil, 1778, *in*-8°. fig. dem. rel.

1573. Académie univerfelle des Jeux, avec des inftructions faciles pour apprendre à les bien jouer. *Amfterdam*, 1758, *in*-12, 2 vol. veau marb.

1574. Le Jeu du Piquet. *in*-8°. baf.

1575. Le Jeu des Echets, trad. de l'Italien. *Paris*, 1714, *in*-12.

1576. Jeux de Tournon. *Valence*, Viret, 1777, *in*-8°. piéce.

Defcription des Arts & Métiers, par MM. de l'Académie Royale des Sciences, avec les Traités finguliers de quelques Arts Méchaniques de ceux vulgairement appelés Métiers.

1577. Defcription des Arts & Métiers; par MM. de l'Acad. R. des Sciences. *Paris*, Defaint & Saillant, 1761, & fuiv. *in fol.* 20 vol. fig. veau marb.

L'Art de fabriquer les Ancres par M. *de Réaumur*, avec des notes de M. *Duhamel.* 1774.

L'Art des Forges & Fourneaux; par M. le Marquis *de Courtivron* & M. *Bouchu.*

Le nouvel Art d'adoucir le Fer fondu & de faire des ouvrages de Fer fondu, auffi finis que de Fer forgé; par M. *de Réaumur.* 1762.

L'Art des Forges & Fourneaux à Fer; par M. le Marquis *de Courtivron* & *Bouchu*, avec un Traité du Fer; par M. *J Wedemborg*, trad. en franç. par M. *Bouchu.* 1762.

De la Forge des Enclumes; par M. *Duhamel du Monceau.* 1762.

L'Art du Bourlier & du Sellier; par M. *Garfault.* 1774.

L'Art du Chamoifeur; par M. *de la Lande.* 1773.

L'Art du Corroyeur; par le même. 1767.

L'Art de l'Ongroyeur; par le même. — de faire du Maroquin; par le même. —du Mégiffier; par le même. —du Tanneur; par le même. —du Brodeur; par *S. Aubin.* 1770.

L'Art de travailler les Cuirs dorés ou argentés; par M. *Fouqueroux de Boudaroy.* 1762.

L'Art de tirer des Carrieres la pierre d'ardoife, de la fendre & de la tailler; par le même.

L'Art du Couvreur; par M. *Duhamel du Monceau.* 1766.

L'Art du Plombier & Fontainier.1773 —du Tuilier & du Fabriquetier; par MM. *Duhamel, Fourcroy* & *Gallon.*

L'Art du Chaufournier; par M. *Fourcroi.* 1766.

L'Art du Chandellier; par M. *Duhamel.* 1764.

L'Art du Cirier; par le même. 1762. —de faire des Chapeaux; par l'Abbé *Nollet.* 1765.

L'Art du Cordonnier; par *Garfault.* —de la Draperie, principalement pour ce qui regarde les Draps; par M. *Duhamel.* 1765.

L'Art de frifer, ratiner les Etoffes de laine; par le même.

L'Art de la Lingere; par M *Garfault.* 1771.

—du Perruquier & du Baigneur Etuvifte; par le même. 1767.

—de l'Epinglier; par MM. *Duhamel*

A a ij

& *de Réaumur*, 1764.

L'Art de réduire le Fer en fil, connu fous le nom de Fil-d'archarl; par *Duhamel*. 1768.

—de faire différentes fortes de Colles par le même. 1777.

Defcription & détails des Arts du Meûnier, du Vermicelier & du Boulanger, avec une hiftoire abrégée de la Boulangerie & un dictionnaire de ces Arts; par M. *Malouin*. 1767.

L'Art du Paulmier Raquetier & de la Paume; par M. *Garfault*. 1767.

—du Tonnelier; par M. *Fouqueroux de Bondaroi*. 1763.

—de Rafiner le Sucre; par M. *Duhamel*. 1764.

—du Tailleur, contenant le Tailleur d'habits d'hommes, les culottes de peau, le Tailleur de corps de femmes & d'enfans, la Couturiere & la Md^e. de Modes; par M. *Garfault*. 1769.

L'Art de Peindre fur verre, & de la Vitrerie; par M. *Leviel*. 1774.

—de la Porcelaine; par M. le Comte *de Milli*. 1771.

—du Potier de Terre; par M. *Duhamel*. 1773.

Nouvelle méthode pour divifer les Inftrumens de Mathématique & d'Aftronomie; par le Duc *de Chaulnes*. 1768.

Defcription d'un Microfcope & de différentes Micrometres, deftinés à méfurer des parties circulaires ou droites, avec la plus grande précifion; par le même. 1768.

—de faire du Papier; M. *de la Lande*.

—du Cartier; M. *Duhamel*. 1726.

du Cartonnier; M. *de la Lande*. 1762.

—de faire du Parchemin; par le même. du Relieur & du Doreur de livres; par M. *Dudin*. 5772.

—de fairre des Tapis façon de Turquie, connus fous le nom de Tapis de la Savonnerie; par M. *Duhamel*...66.

L'Art de la Tenture en Soie; par M. *Maquer*. 1763 & fuiv.

—de l'Indigotier; par M. *de Bauvais de Rafeau*. 1770.

Traité général des Pêches, & Hiftoire des Poiffons qu'elles fourniffent; par M. *Duhamel*. 1769.

L'Art d'Exploiter les Mines de Charbon de Terre; par M. *Morand*. 1768.

—du Coutelier dans toutes les parties de fon art; par *Perret*. 1772.

—du Facteur d'Orgues; par Dom. *Bedos*. 1766 & fuiv.

—du Menuifier; par M. *Roubo* fils.

—du Fabriquant d'Etoffes de Soie; par M. *Paulet*. 1773 & fuiv.

Defcription de l'Art de la Mâture; par M. *Romme*. 1778.

L'Art du Diftilateur Liquorifte; par M. *de Machy*.

Defcription & ufage des principaux Inftrumens d'Aftronomie. 1774.

L'Art de faire les Pipes à fumer le Tabac; par M. *Duhamel*. 1771.

—du Sérurier; par le même. 1767.

—— de convertir le Cuivre rouge ou Cuivre de rofette en Laiton ou Cuivre jaune; par *Gajou*. M. 1764.

1578. Manuel du Meûnier & du Charpentier de Moulin, ou abrégé claffique du Traité de la Mouture par économie, orné de gravures, & rédigé fur les Mémoires du fieur Cesar Buquet; par Beguillet, Avocat. *Paris*, Pankouke, 1775, *in*-8°. br.

1578. L'Art du Trait de Charpenterie; par le fieur N. Fourneau, Maître Charpentier. *Rouen*, Dumefnil, 1767, *in fol*. fig. v. m. d. fur tr.

1579. Eſſais pratiques de Géométrie, & fuite de l'Art du Trait, orné de 45 pl. par le même. *Paris*, Tilliard, 1772, *in-fol*. m. r. d. fur tr.

1580. Analyfe & examen Chymique de l'Indigo, tel qu'il eft dans le Commerce pour l'ufage de la Teinture; par M. Quatremere Dijonval, 1777. *in*-4°. br. piece

BELLES-LETTRES

TRAITÉS UNIVERSELS DES LANGUES.

1581. MONDE Primitif, analyfé & comparé avec le Monde
moderne, confidéré dans fon génie allégorique & dans les al-
légories auxquelles conduifit ce génie, précédé du plan général
des diverfes parties qui compoferont ce Monde Primitif; par
M. COURT DE GEBELIN. *Paris*, Boudet, 1773, & fuiv. fig.
7   vol. veau marb.

1582. Effai Syfthétique fur l'origine & la formation des Langues.
Paris, Ruault, 1774, *in*-8°. veau marb.

1583. L'Art de Langues, ou Effai fur la véritable maniere d'apprendre les Langues & fpécialement la Langue Latine. *Paris*,
Cellot, 1777, *in*-12, br.

1584. ⎰ Defcription du Cabinet Littéraire de Mme. DE ✱ ✱ ✱.
         Paris, Ballard.
         Nouveau Syftême Typographique, ou moyen de dimi-
         nuer dans toutes les Imprimeries de l'Europe le travail
         & les frais de compofition, de correction & de diftribu-
         tion, découvert en 1774 par Madame DE ✱ ✱ ✱.
         Paris, Impr. R. 1776, *in*-4°. v. écc.

Grammaires & Dictionnaires des Langues Arabe, Grecque, & autres Lang. Orient.

1585. THOMÆ ERPENII Rudimenta Linguæ Arabiæ accedunt ejufdem Praxis Grammatica, & confilium de Stud. Arab. feliciter
inftituendo. *Lugd- Batav.* Bonaventuræ, 1628, *in*-12, parch.

1586. J. SCAPULÆ Lexicon Græco-Latinum, e probatis Auctoribus
locupletatum, cum indicibus, & Græco & Latino auct. & cor-
rect. *Amftelodami*, L. Elzevirium, 1652, *in-fol.* baf.

     Cette Edition, felon Ofmon, eft très-belle & très-eftimée, elle eft
préférable à toutes les autres, elle vaut 36 l.
     Debure annonce cette Edition de Lyon, même date, Elzevir, &
même format. La multitude des éditions qui ont été faites de ce Livre,
dit-il, eft une preuve affez fenfible du cas que l'on en a fait.

Mais comme la plupart de ces Editions ne font pas belles, les Curieux ne recherchent que celle que nous annonçons ; l'exécution en eft magnifique, & les exemplaires s'en trouvent peu communément.

Jean Scapula, après avoir fait fes études à Laufanne, fut employé dans l'imprimerie de H. Etienne. pendant que cet habile homme imprimoit fon excellent Tréfor de la Langue Grecque, fon Correcteur en faifoit en fecret un abrégé ; il prit du Tréfor ce qu'il jugea être plus à la portée des étudians, & en compofa un Dictionnaire Grec, imprimé en 1580, & réimprimé à Leyde par les Elzevirs en 1652, *in-fol.* (on obfervera qu'Ofmont l'annonce d'Amfterdam, Debure de Lyon, &c.) empêcha la vente du grand Tréfor & caufa la ruine de la fortune d'Etienne. Scapula jouit tranquillement des fruits de fon infidélité envers fon maître. *Vid.* Dict. des Gr. Hom.

Grammaires & Dictionnaires de la Langue Latine.

1586. Regles de la Langue Latine ; par P. PONTANUS. *in*-4°. parch.

1587. Introduction à la Syntaxe Latine, pour apprendre aifément à compofer en latin ; par J. CLARKE. *Paris*, David, 1747, *in*-12, 2 tom. 1 vol. veau marb.

1588. Abrégé de la nouvelle Méthode, préfentée au Roi, pour apprendre facilement la Langue Latine. *Paris*, Brocas, 1775, *in*-12, veau marb.

1589. Grammaire Latine. *Paris*, Cellot, 1777, *in*-8°. 4 parties en 1 vol. veau marb.

1590. Synonymes Latins, & leurs différentes fignifications, avec des exemples tirés des meilleurs Auteurs, à l'imitation des Synonymes François de M. GIRARD ; par M. GARDIN DUMENIL. *Paris*, Simon, 1777, *in*-12, veau marb.

1591. Flos Latinitatis ; Aut. P. F. è focietatis Jefu. *Vefuntione*, Bogillot, 1738, *in*-12, baf,

1592. Selecta Latini Sermonis Exemplaria ; Aut. CHOMPRÉ. *Lutetiæ-Parifiorum*, Guérin, 1749, 6 vol. *in*-12, baf.

1593. Traduction des Modeles de Latinité tirés des meilleurs Ecrivains. *Paris*, De la Tour, 1751, *in*-12, 6 vol. veau m.

1594. Cahier pour les Thêmes corrigés de Seconde du Collége Mazarin à Paris, appartenant à M. A. T. de Miroménil. 17 Oct. 1732. Mf. *in*-8°.

1595. GERARDI JOANNIS VOSSII, de Vitiis Serm. & Gloffematis Latino Barbaris, libri quatuor. *Amft.* Elzevir, 1645, *in* 4°. baf.

1596. Colloquia & Dictionariorum', octo Linguæ. *Amftelodami*, Everardum Cloppenburgium, 1631, *in*-8°. obl. parch.

1597. AMBROSII CALEPINI Dictionarium octo Linguæ. *Lutetiæ*, J. Macæum, 1570, *in-fol.* baf.

1598. Dictionnaire nouveau Latin, François & Grec, divifé en deux parties. *Touloufe*, Declaffan, 1703, *in*-8°. baf.

1599. Gloffarium novum, ad Scriptores mediæ & infimæ Latinitatis, feu fupplementum ad Gloffarium mediæ ævi latinitatis Domini Ducange, à Dom. P. Carpentier. *Parifiis,* Lebreton, *1766, in-fol.* 4 vol. veau marb.

> Cet Ouvrage, eftimé, plein de recherches favantes & d'érudition, fert de fupplément au Gloffaire de Ducange.

1600. P. Danetius Magnum Dictionarium Latinum & Gallicum. *Parifiis,* Thibault, *1691, in-4°.* baf.

> Pierre Danet, long-tems curé à Paris, fa patrie, enfuite Abbé de S. Nicolas de Verdun, fut du nombre des Interpretes Dauphins, choifis par le Duc de Montaufier ; il eut en partage le Phédre, qu'il donna avec une interprétation & des notes latines : Danet mourut en 1709.

1601. L. Magni. No vitius, five Dictionarium Latino Gallicum. *Lutetiæ Parifiorum,* Huguier, *1721, in-4°.* 2 vol. baf.
1602. J. Boudot, Dictionarium univerfale Latino-Gallicum. *Rothomagi,* Maurry, *1708, in-8°.* baf.

> J. Boudot, Libraire-Imprimeur, né à Paris en 1754, mourut dans la même Ville en 1754 ; il s'eft fait connoître par fon petit Dictionnaire Latin, Ouvrage eftimé, tiré d'un grand Dict. en 14 vol *in-4°.* dont il étoit l'Auteur ; fes connoiffances Bibliographiques le firent rechercher par les Savans qui s'appliquoient à cette utile partie de la Littérature.

1603. Officina Latinitatis, feu Dictionarium Latino-Gallicum. *Rothomagi,* Lallement, *1719, in-8°.* baf.
1604. Dictionarium novum Latino-Gallicum. *Parifiis,* Barbou, *1752, in-4°.* v. m.

Grammaires & Dictionnaires de la Langue Italienne.

1605. Il Maeftro cafa, dialogo di Cesare Euitascundalo. *Romano, in-12,* parch.
1606. Grammaire Italienne, mife & expliquée en François par Oudin. *Paris, 1639, in-8°.* parch.
1607. — La même. *Lyon, 1664, in-8°.* parch.
1608. Nouvelle Méthode pour apprendre facilement & en peu de tems la Langue Italienne. *Paris,* Petit, *1660, in-12,* parch.
1609. — La même. *Paris, 1673, in-12,* baf.

1610. Grammaire Italienne , pratique & raisonnée ; par M. l'Abbé Antonini. *Paris*, Prault , 1746 , *in-12* , veau marb.

1611. Le Maître Italien, dans sa derniere perfection; par le sieur Veneroni , Sécr. Interprete du Roi en Lang. ital. *Paris*, David , 1752, *in-12* , veau marb.

1612. — Le même Ouvrage ; édit. donnée par Minazio & Carle Placardi. *Lyon*, 1759 , *in-8°*. veau marb.

> Cette Grammaire, dont on a fait plusieurs éditions en différens formats, est claire , mais un peu prolixe , on prétend que ce Livre n'est point de Veneroni, mais du fameux Roselli, dont on a imprimé les aventures en forme de Roman; à son passage en France, il alla prendre un dîner chez Veneroni, qui , ayant vu qu'il raisonnoit juste sur la Langue Italienne, l'engagea à faire une Grammaire, pour laquelle il lui donna cent francs , Veneroni ne fit qu'y ajouter quelques choses à son gré, & la donna sous son nom.

1613. Leçons Hebdomadaires de la Langue Italienne , à l'usage des Dames; par M. l'Abbé Benierechi. *Paris*, Fetil, 1778, *in-12*.

1614. Sentences & Proverbes Italiens , tirés de plusieurs Auteurs, tant anciens que modern. par J. Gomicourt. *Lyon*, Boudet, 1702 , *in-8o*. bas.

1615. Le Desdain amoureux , Italien & Franç., pour l'utilité de ceux qui désirent apprendre l'une & l'autre langue. *Paris*, Guillemot , 1602 , *in-12* , parch.

1616. Petit Recueil des phrases adverbiales & autres locutions qui ont le moins de rapport entre les deux langues Italien. & Franç. par Ant. Oudin, *Paris*, Sommaville, 1646, *in-12* , bas.

1617. Tesoro de las tres Linguas , Francesa, Italiana y Espagnola. per J. Victor. *Genève*, 1609 , *in-4°*. parch.

1618. Dictionnaire François Italien , Ital. & Fr. *Genève*, Jacob Stoer , 1638 , *in-8°*. bas.

1619. Dict. Italien & François ; par Nathanael Duez. *Genève*, Sam. De Tournes , 1664 , *in-8°*. bas.

1620. Le Dict. Impérial, représentant les quatre Langues principales de l'Europe , savoir l'Italienne , la Françoise , l'Allemande & la Latine ; par le sieur Veneroni. *Francfort*, J. D. Zunner, 1700 , *in-4°*. bas.

Jean Veneroni, né à Verdun, s'appelloit Vigneron , mais comme il avoit étudié l'italien , & qu'il vouloit en donner des leçons à Paris, il se dit Florentin, & il italianisa son nom : la clarté de ses principes lui procura beaucoup d'écoliers. Il est un des auteurs de sa nation qui ont le plus contribué dans le 17e siecle à répandre en France le goût de la Littérature Italienne.

1621. Dict. Italien, Latin-François, & François, Latin & Ital.
par l'Abbé ANTONINI. *Paris*, Prault, 1743, *in*-4°. 2 vol. v. m.

Traités généraux de la Langue Françoise, Grammaires & Dictionnaires de cette Langue.

1622. Essai sur les Langues en général, sur la Langue françoise
en particulier, & sa progression depuis Charlemagne jusqu'à
présent. *Paris*, Monory, 1777, *in*-8°. v. m.

1623. Projet du livre intitulé, de la Precellence du Langage
François; par H. ESTIENNE. *Paris*, Patisson, 1579, *in*-8°. baf.

1624 Remarques sur la Langue Françoise; par VAUGELAS. *Paris*,
1659, *in*-12, baf.

1625. — Les mêmes. *Paris*, Joly, 1672, *in*-12, baf.

1626. Observations de l'Académie Françoise, sur les Remarques
de M. VAUGELAS. *Paris*, Coignard, 1704, *in*-4°. baf.

1627. Remarques nouvelles sur la Langue Françoise; par le P.
BOUHOURS. *Paris*, Cramoisi, 1676, *in*-12, baf.

1628. Le Génié, la Politesse, l'Esprit & la Delicatesse de la Langue Françoise. *Paris*, P. Cot, 1705, *in*-12, baf.

1629. Discours sur les progrès de la Langue & de la Littérature
Françoise, & sur la nécessité d'en étudier le génie & le caractere;
prononcé par M. l'Abbé AUBERT, pour l'ouverture de ses leçons
au Col. R. *Paris*, Moutard, 1774, *in*-8°. piéce.

1630. Méthode pour apprendre à lire le François & le Latin, avec
un abrégé des sons exacts de la Langue Françoise, un traité des
accens; par M. DE LAUNAY. *Paris*, Mérigot, 1642, *in*-12, baf.

1631. Nouvelle & parfaite Grammaire Françoise; par le P CHIF-
FLET, de la Comp. de Jesus. *Paris*, Ribou, 1722, *in*-12, baf.

1632. Léger essai pour apprendre dans la Langue Françoise &
autres, à éviter les principales & les plus ordinaires fautes que
l'on fait, en lisant, en chantant & en déclamant. *Rouen*, Viret,
1737, *in*-8°. piéce.

1633 .Principes généraux & raisonnés de la Grammaire Françoise,
avec des observations sur l'orthographe, les accents, la ponc-
tuation & la prononciation; par M. RESTAUT. *Paris*, Lottin,
1750, *in*-12, baf.

1633. Principes de la Grammaire Françoise; par l'Abbé ANTONINI.
Paris, Duchesne, 1753, *in*-12, v. m.

1634. Rudiment nouveau, avec les concordances & les particules
réunies; par M. D'AUTRESME. *Caen*, J. C. Piron, 1770, *in*-8°.
2 vol. veau marb.

1635. Les vrais Principes de la Lecture, de l'Orthographe, & de la Prononciation Françoise, de feu VIARD, revus & augmentés par M. LUNEAU DE BOISJERMAIN. *Paris*, Delalain, 1773, *in-8°.* m. r. d. fur tr.

1636. — Les mêmes. *Paris*, Durand, 1777, *in-8°.* br.

16 7. Traité élémentaire de Grammaire & d'Orthographe Françoise, pour fervir d'introduction à l'étude de la Langue Latine; par M. ROYON. *Paris*, 1777, *in-8°.* veau m.

16 8. Les Marguerites Françoiſes, ou Fleurs de bien dire; par F. DESRUES. *Rouen*, P. Calles, 16 8, *in-12*, parch.

1639. La Nomenclature, dialogues, proverbes & heures de récréation, contenant diverses rencontres, histoires plaisantes & contes, utiles à ceux qui veulent écrire & parler les Langues Françoiſes, Italienne & Eſpagnole; par le fieur JULIANI. *Paris*, Loyſon, 1668, *in-12*, baſ.

1640. Essai fur le Patois Lorrain, des environs du Comté du Ban de la Roche, Fief R. d'Alſace; par M. OBERLIN. *Strasbourg*, Stein, 1775, *in-12*, v. m.

1641. Abrégé du Traité de l'Orthographe Françoiſe, communément appellé Dict. de Poitiers. *Poitiers*, J. F. Faulcon, 1777, *in-12*, m. r. d. fur tr.

1642. Dict. Etymologique, ou Origines de la Langue Françoiſe, par M. MÉNAGE. *Paris*, J. Aniſſon, 1694, *in-fol.* baſ.

> M. Dupuy donna en 1650 la premiere édition de ce Livre, en 1 vol. *in-4°.* MM. Hervé, Simon & de Valhebert, de l'Acad. des Sciences, donnerent la feconde édition en 1694, *in-fol.* Le favant diſcours fur les Etymologies Françoiſes eſt du P. Beſnier, Jéſuite; le traité du changement des Lettres, ou principes de l'art des Etymologies, eſt de M. Valhebert; le Vocabulaire Hagialogique ou Recueil des noms des Saints, eſt de l'Abbé Chaſtelain. L'Ouvrage le plus important que l'on a joint à ce Dict. eſt ce lui de P. Caſſeneuve, intitulé, les Origines de la Langue Franç. La meilleure édit. de ce Dict. & la derniere eſt de 1750, 2 vol. *in-fol.* on la doit aux foins de M. de Valhebert, qui y a joint fes remarques & la vie de l'auteur; le P. Louis Jacob, Carme, y a travaillé, & l'Abbé Bérault y a fait beaucoup de corrections, cette édition eſt augmentée des Etymologies de MM. le Duchat, Huet de Vergy & autres, le tour a été mis en ordre & augmenté par les foins de M Jault, Profeſſeur au Collége R.
>
> Ménage, nâquit à Angers, le 15 août 1613, il fut reçu Avocat à Paris, en 1632, & y mourut le 23 juillet 1692, âgé de 79 ans.

1643. Nouveau Dictionnaire de l'Académie Françoiſe. *Paris*, Coignard, 1778, *in-fol.* 2 vol. v. m.

1644. — Le même. *Niſme*, Beaume, 1718, *in-4°.* 2 vol. v. m.

1645. Dict. univerſel François & Latin, tiré des meilleurs Auteurs;

par le R. P. LE BRUN, de la Comp. de Jéſus. *Paris*, 1756, *in*-4°. v. m.

1646. Le Grand Apparat François & Latin. (Lyon) *Paris*, Joſ. Barbou, 1755, *in*-4°. veau m.

1647. Le petit Apparat Royal , ou nouveau Dict. François & Latin. *Rouen*, Lallemant, 1757, *in*-8°. baſ.

1648. Dict. Univerſel François & Latin ; par MM. Lallemant. *Rouen*, Lallemant; *Paris*, Barbou, 1768, *in*-8°. v. f.

1649. Dict. Univerſel, contenant généralement tous les mots François tant vieux que modernes, & les termes de toutes les Sciences & Arts ; par FURETIERE. *la Haye*, Arnout, 1694, *in-fol.* 2 vol. baſ.

1650. Dict. univerſel François & Latin, vulgairement appellé Dict. de Trévoux, avec le Supplément dudit Dict. *Paris*, Coignard & autres, 1743, *in-fol.* 6 vol. baſ.

1651. Dict. de la Langue Françoiſe ; par P. RICHELET. *Genève*, Widerhold, 1680, *in*-4°. baſ.

1652. — Le même , extrait ; par l'Abbé GOUGET. *Lyon*, Duplain, 1770, *in*-8°. baſ.

Si l'on juge de la bonté d'un Ouvrage & de ſon utilité par la quantité des éditions qu'on en a données , celui que nous annonçons doit être regardé comme utile , quoique décrié , critiqué & loué ſans ménagement.

Ce Dictionnaire a été imprimé pour la premiere fois en 1680 , & enſuite en 1685 , à Genève ; ſelon Oſmont, ces deux éditions ſont bonnes & rares , mais celles données depuis ſont préférables quoique moins rares.

L'édition de Genève de 1693 *in*-4°. eſt recherchée , à cauſe des traits ſatyriques dont elle eſt remplie , c'eſt la derniere que Richelet ait donnée.

Le Pere J. Cl. Fabre , de l'Oratoire , en donna une édition en 1709 , Amſterd. (Lyon) 2 vol. infol. il y inſéra pluſieurs articles ſur les matieres de Théologie, & d'autres morceaux trop ſatyriques, qui firent ſupprimer cette édition , & l'obligerent de ſortir de ſa Congrégation ; il y rentra en 1715 , & y mourut en 1753 , dans la maiſon de S. Honoré à Paris , à 85 ans.

L'édition de Lyon , de 1728 , 3 vol. *in-fol.* a été donnée par M. Aubert, Avocat de Lyon , qui y a fait beaucoup d'additions , l'abregé de la vie des Auteurs qui ſe trouve au commencement , eſt de l'Abbé le Clerc : on l'appelle la Bibliotheque de Richelet , elle eſt remplie de particularités ſingulieres & de recherches ſavantes & curieuſes. On voit une critique de cette édition dans les Mémoires de Trévoux , de novemb. 1731. Le P. Dom le Cerf , Bénédictin , a critiqué la Bibliothèque des Auteurs dans une Lettre inſérée au 16e tom. de la Bibliothèque Françoiſe. Cette Lettre eſt fort vive , & fait l'apologie des Ecrivains de la Congrégation de S. Maur , que l'Auteur a cenſurés dans cette Bibliothèque. L'édition de Lyon en 1759 , 3 vol. *in-fol.* eſt due aux ſoins de M. l'Abbé Gouget, qui avoit donné en 1756 , un abrégé de ce Dictionnaire ; du Sauzet , Libraire, en donna une édition imp. à Amſterd. en 1732 , 2 vol. *in*-4°. édition augmentée d'un grand nombre d'articles , devenue rare , & préférable aux autres par la commodité de ſon uſage & la beauté de ſon exécution, mais qui n'eſt qu'une ſimple réimpreſſion. Voyez Debure & Oſmont.

1653. Dictionnaire portatif de la Langue Françoise, extrait du grand Dict. de RICHELET, par WAILLY. *Lyon*, Ponthus, 1775, *in*-8°. 2 vol. veau f. d. fur tr.

1654. 1' & 2° Lettre de M. MIDY, de l'Académie de Rouen, Sécrétaire du Roi, à M. Pankouke, Imp. du gr. Vocabulaire. *Amsterdam*, les Associés, 1767, *in*-8°. 2 vol. br.

1655. Dictionnaire des Synonymes François. *Paris*, Saillant, 1768, *in*-8°. v. m.

1656. Dict. des Mots Homonymes de la Langue Françoise, c'est-à-dire de ceux dont la prononciation est la même, & la signification différente; par M. HURTAUT, Maître-ès-Arts. *Paris*, D. Lenglois, 1775, *in*-12. veau marb.

1657. Dictionnaire Roman, Valon, Celtique & Tudesque; par un Bénédictin. *Bouillon*, 1777, *in*-4°. veau m.

Grammaires & Dictionnaires des Langues Allemande, Espagnole & Angloise, & autres.

1658. Le Parfait Guidon de la Langue Allemande; par MATHIAS CRAMER. (Nuremberg) *Wol*. . . . . . Morice Exdter, 1687, *in*-8°. parch.

1659. Partament, ou Grammaire Allemande; par le même. *Nuremberg*, 1711, *in*-12 br.

1660 Nouvelle méthode Allemande, selon le Traité de la maniere d'apprendre les Langues; par M. GERAUD DE PALMFELD, *Paris*, Demonville, 1777, *in*-8°. veau marb.

1661. Grammaire Triglotte, ou nouvelle méthode pour faciliter l'intelligence des Langues Françoise, Latine & Allemande, écrite en Allemand par M. Gellert & trad. en François par HUBERT. *Mayence* Waisemdt. 1777, *in*-12, dem. rel.

1662. Élémens de la Langue Angloise, ou méthode Pratique pour apprendre facilement cette Langue; par M. SIRET. *Paris*, Ruault, 1773, *in*-8°. br.

1663. Découverte d'une méthode particuliere pour apprendre l'Anglois en peu de temps; applicable à toutes les Langues par M. P. P. J. V. *Bruxelles* De Houbert. 1775, *in*-12, veau marb.

1664. Dictionnaire Royal François-Anglois, & Anglois-François; par A. BOYER. *Lyon* J. Mar. Bruyset, 1768, *in*-4°. 2 vol. veau marb.

1665. A New. Dictionary Englishand French: and Frenchand English. By Leffis Chambaud and J. B. ROBINET. *Amsterdam* Merkus. 1776, *in*-4°. 2 vol. veau marb.   1666

1666. Nouveau Dictionnaire Espagnol, François & Latin, composé sur les Dictionnaires des Académies Royales de Madrid & de Paris ; par M. DE SÉJOURNANT, Ecuyer Interprete du Roi. *Paris ,* Jombert , 1775 , *in-*40. 2 vol. veau marb.

RHÉTORIQUE.

TRAITÉS GÉNÉRAUX DE LA RHÉTORIQUE, OU DE L'ART ORATOIRE.

1667. M. FABII QUINTILIANI Institutionum Oratoriarum Libri duodecim ; cum Notis TURNEBII, CAMERARII, PAREI, GRONOVII & aliorumq ; *Lugd. Batav.* ex Officina Hackiana, 1665 , *in-*8º 2 vol. cum Notis manuscrit. bas.

1668. Les Déclamations du fameux Orateur QUINTILIEN , mises en françois par le sieur DU-TEIL, Avocat en Parlement. *Paris ,* Loyson , 1669 , *in-*12 , bas.

1669. De l'Institution de l'Orateur ; par le même. *Paris ,* Bienfait , 1663 , *in-*4° bas.

1670. De l'Institution de l'Orateur, du même ; traduit par M. l'abbé GÉDOYN , de l'Académie Françoise. *Paris ,* Nyon , 1752 , *in-*12 , 4 vol. veau marb.

1671. Rhetoricorum RAIMUNDI LULLII nova evulgatio , quâ perspicua faciliaque traduntur de omnibus , tum Scientiæ , tum Eloquentiæ generalia Principia. *Parisiis* P. Billaine , 1638 , *in-*4°. parch.

1672. GEORGI BECKHERI Elbigensis Orator Extemporaneus, seu artis Oratoriæ Breviarium bipartitum. *Amstelodami ,* J. Janssonium , 1651 , *in-*12 , parch.

1673. Essay des Merveilles de la Nature & des plus nobles Artifices, piece très-nécessaire à tous ceux qui font profession d'éloquence ; par RENÉ FRANÇOIS , Prédicateur du Roi. *Rouen ,* Romain de Beauvais , 1622 , *in-*4°. parch.

1674. La Rhétorique , ou les Regles de l'Éloquence ; par M. GIBERT. *Paris ,* Thiboust , 1730 , *in-*12 , bas.

1675. Rhétorique Françoise , à l'usage des Jeunes Demoiselles , avec les augmentations de M. GAILLARD. *Paris ,* Bauche , 1762 , *in-*12 , veau marb.

Rhéteurs & Orateurs Grecs & Latins.

1676. ISOCRATIS Opera, Gr. & Lat. cum notis. *Lutetiæ ,* 1604 , *in-*8°. bas.

6771. DEMOSTHENIS , ÆSCHINIS , Opera Gr. & Lat. ed. Hieronimy Wolfio. *Francofurti ,* 1604. *in-fol.* bas.

1678. Œuvres completes de Démosthene & d'Eschine, trad. en Fr. avec des remarq. sur les Harrangues & Plaidoyers de ces deux Orateurs, & des notes critiques & grammaticales en Lat. sur le Texte Gr. par M. l'Abbé. Auger, de l'Acad. des Sciences de Rouen. *Paris*, Lacombe, 1777, *in*-8°. 5 vol. v.

1679. Harangues d'Eschine & de Démosthene, sur la Couronne; trad. du Gr. par le même. *Rouen*, Lallemant, *Paris*, Brocas, 1768, *in*-12, v. m. d. sur tr.

1680. M. T. Ciceronis Opera omnia quæ extant à Dionis Lambino Monstroliensi ex Codicibus manuscriptis emendata. *Lugd.* Gryphium, 1585, *in-fol.* bas.

1681. Ejusdem Ciceronis Opera, ed. J. N. Lallemand. *Parisiis*, Barbou, 1768, 14 vol. *in*-12, v. m. d. sur tr.

1682. Ejusdem Ciceronis Orationes, cum notis & dissertationes N. Desjardins. *Parisiis*, Giffart, 1738, *in*-4°. bas.

1483. Ejusdem Ciceronis Orationes, cum notis Hottomani, Græv. *Parisiis*, Brocas, 1751, *in*-12, bas.

1684. Ej. Ciceronis de Officiis ad Marcum filium. *Lutetiæ*, Barbou, 1773, *in*-32, m. r. d. s. tr. fig.

1685. Ej. Ciceronis, Cato major ad T. Pomponium Atticum. *Lutetiæ*, Barbou, 1758, *in*-32, m. r. d. sur tr.

1686. Ejusdem Ciceronis de Amicitia dialogus ad Atticum, ex recensione Grævii. *Parisiis*, Bauchæ, filium, 1750, *in*-32.

1687. — Ejusdem de Amicitia. *Lutetiæ*, Barbou, 1771, *in*-32, m. r. d. sur tr.

1688. Les Philippiques de Ciceron, trad. de P. Duryer. *Paris*, Desommaville, 1646, *in*-12, bas.

1689. Nouvelle trad. des Catilinaires & des Discours de Ciceron, pour Marcellus & Ligarius; par M. Busuel. *Rouen*, Lallemant, 1774, *in*-12, m. r. d. sur tr.

1690. Les Offices de Ciceron, ou les devoirs de la vie civile, de la trad. de P. Duryer, le latin à côté. *Paris*, 1666, *in*-8°.

1691. Dialogues de la Vieillesse & de l'Amitié, trad. du Latin de Ciceron, par Regnault. *Paris*, Camusat, 1640, *in*-12,

1692. Traité des Loix de Ciceron, trad. par M. Morabin, avec des notes, *Paris*, Morin, 1777, *in*-12, br.

1693. Panégyrici veteres Latini, cum interpretatione & notis J. de la Baune, ad usum Delphini. *Parisiis*, 1676, *in*-4°. b.

1694. Panégyrique de Trajan, par Pline second; trad. par le sieur de la Menardiere. *Paris*, Sommaville, 1642, *in*-12, b.

1695. Gabr. Cossartii, è societate Jesu, Orationes & Carmina. *Parisiis*, Cramoisy, 1675, *in*-12, bas.

1696. C. Porée, Sacerdotis è focietate Jefu, Orationes. *Parifiis*, Bordelet, 1735, *in*-8°. baf.

Orateurs François & Autres.

1697. Les Harangues Académiques de Bap. Mansini. *Paris*, Courbé, 1641, *in*-8°.

1698. Recueils de Difcours, Harangues, &c. prononcés par MM. de l'Académie Françoife, dans leurs réceptions & en d'autres occafions, rangés par ordre alph. *in*-4°. & 8°. 2   vol.

1699. Obfervations à MM. de l'Académie Françoife, au fujet d'une Lettre de M. de Voltaire, lue dans cette Académie, à la folemnité de la S. Louis, le 25 août 1776 ; par le Chev. Rutlidge. *in*-8o. piéce.

1700. Recueils de Difcours, Pieces d'Eloquence & de Vers, lues aux feances publiques des Académies d'Amiens, de Montauban, Befançon, des Jeux Floreaux & autres, en différentes occafions. *In*-4°. & *in*-8°. 6   vol. baf.

1701. Recueils d'Oraifons & Eloges funèbres des Rois, Reines, Princes, Princeffes & Gr. Seigneurs, compofés par divers Auteurs, rangés par ordre alphabétique. *In*-4°. & *in*-12, 4   vol. baf.

1702. Recueils de Panégyriques, compofés par divers Auteurs, rangés par ordre alphabet. *In*-4o. & *in*-8o. 1   vol.

P O É T I Q U E.

Introduction à la Poéfie, ou Traités genéraux & particuliers de Poétique, ou de l'Art de la Verfification.

1703. Hiftoire Poétique, pour l'intelligence des Poëtes & des Auteurs anciens. *In*-12, baf.

1704. Art Poétique d'Horace, par J. L. le Bel, Avocat, *Paris*, Delalain, 1769, *in*-12, br.

1705. L'Art Poétique du fieur Colletet. *Paris*, 1658, *in*-12.

1706. Poétique Françoife ; par M. Marmontel. *Paris*, Lefclapart, 1763, *in*-8°. 2 vol.

1707. Poétique Françoife à l'ufage des Dames, avec des exemples ; par l'Auteur de la Réthorique des Dames. *Paris*, Savoye, 1749, *in*-12, 2 vol.

1708. Traité du Poëme Épique ; par le R. P. le Bossu, Chan. de S°. Genevieve. *Paris*, Petit, 1675, *in*-12.

La meilleure Édition de cet Ouvrage, dans lequel on trouve des regles utiles fur la compofition du Poëme Épique, eft de 1714, *in*-12.

1776, *in*-12, 2 vol. veau marb.

1709. Difcours fur la maniere de lire les Vers ; par M. François de Neuf-Chateau. *Paris*, Valade, 1775, *in*-8o. piéce.

1710. Dictionnaire des Rimes ; par P. Richelet, où fe trouvent, 1°. les Mots & le genre des Mots. 2°. Un Traité complet de la Verfification. Édit. donnée par M. Berthelin, Avocat au Parlem. *Paris*, Nyon, 1762, *in*-8°.

POETES HÉBREUX.

Collections et Extraits des Poetes Grecs

Poëtes Grecs, par ordre chronologique.

1711. Odes prononcées par les Juifs d'Avignon & de Bordeaux, réfidants à Paris, dans leur affemblée, à l'occafion du Sacre de Louis XVI, le 11 Juin 1775. Tirées du texte original des Pfeaumes 20 & 71, 21-72, mifes en vers hébreux par M. Bernard de Valabreque, Interpretre du Roi, &c. *Paris*, Lambert, 1775, *in*-8°. piéce.

1712. Mifcellanea græcorum aliquot fcriptorum Carmina gr. & latin Ed. S. Crispin. 1600, *in*-16, parch.

1713. Homeri batrachomiomachia, gr. & lat. Ed. Seb. Castalio. *Bafilea*, Brilingerum, 1561, *in-fol.* 2 vol cum Notis Man. baf.

1714 Ejufdem Homeri Ilias & Odyffea tantum, *Atrebati* (feu-*Genevæ*) Crifpinus, 1559 & 1567, *in*-12, 2 vol.

> Cet Édition eft affez joli & affez recherchée, quand les exempl. font bien concervés, autrement l'on n'en fait peu de cas.

1715 L'Iliade & l'Odyffée d'Homere, traduites par de La Valterie. *Paris*, Claude Barbin ; 1681, *in* 12, 4 vol. baf.

1716. Le même Ouvrage avec un difcours fur Homere trad. par M. de La Motte. *Paris*, Greg. Dupuis, 1714, *in*-8o avec fig. baf.

> De tous les Ouvrages de la Motte, fa traduction de l'Iliade, fut celui qui enfanta le plus de critiques. On ne conçoit pas comment un homme d'efprit, fans entendre un feul mot de grec, fit le projet de mettre ce Poëme Epique en notre langue. Le difcours dont il a accompagné fa verfion, eft écrit avec autant de fineffe que d'élégance, & raifonné fuperieurement ; il y annonce fon Ouvrage plutot pour une imitation d'Homere que pour une véritable traduction.

1717. Le même Ouvrage, Traduction nouvelle. *Paris*, Ruault ;

1718. Le même Ouvrage, Traduction nouvelle, précédée de Réflexions sur HOMERE, & suivie de Remarques; par M. BI-TAUBÉ. *Paris*, Prault, 1780, *in-8°*. 3. vol. veau marb.

1719. L'Odyssée D'HOMERE, traduite en vers, avec des Remarques, suivie d'une Dissertation sur les voyages d'Ulysse, par M. DE ROCHEFORT *Paris*, Brunet, 1777, *in-8°*. 2 vol. gr. p.

1720. L'HOMERE travesti, ou l'Iliade en vers burlesques; par CARLET DE MARIVAUX, avec fig. *Paris*, Prault, 1716, *in-12*, 2 vol.

1721. ANACRÉON, SAPHO, BION & MOSCHUS, traduction nouvelle en prose, suivie de la Veillée des Fêtes de Vénus & d'un Choix des piéces de différens Auteurs; par M. M. C. *Paris*, Le Boucher, 1773, *in-4°*. grand papier. mar. r. dor. sur tr.

1722. THEOCRITI aliorumque Poetarum Idyl. cum interp. Lat. in Virg. & Nas. imit. Theocr. edent H. Steph. Hen. Stepha-nus, 1570, *in-12*, cum Not. MAN.

POETES LATINS.

COLLECTIONS ET EXTRAITS DES POETES LATINS ANCIENS.

Poëtes Latins anciens, par ordre chronologique.

1723. TITI LUCRETII CARI, de Rerum natura, libri sex : à DIO-NYSIO LAMBINO commentariis illustratus. *Parisiis*, Gal. Rouilli, 1563, *in-40*, cum notis manuscrip. bas.

1724. Ejusdem LUCRETII Opera libri sex. *Lutetiæ Parisior*, Ant. Coutelier. 1744, *in-12*, cum fig.

1725. Ejusdem LUCRETII Opera. *Parisiis*, Barbou 1754, *in-12*. cum fig. veau marb. dor. sur tr.

1726. DI TITO LUCREZIO CARO della Natura delle cose libri sei, tradotti da ALEXANDRO Marchetti. *In Amsterdamo* 1754, *in-8°*. 2 vol. gr. pap. dent. fig. veau fau. dor. sur tr.

1727. Les six Livres de LUCRECE, de la Nature des choses; tra-duits par MICHEL DE MAROLLES. Abbé de Villeloin, avec les notes Latines de GIFANIUS. *Paris*, Luyne, 1659, *in-8°*. baz.

1728. — Le même Ouvrage. *Paris*, Chatelain, 1768, *in-12*, 2 vol. veau fau.

1729. ANTI-LUCRETIUS sive de Deo & Natura, Opus Posth. Abb. C. ROTHELIN, *Parisiis*, 1749, *in-12*. 2 vol.

1729. CATULLI TIBULLI & PROPERTII Opera. can. 1619, *in-12*. bas.

2730. Eorumd. CATULLI, TIBULLI, & PROPERTII opera, cum notis accurante sim. abb. gabbema. *Trajecti ad Rhenum*, 1659, *in-8°*.

1731. Eorumdem CATULLI TIBULLI & PROPERTII opera, cum notis Variorum, ex recenfione J. G. GRÆVII traj ad then. 1680. *in*-8°. baf.

1732. Eorumdem CATULLI, TIBULLI & PROPERTII Opera. (Lugd. Bat.) *Parifiis*, Barbou, 1743, *in*-12, veau fauv. dor. fur tr.

1733. Eorumdem, CATULI, TIBULLI & PROPERTII Opera, *Parifiis*, Barbou, 1753, *in*-12, mar. roug. dor. fur tr.

1734. Eorumdem CATULLI, TIBULLI & PROPERTII. *Paris*, Barbou, 1754, *in*-12. v. m. d. fur tr.

1735. Elégies de PROPERCE, traduites par M. LONCHAMPS (Amfterdam) *Paris*, Le Jay, 1772, *in*-8° v. f. dor. fur tr.

1736 — Les mêmes. *Paris*, Morin, 1776, *in*-8°. v. m.

1737. PUBL. VIRGILII MARONIS Opera, cum notis Variorum, nec non obfervationibus ferv. DONATI & indice CORN. SCHREVELII. *Lugd. Batav.* Fr. Hackium 1657, *in*-8°. baf. .

1738. Ejufdem P. VIRGILII Opera. *Parifiis*, 1716, *in*-12, baf.

1739. Ejufdem VIRGILII MARONIS Opera, curis & ftudio STEPH. ANDR. PHILIPPE. *Lutetiæ Parifior.* Coutelier, 1745, *in*-12, 3 vol. fig. veau. marb.

1740. Ejufdem P. VIRGILII MARONIS Opera. *Parifiis*, Barbou, 1767, *in*-12, 2 vol. cum fig. v. m. d. fur tr.

1741. Les Œuvres de VIRGILE en Latin & en François; par M. l'Abbé de faint REMY. Édition donnée par M. LALLEMAND. *Paris*, Ofmont, 1751, *in*-12, 4 vol. v. m.

1742. Les mêmes Œuvres trad. en François par l'Abbé DES FONTAINES. *Amfterdam*, 1759, *in*-8ᵠ. 2 vol. v. m.

1743. Remarques fur Virgile & fur Homere, & fur le ftyle Poétique de l'Ecriture fainte, où l'on réfute les inductions pernicieufes que Spinofa, Grotius & M. Leclerc en ont tirées, & quelques opinions particulieres du pere Mallebranche, du fieur Lellevel & de M. Simon; par M. l'Abbé FAYDIT. *Paris*, J. & Pierre Cot. 1705, *in*-12. baf.

1744. Le Virgile Travefty en vers burlefques; par M. SCARON (Malade de la Reine). *Paris*, Deluyne, 1675, *in*-12, 2 vol. baf.

1745. L'Enfer burlefque, ou le fixieme livre de l'Enéide travefti avec plufieurs autres piéces de ce genre. *Paris*, 1649, *in*-4°. parch.

1746. Virgile Goguenard, ou le douzieme livre de l'Enéide; par Claude de PETIT-JEHAN Avocat au Parlement. *Paris*, Sommaville, 1652, *in*-4°. parch.

1747. Q. HORAT. FLACCI Carmina. *Bafilæ*, Henr. Petr., 1544; *in-fol.* baf.

1748. Q. HORATII FLACCI Carmina, cum notis DIONYSII LAMBINI. *Lugd.* Tornæfium , 1561, *in-4°.* parch.

1749. Ejufdem Q. HORATII FLACCI , Carmina cum notis Variorum , accurante corn. SCHREVELIO. *Lugd. Batav.* Hackius , 1658, *in-8°.* baf.

1750. Ejufdem Q. HORATII FLACCI carmina cum notis SANADONII. *Parifiis*, Cavalier , 1728 , *in-12* baf.

1751 Ejufdem Q. HORATII FLACCI Carmina. *Londini* , Œneis Tabulis incidit Fo. Pine, 1733 , *in-8°.* G. P. fig v. m. d. fur tr.

1752. Ejufdem Q. HORATII FLACCI Carmina ex recenfione D. HEINSII. *Amftelod.* Wetftenium , 1743 , *in-12* , v. m.

1753. Ejufd. Q. HORATII FLACCI Carmina , *Parifis* , 1748, *in-12*, baf.

1754. Ejufdem Q. HORATII FLACCI Carmina , *Parifiis ,* Barbou , 1762 , *in-12* , fig. v. m. dor. fur tr.

A la tête de cette belle édition eft la vie d'Horace , & à la fin un catalogue des éditions les plus eftimées des œuvres de ce Poëte.

1755. Ejufdem Q. HORATII FLACCI Carmina, Lib quat. *Birminghamiæ ;* Baskerville , 1770 , *in-4°.* fig. g. pap. m. r. d. fur tr.

1756. Ejufdem Q. HORATII FLACCI Carmina , cum Notis Lud. POISINET. *Parifiis* , Didot , 1777 , *in-8°.* 2 vol. v. m.

1757. Odes D'HORACE trad. par feu M. l'Abbé DES-FONTAINES *Paris* , 1759 , *in-12* v. m.

1758. P. OVIDII NASONIS Opera , cum notis Variorum ed CORN. SCHREVELIO. *Lugd. Bat.* Leffen , 1662, 3 vol. *in-8°.* baf.

1759. Ejufdem P. OVIDII NASONIS Opera *Parifiis*, Barbou, 1762, *in-12* , 3 vol fig. v. f. d. fur tr.

Chaque vol. eft orné d'un eftampe & d'une vignette , gravées fur les deffeins de M. Eiffen , le troifieme vol. finit par un catalogue des principales éditions des œuvres de ce Poëte.

1760. P. OVID. NAS. Metam. lib. 15. cum notis J. JUVINCII *Rhotomagi* , Lallemad, 1770 , *in-8°.* veau marb.

1761. Les Metamorphofes D'OVIDE , trad. en François par du RYER. *Paris ,* 1637, *in-fol.* fig. baf.

1762. — Les mêmes Metamorphofes D'OVIDE ; trad. en François par le même *Paris ,* Sommaville , 1660 , *in-fol.* fig. baf.

1763. Les mêmes Métamorphofes D'OVIDE trad. en François par M. FONTANELLE *Lille* , henry , 1767 , *in-8°,* 2 vol. avec fig. veau ec.

1764. Les mêmes Métamorphofes D'OVIDE, en latin & en François, avec des fig. gra. par MM. LE MIRE & BAZAN. *Paris*, d'Efpilly, 1767, *in*-4°. 4 vol. m. r. d. f. tr.

1765. l'Epiftole D'OVIDIO, tradotte in Terza rima da CAMILLO DAMILLI. *in Venetia*, Batt. Ciotti, 1587, *in*-12. parch.

1766. Nouvelle Traduction des Epîtres D'OVIDE en vers François. *Bruxelles*, G. de Backerv. 1739, *in*-12, br.

1767. M. ANNÆI LUCANI, Pharfalia. *Parifiis*, Barbou, 1767, cum fig. v. f. d. f. tr.

> Cette élégante édition eft ornée d'une eftampe agréable qui repréfente le paffage du Rubicon par Céfar.

1768. La Pharfale de LUCAIN, trad. en François par M. de BRE-BEUF. (Rouen) *Paris*, Ant. Sommaville, 1657, *in*-12, avec fig. baf.

1769. La même Pharfale de LUCAIN. trad. en François par le même. 1670, *in*-12, baf.

1770. P. PAPINII STATII Opera. *Lugd. Bat.* 1547, *in*-12, parch.

1771. VALERII MARTIALIS Epigrammata, cum notis P. SCREV. *Amftelodami* Elzevir. 1650, *in*-12. v. f.

1772. Ejufdem MARTIALIS Epigrammata, *Parifiis*, Barbou 1754, *in*-12. 2 vol. v. f. d. f. tr.

1773. Toutes les Epigrammes de MARTIAL, en Latin & en François avec de petites notes divifées en deux parties. *Paris*, Luyne 1655, *in*-8°. baf.

1774. D. JUNII JUVENALIS & AULI PERSII FLACCI Satyræ : cum notis Variorum. *Lugd. Batav.* apud Franc. Hackium, 1658, *in*-8°. baf.

1775. Eorumdem JUVENALIS & AULI PERSII Satyræ, cum notis R. P. JOSEPH JUVENCII. *Rothomagi*, Lallemand, 1697, *in*-12.

1776. Eorumdem JUVENALIS & PERSII FLACCI Satyræ; 1729, *in*-12. baf.

1777. Eorumdem JUNII JUVENALIS Satyræ. *Parifiis*, Barbou, 1754, *in*-12, fig. v. m. d. f. tr.

1778. Satyres de JUVÉNAL, traduites en François par MM ****. avec le texte, des notes & un Index. *Paris*, Didot jeune, 1779, *in*-4°. veau marb.

1779. AULI FLACCI PERSII Satyræ edent. L. J. SCOPÆ. *Parifiis*, Jodoc. Badium, 1528, *in-fol.* baf.

1780. Petite Guerre entre M. l'Abbé LE MONIER & M. SELIS, au sujet de la traduction des Satyres de PERSE; par ce dernier. (La Haye) *Paris*, Fournier, 1777, *in*-8°. br.

POÈTES LATINS MODERNES.

COLLECTIONS ET EXTRAITS DES POÉTES LATINS MODERNES.

Poëtes Latins Modernes, par ordre alphabétique.

1781. *Selecta Carmina Orationes*, ou Recueil de Poésies, & Discours de plusieurs Professeurs très-célèbres de l'Université de Paris. *Paris*, Quillau, 1727, *in*-12, 2 vol. baf.

1782. Poemata Didascalica nunc primum vel edita vel Collecta, (à Jos. OLIVETO.) *Parisiis*, Petrum Lemercier, 1749, *in*-12. 3 vol.

1783. THEODORI BEZÆ, Poemata MARCI ANTONII MURETI JUVENALIA: Joannis Secundi, JUVENALIA. Veneris. (Lugd. Bat.) *Parisiis*, Barbou, 1757, *in*-12, v. m. d. f. tr.

1784. GEORGII BUCHANANI Opera omnia. *Edinburgi*, Andreæ Hart, 1615, *in* 16.

1785. JOANNIS COMMIRII, è Soc. Jesu, Poemata. *Lutetiæ Parisiorum*, Sim. Benard 1689, *in*-12.

1786. MATHIÆ CASIMIRI SARBIEVII, è Soc. Jesu, Carmina. *Antuerpiæ* 1630, *in*-12.

1787. Ejusdem CASIMIRI SARBIEVII Carmina. *Parisiis*, Barbou, 1759, *in*-12, v. m. d. sur tr.

1788. HUG. GROTII, Poemata. *Amstelodami*, Apud. Joh. Ravesteymum, 1670, *in*-12.

1789. SIDRONII HOSSCHII, JACOBI WALTII, & GUILLELMI BECANI. Poemata. *Parisiis*, Barbou, 1723, 2 vol. *in*-12.

1790. SARCOTIS, & CAROLI V. imp. Panegyris, Carmina, tum de Heroïcâ Poesi Tractatus; Auctore (MASENIO.) Adjecta est Lamentationum Jeremiæ Paraphrasis, Auctore D. GRENAN (Londini) *Parisiis*, J. Barbou, 1771, *in*-12, v. m. d. f. tr.

1791. Le Zodiaque de la vie, ou Preceptes pour diriger la conduite & les mœurs des hommes, traduit du Poëme Latin de MARCEL PALINGENE, célebre Poëte de la Stellada, par M. DE LA MONNERIE. *La Haye*, chez Jean Swart, 1731, *in*-12.

1792. RENATI RAPINI, Eclogæ. *Parisiis*, Barbou, 1723, *in*-12.

1793. C. RUÆI, è Soc. Jesu, Carmina, libri quatuor. *Lutetiæ. Paris.* Benard, 1688, *in*-12, fig.

1794. JOAN. RUXELII Poemata & Orationes. *Cadomi*, Cavelier, 1736, *in*-8°. baf.

1795. ACTII SINCERI SANNAZARII, de Partuis Virgin, libri 3. ejufdem de morte Chrifti lamentatio, &c. *Aldus*, 1533, *in*-12.

1796. JOAN. BAP. SANTOLII, Victorii, Opera Pœtica. *Parifiis*, Billiot, 1729, *in*-12. 2 vol. baf.

1797. {
  Lufus Pœticus A. SAUTEL. *Parifiis*, 1725, *in*-12.
  GAB. MADELENETI Carmina. *Parifiis*, Barbou, 1725, *in*-12.
}

1798. JACOB. VANIERII Prædium Rufticum. *Parifiis*, 1707, *in*-12.

1799. Ejufdem VANIERII Prædium Rufticum. *Parifiis*, Bordelet, 1746, *in*-12.

1800. Ejufdem Prædium Rufticum. *Parifiis*, Barbou, 1774, fig. *in*-8°. v. m. d. f. tr.

1801. Ejufdem VANIERII Opufcula. *Parifiis*, Simon, 1730, *in*-12.

1802. Les Eclipfes, Poëme en fix chants; par M. l'Abbé BOSCOVICH, trad. en Fr. par M. l'Abbé DE BARRUEL. *Paris*, Valade, 1779, *in*-4°. v. m. d. fur tr.

POÈTES MACARONIQUES.

1803. ANT. DE ARENA, Provençalis de Bragardiffima villa, de Soleriis ad fuos Compagnones, qui funt de perfonna friantes, baffas, danfas & branlos practitdantes, nouvellos perquam plurimos mundat. *Londini*, 1758, *in*-12. baf.

> On fait que la Poéfie Macaronique, que Merlin Cocaie rendit cé-lebre en Italie, confifte à enfiler confufément des mots moitié latins, moitié françois, moitié provençaux, & d'en faire un mélange d'un goût barbare. Ant. d'Arena ou Du Sable, nâquit à Souliers, dans le Diocèfe de Toulon, & mourut en 1544, étant juge de S. Remi près d'Arles. Les Poéfies de la Sable, que nous annonçons, ont toujours été fort eftimées, ce qui en a occafionné plufieurs réimpreffions faites en différens tems tant en lettres gothiques qu'autrement : on fait affez de cas de toutes les éditions antérieures à celle de 1670, à laquelle les curieux donnent la préférence, tant à caufe de fa rareté que par ce qu'elle eft plus complette que celles qui l'ont précédée ; Moreri pré-tend que Aréna ne s'eft jamais appellé Sablon, non plus que de la Sable. L'édition de 1670, a été vendue chez M. le Comte de Hoym, 20 liv. prix hiperbolique.

POETES FRANÇOIS.

Réflexions fur la Poéfie Françoife, Collections & extraits des Poètes François.

1804. Réflexions fur la Poéfie en général, avec trois lettres fur la Décadence du Goût en France; par M. REMOND de St. MARD. *La Haye*, C. de Rogiffart. 1734, *in*-12. baf.

1805. Inventaire général de la Muse Normande, divisée en 28 parties, où sont décrites plusieurs Batailles, Assauts, &c. arrivés à Rouen ; par DAVID FERRANT. *Rouen*, 1655, *in*-8°. parch.

1806. Le Parnasse des plus excellens Poëtes de ce tems ; par D'ES-PINELLE. *Paris*, Math. Guillemot, 1607, *in*-12, 2 vol.

1807. L'Abeille du Parnasse, ou nouveau choix de pensées, réfléxions, maximes, portraits & caracteres tirés des meilleurs Poëtes François modernes ; par M * * *. *Londres*, 1757, *in* 12, 2 vol.

1808. Annales Poétiques, ou Almanach des Muses, depuis l'origine de la Poésie Françoise. *Paris*, Delalain, 1778 & an. suiv. *in*-12, 20 vol. fig.

1809. Elite de Poésies fugitives. *Londres*, 1764, *in*-12, 3 vol.

1810. — Le même ouvrage, 1769, 5 vol. *in*-12. m. r. d. sur tr.

1811. Encyclopédie Poétique, ou Recueil complet de chef-d'œuvres de Poésie, depuis Marot, &c. jusqu'à nos jours ; donnés par ordre alph. par M. DE GAIGNE. *Paris*, Moutard, 1778, *in* 8°. 15 vol. v. m.

1812. Almanach des Muses. *Paris*, Delalain, *in*-12, 16 vol.

1813. Pieces échapées aux 16 premiers Almanachs des Muses. *Paris*, Duchesne, 1780, *in*-12.

1814. Le Tribut des Muses, ou choix de piéces fugitives tant en vers qu'en prose. *Paris*, Grangé, 1779, *in*-12, br

1815. Recueil des piéces du Régiment de la Calotte. *Paris*, Colombat, 1726, *in*-12.

1816. Le Conseil de Momus, & la revue de son Régiment : Poëme Calotin. *in*-8°. fig.

1817. Recueil de piéces de Poésie, présentées & couronnées à l'Académie Françoise & autres Académ. *in*-4°. & *in*-8°. 6 vol.

Poëtes François jusqu'à Malherbe.

1818. Œuvres de CLÉM. MAROT, Valet de Chambre de François I. avec les Ouvrages de JEAN MAROT, son pere, & ceux de MICHEL MAROT, son fils, & les piéces du différent de CLÉMENT avec FR. SAGON. *La Haye*, Gosse, 1731, *in*-12, 6 vol. bas.

1819. Les Prophéties de MICHEL NOSTRADAMUS, revues & corrigées sur la copie imprimée à Lyon ; par BENOÎT RIGAUDENLAN. 1568, *Troyes*, Duruan, *in*-8°.

1820. Les premieres Œuvres de PH. DESPORTES. *Rouen*, Raph. Du Petitval, 1611, *in*-12. parch.

Poëtes François, depuis Malherbe jusqu'à nos jours.

1821. Poéfies de MALHERBE, rangées par ordre chronologique par A. G. M. Z. *Paris*, Barbou, 1776, *in-12*, veau fauve.

1822. Les Œuvres de SAINT-AMANT. *Rouen*, Boulley, 1642, *in-8°*.

1823. Quatrains de PIBRAC. *in-8°*. baſ.

1824. Les Œuvres de M. DE BENSERADE. *Paris*, Defercy, 1697, *in-12*, 2 vol. v. m.

1825. Recueil de pieces Galantes, en profe & en vers, de M^d la Comteſſe DE LA SUZE & de M. PELISSON. *Lyon*, Boudet, 1695, *in-12*, 4 vol. v. m.

1826. Œuvres diverſes de M. DE LA FONTAINE. *Paris*, Piſſot, 1774, *in-12*, 4 vol. v. m.

1827. Les mêmes Œuvres. *Paris*, 1729, 3 vol. v. m.

1828. Contes & Nouvelles, mis en vers par M. DE LA FONTAINE. *Amſterd.* 1732, *in-12*, 2 vol. v. m.

1829. Les mêmes Contes & Nouvelles; par le même. *Londres*, 1743, *in-12*, 2 vol. v. m.

1830. Poéfies diverſes du même. *Paris*, 1671, *in-12*, 3 vol.

1831. Contes & Nouvelles en vers; par MM. *de la Fontaine, de Voltaire, Vergier, Senécé, Perrault, Moncrif*, le P. *Ducerceau, Grecourt, Autereau, S. Lambert, Champfort, Piron, Dorat, la Monnoye & François de Neufchateau.* Londres, 1778, *in-12*, 4 vol. fig. v. m. d. ſ. tr.

1832. Œuvres de N. BOILEAU DÉPRÉAUX, avec des éclairciſſements hiſtoriques donnés par lui-même. *Genève*, Fabri, 1716, 2 vol. *in-4°*. fig.

1833. Les mêmes Œuvres de BOILEAU DÉPRÉAUX, avec des éclairciſſements donnés par lui-même, nouvelle édition publiée par DAVID MORTIER, enrichie de fig. gravées par B. Picart le Romain. *La Haye*, Goſſe, 1729, *in-fol.* 2 vol. v. f.

1834. Les mêmes Œuvres, avec des éclairci ſſements. *Paris*, B. Alix, 1735, *in-12*, 2 vol.

1835. Œuvres diverſes du même, avec un traité du fublime & du merveilleux, traduit du Grec de LONGIN. *Paris*, 1764, *in-4°*.

1836 *. Les mêmes Œuvres du même. *Paris*, 1678, *in-12*.

1836. Les mêmes Œuvres. (Londres), *Paris*, Valade, 1780, *in-12*, 2 vol. v. m. d. ſ. tr.

1837. Œuvres de Madame & Mlle DESHOULIERES, avec leur éloge hiſtorique. *Paris*, David, 1747, *in-12*, 2 vol.

1838. Les mêmes. (Londres) *Paris*, Valade, 1780, 2 vol. *in-12*, v. m.

1839. Œuv. & Poéfies diverſes de M. l'Abbé de CHAULIEU, & de M. DE LA FARRE. *Amſterdam*, Zach. Chatelain, 1740, *in-8°*.

1840. Les mêmes, d'après les manufc. de l'Auteur. *La Haye*, Goffe, 1777, petit *in-12*, 2 vol. v. m. d. fur tr.

1841. Œuvres diverfes de J. B. ROUSSEAU. *Londres*, Tomfon, 1723, *in-4°*. 2 vol. baf.

1842. Les mêmes. *Paris*, Didot, 1743, *in-12*, 4 vol.

1843. Les mêmes. *Amfterdam*. 1759, *in-12*, 3 vol.

1844. Les mêmes, nouvelle édit. *Londres*, 1758, *in-12*, 4 vol.

1845. Les mêmes, contenant fes Odes facrées de l'édition de Solence. *Roterdam*, Fritfch, 1720, *in-12*, 2 vol. avec fig.

1846. Œuvres de VERGIER. (Londres) *Paris*, Valade, 1780, *in-12*, 3 vol. v. m. d. fur tr.

1847. Œuv. diverfes du fieur D * * *. avec un recueil de poéfies choifies, par M. DE B * * *. *Amfterd*. Bohm, 1714, *in-12*, 2 vol.

1848. Œuv. diverfes de M. ROY, contenant des Eglogues & des pieces mêlées, avec des réflexions fur l'Eglogue. *Paris*, Robuftel, 1727, *in-8°*.

1849. Œuv. de RACINE fils. *Paris*, Deffaint, 1747, *in-12*, 5 vol.

1850. Œuv. diverfes de GRÉCOURT. *Amfterd*. Mortier, 1746, *in-12*, 4 tom. en 2 vol.

1851. Œuv. du même, *Amfterd*. 1775, *in-12*, 4 vol. fig.

1852. Les mêmes Œuv. (Londres) *Paris*, Valade, 1780, *in-12*, 4 vol. fig. v. m. d. fur tr.

1853. Œuv. de DÉSMAHIS, avec fon éloge hiftorique ; par M. DE TRÉSSÉOL. *Paris*, Humblot, 1778, *in-12*, 2 tom. en 1 vol.

1854. Le Bonheur, Poëme ; par HELVETIUS. *Londres*, 1773, *in-12*.

1855. Recueil de Poéfies, ou Œuvres diverfes de PIRON. *Laufanne*, 1773, *in-12*. v. m.

1856. Œuvres complettes de M. BERNARD. (Londres) *Paris*, Valade, 1780, *in-12*, v. m. d. fur tr.

1857. L'Art d'aimer & autres Poéfies ; par le même. *Paris*, Le Jay, 1775, *in-8°*.

1858. Le même Ouvrage. 1745, *in-8°*.

1859. Le même. Londres, 1759, *in-8°*. fig.

1860. Œuvres de GRESSET. *Londres*, Ed. Kermaleck, 1755, *in-12*, 2 vol.

1861. Les mêmes Œuvres. (Londres) *Paris*, Valade, 1780, 2 vol. fig. v. d. f. tr.

1862. Le Vice puni, ou Cartouche, Poëme ; par VOLTAIRE. *Paris*, Prault, 1716, *in-12*, fig.

1863. La Henriade ; par le même, avec les variantes, & un effai fur le Poëme Epique, avec une préface par M. *de Marmontel*. Amfterd. l'Honoré, 1759, *in-12*, fig. v. m.

1864. Commentaire fur la Henriade ; par feu M. DE LA BEAUMELLE, reuvu & corrigé par FRERON. (Berlin) *Paris* , le Jay , 1775 , *in-*4°.

1865. Septieme Lettre à M. de Voltaire , ou entretiens fur le Poëme Épique , relativement à la Henriade ; par M. CLÉMENT. (La Haye) *Paris* , Moutard , 1775 , *in-*8°. br.

1866. Poëmes , Épîtres & autres Poéfies de M. DE VOLTAIRE. (Londres) *Paris* , Valade , 1779 , *in-*12 , v. m. d. f. tr.

1867. Contes & Poéfies diverfes du même. (Londres) *Paris* , Valade , 1780 , *in-*12 , v. m. d. fur tr.

1868. Les Hommes de Promethée , Poëme. *Paris* , le Jay , 1775 , *in-*8°.

1869. La Colombiade , ou la Foi portée au nouveau Monde , Poëme par Mde DU BOCAGE. *Paris* , Deffaint , 1756 , *in-*8°. br.

1870. Œuvres complettes de M. le C. DE B * * *. (Londres) *Paris* , Valade , 1779 , *in-*12 , 2 vol. v. m. d. fur tr.

1871. Poéfies diverfes de fociété ; par M. de L* * *. *Londres* , Compagnie , 1767 , *in-*12. fig.

1872. Les Loifirs de M. de C* * *. *La Haye* , Neaulme , 1769 , *in-*12 , 2 vol.

1873. Effais de Poéfies légeres. *Genève* , 1775 , *in-*12.

1874. Mélange de Poéfies fugitives , & de Profe fans conféquence ; par Mme. la Comteffe de * * *. (Amfterdam) *Paris* , Delalain , 1776 , *in-*8° , 2 vol. avec fig.

1875. Mélanges de Poéfies & de Profe ; par Madame la Comteffe de Vidampierre. (Londres) *Paris* , 1777 , *in-*12.

1876. Poéfies Erotiques ; par M. le Chevalier de Parny. *A l'Ifle de Bourbon* , 1778 , *in-*8°. br.

1877. Poéfies diverfes de M. D* * *. *Paris* , 1778 , *in-*12 , br.

1878. L'Agriculture , Poëme ; par M. ROSSET. *Paris* , de l'impr. Royale , 1774 , *in-*4°. avec fig. m. r. d. f. tr.

1879. Le même Ouvrage. *Paris* , 1774 , *in-*12 , m. r. d. f. tr.

1880. Poéfies diverfes ; par M, le Chevalier de BONNAFOS DE LA TOUR. *Metz* , J. Antoine , 1778 , *in-*8°.

1881. Contes & Nouvelles ; par M. WILLEMAIN D'ABANCOURT. (Londres) *Paris* , Cellot , 1778 , *in-*8°. br.

1882. Guillaume de Naffau , ou la Fondation des Provinces-Unies , Poëme épique ; par M. BITAUBÉ , de l'Académie des Belles-Lettres de Berlin. *Paris* , Prault , 1775 , *in-*8°.

1883. L'Eloquence , Poëme Didactique , en fix chants ; par M. l'Abbé DE LA SERRE. *Lyon* , Faucheux , 1778 , *in-*8°. br.

1884. Jumonville , Poëme ; par M. THOMAS , de l'Acad Franç. Prof. en l'Univ. de Paris. 1759 , *in-*8°. br.

1885. Nouveaux amufemens Poétiques. *Londres,* 1744, *in-12*, br.

1886. La Chandelle d'Arras, Poëme héroï-comique, en dix-huits chants. *Londres,* 1774, *in-12.*

1887. Van Brock, ou le petit Roland, Poëme héroï-comique. (Biringham) *Bruxelles,* Flon, 1776, *in-8°.* br.

1888. Louis XIV, ou la Guerre de 1701, Poëme en 15 chants; par DE VIXOUZE, Lieutenant particulier au Préfidial d'Airallac. (La Haye) *Paris,* veuve Duchêne, 1778, *in-8°.* fig.

1889. Les Quatre-Heures de la Toilette des Dames, Poëme Érotique en quatre chants; par M. FAVRE. *Paris,* Baftien, 1779, *in-8°.* br. fig.

1890. Didon à Enée ; par M. DU CERCEAU. *Paris,* Dufour, 1777, *in-8°.* piéce.

1891. Lettre de Barnevel à Julie fon Amante, ou le Fanatifme de l'Amour ; par M. de SAINT-HUBERT. (Londres) *Paris,* Lefprit, 1777, *in-8°.* br.

1892. Romances de BERQUIN. *Paris,* Ruault, 1776, *in-12*, fig. v. m. d. f. tr.

1893. Journée de l'Amour, ou Heures de Cithere. *A Gnide,* 1776, *in-8°.* fig.

1894. Les Bienfaits du Sommeil, ou les quatre Rêves accomplis. *Paris,* Brunet, 1777, *in-12*, fig.

1895. Les Quatre Parties du Jour, Poëme en vers libres, imité de l'Allem. de ZACHARIE; par M. l'Abbé ALEAUME. *Paris,* Leprieur, 1773, *in-8°.*

1896. Le Rhinoceros, Poëme en profe, divifé en fix chants; par Mlle de * * *. 1750, *in-8°.* br.

1897. Hymne au Soleil; par M. l'Abbé DE REYRAC, Cenfeur-Royal. nouv. édit. *Paris.* Lacombe, 1777, *in-12.*

1898. La même ; par le même. *Paris,* Lacombe, 1778, *in-12.* v. f.

1899. — La même. *Orléans,* Couret de Villeneuve, 1779, br.

1900. — La même. *Orléans,* Montau, 1780, *in-12*, v. f. d. f. t.

1901. — La même trad. en vers latins ; par M. l'Abbé METIVIER, Chanoine de l'Eglife d'Orléans. *Orléans,* Villeneuve, 1778, *in-12*, v. m.

1902. Voyage de Bourgogne à M. * * *. en profe & en vers. *Paris,* 1777, *in-12*, Piéce.

1903. Les trois Chiens, Conte en vers. *Paris,* Lefclapart, 1722, *in-8°.*

1904. Épîtres par WILLEMAIN D'AUBANCOURT. (Laufanne) *Paris,* Cellot, 1780, *in-8°.* br.

1905. Les Mois, Poëme en douze chants ; par M. Roucher. *Paris,* Quillau, *1779, in-12*, 4 vol. br.

1906. Origine des Graces ; par Mlle * * *. *Paris,* 1777 , *in-8°.* fig.

1907. Recueils de Poésies diverses, comme Poëmes, Odes, Épîtres, Chansons, &c. *in-4°. in-8°. & in-12,* 4   vol. d. rel.

Poetes François qui ont traité des sujets de Piété.

1908. Poésies Chrétiennes d'Ant. Godeau , Evêque de Grace. *Paris,* Pierre Lepetit, 1654 , *in-12.*

1909. Les Grandeurs de Jésus-Christ, & de la très-Sainte Vierge; par M. de Mont-Fleury. *Bayeux* Gab. Briard. 1752 , *in-8°.* avec fig.

1910. La Religion, Poëme ; par M. Racine. *Paris ,* J. B. Coignard. 1742 , *in-8°.*

1911. Le même Poëme ; par le même. *Amsterdam ,* Marc Michel Rey. 1766 , *in-12.*

1912. l'Eglise des Invalides, Poëme; par de Bellocq. *Paris ,* Brunet. 1702 , *in-fol.* fig. piece.

1913. La Grandeur de Dieu dans les Merveilles de la Nature, Poëme ; par M. Dulard, *Paris,* Dessaint, 1750, *in-12.*

1914. Poésies Sacrées de M. le Franc de Pompignan, divisées en quatre livres. *Paris,* Chaubert 1751 , *in-8°.* avec fig.

1915. Les Noces Patriarchales, Poeme en prose en cinq chants. (Londres) *Paris ,* Quillau , 1777 , *in-12 ,* br.

1916. L'Héroïsme de l'Amitié : David & Jonathas : Poëme en quatre chants; par M. l'Abbé Bruté, Censeur Royal. *Paris ,* Estienne. 1776 , *in-12.*

1917. Augustin , Poëme en cinq chants. 1757 , *in-12,* br.

1918. Le Triomphe de la Religion, ou le Sacrifice de Madame Louise de France, Poëme ; par l'Abbé de Morveau. *(* Londres *) Paris,* Musier 1774, *in-8°.*

1919. Le Sacre de Louis XVI. Ode par M. Havé, Avocat en Parlement. Piéce.

1920. Poésies tirées des saintes Écritures; par M. de Reyrac, Chanoine régulier. *Paris ,* Delalain 1770 , *in-8°.* m. r. d. sur tr.

POÉTES ITALIENS.

INTRODUCTION A LA POÉSIE ITALIENNE.

COLLECTIONS ET EXTRAITS DES POËTES ITALIENS.

Poëtes Italiens, par ordre Chronologique.

1921. Le Génie de la Littérature Italienne. (Florence) *Paris,* Chaubert, 1760, *in-12.* br.

1922. Lettres fur la Littérature & la Poéfie Italienne ; traduites de l'Italien. (Florence) *Paris,* Cailleau, 1778, *in-8°.* br.

1923. Stanze di diverfi Aultori. *In Venegia,* app. i Gioiti, 1580, *in-12,* parch.

1924. Le Rime del PETRARCHA, cum, annotaz. di M. BEMBO. *In Lyone,* Rovillio, 1558, *in-12.* parch.

1925. E. Canzoni di medefim. *in-32.* parch.

1926. Le Génie de PETRARQUE, ou imitation, en vers François, de fes plus belles Poéfies, précédé de la vie de cet homme célebre. *Paris,* Lacombe, 1778, *in-8°.* dem. rel.

1927. Arcadia di M. JACOPO SANNAZARO, con la vita del l'Autore. *In Venetia,* Ant. Ferrari, 1581, *in-12.*

1928. Orlando furiofo, di M. LOD. ARIOSTO, ornato di varie fig. *In Venegia,* Ferrari, 1550, *in-8°.*

1929. Il medefimo Orlando Furiofo. *In Venetia,* Vulgrifi, 1566, *in-8°.* fig.

1930. *Ibid.* Orlando Furiofo. *In Venetia,* Mifferino, 1617, *in-8°.* fig.

1931. *Ibid.* Orlando Fur. 1653, Milœchi, *in-8°.* fig.

1932. Roland Furieux, Poeme héroïque de L'ARIOSTE; traduit de l'Italien par M. MIRABEAU. *Amfterdam,* Compagnie, 1756, *in-12,* 4 vol. v. m.

1933. Le même, traduit en François par M. D'USSIEUX. *Paris,* Brunet, 1775, *in-4°.* 2 vol. avec de belles fig. m. r. d. f. tr.

1934. Le même traduit en François, par M. CAVAILHON. *Paris,* veuve Duchefne, 1777, *in-12,* 3 vol. veau marb.

1935. Le Rime di M. LOD. ARIOSTO ; Sonetti, Canzoni, Madrigali, Stanze, &c. *In Venegia,* 1546, *in-8°.*

1936. Rime & Satire del Medefim. *In Venegia,* Boufadino, 1592, *in-12.*

E e

1937. Opere varie di Medefimo. *Parigini*, Lambert, *1776*, *in-12*, 3 vol.

1938. Rime di Lod. Domenichi. *In Venegia*, Gabr. Giolito de Ferrari, 1544, *in-8°*.

1939. Dialogi Amorofi M. Lud. Dominichi, *in-12*. parch.

1940. La Jérufalemme Liberata, di Torquato Tasso, con le fig. di Bern. Castello. In Gen. 1617, *in-fol*. baf.

1941. La Medefina, Gierufalemme liberata. *Parigis*, Prault, 1744, *in-12*, 2 vol. v. m.

1942. Rime e Profe del Medefim. (*Vafal*) 1586, *in-12*.

1943. Jérufalem délivrée, Poëme héroïque du Tasse, trad. en Franç. par Mirabeau. *Amfterdam*, Riekoff, 1756, *in-12*, 2 tom. en 1, vol. v. m.

1944. — La même, trad. nouvelle. *Paris*, Mufier fils, 1774, *in-8°*. 2 vol. fig.

1945. — La même. Traduct. nouv. (Londres) *Paris*, Valade, 1780, *in-12*, 2 vol. v. m. d. f. tr.

1946. La Secchia Rapita, Poëme héroï-comico, di Tassoni. *Parigi*, Dubray, 1622, *in-12*.

1047. Le Seau enlevé, Poëme héroï-fatiro-comique, trad. de l'Italien du Tassoni. *Paris*, Leprieur, 1759, *in-12*, 3 vol.

1948. Il Romulo, del fig. Marchese Virgilio Malvezzi. *In Venetie*, 1635, *in-12*, parch.

1949. Opere del fign. Co. D. Fulvio Testi. *In Bologna*, *in-12*,

1950. Il Conquifto di Granata ; del fig. Girolamo Gratiani, con gli argumenti, del Fl. Calvi. *In Madona*, Soliani, 1650, *in-4°*. baf.

1951. Parapapilla, Poëme en 5 chants, trad. de l'Ital. *Florence*, 1776, *in-12*, piéce.

1952. Les Nuits Clémentines, Poëme en 4 chants, fur la mort de Clément XIV ; par D. Giorgi Bertola, trad. libre de l'Ital. avec le Poëme original. *Paris*, Lottin, 1778, *in-12*, v. m.

1953. Les Quatre Parties du Jour à la Ville, trad. libre de l'Ital. de l'Abbé Parini. (Milan) *Paris*, Dorez, 1777, *in-12*, br.

POETES ESPAGNOLS ET PORTUGAIS,

ALLEMANDS, RUSSES, ANGLOIS, &c.

1954. Les Jeux de Calliope, ou Collection de Poëmes Anglois, Italiens, Allemands & Efpagnols, en deux trois & quatre chants (Londres). *Paris*, Ruault, 1777, *in-12*, b.

1755. L'Alcalde de Zalamea du Théatre Espagnol de Don PEDRO CALDERON DE LA BARCA, Drame en cinq actes & en profe. (Madrid) *Paris*, Robin, 1778, *in*-8°. br.

1956. Poéfies de M. HALLER, traduites de l'Allemand. *Berne*, la Société, 1775, *in*-8°. fig.

1957. Œuvres complettes de GESNER. *Londres*, *in*-12, 1780, 3 vol. v. m. d. fur tr.

1957. Les mêmes Œuvres. *Paris*, 1780, *in*-4°, fig.   vol.

1958. La Mort d'Abel, Poëme en cinq chants, traduit de l'Allemand de M. GESNER ; par M. HUBER, *Amflerdam*, J. H. Schueides, 1760, *in*-12.

1959. Idylles & Poëmes champêtres de M. GESNER, traduit de l'Allemand par M. HUBER, *Lyon*. J. MAR. Bruyfet, 1762, *in*-12 , avec fig.

1960. Hymne à Catherine II, Impératrice de Ruffie; traduit du Ruffe de M. de VARCLOW, par M. CHALUMEAU, Gentilhomme. *Paris*, Thibout, 1777, *in*-8°, piéce.

1961. Paradis perdu de MILTON, Poëme héroïque, trad. de l'Anglois avec des remarques par DUPRÉ. *Paris*,1729,*in*-12, vol.

1962. Le même Paradis perdu, par le même. *Paris*, Saneau, 1743, *in*-12, 3 vol.

1963. Le même. Trad. par M. l'Abbé le ROI. *Rouen*, Machuel, 1775, *in*-8°, 2 vol.

1964. Le même , traduit en François par M. BEAULATON. *Montargis*, CL. Lequatre, 1778, *in*-8°.

1965. Le Paradis reconquis; par MILTON, traduit en François. *Paris*, 1730, *in*-12.

1966. Le Paradis Terreftre, Poëme imité de MILTON; par Madame DU BOCAGE. *Londres*, 1760, *in*-8°. fig.

1967. Effai fur l'Homme; par ALEX. POPE, traduct. Franc. avec l'original Anglois, à côté, en profe par S ***. édit. donné par MARC - MICH. BOUSQUET. *Laufanne*, Boufquet, 1745, *in*-4°, avec de belles fig. mar. r.

1968. Les principes de la Morale & du Goût , traduit de l'Anglois de POPE, avec l'Effai fur l'Homme, par M. l'Abbé DU RESNEL. *Paris*, le Mercier, 1737, *in*-8°, v. f.

1969. Les Nuits D'YOUNG, traduites de l'Anglois par M. LE TOURNEUR ; & autres Œuvres D'YOUNG. *Paris*, le Jay, 1770, 4 vol. *in*-8°. avec fig. v. m.

1970. Méditations D'HERVEY, traduites de l'Anglois par M. LE TOURNEUR. *Paris*, le Jay, *in*-8°, v. m.

1971. Les Saifons, Poëme traduit de l'Anglois de THOMPSON,

(Londres) *Paris*, Valade, 1780, *in-12*, fig, v. m. d. f. tr.

1972. Témora, Poëme Epique en 8 chants compofé en Langue Erfe, ou Gallique; par Ossiam, fils de Fingal, traduit d'après l'édition Angloife de Macpherson, par M. le Marquis de S. Simon, *Amfterdam*. D. J. Changuion, 1774. *in-8°*, v. m.

THÉATRE.

INTRODUCTION,

OU

TRAITÉ SUR L'ART DU THÉATRE.

1973. Hiftoire Univerfelle des Théatres. *Paris*, 1780, *in-8°*. 10 vol. veau marb.

1974. Hiftoire & abrégé des ouvrages Latins, Italiens & François, pour & contre la Comédie & l'Opéra, 1698, *in-12*. baf.

1975. La pratique du Théatre, par M. Hedelin, Abbé d'Aubignac. *Paris*, Sommaville, 1657, *in-4°*. baf.

1976. De la Réformation du Théatre, par Louis Ricoboni, 1743, *in-12*, broché.

1977. Les Caufes de la Décadence du Théatre, & les moyens de le faire refleurir, extrait de l'art de la Comédie, *in-8°*, piéce.

1978. La Littérature renverfée, ou l'art de faire des piéces de Théatre fans paroles; avec un traité du gefte, &c. & l'art de fe louer foi-même d'après les principes de M. Lin ***, (Berne) *Paris*, 1775, *in-8°*. piéce.

1979. Lettres fur les Spectacles, avec une hiftoire des ouvrages pour & contre les Théatres, par M. Desprez de Boissy, *Paris*, Butard, 1774, *in-12*, 2 vol. v. m.

1980. Lettre fur le Drame, à M. P ***. (Amfterdam), *Paris*, 1774, *in-8°*, piéce.

1981. De la fenfibilité par rapport aux Drames, aux Romans, & à l'éducation, par M. Mistelet. (Amfterdam) *Paris*, Mérigot, 1777, *in-8°*, br.

POETES GRECS ET LATINS.

Dramatiques.

1982. Euripidis Tragediæ in lat. tranfl. ftud. G. B. Scotto, *Parifiis*, M. Vafcof, 1544, *in-8°*, baf.

1983. M. A. Plauti Comœdiæ, cum notis variorum, ed. Jo. Frid. Gronovio, *Lugd. Batav.* Hack. 1664, *in-8°*, baf.

1984. Ejufdem Plauti Comœdiæ, ed. Jo. Capperonier, *Parifiis*, Barbou, 1769, *in-12*, 3 vol. cum fig. v. m. d. fur tr.

> On doit à M. Capperonier, la perfeɛtion de cette Édition, qui eft fans contredit une des plus belles de cette Colleɛtion ; chaque volume eft décoré d'un frontifpice & d'une vignette, gravés d'après les deffeins d'Éifen. On y a joint un Catalogue des principales Éditions de cette Auteur.

1985. P. Terentii. Comœdiæ, cum Comment. Donati Rob. Stephani, 1536, *in-fol.* dem. r.

1986. — Ejufdem, cum notis Variorum ed. Corn. Schrevelio, *Lugd. Batavorum*, apud Franc. Hackium, 1657, *in-8°*. baf.

1987. — Ejufdem, cum annotationibus Jo. Bocelari, *Argentorati*, 1657, *in-8°*. baf.

1988. — Ejufdem, *Londini*, P. Knapton, 1751, *in-8°*. 2 vol. cum fig. baf.

1989. — Ejufdem, *Lutetiæ Parifiorum*, Jacob Mérigot, *in-12*, 2 vol. cum fig. v. m.

1990. — Ejufdem, cum notis Juvenci. *Parifiis*, J. Barbou, 1777, *in-12*, v. m. d. fur tr.

1991. Comédies de Térence, traduites en François, le Latin à côté, par M. de Sacy, & fuiv. *Paris.* Ofmont, 1673, *in-12.*

2002. — Les mêmes trad. nouv. avec le texte latin à côté & des notes, par M. l'Abbé le Monier. *Paris*, Jombert, 1771, *in-8°*, 3 vol. avec fig. v. m.

2003. L. Annæi Senecæ tragediæ, cum not. Th. Farmab. *Amfterdam*, Job. Blaeu, 1656, *in-12*, baf.

THÉATRE FRANÇOIS.

INTRODUCTION.

2004. Abrégé de l'Hiftoire du Théatre François, depuis fon Origine jufqu'au premier Juin de l'année 1780. par M. le Chev. de Mouhy. *Paris*, Mérigot, 1780, *in-8°*, 3 vol. v. m.

2005. Les Trois Théatres de Paris, ou Abrégé Hiſtorique de l'établiſſement de la Comédie Françoiſe, de la Comédie Italienne & de l'Opéra; avec un Précis des Loix, Arrêts, Réglemens & uſages qui concernent chacun de ces Spectacles, par M. DES ESSARTS, Avocat au Parlement. *Paris*, Lacombe, 1777, *in* 8°. v. m.

2006. Recueil des Principaux Titres concernant l'Acquiſition de l'Hôtel de Bourgogne, par la Confrairie de la Paſſion, & autres piéces à l'encontre des Comédiens ſoi-diſant du Roi, accuſant ladite Confrairie d'Uſurpation. *Paris*, 1632, *in*-4°. baſ.

Collections de Poëmes Dramatiques de différents Auteurs, propres à nos trois Spectacles.

2007. Chef-d'Œuvres Dramatiques, ou Recueil des meilleures Piéces du Théâtre François, Tragique, Comique, & Lyrique; avec des diſcours préliminaires ſur les trois genres, & des remarques ſur la Langue & le Goût. par M. MARMONTEL. *Paris*, Grangé, 1773, *in*-4°,   vol. m. r. d. ſ. tr.

2008. Recueil des meilleures piéces Dramatiques faites en France, depuis Rotrou juſqu'à nos jours, ou Théâtre François. *Lyon*, Grébit, 1780, *in*-8o,   vol. v. m.

2008. Journal ou Recueil des Spectacles repréſentés devant leurs Majeſtés, ſoit à Verſailles à Fontainebleau & autres lieux, années 1764, 1765, 1769, 1770, 1771, 1772, 1773, 1774, 11   vol. *in*-8o. v. Ec.

Collections des Œuvres des Poëtes Dramatiques François, par ordre chronologique.

2009. Mes Récréations Dramatiques; par M. TRONCHIN. *Geneve*, J. P. Bonnant, 1779, *in*-8o, 4 vol. v. m.

2010. Théatre complet de P. SCARON, Édit. augmentée d'une Comédie qui n'a jamais été imprimée dans ſes Œuvres (La Haye) *Paris*, Ducheſne, 1775, *in*-12, 3 vol. v. m.

2011. Les Œuvres de MONTFLEURY. *La Haye*, Kieboom, 1735, *in*-12, 2 vol. avec fig. baſ.

2012. Théatre de Mrs. de MONTFLEURY, pere & fils. *Paris*, Ducheſne, 1775, *in*-12, 4 vol. v. m.

2013. Œuvres de MOLIERE. *Paris*, David, 1749, *in*-12, 8 vol. avec fig. v. m.

2014. Les mêmes Œuvres de MOLIERE, avec des remarques Grammaticales, des avertiſſemens & des obſervations ſur chaque

BELLES - LETTRES. 217

Piéce, par M. le Bret. *Paris*, 1773, *in-8°. 6* vol. avec fig. v. m.

2015. Le Théatre de P. Corneille. *Paris*, David, 1747, *in-12*, 7 vol. baſ.

2016. Le même Théatre de Pierre Corneille, avec des Commentaires par M. de Voltaire. *Geneve*, 1764, *in-8°*, 12 vol. fig. v. f. d. ſur tr.

2017. Poëmes Dramatiques de Thomas Corneille. *Paris*, Aug. Beſergue, 1692, *in-12*, 5 vol. baſ.

2018. Obſervations ſur le Cid. *Paris*, 1637, *in-12*. baſ.

2019. Œuvres de J. Racine. *Paris*, Prault, 1736, *in-12*, 2 vol. vol. avec fig. v. m.

2020. Les mêmes. Œuvres de Jean Racine avec des Commentaires par M. Luneau de Boisjermain. *Paris*, Cellot, 1768, *in-8°*, 8 vol. avec fig. mar. d. ſur tr.

2021. Les Œuvres de M. Regnard. *Paris*, P. Ribou, 1731, *in-12*, 2 vol. baſ.

2023. Œuvres de Théatre de le Sage. *Paris*, Ducheſne, 1774, *in-12*. 2 vol. v. m.

2024. Œuvres de M. de Campistron, de l'Académie Françoiſe. *Paris*, Compagnie, 1750, *in-12*, 3 vol. v. m.

2025. Les Œuvres de Théatre de M. Dancourt. *Paris*, Aſſociés, 1760, *in-12*, 12 vol. v. m.

2026. Œuvres de M. de la Grange-Chancel. *Paris*, Aſſociés, 1758, *in-12*, 5 vol. v. m.

2027. Théatre de Destouches, *La Haye*, 1725, *in-12*. 2 vol. baſ.

2028. Œuvres du même. *Amſterdam*, Merkus, 1763, *in-12*, 10 vol. v. m.

2029. Œuvres de Nivelle de la Chauſſée, de l'Académie Françoiſe. *Paris*, 1777, *in-12*, 5 vol. veau marb.

2030. Œuvres de M. de Boissy, contenant ſon Théatre François & Italien. (*Amſterdam*) *Berlin*, Jean Neaulme, 1758, *in-12*, 4 vol. v. m.

2031. Œuvres de M. de Crébillon, de l'Académie Françoiſe. *Paris*, de l'Imprimerie Royale, 1750, *in-4°*. 2 vol. veau marb.

2032. Les mêmes Œuvres. *Paris*, Charbert, 1754, *in-12*, 3 vol. veau marb.

2033. Œuvres de M. Vadé. *La Haye*, P. Goſſe, 1761, *in-12*, 4 vol. veau marb.

2034. Œuvres d'Alexis Piron, avec des figures de Cochin. *Paris*, Ducheſne, 1758, *in-12*, 3 vol. veau marb.

2035. Les mêmes Œuvres, publiées par M. Rigolay de Juvigny. *Paris*, Lambert, 1776, *in-8°*. 6 vol. mar. r. d. ſ. tr.

2036. Les Œuvres de Théatre de SAINT-FOY. *Paris*, 1748, *in-12*, 2 vol. veau marb.

2037. Les mêmes Œuvres de Théatre. *Paris*, Imprimerie Royale, 1774, *in-12*, 3 vol. veau marb.

2038. Œuvres de COLARDEAU, de l'Académie Françoise. *Paris*, Balard, 1779, *in-8°*. 2 vol. fig. veau marb.

2039. Théatre de M. FAVART. *Paris*, Prault, 1746, *in-8°*. 2 vol. veau marb.

2040. Œuvres de Théatre de M. DE VOLTAIRE. *Amsterdam*, Fr. Canut. Richoff. 1764, *in-12*, 5 vol. avec fig. v m.

2041. Les mêmes Œuvres de Théatre. *Paris*, 1767, *in-12*, 7 vol. veau marb.

2042. Théatre de M. LE BRET, des Académies de Dijon & de Nançy. *Paris*, Leclerc, 1778, *in-8°*, 2 vol. veau marb.

2043. Opuscules Dramatiques, ou *nouveaux Amusemens de Campagne*; par M. DE SACY. *Paris*, Demonville, 1778, *in-8°*. 2 vol. dem. rel.

2044. Théatre de société. (La Haye) *Paris*, Gueffier, 1777, *in-12*. 3 vol. m. r. d. sur tr.

2045. Œuvres de M. PALISSOT. *Liége*, Cl. Plompteux, 1777, *in-8°*, 6. vol. avec fig. veau marb.

2046. Proverbes Dramatiques. *Paris*, Le Jay, 1774, *in-8°*, 2 vol. veau marb.

THÉATRE FRANÇOIS.

Poëmes Dramatiques séparément, par ordre alphabétique.

2047. Théatre François, ou Recueil des meilleures Pieces de Théatre. *Paris*, P. Gaudouin, 1737, *in-12*, 12 vol. baf.

Tragédies.

2048. Recueils où sont contenues les pieces suivantes. Mahomet—Venceslas—Agapit—Le Procès du Sens—Le Vice Puni—Sémiramis—Catilina—Oreste—Samson—Mélanide—Zulica—Les Philosophes—Abeillard—Dom Pedre Roi de Castille. *in-8°*. 5 vol. baf.

2049. *Piéces détachées.* Aben-said—Adelaïde de Hongrie—Amélie—Antipater—les Barmecides—Caliste—Catilina—Cléopatre—Gaston & Bayard—Josephe—les Loix de Minos—Olinde & Sophronie—Pierre le cruel—Rodogune—le Siége de Calais—Timoléon—Titus—Tomyris—Zelmire—

Tragi-Comédies.

Tragi-Comédies.

2050. Le Prince déguifé, Tragi-Comédie ; par M. SCUDERI. *Paris*, 1636 , *in-8°*.

Comédies

2051. Petites Lettres fur les Grands Philofophes , avec l'examen du Fils naturel. *In-12* , piece.

2052. {
Cenie, piece en cinq actes ; par Mde. de D'HAPPONCOURT DE GRAFIGNY. *Paris*, Cailleau , 1751 , fig.
Califte , ou la belle Pénitente , Tragédie imitée de l'Angl. *Paris* , Cailleau , 1750, *in-12* , baf.
}

2053. Le Triomphe de la Vertu , Drame en deux actes & en profe ; comp. par l'Abbé DE SEINE, repréfenté à Bretteville en 1774. Manufc. fur papier, forme *in-4°*. m. r.

2054. Le Jugement de Flore , comédie en un acte & en vers avec un Prologue ; par M. VICTOR-HENRY LE FEVRE , exécutée dans un Couvent de Rouen , le 21 Juillet 1761 , Manufcr. fur papier forme *in-4°*. v. m.

2055. *Pieces détachées* : Albert — l'Amant bourru — le Barbier de Séville — la Brouette du Vinaigrier — M. Caffandre — le Comédien Poete — le Couronnement d'un Roi — la Courfe — les Courtifannes — l'Ecole des Mœurs — l'Égoïfme — Fat-mé — le Fermier reconnoiffant — la Fauffe Peur — Galathée-l'Homme perfonel — l'Impromptu de Campagne — le Juge les Mufes rivales — les Panaches — la Partie de chaffe — le Phi-lofophe — les Prôneurs — le Train de Paris — le Tribunal Do-meftique — le Tuteur — Vénus Pélerine — le Wifch, ou le Loto — Ziman & Zemin. *in-8°*.

THÉATRE DE L'OPÉRA.

Opéra, Ballets , &c. fans diftinction , fous l'ordre alphabétique.

2056. Réflexions fur le merveilleux de nos Opéra François & fur le nouveau genre de Mufique. (Londres) *Paris* , 1774 , *in-8°*.

2057. Suite des Entretiens fur l'état actuel de l'Opéra de Paris. *in-8°*. piece.

2058. Recueil d'Opéra ; les Fêtes de l'Amour — Alcefte — Ifis , & autres pieces. *In-4°*. v. m.

2059. Autre Recueil, Caftor & Pollux , Tragédie : les Élémens , Ballet , & autres pieces dans le même vol. *in-4°*. baf.

F f

2060. *Pieces détachées* : Alexis & Daphné—Amadis de Gaule—
l'Amour & Pfyché — Appelles & Campafpe — Armide — Atys
Céphale & Procris —la Chercheufe d'Efprit —Cithere affié-
gée — Echo & Narcifle — Æglé — l'Enéide — Ernelinde — les
Fêtes d'Hébé—Fragmens d'Euthyme & Lyris —Hellé—Iphi-
génie en Aulide — Iphigénie en Tauride — Mirtile & Lycoris
Ninette à la Cour — la Paix de l'H. Roland — les Romans
Théodore.

Théatre Italien ; Opéra-comique, Comédies & Parodies à Ariettes indiftinctement fous l'ordre alphabétique.

2061. Le Théatre Italien, ou Recueil de toutes les Scenes Françoifes
qui ont été jouées fur le Théatre Italien de l'Hôtel Bourgogne.
Paris, Deluyne, 1694, *in*-12, baf.
2062. Le Théatre de la Foire, ou l'Opéra-Comique ; par MM. le
Sage & Dorneval. *Amfterd.* Chatelain, 1722, fig. 6 vol. baf.
2063. Théatre des Boulevards, ou Recueil de Parades. *Mahon*,
Gil. Langlois, 1756, *in*-12, 3 vol. fig. baf.
2064. *Pieces détachées*: l'Aveugle de Palmyre—la Faufle déli-
catefle —la Faufle Péur—Félix ou l'Enfant trouvé— les Femmes
vengées —Gabrielle de Paffi— Henri IV —l'Heureux Jour —
l'Inconnue perfécutée — la Matinée, la Soirée & la Nuit des
Boulevards— les Nymphes de Diane — l'Olympiade — les Ré-
jouiffances Flamandes — le Retour de la tendrefle —Soliman II.

POETES ITALIENS DRAMATIQUES.

Tragédies, Tragi-Comédies, Paftorales, &c.

2065.
{ Il Paftor fido, Tragi-comedia Paftorale ; del Sig. Caval.
B. Guarini. 1939, *in*-12.
Rime il Medefim ; B. Guarini. 1639.
La Medefima, Tragi-Com. *Parig.* Jolly, 1730, *in*-24,
con fig. baf.

2066. Il Paftor fido ; del Medefim. 1729, *in*-8°.
2067. Auroras de Diana. 1654, *in*-8°.
2068. Opere Drammatiche, del Sig. Ab. Piet. Metastasio.
Venezia, Bettinelli, 1747, *in*-12, 2   vol.
2069. Le Medefim. Opere del Medefim. 1772, *in*-12, 11 vol.

2070. Le Medefim. Opere del Medefim. con fig. *In Parigini*, Hériffant, 1780, *in-8°*, 12 vol. v. m. d. f. tr.

2071. *Recueil de pieces*, Aminta favola, 1596 — la Regia Paf-torella, 1597 — Prigione d'Amore — Mandragola — Clitia — la Danza di Venere — il ladro Cacco, & altr. operet. *In-12*, 3 vol. baf.

2072. { Hippolito, Tragedia di VINC. JACOBILLI. *In Roma*, Facciotto, 1681. Miracolo d'Amore favola Paftorale, del Medefim. *Roma*, Facciotto, 1601, *in-8°*. baf.

2073. La Regina Teano, Tragedia di TIB. GAMBARUTI ALESSAN-DRINO. *Roma*, Zannetti, 1609, *in-8°*. parch.

2074. Rutzvanfiad il Giovine Arcifopra Tragichiffima Tragedia. *Venezia*, Bettinelli, 1737, *in-8°*. con fig.

2075. Aminta Favola Bofcareccia; di TORQ. TASSO, per Abbate ANTONINI. *In Parigini*, appreffo Prault, 1745, *in-12*, fig. La Serva Scaltra operetta in Mufica. 1756, *in-4°*, piece.

THEATRE ANGLOIS.

2076. SHAKESPEAR, traduit de l'Anglois par M. LE TOURNEUR. *Paris*, Duchefne, 1776, *in-4°*. 8 vol. v. éc. d. f. tr.

2077. Difcours fur Shakefpear & fur Voltaire; par M. J. BARETTI. (Londres) *Paris*, Durand, 1777, *in-8°*. br.

2078. Lettres à MM. de l'Acad. Françoife fur la nouvelle trad. de Shakefpear. *In-8°*. piece.

2079. Apologie de Shakefpear, en réponfe à la critique de M. de Voltaire, trad. de l'Anglois de Madame DE MONTAGU. (Londres) *Paris*, Mérigot, 1777, *in-8°*. br.

2080. { A Trompeur Trompeufes & demi, Comédie en trois actes & en vers libres, imitée des Commeres de Wind-for, de Shakefpear; par PORTELANCE. *Mannheim*, 1759. Les Adieux du Goût, Com. en un acte & en vers libres; par MM. PORTELANCE & PATU. *Mannh.* 1759. *in-12*.

2081. Théatre Comique Anglois, ou les Amans réfervés, Coméd. en cinq actes & en profe; par M. STEELE, trad. de l'Angl. *Paris*, Ruault, 1778, *in-8°*. piece.

MYTHOLOGIE.

TRAITÉS DE LA MYTHOLOGIE.

2082. JOAN. BOCCATII de Geneologia Deorum, libri quindecim cum annotationibus J. MICYLLI BASILE ac J. HERNAGIUM. 1532, *in-fol.* veau marb.   F f ij

2083. Dictionnaire abrégé de la Fable, pour l'intel. des Poëtes; par P. Chompré. *Paris*, Saillant, 1757, *in-12*, baf.

2084. La Mythologie & les Fables expliquées par l'Hiftoire; par M. l'Abbé Banier. *Paris*, Briaffon, 1738, *in-12*, 8 vol. v. m.

2085. Nouvelle Hiftoire Poétique & deux Traités abrégés, l'un de la Poéfie & l'autre de l'Éloquence; par M. Hardion, de l'Acad. Fr. *Paris*, Guerin, 1751, *in-12*, 3 vol. v. m.

2086. Le Temple des Mufes, orné de 60 tableaux où font repréfentés les événemens les plus remarquables de l'antiquité fabuleufe, deffinés & gravés par B. Picart le Romain, & accompagnés d'explications & de remarques. *Amfterd.* Z. Chatelain, 1749, *in-fol.* gr. pap. m. r. d. f. r.

Fabuliftes anciens & modernes.

2087. Fr. J. Desbillons Fabulæ, Esopiæ curis pofterioribus omnes fere emendatæ plus quam CLXX novæ. *Parifiis*, Barbou, 1769, *in-12*, v. m. d. f. tr.

2088. Esope en belle-humeur, ou derniere trad. augm. de fes fables en profe & en vers. *Bruxelles*, Foppens, 1693, *in-12*, fig. baf.

2089. Les Fables d'Esope, gravées par Sadeler, avec un difcours préliminaire & les fens moraux en diftiques. *Paris*, Thibouft, 1743, *in-4°.* baf.

2090. Les mêmes Fables mifes en Fr. avec le fens moral, en quatre vers, & des figures à chaque Fable, avec la vie de l'Auteur. *Rouen*, Lallemant, 1760, *in-12.* baf.

2091. Phædri Aug. Liberti Fabularum Efopiarum, libri quinque, cum notis David. Hoogstratani. *Amftelodami*, Halmæ, 1701, *in-4°.* cum. fig. m. r. d. fur tr.

2092. Ejufd. Phœdri Aug. Liberti Fabulæ, ed. Steph. and. Philippe. *Parifiis*, Barbou, 1754, *in-12*, cum fig. v. m. d. f. tr.

> Ce livre eft d'une exécution parfaite, & orné d'un fleuron & de plufieurs vignettes, & culs de lampes, tous relatifs aux Fables de Phedre & d'Avien.

2093. Les Fables de Phedre, Affranchi d'Augufte, trad. en Fr. avec le latin à côté & des remarques; par L. D. M. *Rouen*, Lallemant, 1758, *in-12.*

2094. Les Fables de Pilpay, Philofophe Indien, ou la conduite des Rois. *Paris*, Delaulne, 1698, *in-12.*

2095. Contes & Fables Indiennes de Pilpay & de Lokman,

trad. d'Ali Tchelebi-Ben-Salch , Auteur Turc: Ouvrage commencé par feu M. GALLAND , & fini par M. CARDONNE. *Paris* ,
Simon , 1778 , *in-12* , 3 vol. m. r. d. fur tr.

2096. Fables choifies , mifes en vers par J. DE LA FONTAINE.
Paris , 1678 , *in-12* , 5 vol. v. m.

2097. Les mêmes Fables. *Amfterdam* ; 1730, *in-12*.

2098. Les mêmes , ornées de belles fig. en taille douce gravées fur
les deffeins de *Oudri*. Paris , 1755 — 1759 , *in-fol*. 4 vol. gr. p.
m. r. d. fur tr.

> On a tiré des exemplaires de cet Ouvrage fur trois papiers de
> différentes grandeurs , favoir papier ordinaire , gr. papier & papier
> impérial ou très-grand.
> Les uns & les autres font fort eftimés , mais les curieux donnent ,
> avec raifon la préférence à ceux qui ont été exécutés fur le papier
> Impérial.

2099. Les mêmes Fables DE LA FONTAINE , gravées par Feffard.
Paris , 1765 , *in-8°* , 6 vol. m. r. dor. fur tr.

2100. Les mêmes Fables DE LA FONTAINE. (Londres) *Paris* ,
Valade , 780 , *in-12* , 2 vol. v. m. d. fur tr.

2101. Les mêmes Fables de la FONTAINE , mifes en vers latins
par M. GIRAUD. *Rouen* , Machuel , 1765 , *in-12* , m. r, d. f. t.

2102. Les mêmes Fables en vers latins ; par le même. *Rouen* ,
Leboucher , 1775 , *in-8°*. 2 vol. m. r. d. fur tr.

2103. Fables nouvelles , dédiées au Roi ; par M. DE LA MOTTE ,
de l'Acad. Fr. *Paris* , Dupuis , 1719 , *in-4°*. v. m.

2104. Les mêmes Fables , avec un difcours fur la Fable. *Utrecht* ,
1760 , *in-12* , baf.

2105. Fables nouvelles , par l'Abbé AUBERT. *Paris* , Saillant ,
1761 , *in-12*.

2106. Les mêmes Fables. *Paris* , Moutard , 1774 , *in-8°*. 2 vol.
fig. v. éc.

2107. Fables de DORAT. *Paris* , *in-8°*. 2 vol.

2108. Fables nouvelles , fuivies du Poëme de Pirame & Tysbé ;
par le fieur NIVET DESBRIERES. *Paris* , Baftien , 1777 , *in-8°*. b.

2109. Fables par M. WILLEMAIN D'ABANCOURT. (Amfterdam)
Paris , Cellot , 1777 , *in-8°*. br.

2110. Fables nouvelles , dédiées à Monfeigneur Comte d'Artois ,
par M. DE S. MARCEL. *Paris* , Monory , 1778 , *in-8°*. baf.

2111. Fables dédiées à la Reine , par le Chevalier DE BERANIVILLE.
Paris , Knapen , 1774 , *in-8°*. piéce.

R O M A N S.

COLLECTIONS DE ROMANS.

2112. Bibliothèque univerſelle des Romans, Ouvrage périodique, années 1765 — 1781. *Paris*, Lacombe, 40 vol. *in*-12, m. r. d. ſ. tr.

2113. Bibliothèque de Campagne, ou Amuſemens de l'Eſprit & du Cœur. *La Haye*, Neaulme, 1738, *in*-12, 12 vol. baſ.

2114. Œuvres de Madame DE VILLE-DIEU. *Paris*, Comp. 1721, *in*-12, 12 vol. baſ.

2115. Bibliotheque amuſante. (Londres) *Paris*, Valade, 1781, *in*12, vol. v. m. d. ſur tr.

R O M A N S H É R O I Q U E S.

2116. Les Aventures de Télémaque fils d'Ulyſſe ; par M. DE FENELON, diviſées en dix livres. *Liége*, André Stréel, 1699, *in*-12, 2 vol. baſ.

2117. Les mêmes Aventures de Télémaque. *Paris*, Delaulne, 1730, *in*-4°. fig. baſ.

2118. Les mêmes Aventures de Télémaque, nouvelle édition conforme au manuſcrit original de l'Auteur, & enrichie de figures grav. en tail. d. ſous la direction de B. Picart, par les plus habiles Maîtres. *Leide*, J. Weſtein. *Amſterd*. Chatelain, 1761, *in-fol*. m. r. d. ſur tr.

La meilleure édition & la plus rare de ce Roman eſt de 1734, *in-fol*. elle eſt regardée comme un des plus beaux ouvrages que l'art de l'Imp. ſecondé de celui de la Gravure, ait encore pu mettre au jour.

L'Édition que nous annonçons n'eſt cependant pas ſans mérite, quoiqu'il y ait une grande différence entr'elle & l'original, tant à l'égard de la partie de la Typ. que par rapport à la qualité des épreuves des figures.

Lorſque le Téiémaque parut, la Cour & la Ville ſe déchaînerent contre ſon Auteur, & le Livre fut arrêté dans ſa naiſſance, il n'y avoit encore que 208 pages ſorties de deſſous la Preſſe, lorſque Louis XIV, injuſtement prévenu contre l'Auteur, & qui croyoit voir dans le Livre une ſatyre continuelle de ſon Gouvernement, fit arrêter l'impreſſion de ce chef-d'œuvre, qui tient à la fois du Roman & du Poëme épique, il n'a pas été permis d'y travailler en France tant que ce Prince a vécu. Les malins chercherent des alluſions, & firent des applications, ils virent ce que Fénélon n'avoit peut-être jamais vu ; Madame de Maintenon être reconnue dans Calypſo, Mlle de Fontanges dans Eucharis, la Ducheſſe de Bourgogne dans Antiope, Louvois dans Protéſilas, le Roi Jacques dans Idoménée, Louis XIV dans Séſoſtris. Les Gens de goût, fans s'arrêter à ces illufions imaginées par le défœuvrement & la méchanceté, admirerent dans ce Roman moral toute la pompe d'Homere jointe à l'éloquence de Virgile , tous les agrémens de la Fable réunis à toute la force de la Vérité. François Salignac de Fénélon naquit au Chateau de Fénélon en Quercy, le 6 août 1651 & mourut en 1715, à 63 ans.

2119. Les mêmes Aventures de Télémaque. *Paris*, Aumont, 1762 , *in-8°*. baf.

2120. Les mêmes Aventures mifes en vers par M. H. PELLETIER. *Paris*, Duchefne , 1778. *in-8°*.

2121. Les mêmes Aventures de Télémaque, avec des fig. & le texte gravé. *Paris* , Tillard , 178   *in-fol*.

2122. La Télémacomanie ; par l'Abbé FAYDIT. *Eleuterope* , P. Philelethe , 1700 , *in-12*, baf.

> Critique méprifable du chef-d'œuvre de Fénélon , pleine de notes fingulieres , auffi contraires à la Vérité qu'au bon goût , il faut en excepter fes réflexions contre les Romans. P. Faydit né à Riom en Auvergne , d'abord Prêtre de l'Oratoire , fortit de cette Congrégation en 1671, pour avoir publié un Ouvrage Cartéfien contre la défenfe de fes Supérieurs ; il eut ordre du Roi de fe retirer dans fa patrie , où il mourut en 1709.

2123. Bélifaire ; par M. DE MARMONTEL. *Paris* , Merlin , 1767 , *in-8°*. fig. v. f.

2124. Le même Ouvrage. (*Londres*) *Paris*, Valade , 1780 , *in-12* , fig. v. m. d. f. tr.

Romans hiftoriques pour tous les Pays.

2125. La Saxe Galante. *Amfterdam* , Compagnie , 1734 , *in-12* , 2 tom en 1. vol.

2126. Dom Carlos , nouvelle hiftorique ; par l'Abbé DE S. REAL. *Amfterd*. Commelin , 1673 , *in-12* , baf.

2127. Mylord Courtenay , ou Hiftoire fecrette des premieres amours d'Elifabeth d'Angleterre ; par M. LENOBLE. *Paris* , Brunet , 1697, *in-12*, v. m.

2128. Hiftoire d'Hypolite , Comte de Duglas; par Madame D'AULNOY. *Paris*, 1726 , *in-12* , fig. baf.

2129. La même Hiftoire. *Amfterd*. 1659, *in-12* , baf.

2130. L'Innocence du premier âge en France , ou Hiftoire de Pierre le Long & de Blanche Bazu , fuivie de la Rofe ou la fête de Salency; par M. DE SAUVIGNY. *Paris*, 1778 , *in-8°*. fig.

2131. Hiftoire de M. le Marquis de Creffy, trad. de l'Anglois par M. de ***. *Amfterd.* 1758, *in*-12.

2132. Alfred Roi des Anglo-Saxons ; par M. le Baron DE HALLER, trad. de l'Allemand. *Laufanne ; 1775, in*-8º.

2133. Anecdotes ou Hiftoire Secrette de la maifon Ottomane. *Amfterdam,* 1740, *in*-12, 2 vol. v. m.

2134. Hiftoire Secrete du Prophete des Turcs. *Conftantinople,* de l'Imprimerie d'Ibrahim Pacha, 1000-700-60-15 (1775) *in*-12, v. m.

2135. La Vie & les Aventures de Zizime, fils de Mahomet II, Emper. des Turcs, avec un Difcours pour fervir à l'hiftoire des Turcs. *Paris,* Huart, 1724, *in*-12, fig.

2136. Abra-Mule, ou Hiftoire du détrônement de Mahomet IV ; par M. LENOBLE. *Paris,* Jouvenel, 1696, *in*-12.

2137. Muftapha & Zéangir, ou l'Amitié Fraternelle, anecdote Ottomane. (Conftantinople) *Paris,* Duchefne, 1777, *in*-8º. p.

2138. Le Danger des Paffions, ou Anecdotes Syriennes & Egyptiennes, traduction nouvelle par l'Auteur de l'Ecole de l'Amitié. 1757, *in*-12, baf.

2139. Le même Ouvrage. 1758, *in*-12, 2 vol. baf.

2140. Le Zombi du grand Pérou, ou la Comteffe de Cocagne. 1697, *in*-12, baf.

ROMANS GRECS.

2141. Longi Paftoralium de Daphnide & Chloé, libri quart. Græce, ex recenfione LUD. DUTENS. *Parifiis,* Didot, 1776, *in*-12, v. m. d. fur tr.

2142. Ejufdem Longi Paftoralium de Daphnide & Chloé, libri quart. Græce & Lat. ex recenf. J. B. C. D'ANSSE DE VILLOISON. *Parifiis,* Didot, 1778, *in*-8º. v. m.

2143. Les Amours Paftorales de Daphnis & de Chloé ; par LONGUS: double traduct. du Grec en François de M. AMIOT & d'un Anonyme, mifes en paralelle, avec les figures du Régent, gravées par B. Audran. *Paris,* 1757, *in*-4º. m. r. d. fur tr.

La meilleure Édition de ce magnifique Ouvrage eft de 1718, dont il n'y a eu que 250 exemplaires de tirés. M. le Duc d'Orléans, alors Régent du Royaume, la fit exécuter à fes frais & fur les deffeins qu'il en avoit fait lui même, il fe réferva les exemplaires pour les donner en préfent, les eftampes y font au nombre de 28, au bas de chacune defquelles on remarque le nom du Régent d'un côté & de l'autre celui de B. Audran, le plus célebre artifte qui fut alors.

On réimprima cet Ouvrage en 1745 avec les mêmes planches mais retouchées, & l'on ajouta à la fin de cette Edition une 29me. eftampe appellée

appellée la *Conclusion du Roman*, (*ou les petits pieds*) ; cette derniere estampe n'a pas été gravée par B. Audran : il y a toute apparence que les mêmes planches ont servi pour l'Edition que nous annonçons. Il y a encore plusieurs Editions de cet Ouvrage, mais nous nous contenterons de citer celle de 1754, laquelle est décorée de vignettes, de cul-de-lampes gravés sur les desseins d'Eisen, exécutés par M. Cochin.

2144. Les mêmes Amours Pastorales de Daphnis & Chloé.(Londres) *Paris*, Valade, *in-12*, v. m. d. sur tr.

2145. Les Amours de Carithe & Polidore, Roman trad. du Grec. *Paris*, 1760, *in-12*.

2146. Les Amours de Psiché & de Cupidon ; par M. DE LA FON-TAINE. *La Haye*, Moet-Jens, 1707, *in-12*. baf.

ROMANS ITALIENS.

Contes & Nouvelles, &c.

2147. Il Decameron di GIOV. BOCCACCIO. *Amsterd.* 1679, *in-12*.

2148. Ameto del Medesimo. Impresso. *In Firenza*, 1529, *in-12*.

2149. L'Amorosa Fiammeta di M. GIOVANNI. *In Venegia*, 1603, *in-24*.

2150. Contes J. BOCACE, trad. nouvelle. (Londres) *Paris*, Laporte, 1779, *in-8°*. 6 vol. fig. v. m. d. f. tr.

2151. Contes & Nouvelles du même, trad. libre avec fig. gravées sur les desseins de M. Romain de Hooge. *Cologne*, Gaillard, 1737, 2 vol. *in-8°*. v. m.

2152. BOCACE, des Nobles malheureux, nouvellement imprimés à *Paris*, par Michel Lenoir, en 1515, *in-fol*. baf.

2153. Il Libro del Perché colla Pastorella, dei CAV. MARINO, e la Novella dell' GABRIELLO. *Pelufio*, M.M.M. D. XIV, *in-12*. baf.

2154. Novelle del MAT. BANDELLO. *Milano*, appresso Antonio, 1560, 2 vol. *in-8°*. baf.

2155. Le Cento Novelle Scelte da piu Nobili Scrittori de Messer di FR. SANSOVINO. *Venetia*, 1603, appresso A. de Vecchi, *in-4°*, parch.

2156. Il Corriero sua Ligiato Publicato da Ginifaccio SPIRON-CINI. *Villa-Franca*, Giovani Gibaldo, 1544, *in-12*, baf.

2157. L'Arcadia in Brenta Overo, la Melanconia Bandita, di GIUNESIO GAVARDO VACALERIO. *Colonia*, Fr. Kinchio, 1674, *in-12*, baf.

2158. La Semplicita Inganuata, di GAL. BARATOLLI. *Leida*, G. Sambix, 1654, *in-12*, parch.

2159. Les Congrès de Cythere du Comte ALGAROTI, traduit en Fr. (Florence) *Paris*, Dorez, 1777, *in-12*, br.

ROMANS FRANÇOIS.

Romans François fous des noms imaginaires , par ordre alphabétique

2160. Angola , Hiftoire Indienne. A (Agra), 1771 , *in-12*.

2161. { Cléandre & Califte , ou l'Amour véritable. *Amfterdam*, Weftein, 1722, *in-12*. La Religieufe malgré elle , Hiftoire Galante , morale & tragique, par M. B**. DE B**. *Amfterdam,* Cl. Jordan , 1720 *, in-12*. v. m.

2162. Candide ou l'Optimifme ; traduit de l'Allemand de M. le Docteur Ralph , par M. DE VOLTAIRE , 1759, *in-12*.

2163. Eulalie, ou les dernieres Volontés de l'Amour , Anecdote récente publiée par Mad. DE W. qui en eft l'Héroïne. (Londres) *Paris*, Couturier , 1777 , *in-12*.

2164. Fo—Ka , ou les Métamorphofes, Conte Chinois, dérobé à M. DE W. (Pékin) *Paris*, Duchefne, 1777, *in-12*, 2 vol.

2165. Hiftoire de Mlle. Cronel dite Fretillon , (Mlle. Cléron fameufe Actrice) ; écrite par elle-même. *La Haye*, 1743.

2166. Lettres de deux Amans, habitans d'une petite Ville au pied des Alpes ; recueillies & publiées par J. J. ROUSSEAU. (Julie ou la Nouvelle Héloïfe) *Amfterdam*, Mic. Rey , 1761, *in-12*, 6 vol. avec fig. v. m.

2167. Le nouvel Abeillard, ou Lettres de deux Amans qui ne fe font jamais vus, par RETIF DE LA BRETONNE. *Paris*, Duchefne, 1778 *, in-12*, 4 vol. fig. v. m.

2168. La Vie de mon Pere ; par le même. (Neufchatel) *Paris*, Belin , 1779 , *in-12* , fig. v. m.

2169. La nouvelle Héloïfe dévoilée. (Bruxelles) *Paris*, Boudet, 1775 *, in-12*, piece.

2170. Le Parafite Hormon , Hiftoire comique. 1650 , *in-8°*.

2171. La Vie de Marianne , ou les Aventures de Madame la Comtefle de ***. par M. DE MARIVAUX. *Amfterd*. Comp. 1764, *in-12* , 2 vol. v. m.

2172. La nouvelle Marianne , ou les Mémoires de la Baronne de ***. écrite par le même. *La Haye*, Dehondt, 1759, *in-12* , v. m.

2173. Lettres d'une Péruvienne, trad. du Fr. en Ital. par M. DEO-DATI. *Paris*, Briaſſon, 1759, *in*-12, 2 vol. v. m.

2174. Tanzaï & Néadarné, Hiſtoire Japonoiſe; par M. CRÉBILLON fils. *Pekin*, Lou-chou-chu-la, 1758, *in*-12, v. m.

2175. Le même Ouvrage; par le même. (Pekin) 1771, *in*-12.

> Ce Roman, plein d'alluſions ſatyriques & ſouvent inintelligible, fit mettre l'Auteur à la Baſtille, & fut plus couru qu'il ne méritoit de l'être. On ne ſait à quoi tend cet Ouvrage ni quel en eſt le but, il y a d'ailleurs des tableaux trop libres. Dans preſque toutes les productions de cet Ecrivain, la modeſtie n'y tient pas toujours le pinceau. Cl. Pr. Jolyot de Crébillon, naquit à Paris le 12 Février 1707 & y mourut en 1777.

2176. Le nouveau Télémaque, ou Voyages & Aventures du Comte de * * *. *Londres*, Van-Cleef, 1755, *in*-12, 2 vol. v. m.

> Cl. Fr. Lambert, né à Dole, eut la Cure de Sameau dans le Diocèſe de Rouen, qu'il abdiqua enſuite, il eſt Auteur de l'Ouvrage que nous annonçons, de la nouvelle Marianne & de pluſieurs autres mauvais Romans, &c. L'Abbé Lambert mourut à Paris en 1765, il eut le malheur de ſurvivre à ſes Ouvrges.

2177. Zamor & Almanzine, ou l'Inutilité de l'Eſprit & du Bon-Sens; par Madame PUISIEUX. (Amſterdam) *Paris*, Hochereau, *in*-12. v. m.

Romans François ſous diverſes dénominations, dans l'ordre alphabétique.

2178. L'Académie Militaire ou les Héros Subalternes. *Amſterd.* par la Société, 1777, *in*-12, 2 vol. avec fig. v. m.

2179. L'Amour en Fureur ou les Excès de la Jalouſie Italienne. *Cologne*, P. Marteau, 1710, *in*-12, avec fig.

2180. Le Barbon; par M. BALZAC. *Paris*, Aug. Courbé, 1648, *in*-8°.

2181. Bibliotheque des Petits Maîtres, ou Mémoire pour ſervir à l'Hiſtoire du bon Ton & de l'extrêmement bonne Compagnie au Palais Royal. 1762, *in*-12.

2182. La Cacomonade, Hiſtoire Politique & Morale, (traduite de l'Allemand du Docteur Panglos). *Cologne*, 1756, *in*-12.

2183. Code de l'Amour. (Amſterdam), *Paris*, Mérigot, 1776, *in*-12, 2 vol. v. m.

2184. Les Confeſſions du Comte de * * *. écrites par lui-même à un ami. *Amſterdam*, 1741, *in*-12. v. m.

2185. Les Confidences d'une jolie Femme. (Amſterdam), *Paris*, Duchesne, 1775, *in*-12, 2 vol.

2186. Les Contemporaines, ou Aventures des plus jolies Femmes de l'âge préſent ; par M. RÉTIF DE LA BRETONE. (Leipſick), *Paris*, Belin, 1780, *in*-8°, 8　　vol. avec fig. v. m.

2187. Nouveaux Contes Moraux, par Mad. DE LAISSE. *Paris*, Valade, 1774, *in*-12.

2188. L'École de l'Amitié. *Amſterdam*, Merkus, 1758, *in*-12, 2 vol.

2189. Les Époux Malheureux, ou l'Hiſtoire de M. & de Mad. de la Bédoyere écrite par un Ami. *La Haye*, 1749, *in*-12,

2190. Suite des Épreuves du Sentiment, par M. D'ARNAUD. *Liéman*, *Paris*, Delalain, 1775, *in*-8°, avec fig.

2191. L'Heureux Eſclave, Nouvelle. *Cologne*, P. Marteau, 1680, *in*-12.

2192. Les Hiſtoires Tragiques de notre tems. *Rouen*, 1688, *in*-8°.

2193. L'Infortuné Napolitain, ou les Aventures du Seigneur Rozelli. *Amſterdam*, 1709, *in*-12, 2 vol. avec fig.

2194. Le même Ouvrage. *Amſterdam*, 1761, *in*-12, 2 vol. avec fig.

2195. Les Journées Amuſantes, dédiées au Roi par Madame DE GOMEZ. *Amſterdam*, Compagnie, 1758, *in*-12, 4 vol.

2196. Lettres d'Affi a Zurlac ; publiées par M. DE LA CROIX. (La Haye), *Paris*, Durand, 1767, *in*-12.

2197. Lettres de Mademoiſelle DE BOIS MIRAN, recueillies & publiées par Mad. DE * * *. (Amſterdam), *Paris*, Moutard, 1777, *in*-12, 2 vol.

2198. Lettres du Marquis de Roſelle, par Mad.* * *. (Londres), *Paris*, Cellot, 1764, *in*-12.

2199. Lettres d'Eſtéphanie, Roman Hiſtorique en trois parties. *Paris*, 1778, *in*-8°, 3 vol. grand papier.

2200. Le Libertin devenu Vertueux, ou Mémoires du Comte D***. (Londres), *Paris*, Duchesne, 1777, *in*-12, 2 vol.

2201. Mémoires pour ſervir à l'Hiſtoire de la Vertu, extrait du Journal d'une Jeune Dame. *Cologne*, 1762, *in*-12, 4 tom. 2 vol.

2202. Mémoires de l'Infortunée Caroline Maſélide, entre mêlés de Lettres ; écrites par elle-même à pluſieurs de ſes parens & amies illuſtres, ſur pluſieurs ſujets & en différentes occaſions, trad. de l'Anglois, *Londres*. J. Bew. 1776, *in*-12.

2203. Nouvelles & Anecdotes Hiftoriques par M. Dussieux, ornées de belles gravures. *Paris*, 1775, *in*-8º.

2204. Le Payfan Parvenu, ou les Mémoires de M***. par M. de Marivaux. *La Haye*, de Rogiffart, 1734, *in*-12.

2205. Le Payfan Perverti, ou les Dangers de la Ville ; par N. E. Rétif de la Bretone. (La Haye), *Paris*, Efprit, 1776, *in*-12 , 4 parties, 2 vol. v. m.

2206. La Payfanne Pervertie, ou les mœurs des grandes Villes : par M. Nougaret. (Londres), *Paris*, Baftien, 1777, *in*-12, 4 vol.

2207. Les Philofophes Aventuriers, par M. Turpin. (Amfterd.) *Paris*, Belin, 1780, *in*-12, 2 vol. v. m.

2208. Le Prix de la Vertu ; Roman Moral, par M. Boquillon. *Paris*, Belin, 1778, *in*-12.

2209. Le Quadragénaire, ou l'âge de renoncer aux paffions. (Geneve), *Paris*, veuve Duchefne, *in*-12, avec fig. v. m.

2210. La Quinzaine Angloife à Paris, ou l'art de s'y ruiner en peu de tems. *Londres*, 1776, *in*-12.

2211. Rêveries Philofophiques ; par M. Imbert. *La Haye*, P. F. Goffe, 1778, 1777, *in*-8º.

2212. Le Rival encore après la mort, Nouvelle. *Paris*, Courbé, 1658, *in*-8º.

2213. Roman Comique; par Scaron. (Amfterdam), *Compagnie*, 1762, *in*-12, fig.

2214. Suite & Conclufion du Roman Comique de Scaron, par M. D. L. (Amfterd.) Rouen, *Paris*, Pillot, 1771, *in*-12.

2215. Soirées de Mélancolie , par M. L***. *Amfterdam*, Merkus, 1777, *in*-8º.

2216. Le Soldat Parvenu, ou Mémoires & Aventures de M. de Verval de Belle-Rofe, par M. de M***. Drefde, *Géorg*. Walther, 1759, *in*-12.

2217. Les fuites d'un moment d'erreur; ou lettres de Melle. de Kerefmont, publiées par Madame de ***. (Amfterdam), *Paris*, chez le Jay, 1775, *in*-12.

2218. Le Temple de l'Amour & de l'Hymen, accompagné de morceaux de Littérature, traduit de l'Anglois & de l'Italien, par M. le Prévot d'Exmes. *Geneve*, 1778, *in*-12.

2219. Le Temple de Gnide, *in*-12.

Cet Ouvrage eft une efpece de Poëme en Profe , ou l'Auteur fait une peinture riante, animée, quelquefois trop volup;ueufe , trop fine & trop recherchée, de la naïveté & de la délicateffe de l'amour, tel qu'il eft dans une ame neuve , ce Roman a toute la légéreté de la Profe & toutes les graces de la Poéfie.

1220. Il Templo di Gnido del Signor di Montesquieu, tradot. del Francese in versi Italiani Sciotti. 1757, per M. Antonio Cardinali, manusc. pap. *in-4°*. bas.

1221. Le Temple de Vénus. *Londres*, 1777, *in-8°*.

1222. Le Triomphe de l'Amour, ou le Serpent caché sous les fleurs. (Londres) *Paris*, Mérigot, 1777, *in-12*, 2 vol.

1223. Le Triomphe de la Vertu; par M. D. (Londres) *Paris*, Delalain, 1774, *in-8°*.

1224. La Vertu chancelante, ou la vie de Mlle d'Amincourt; par Madame la Présidente d'Ormoy. *Paris*, Moreau, 1778, *in-12*.

1225. Voyages de Gulliver. *Paris*, Coutelier, 1727, *in-12*, fig.

1226. Le Voyageur Philosophe dans un Pays inconnu aux Habitans de la Terre; par M. de Listonai. *Amsterd.* 1761, *in-12*, 2 vol. v. m.

1227. Le Zinzolin, Jeu frivole & moral. *Amsterd.* les Associés, 1769, *in-12*.

ROMANS ANGLOIS.

1228. La Vie & les Aventures surprenantes de Robinson Crusoé, traduit de l'Anglois. *Amsterdam*, Chatelain, 1760, *in-12*, 4 part. en 2 vol. avec fig. v. m.

1229. Le Doyen de Killerine, Histoire Morale composée sur les Mémoires d'une illustre Famille d'Irlande, &c. par M. l'Abbé Prevôt. *Paris*, Didot, 1750, *in-12*, 6 vol. bas.

1230. Nouvelles Lettres Angloises, ou Histoire du Chevalier Grandisson, par Richarson, & trad. de l'Angl. par l'Abbé Prévôt. *Amsterdam*, 1776, *in-12*, 4 vol. v. m.

1231. Lettres Angloises, ou Histoire de Miss Clarisse Harlove, par Richarson, & trad. de l'Angl. par l'Abbé Prevôt. *Paris*, *in-12*, 1777, 7 vol. v. m.

1232. Les Erreurs de l'Amour-Propre, ou Mémoires de Milord D***. imités de l'Anglois, par M. de la Place. *Londres*, Nourse, 1754, *in-12*, v. m.

1233. L'Étourdie, ou Histoire de Mis Betzi Talless, traduite de l'Anglois, *Berlin*, 1756, *in-12*, v. m.

1234. Lettres de Milady Juliette Catesby, à Milady Henriette Campley son amie. *Amsterdam*, 1759, *in-12*, v. m.

1235. Lettres de Mistriss Fanni Butler à Milord Charles Alfred de Caitombrige, écrites en 1735, traduites de l'Anglois, par Adelaïde de Varançai. *Paris*, les Associés, 1757, *in-12*.

2236. L'Orpheline Angloife, ou Hiftoire de Charlotte Summers, imitée de l'Anglois de M. N***. par M. DE LA PLACE. (Londres) *Francfort*, Baffompierre, 1761, *in-*12, 2 vol. v. m.

2237. Hiftoire de Tom Jones, ou l'Enfant trouvé, traduit de l'Anglois de Fielding; par M. DE LA PLACE. France, 1762, *in-*12, 2 vol. v. m.

ROMANS ESPAGNOLS.

2238. J. quatro libri di Amadis di Gaula, tradot. di lingua Spagnuola nella lingua Italiana. *Venetia*, M. Tramezzino, 1558, *in-*8°. parch.

2239. Traduction libre d'Amadis de Gaule; par M. le Comte DE TRESSAN. *Paris*, Piffot, 1779, *in-*12, 2 vol. v. m.

2240. Il Nouvelliere Caftigliano, di MICHIELI di CERVANTES tradot. dalla lingua Spagnola, nell' Italiana dal Sig. Guglieoneo Aleffendro de *Nouilieri Clauelli. Venetia*, Batezzi, 1629, *in-*8°. parch.

2241. Hiftoire de l'admirable Dom Quichotte de la Manche, traduit de l'Efpagnol de M. DE CERVANTES. *Paris*, David, 1769, *in-*12, 6 vol. fig. v. m.

2242. Les Vifions de Dom FR. QUEVEDO DE VILLEGAS, trad. de l'Efpagnol par le fieur DE LA GENESTE. *Rouen*, Ferrand, 1663, *in-*12.

2243. La Vie & Aventures de Lazarille de Tormes, écrites par lui même, trad. de l'Efpagnol. *Bruxelles*, Backer, 1739, *in-*12, fig. v. m.

2244. Le Bachelier de Salamanque, ou les Mémoires & Aventures de Dom Cherubin de la Ronda; par M. LE SAGE. *Paris*, Prault, 1767, *in-*12, 3 vol. fig. v. m.

2245. Hiftoire de Gilblas de Santillane; par le même. *Paris*, les Affociés, 1768, *in-*12, 4 vol. fig. v. m.

2246. Hiftoire de Gufman d'Alfarache; par le même. *Amft.* 1777, *in-*12, 2 vol. v. m.

2247. { Le Diable Boiteux. *Amfterdam*, Desbordes, 1708, fig. Taquéline de Bavierre, Comteffe de Hainault. La Belle Juive, Nouvelle. *in-*12.

Contes & Nouvelles, Contes des Fées & autres Contes merveilleux.

2248. Les Cent Nouvelles Nouvelles, fuivent les Cent Nouvelles, contenant les Cent Hiftoires Nouveaux, qui font moult plaifans à raconter, en toutes bonnes compagnies; par Maniere de Joyeuſeté. *Colongne*, Gaillard, 1701, *in-8º*, 2 vol. avec fig. v. f.

Pour avoir l'Édition la plus belle & la plus recherchée, il faut que les figures ſe tirent hors du livre.

2249. Contes Orientaux, tirés des Manuſcrits de la Bibliotheque du Roi de France, ornés de figures en taillé douce. *A La Haye*, 17:0, *in-12*. v. f.

2250. Les Mépriſes, ou Lucrece & Bredamante, Conte, ſuivi des Aveux, Conte Bleu, en profe, & d'Acteon Romance (*Amſterdam*), *Paris*, Gueffier, 1777, *in-12*, br.

2251. Hiſtoire de Rhedy, Hermite du Mont Ararat, Conte Oriental, traduit de l'Anglois. (Londres) *Verſailles*, Lefevre, 1777, *in-12*, 2 vol. v. m.

2252. Nouveaux Contes à rire, ou Récréations Françoiſes, augmentées des Contes du ſieur D'OUVILLE. *Amſterdam*, Henry Desbordes, 1763, *in-12*, 2 vol. v. f.

2253. Les Contes des Génies, ou les Charmantes Leçons d'Horam, fils d'Oſmar; ouvrage traduit du Perſan en Anglois par SIR CHARLES MORELL, & en François ſur la traduction Angloiſe avec treize figures. *Amſterdam*, Marc Michel Rey. 1767, 3 vol. *in-12*. v. m.

PHILOLOGIE.

Traités des Etudes & Cours d'Etudes.

2254. De la maniere d'Enſeigner & d'Etudier les Belles-Lettres, par rapport à l'Eſprit & au Cœur ; par M. ROLLIN. *Paris*, Eſtienne, 1741, *in-12*, 4 vol. baſ.

2255. De l'Enſeignement public ; par M. MATHIAS. *Paris*, Couturier, 1776, *in-8º*.

2256. Plan de Réformation des Etudes Elémentaires, par BORELLY, *A la Haye*, Goſſe, 1776, br.

2257. Trattato Degli Studi delle Donne, in due parti diviſ. opere d'un Academico Intronato. *Venezia*, Pitteri, 1740, *in-8º*. 2 vol. baſ.

2258. Cours d'Etudé pour l'inſtruction du Prince de Parme, aujourd'hui S. A. R. l'Infant D. Ferdinand Duc de Parme. Plaiſance, &c. *Parme*, Imp. R. 1775, *in-8º*. 16 vol. v. m.

2259. Cours d'Etude à l'usage des Eleves de l'Ecole Royale militaire. *Paris*, Nyon, 1777 & suiv. *in-12*, 40 vol. v. m.

2260. Exercices publics du Collége de l'Abbaye Royale de Soreze, Congrégation de S. Maur. *Carcassonne*, Heirisson, 1774, *in-4°*.

2261. Fragments de Morale, d'Histoire Sacrée, Profane & Fabuleuse, adaptés aux principes de la Grammaire Latine, &c. par M. DE SERVIN. *Toulouse*, Rayet, 1778, *in-12*, v. m.

2262. Abrégé de Mythologie, &c. à l'usage des Colléges & des Pensions, &c. par le même. *Toulouse*, Rayet, 1778, *in-12*, v.

2263. Lettre à M. l'Abbé Trublet, sur l'Histoire, écrite par M. D'ESPREMENIL. *Paris*, Boudet, 1760, *in-12*, piece.

Critiques anciens & modernes.

2264. Alexandri ab Alexandro Genialium dierum, libri sex, cum Comm. Christ. Coleri Franci. *Francof.* Bassæi, 1594, *in-fol.* bas.

> La bonne Edition est de 1673, elle est une des plus estimées de la collection des Variorum.

2265. Jos. Justi Scaligeri Julii Cæsaris à Burden filii, Opuscula varia. *Parisiis*, Hadrianum Beys, 1610, *in-4°*. parch.

2266. Difesa della Sentenza delli XII Gennajo, 1759, e Confutazione d'Alcuni scritti contro di essa publicati. *Avignone*, aspese della Societa, 1760, *in-12*, br

2267. Catéchisme & décisions] des Cas de' Conscience à l'usage des Cacouacs, avec un discours du Patriarche des Cacouacs, pour la réception d'un nouveau Disciple. *Cacopolis*, *in-12*.

3368. L'Oracle des nouveaux Philosophes, pour servir de suite & d'Eclaircissement aux Œuvres de M. de Voltaire. *Berne*, 1760, *in-8°*. 2 vol. v. m.

2269. La Défense de mon Oncle, contre ses infâmes persécuteurs; par A...T. DE V***. *Geneve*, 1768, *in-8°*. br.

2270. Progrès des Allemands dans les Sciences, les Belles-Lettres & les Arts, particuliérement dans la Poésie, l'Eloquence, & le Théatre; par le Barond DE BIELFELD. *Leipsick*, Bassompiere, 1768, *in-8°*. bas.

2271. Lettres d'un Théologien, à l'Auteur du Dictionnaire des Trois Siecles. *Berlin*, 1774, *in-12*.

2272. Réponse de cette Lettre. 1775, *in-8°*. piece.

2273. Supplément aux Mémoires de M. Palissot, pour servir à l'Histoire de notre Littérature, ou Lettre à M. Palissot sur

H h

un article de fes Mémoires. (Londres) *Paris*, Cailleau, 1775 ;
in-8°. piece.

2274. Théorie du Libelle, ou l'Art de Calomnier avec fruit, Dialogue Philofophique, pour fervir de fupplément à la Théorie
du Paradoxe; par M. LINGUET. *Amfterdam*, 1775, *in*-12, br.

2275. Temple de Mémoire, ou Vifions d'un Solitaire. (Londres)
Paris, Ruault, 1775, *in*-8°.

2276. Tableau Politique & Littéraire de l'Europe; par M. MAYER.
Paris, Lacombe, 1777, *in*-12. v. m.

Satyres, Invectives.

2277. T. PETRONII Arbitri Satyricon, cum notis & commentariis
TH. DE JUGES. *Geneva*, Mercerius, 1629, *in*-4°. baf.

2278. Ejufdem PETRONII Satyricon, cum notis crit. BOURDELOTII
& Gloffario Petroniano. *Lugd. Bat.* 1645, *in*-12. cum notis
manufc. BOURDELOTII.

> Cet exemplaire a appartenu à J. Bourdelot, il eft enrichi de notes
> précieufes de la main de ce Savant ; à la fin de ce rare exemplaire,
> fe trouve le *Luxus diverforum Poetarum in Priapum*, Ouvrage
> recherché & qui fe trouve difficilement.

2279. PETRONE Latin & François, traduction entiere fuivant le
manufcrit trouvé à Belgrade ; par NODOT. 1688, *in*-8°. 3
vol. fig. baf.

2280. Le même PETRONE en François; par le même, avec le
Latin à côté fuivant le Manufc. trouvé à Belgrade en 1688.
Paris, Cuffon, 1700, *in*-8°. 3 vol. baf.

2281. Le même trad. en Fr. *Cologne*, 1693, *in*-12, 2 vol. baf.

2282. Obfervations fur le PETRONE trouvé à Belgrade en 1688.
Paris, Hortemels, 1694, *in*-12. baf.

2283. EUPHORMIONIS Lufinini, five BARCLAII Satyricon. *Amftel.*
Elizei Weyerftraeten, 1664, *in*-12. baf.

2284. Hippolitus redivius, id eft, remedium contemnendi Sexum
Muliebrem ; Autore S. I. E. D. V. M. W. A. S. 1644, *in*-16.

> La totalité de ce petit livre eft de 96 pages d'impreffion, il étoit
> devenu affez rare, lorfqu'on le réimprima fous la même date & fous
> le même format, ce qui fit tomber la valeur des exemplaires qui com-
> mençoit à s'accroître confidérablement : on recherche encore aujourd'hui
> l'édition originale qu'il eft aifé de diftinguer de la contrefaçon dont
> on fait peu de cas ; mais le prix des exemplaires n'eft plus le même.

2285. De la Charlatanerie des Savans ; par M. MENKEN, traduit en François. *La Haye*, Van Duren, 1721, *in*-12, baf.

2286. Il Divortio Celeste Cacionato d'alle diffolutezze della fpofa Romana & confacrato alla fimplicita de Scropolofi Chriftiani. *Villa-Franca*, 1643, *in*-12, baf.

2287. La Sufanna di FERRANTE PALLAVICINO. *Venetia*, Gio Battifta Cefter, 1652, *in*-12, parch.

> Ferrante Pallavicini, Chanoine régulier de S. Auguftin, reçut de la Nature beaucoup d'efprit & d'imagination, ce préfent lui devint funefte : il compofa des Satyres fanglantes contre le Pape Urbain VIII. Ces Satyres parurent d'abord écrites à la main, & peu après imprimées, avec une planche fur laquelle étoit gravé un Crucifix planté dans des épines ardentes & environné d'un gros effain d'Abeilles. Il devint l'exécration de la Cour de Rome, & le S. Siége mit fa tête à prix. Le malheureux Ferrante fut arrêté & eut la tête tranchée à Avignon en 1664, à la fleur de fon âge.

2288. Raggionamenti di P. ARETINO, *Cioë*; la parte prima feconda, con il Commento delle Fiche, e il Raggionamento del Zoppino. *Stamp. l'anno* 1583 : 1584, *in*-8°. 2 vol. con not. manuf.

Apologies, Défenfes, &c.

2289. DES. ERASMI Stultitiæ Laus. (Londini) *Parifiis*, Barbou, 1765, *in*-12, v. m. d. f. tr.

2290. { Ejufd. Stultitiæ Laus. *Parifiis*.
De optimo Reipublicæ Statu, de quæ nova infula Utopia, libri duo; Aut. MORO. (Londini) *Parifiis*, Barbou, 1777, *in*-12, v. m. d. f. tr.

2291. L'Eloge de la Folie, compofée en forme de déclamation, par ERASME, & traduit par GUEUDEVILLE, avec des notes de GERARDLISTRE, & les belles figures de *Holbein*. *Amfterd.* Lhonoré, 1728, *in*-8°. fig.

2292. Paradoxes, par un Citoyen. *Amfterd.* 1775, *in*-8°. br.

2293. L'Ami des Arts, ou Juftification de plufieurs Grands Hommes *Amfterd.* 1776, *in*-12.

Apophthegmes, Adages & Maximes.

2294. Apophthegmatum ex optimis utriufque Lingue Scriptoribus, per D. ERASMUM. Rotterodamum collectorum libri octo. apud *Lugduni*, Gryphium, 1556, *in*-8°.

2295. D. ERASMI Adagiorum Epitome. *Coloniæ*, Al. Pet. Aubertus, 1612, *in-fol.* baf.

2296. Detti & Fatti Piacevoli & gravi , di diverſi principi Filoſofi & Cortigiani. *Venetia* , 1581 , *in-*12.

2297. Detti Memorabili di Perſonaggi illuſtri, de ſignor GIOVANNI
BOTERO. *Vicenza*, Groſſi, 1610 , *in-*12.

2298. L'Eſprit des Eſprits , ou Penſées choiſies pour ſervir de
ſuite aux Maximes de la Rochefoucault. *Paris* , Dorez , 1777 ,
*in-*12. baſ.

2299. Un petit vol. *in-*12 manuſcrit , contenant des maximes
& Sentences.

2300. Le Sublime des Auteurs , ou Penſées choiſies , rédigées par
matieres ſuivant l'ordre alphabétique. *Paris* , Guignard, 1605 ,
*in-*12.

2300. Les Penſées de J. J. ROUSSEAU. *Amſterd.* 1763 , *in-*12.

2300. Génie de M. de Buffon ; par M. * * *. *Paris* , Pankouke,
1778 , *in-*12. v. m.

2301. Les Heures de Récréation de LOYS GUICCIARDIN , Gentil-
Homme Florentin. *Paris* , Guillemot , 1624 , *in-*12. parch.

*Bons mots & Livres qui ont paru ſous des Titres en
Ana. Hyérogliphes ou Emblêmes , Deviſes , & Sym-
boles.*

2302. Les nouvelles Récréations & joyeux Devis de feu BONA-
VENTURE DES PERRIERS , Valet-de-chambre de la Reine de
Navarre. *Lyon* , Rouille , 1561 , *in-*4°. baſ.

2303. Le Je ne ſais quoi , ou Mélanges curieux, hiſtoriques &
critiques de bons mots & penſées choiſies ; par M. C. S. P.
La Haye , 1723 , *in-*12 , 2 vol. baſ.

2304. Amuſemens ſérieux & comiques. *Paris* , Morin, 1723 ,
*in-*12 , baſ.

2305. *La Oille* , mélange ou aſſemblage de divers mets pour
tous les goûts ; par un vieux Cuiſinier Gaulois. *Conſtantinople* ,
l'an de l'Ere Chrét. 1755 , de l'Hégire , 1733 , *in-*12. m. r.

2306. Mémoires hiſtoriques & galans de ces Dames & de ces
Meſſieurs , Ouvrage rédigé par ANT. M. VADÉ , Sécrétaire de
l'Académie. (Amſterdam) *Paris* , Segaud, 1776 , *in-*12 , 2 vol.

2307. Dictionnaire d'Anecdotes, de Traits ſinguliers & caracté-
riſtiques , hiſtoriettes , bons mots , naïvetés , ſallies , reparties
ingénieuſes , &c. *Paris* , Lacombe , 1797 , *in-*12. baſ.

2308. Dict. d'Anecdotes , Traits ſinguliers , &c. *Paris* , Lacombe ,
1768 , 2 vol. *in-*12 , baſ.

2309. Calendrier des Anecdotes, ou choix des faits singuliers arrivés pendant l'année 1775, & des plus agréables anecdotes tirées des livres nouveaux. (Geneve) *Paris*, le Jay, 1776, *in-*12, br.

2310. Amufement des Francs-Maçons. *Saumur*, J. M. de Gouy, *Paris*, Defchamps, 1777, *in-*4°. piece.

2311. Oraifon funebre de très-habile, très-élégant, très-merveil-leux Chriftophe Scheling, Mt. Tailleur de Paris, prononcée le 18 Février 1761, dans la Salle du célèbre Alexandre, Limo-nadier au Boulevard. *Paris*, 1761, *in-*12, piece.

2312. Eloge de la Pareffe, dédié à un Moine. *Paris*, 1778, *in-*8°. piece.

2313. Perroniana & Thuana. *Coloniæ*, 1669, *in-*12. baf.

2314. Perroniana, five Excerpta ex ore Cardinalis Perroni, Perf. P. P. *Genevæ*, Columefium, 1705. *in-*12, baf.

2315. Sorberiana, five excerpta ex ore Samuelis Sorbiere. *Tolofæ*, Colomyez, 1691, *in-*12. baf.

2316. Valefiana, ou les penfées critiques, hiftoriques & morales, & les Poéfies Latines de M. DE VALOIS, Confeill. du Roi & Hiftoriographe de France, recueillies par M. DE VALOIS, fils. *Paris*, Delaulne, 1693, *in-*12. baf.

2317. Mifcellanea, amufemens d'un Solitaire des bords de la Vienne, ci-devant de la Congrégation de la Miffion. *Paris*, Chevrier, 1780, *in-*12, v. m. d. f. tr.

2318. Hiéroglyphes dits d'Horapolle, Ouvrage trad. du Gr. par M. REQUIER. *Paris*, Baftien, 1779, *in-*12, br.

POLIGRAPHES.

Ouvrages des Auteurs Grecs & Latins.

2319. LUCIANI Samofatenfis Opera omnia Gr. & Lat. cum GILBERTI cognati, & J. SAMBUII annotationibus. *Bafleæ*, per Seb. Hen. Petri, 1563, *in-*8°. vol. baf.

2320. LUCIEN de la traduction de N. PERROT D'ABLANCOURT. *Paris*, 1674, *in-*12, 3 vol. baf.

2321. Les Copies de LUCIEN, & la Métamorphofe de Daphné. *Paris*, Thierry, 1683, *in-*12, br.

2322. Les Images, ou Tableaux de platte Peinture des deux PHILOSTRATES, Sophiftes Grecs, mis en François par BLAISE DE VIGENERE, Bourbonnois. *Paris*, veuve Langelier, 1615, *in-fol.* fig. baf.

2323. L. APULEII, Madaurenſis, Opera omnia cum emendat. J. WOWER. ex *Bibliopolio* Frobeniano, 1606, *in*-12. baſ.

2324. Ejuſdem APULEII Opera omnia. *Amſterd.* Cæſium, 1624, *in*-12. baſ.

2425. LILII GR. GYRALDI, Ferrarienſis, Opera omnia. *Baſileæ,* Th. Guarinum, 1580, *in-fol.* baſ.

> Lilio Gregorio Gyraldi, Savant profond dans les Langues, dans la connoiſſance de l'antiquité & dans les mathématiques, naquit à Rome en 1478, & y mourut en 1552, dans la plus profonde miſere. les écrits de ce Savant ont été recueillis à Leyde en 1590.

2326. ANT. POSSIVINI Judicium de Nuæ Militis Galli, cum Joan. Bodini, Philippi Mornæi & Nicolai Machiavelli Annot. *Lugduni,* Buyſſon, 1693, *in*-8º. baſ.

2327. De la Vanité des Sciences; par HEN. CORNEILLE AGRIPPA, *in*-12. baſ.

2328. Mélange de traductions de différens Ouvrages Grecs, Latins & Anglois, ſur des matieres de Politique, de Littérature, d'Hiſtoire. *Paris,* Nyon, 1779, *in*-8º. v. m.

2329. Eſſai de traduction de quelques Épîtres & autres Poéſies Latines de MICH. DE L'HÔPITAL, Chancelier de France, avec des éclairciſſemens ſur ſa vie & ſon caractere, avec des recherches littéraires, hiſtoriques & morales ſur le treizieme ſiecle. *Paris,* Moutard, 1778, *in*-8º. 2 vol. v. m.

Ouvrages des Auteurs François, ou qui ont écrit en François.

2330. Les Œuvres de FR. RABELAIS. *Lyon,* J. Martin, 1558, *in*-8º, baſ.

> La meilleure Édition des Œuvres de Rabelais eſt de 1741 *in*-4º. les Amateurs en recherchent ſur-tout les exemplaires en grand pap.

2331. Eſſais de MICHEL MONTAGNE. *Paris,* J. Camuſat, 1635, *in-fol.* baſ.

2332. Les mêmes Eſſais. *Bruxelles,* Foppens, 1659, *in*-12, 3 vol.

2333. Les mêmes, avec des Remarques de P. COSTE. *Londres,* Nourſe, 1745, *in*-12; 7 vol. baſ.

> Michel Montagne, ou Montaigne, naquit au Château de ce nom dans le Périgord, en 1533, & mourut d'une eſquinencie en 1592, à 60 ans. Le Cardinal du Peron appelloit les Eſſais de Montagne, le Bréviaire des honnêtes gens : les Feuillans de Bordeaux conſervent cet Ouvrage corrigé de la main de l'Auteur.

2334. L'Esprit des mêmes Essais. *Paris*, Charles de Sercy, 1677, *in*-12. bas.

2335. Œuvres de M. DE BALZAC. *in*-8°. bas.

2336. Œuvres diverses de M. CYRANO BERGERAC. *Rouen*, 1663, *in*-12. bas.

2337. Les mêmes Œuv. *Amsterd.* Desbordes, 1710, *in*-12, fig.

2328. Nouveau mélange de Pieces curieuses, tant en vers qu'en prose; recueillies par M. LANGE. *Paris*, Sommaville, 1664, *in*-12. bas.

2339. Les nouvelles Œuvres Tragi-Comiques de M. SCARRON. *Paris*, 1665, *in*-12. bas.

2340. Les Œuvres du même. *Amsterdam*, Westein, 1712, *in*-12. 6 vol. bas.

2341. Œuvres de M. l'Abbé DE S. RÉAL. *Paris*, Chabert, 1730, *in*-12, 5 vol. fig. bas.

2342. Œuvres de S. EVREMONT. *Paris*, 1697, *in*-12, 5 vol. bas.

2343. Les mêmes Œuvres, publiées sur les Mém. de l'Auteur. *Londres*, Tompson, *in*-12, 5 vol. bas.

2344. Œuvres de BL. PASCAL. *La Haye*, Detune, 1779, *in*-8°. 5 vol.

2345. Œuvres de M. de FONTENELLE, de l'Académie Françoise, Édition enrichie de fig. des. & grav. par B. *Picard*, *le Romain*. *Amsterd.* Changuion, 1743, *in-fol.* 3 vol. v. m.

2345. Opuscules de feu M. ROLLIN, ancien Recteur de l'Université de Paris, contenant diverses Lettres qu'il a écrites, ou reçues, ses Harangues, Discours, Complimens, Mandemens, ses poésies, avec son éloge historique de M. DE ROZE. *Paris*, Estienne, 1771, *in*-12, 2 vol. bas.

2346. Œuvres de MONTESQUIEU, contenant 1°. l'Analyse de l'Esprit des Loix, par M. D'ALEMBERT. 2°. Discours prononcé par M. de MONTESQUIEU, lors de sa réception à l'Académie Françoise. 3°. L'Esprit des Loix. 4°. La Défense de l'Esprit des Loix. 5°. Les Lettres Persannes. 6°. La grandeur des Romains. 7°. Dialogue de Sylla & d'Eucrate. 8°. Le Temple de Gnyde. 9°. Essai sur le Goût. *Amsterdam*, Mercus, 1765, *in*-12, 6 vol. bas.

2347. Œuvres complettes de M. DE SAINT-FOIX, Historiographe des ordres du Roi. *Paris*, veuve Duchesne, 1778, *in* 8°. 6 vol. fig. m. r. d. sur tr. pap. d'Hol.

2348. Collection complette des Œuvres de M. DE VOLTAIRE, *Geneve*, 1775, *in*-8°. 40 vol. fig. v. m.

2349. Les mêmes Œuvres. *in*-12,   vol.

2350. Collection complette des Œuvres de J. J. Rousseau; nouvelle Édition originale, revue & corrigée par l'Editeur. *Londres*, 1774, *in-4°*. 9 vol. v. éc. d. f. tr.

2351. Autre Collection des Œuvres de J. J. Rousseau, nouvelle Édition. *Geneve*, 1780, *in-4°*. 12   vol. fig. v. éc.

2352. Lettres fur J. J. Rousseau, par M * * *. (Geneve) *Paris*, Brunet, 1780, *in-8°*. piece.

2353. Œuvres complettes de M. de Belloy, de l'Académ. Fr. Citoyen de Calais. *Paris*, Moutard, 1779, *in-8°*. 6 vol. v. m.

2354. Œuvres de M. de la Harpe, de l'Acad. F. nouvellement recueillies. *Paris*, Piffot, 1778, *in-8°*. 6 vol. v. m.

2355. Œuvres de M. Diderot. *Amfterd.* 1772, *in-8°*. 6 vol. fig. v. m.

2356. Œuvres de M. de S. Marc, de l'Acad. de Bordeaux. *Paris*, Monory, 1775, *in-8°*. fig. v. m.

2357. Œuvres de M. J. Cl. Aulas, Chevalier, ancien Confeill. à la Cour des Monnoies, de Lyon, &c. &c. Manufcrit fur pap. forme *in-fol.* 4 vol. écriture du 18. fiécle, baf.

2358. Nouveaux Opufcules de M. Feutry, de la Société Philof. de Philadelphie, &c. (Dijon) *Paris*, 1779, *in-8°*. br.

2359. Œuvres mêlées de Madame Sara Goudar, Angloife, ou Lettres fur les Divertiffemens du Carnaval de Naples & de Florence. &c. *Amfterdam*, 1777, *in-12*, 2 vol. d. rel.

2360. Œuvres diverfes de M. le Comte de Tressan, Lieuten. Général des Armées du Roi, &c. (Amfterd.) *Paris*, Cellot, 1776, *in-8°*. v. m.

Mélanges Polygraphiques.

2361. Fragmens d'Hiftoire & de Littérature. *La Haye*, 1760, *in-8°*.

2362. Nouveaux Mémoires d'Hiftoire, de Critique & de Littérature ; par M. l'Abbé d'Artigny. *Paris*, Debure, 1749, *in-12*. 2 vol. v. m.

2363. Mélanges de Littérature, d'Hiftoire & de Philofophie. *Amfterd.* Chatelain, 1759, *in-12*, 4 vol. v. m.

2364. Effai fur l'Hiftoire Générale, fur les Mœurs & l'Efprit des Nations, par M. de Voltaire. 1757, *in-8°*. 7 vol. v. m.

2365. Mélanges de Littérature, d'Hiftoire & de Philofophie; par M. d'Alembert. *Amfterd.* Chatelain, 1766, *in-12*, 4 vol.

2366. Mélanges de Littérature Orientale, trad. de différens Manufcrits Turcs, Arabes & Perfans, de la Bibliotheque du Roi ; par M. Cardone, Secrét. Interpr. du Roi. *Paris*, Hériffant, 1770, *in-12*, 2 vol. v. m.   2367

2367. Mélanges Littéraires & Philofophiques ; par M. FERRY. (Avignon) *Paris*, 1775 , *in-*8°. piece.

2368. Mélanges de Littérature , de Morale & de Phyfique. *Amft.* Compagnie, 1775 , *in-*12 , 7 vol. m. r. dor. fur tr.

2369. Le Livre Puce , ou mes Echantillons ; par M. *de l'Empiré.* (Burgos) *Paris*, Valade , 1776 , *in-*12, br.

2370. Diverfités Galantes & Littéraires. (Londres) *Paris*, Dorez , 1777 , *in-*12 , 2 vol. br.

2371. Hiftoire de la Rofiere de Salency, ou Recueil de pieces tant en vers qu'en profe, fur la Rofiere. *Paris*, Mérigot , 1777, *in-*8°. br.

2372. De l'Opinion des Mœurs , ou de l'Influence des Lettres fur les Mœurs. (Londres) *Paris* , Moureau , 1777, *in-*12 , br.

2373. Afpect Philofophique ; par Mlle DE CH * *. (Londres) *Paris*, Pierres , 1777 , *in-*12 , br.

2374. Difcours prononcé par MOLIERE, le jour de fa réception pofthume à l'Académie Françoife, avec la réponfe. *Paris*, 1779, *in-*8°. piece.

Ouvrages des Auteurs Italiens , Anglois & autres.

2375. Rittratto di Difcorfi & di Defcritioni in profa poeticamente, formato dal fignor GIOR. GRATIANI. *Trevigi*, 1623 , *in-*12.

2376. Œuvres diverfes de POPE , trad. de l'Anglois; Édition augm. de plufieurs pieces & de la vie de l'Auteur. (Amfterd.) *Leipzic* , Mercus, 1763 , *in-*12 , 7 vol. fig. v. m.

2377. Les mêmes Œuvres , trad. en François , édition revue & corrigée du texte Anglois , mis à côté des meilleures pieces , & ornée de belles grav. *Paris*, v. Duchefne , 1779 , *in-*8°. 8 vol. v. éc. d. fur tr.

2378. La Vie & les Opinions de TRISTRAM SHANDY, traduites de l'Anglois de STERNE , par M. FRENAIS. (Yorck) *Paris*, Ruault , 1776 , *in-*12 , 2 vol. br.

2379. L'Efprit D'ADDISSON , ou les beautés du Spectateur , du Babillard & du Gardien , confiftant principalement dans une collection des feuilles d'ADDISSON , avec un précis de fa vie , trad. de l'Angl. par M. J. P. A. *Yverdun* , 1777 , *in-*8°. 3 vol. v. m.

Dialogues & Entretiens.

2380. DES. ERASMI (Roterdami) Colloquia, cum notis Variorum, accurente CORN. SCHREVELIO. *Lugd. Bat.* Hackiana, 1664, *in-*8°. baf.

On trouve à la tête de ce Livre la vie d'Erafme , manufcrite.

2381. Ejufd. ERASMI, Colloquia. *Parifiis* , Thibault , 1691 , *in*-12 , baf.

2382. Les Entretiens familiers D'ERASME, trad. par CHAPPUZEAU. *Paris* , July, 1662 , *in*-12 , baf.

2383. Cæfar Agnitus Dialogus ; Autore CHIVOT, Doctor , &c. *Paris* , Thibouft , 1777 , *in*-4°. piece.

2384. { Quarto Dialogi di GARNERO , & varie Hiftorie e Proverbii. *Geneva* , di Tournes, 1627 , *in*-12.
Sette Dialogi e Piacevoli ragionamenti utili a i defider. di quefta Lingua. *Geneva* , di Tournes, 1645 , *in*-12 , baf.

2385. Cymbalum Mundi , ou Dialogues Satyriques fur différens fujets ; par BON. DES PERRIERS , avec une differtation de PR. MARCHAND, contenant l'Hiftoire , l'Analyfe & l'Apologie de ce Livre, nouvelle Édition augmentée de notes & remarques par MM. FALCONET & LANCELOT. (Amfterd.) *Paris* , 1732 , *in*-12 , baf.

Quoique cette Édition foit très-commune, il eft cependant nécef-faire de l'annexer aux deux Éditions, l'une de 1537, de Paris, petit *in*-8°. & l'autre de 1538 impr. à Lyon , *in*-8°. gothique , à caufe de la differtation que l'on trouve à la tête. Il y en a eu quelques Exemp. impr. fur vélin, mais ils font très-rares.

2386. Recueil général des Queftions traitées ès Conférences du Bureau d'Adreffe fur toutes fortes de matieres ; par les plus beaux Efprits de ce tems ; par EUS. RENAUDOT , Médecin. *Paris*, 1660, Befongne, *in*-8°. 5 vol. baf.

2487. Le Cercle , ou Converfations galantes ; par le fieur BREMOND. *Amfterd.* Legrand , 1675 , *in*-12. baf.

2388. Modeles de Converfations pour les Perfonnes polies ; par M. l'Abbé DE BELLEGARDE. *Paris* , Guignard , 1697 , *in*-12. baf.

2389. Entretiens d'Arifte & d'Eugene. *Paris* , 1673 , *in*-12. baf.

2390. Maniere de bien penfer dans les Ouvrages d'Efprit , Dialogues. *Paris* , Florentin , 1715 , *in*-12. baf.

EPISTOLAIRES.

Epiſtolaires Grecs & Latins , anciens & modernes.

2391. ARISTÆNETI Epiſtolæ, Græce cum Latina Interpretatione & Notis. *Pariſiis ,* Orry , 1606 , (M. V I. C.) *in-*8º. baſ.

2392. M. T. CICERONIS Epiſtolæ , ad At. Brutum. *Amſterdami ,* Gul. Bluen , 1632 , *in-*12 , baſ.

5393. C. PLINII CÆCILII SECUNDI , Epiſtolarum Libri decim. cum notis Variorum , accurente J. VEENHUSIO. *Lugd. Bat.* Hackius , 1669 , *in-*8º. baſ.

2394. Ejuſd. Epiſtolæ , & Panagyricus Trojano dictus , recens. LALLEMANT. *Pariſiis ,* Barbou , 1769 , *in-*12 , v. m. d. ſ. tr.

Epiſtolaires François.

2395. Le nouveau Secrétaire de la Cour , ou Lettres familieres ſur toutes ſortes de ſujets. *Paris ,* 1761 , *in-*12 , baſ.

2396, Recueil de Lettres nouvelles de MM. MALHERBE , COU- LOMBI , BOISROBERT, MOLIERE & autres. *Paris ,* Prud'homme, 1640 , *in-*8º. 2 vol. baſ.

2397. Lettres miſſives & familieres d'ET. DU TRONCHET , Secr. de la Reine mere. *Paris ,* Boufons , 1583 , *in-*12 , baſ.

2398. Lettres du ſieur AUVRAY. *Paris ,* Courbé , 1630 , *in-*8º. baſ.

2399. Lettres de BALZAC. *Troyes ,* Balduc , 1634 , *in-*8º. 2 vol.

2400. Lettres nouvelles de M. CHEVREAU. *Paris ,* Beſongne , 1642 , *in-*8º. baſ.

2401. Lettres de GOMBAULT. *Paris ,* Courbé , 1647 , *in-*8º. baſ.

2402. Lettres & Epîtres d'Héloïſe & d'Abeillard. (Londres) *Paris ,* Valade , 1780, *in-*12 , v. d. ſ. tr.

2403. Lettres de M. COSTAR. *Paris ,* Courbé , 1658 , *in-*4º. baſ.

2404. Lettres choiſies de feu GUY PATIN. *Cologne ,* Dulaurens, 1692 , *in-*12 , 3 vol. baſ.

2405. Lettres & autres Œuvres de VOITURE. *Amſterd.* And. de Hoogenhuyſen , 1697 , *in-*12 , baſ.

2406. Lettres de NINON DE L'ENCLOS , au Marquis de Sévigné. *Amſterdam ,* 1750 , *in-*12 , baſ.

2407. Lettres de Mad. la Marquiſe DE SÉVIGNÉ , à la Comteſſe DE GRIGNAN , ſa fille. *Amſterd.* 1766 , *in-*12 , 8 vol. baſ.

2407. Lettres hiſtoriques & galantes ; par Mad. DU NOYER. *Amſt.* 1760 , *in-*12 , 6 vol. baſ.

2408. Lettres de Mad. DE MAINTENON. *Berlin*, Erialed, 1754, *in*-12, vol. baf.

2409. Autres Lettres de Mad. DE MAINTENON à M. d'Aubigné fon frere, à M. l'Abbé Gobelin, & autres. *Glafcow*, 1756, *in*-12, 7 vol.

2410. Lettres de ROUSSEAU, fur différens fujets. *Geneve*, Barillot, 1749, *in*-12, 3 vol. baf.

2411. Lettres écrites de la Montagne; par J. J. ROUSSEAU. *Amft.* M. Mich. Rey, 1764, *in*-12, v. m.

2412. Lettres de M. l'Abbé LE BLANC, Hiftoriographe du Roi. cinq. édit. de celles qui ont paru fous le titre de Lettres d'un François. *Lyon*, Aimé de la Roche, 1758, *in*-12, 3 vol. v. m.

> Ouvrage fort eftimé parmi les Gens de Lettres : l'Edition que nous annonçons, & qui eft la cinquieme, eft la plus ample & la plus recherchée, parce qu'indépendamment d'un difcours préliminaire, qui fe trouve à la tête, & qui n'avoit pas encore paru, elle a encore l'avantage d'avoir été revue, & confidérablement augmentée par l'Auteur. Elle eft auffi recommandable par tout ce qui fait le mérite de la partie Typographique.
> Le même Abbé le Blanc nous à encore donné un petit Recueil de Lettres fur l'éducation des Princes, imprimé à Edimbourg, c'eft-à-dire, à Londres, en 1746, format *in*-8°. Ouvrage rare, par la fuppreffion qu'on a faite des Exemplaires de cet Ouvrage.

2413. Lettres de Madame la Marquife DE POMPADOUR, depuis 1753, jufqu'en 1762 inclufivement. *Londres*, Owen, 1762, *in*-12, v. m.

2414. Autres Lettres de la même. 1772, *in*-12, v. m.

2415. Autres Lettres de la même. 1773, *in*-12, v. m.

2416. Lettres Juives, ou Correfpondance Philofophique, Hiftorique & Critique ; par M. le Marquis D'ARGENS. *La Haye*, Paupier, 1642, *in*-12, 6 vol. v. m.

2417. Lettres chinoifes, ou Correfpondance Philofophique, Critique & Hiftorique, entre un Chinois voyageur à Paris, & fes Correfpodans à la Chine, en Mofcovie, &c. par le même. *La Haye*, Paupie, 1739, *in*-12, v. m.

2418. Les mêmes Lettres. *Paris*, 1776, *in*-8°. v. m.

2419. Lettres Perfannes ; par M. DE MONTESQUIEU. *Cologne*, 1721, *in*-12. baf.

2420. Les mêmes Lettres Perfannes. *Amfterd.* Jaques Desbordes, 1740, *in*-12, 2 vol. v. m.

> Ce Livre profond fous un air de légéreté, offre une Satyre délicate & énergique de nos vices, de nos travers, de nos ridicules, de nos préjugés & de la bizarrerie de nos goûts. C'eft le tableau le plus animé & le plus vrai des mœurs Françoifes. Montefquieu fut reçu

de l'Académie Françoise le 24 Janvier 1728, à la place de Sacy, le traducteur de Pline ; le fuccès des Lettres Perfannes, lui ouvrit les portes de cette illuftre Affemblée. Quoique de tous les Livres où l'on a plaifanté fur cette compagnie, il n'y en ait guere où elle foit moins ménagée.

2421. Les mêmes, avec une table des matieres. *Leipzick*, Mercus, 1761, *in*-12, v. m.

2422. L'Efpion dans les Cours des Princes Chrétiens, ou Lettres & Mémoires d'un Envoyé fecret de la Porte, dans les Cours de l'Europe ; par PAUL MARANA. *Cologne*, Kinkius, 1615, *in*-12, 7 vol. fig. baf.

2423. L'Efpion Chinois, ou l'Envoyé fecret de la Cour de Pekin, pour examiner l'Etat de l'Europe, trad. du Chinois. *Cologne*, 1774, *in*-12, 6 vol. v. m.

2424. Lettres d'une Péruvienne ; par Mad. DE GRAFIGNY. 1750, *in*-12, v. m.

2425. Les mêmes Lettres, trad. du Fr. par M. DEODATI. *Paris*, Duchefne, 1759, *in*-12, 2 vol. v. m.

2426. Lettres du Colonel TALBERET ; par Mad. * * *. Auteur d'Elifabeth. (Amfterd.) *Paris*, Durand, 1767, *in*-12, 4 vol. v. m.

2427. Lettres de feu P. DORMER STANHOPE, Comte DE CHETER-FIELD, à fon fils Ph. Stanhope. *Amfterd.* Harreuelt, 1777, *in*-12, 4 vol.

2428. Lettre Galante de M. le Cardinal DE BERNIS, à Madame la Marquife de Pompadour, &c. *Londres*, 1779, *in*-8°. piece.

2429. Lettres d'un Voyageur Anglois. *Londres*, 1779, *in*-8°. br.

2430. Nouvelles Lettres d'un Voyageur Anglois ; par M. SHERLOCK. (Londres) *Paris*, Duchefne, 1780, *in*-8°. br.

2431. Lettre d'un Jeune Homme à fon Ami, fur les François & les Anglois, relativement à la frivolité reprochée aux uns & la Philofophie attribuée aux autres, ou Effai d'un parallele à faire entre ces deux Nations. *Paris*, Le Jay, 1779, *in*-8°. br.

Épiftolaires Italiens & autres.

2432. Lettres Italiennes, *in*-8°, parchem.

2433. Lettere Facete & Piacevoli, di diverfi grandi Huomini & chiari ingegui fcritte fopra diverfe materie raccolte, per M. DIONIGI ATANAGI. *In Venetia*, 1582, *in*-12, baf.

2434. Lettere Facete, è Chiri bezzofe in Lengua Antiga, Venitiana. *In Parigini*, L'angelieri, 1587, *in*-12, baf.

2435. Lettere di M. Pietro Bembo, à Principi, Signori & fuoi famigl. Amici, fcritte. *In Venitia*, Scotto, 1573, *in*-12, baf.

2436. Il Secretario & il primo volume delle Littere familiari del fig. Torquato Tasso. *In Venegia*, Altobello Salicate, 1596, *in*-12, baf.

2437. Lettere del fig. Cav. Battista Guarini, da Agoftino Michele Recolte. *Venetia*, Giotti, *in*-8º. baf.

2438. Le Medefim. Lettere. *Ven. in*-12, baf.

2439. Lettere di M. Pietro Aretino. *In Parigi*, Mat. Maeftro, 1608 — 1609, 6 vol. *in*-8º. baf.

2440. Lettere del fignor Card. Lanfranco Margotti. *Venetia*, Baglioni, 1642, *in*-4º. baf.

2441. Lettere della fig. Isebella Andreini, Padovana. *In Venetia*, 1647, *in*-12, baf.

2442. La Sécrétaria di Apollo Che fegue gli Ragguagli di Parnafo del, Boccalini. *Amfterdam*, Fr. Ma. Boccafranca, 1653, *in*-12, parch.

2443. Les Lettres du Cardinal Bentivoglio, traduites en françois, l'Italien à côté, par le fieur Veneroni. *Amfterdam*, Donati, 1695, *in*-12, baf.

2444. Lettres Intéreffantes du Pape Clément XIV, (Ganganelli), traduites de l'Italien & du Latin, par M. le Marquis de Caraccioli. *Paris*, Lottin, 1776, *in*-12, 4 vol. v. m.

2445. Lettres à l'Éditeur des Lettres de Clément XIV, fur la crainte qu'on a que ce Pontife n'en foit pas l'Auteur, avec la réponfe. *Paris*, Boudet, 1776, *in*-12, piéce.

2446. Lettres de Frere François, Cuifinier du Pape Ganganelli, fur les Lettres de ce Pontife, à un Parifien de fes amis. (-Luques) *Paris*, Monory, 1776, *in*-12, piece.

2447. Diatribe Clémentine, ou Differtation dans laquelle on difcute pour le Fait & pour le Droit, tout ce qui concerne les Lettres publiées fous le nom du Pape Clément XIV, Ganganelli. *Avignon*, 1777, *in*-12. v. m.

HISTOIRE.

INTRODUCTION A L'HISTOIRE.

GÉOGRAPHIE.

Introduction , Géographie proprement dite , ou Cosmo-graphie & description de l'Univers , Géographes anciens & modernes.

2448. **A**TLAS Hiftorique, ou nouvelle Introduction à l'Hiftoire, à la Chronologie & à la Géographie ancienne & moderne ; par M. C * * *. avec des Diflertations par M. GUEUDEVILLE. *Amfterdam* , les freres Chalelain , 1713, *in-fol.* 4 vol. avec des cartes, v. m.

2449. Les Révolutions de l'Univers , ou Remarques & obferva-tions fur une Carte Géographique deftinée à l'étude de l'Hiftoire générale. *Paris* , Guerin , 1763, *in-12.* baf.

2450. Elémens de Cofmographie , pour fervir d'Introduction à la Géographie & à l'Hiftoire ; par M. BUY DE MORNAS. *Paris*, Grangé , 1749, *in-12.* baf.

2451. Inftruction familiere de la Géographie , avec de queftions fur l'Hiftoire, par demandes & réponfes. *Cologne* , Marteau, 1723. *in-12.*

2452. PH. CLUVERI Introductio in univerfam Géographiam. *Parifiis* , 1631, *in-24.* baf.

2453. B. VARENII , Géographia généralis. *Amftelod.* Elzeviriana, 1671 , *in-12.* baf.

2454. Vibius Sequefter de Fluminibus , Fontibus , Lacubus, Ne-moribus , Paludibus , Montibus & Gentibus , quorum apud Poetas mentio fit, ex recenfione J. OBERLINI. *Argentorati* , Konig, 1778 , *in-8°.* baf.

2455. La Cofmographie univerfelle, contenant la fituation de toutes les parties du Monde ; par MUNSTERE. *Bafle* , H. Pierre, 1560 , *in-fol.* fig. baf.

2456. Géographie univerfelle, expofée dans les différentes méthodes qui peuvent abréger l'étude & faciliter l'ufage de cette Science ; par le P. Buffier. *Paris,* 1752, *in*-12. baf.

2457. La même Géogr. *Bruxelles,* 1759, *in*-12, avec des cartes.

2458. Géographie Royale par le P. Ph. Labbe. *Paris,* 1652, *in*-8°. baf.

2459. Géographie univerfelle, à l'ufage des Colléges ; par M. Robert. *Paris,* Nyon, 1772, *in*-12. baf.

2460. Géographie naturelle, hiftorique, politique & raifonnée, par le même. *Paris,* Defnos., 1777, *in*-12, 3 vol. fig. v. m.

2461. Géographie élémentaire, traitée en forme d'entretiens ; par M. Henault, Avocat. *Paris,* Eftienne, 1771, *in*-12. baf.

2462. Mémoires Géographiques, Phyfiques & Hiftoriques fur l'Afie, l'Afrique & l'Amérique, tirés des Lettres Edifiantes & des Voyages des Miffionnaires Jéfuites. *Paris,* Durand, 1767, *in*-12, 4 vol. baf.

2463. Abrègé méthodique de la Géographie ancienne & mod. avec des cartes de 6 pieds de hauteur ; par M. l'Abbé Boutillier. *Paris,* Brocas, 1779, *in*-12.

2464. Géographie comparée, ou Analyfe de la Géographie ancienne & moderne des Peuples de tous les pays & de tous les âges ; par M. Mentelle. *Paris,* Nyon, 1778, *in*-8°. 2 vol. br. cart.

2465. Le même Ouvrage. *Paris,* Nyon, 1779, *in*-8°. 2 vol.

Dictionnaires Géographiques.

2466. Dictionnaire Interprête-manuel des noms Latins de la Géographie ancienne & moderne, pour fervir à l'intelligence des Auteurs Latins, principalement des Auteurs claffiques, avec les défignations principales des lieux. *Paris,* Lacombe, 1777, *in*-8°. v. m.

2467. Dictionnaire Géographique, Hiftorique & Mythologique, Portatif, &c. contenant la defcription des Empires, des Royaumes, &c. par M. Furgault. *Paris,* Moutard, 1776, *in*-8°. v. m.

2468. Dictionnaire Géographique, ou Defcription des Royaumes, Provinces, Villes, Patriarchats, Evêchés, Duchés, &c. par Vosgien. *Paris,* Didot, 1755, *in*-8°. v. m.

2469. Le même Dictionnaire. *Paris,* 1759, *in*-8°. v. m.

2470. Le même, nouvelle édit. *Paris,* 1779, *in*-8°. v. m.

Defcriptions.

Defcriptions & Cartes Géographiques, avec les Atlas généraux & particuliers.

2471. Defcription Générale de l'Univers, trad. de l'Anglois de SALMONS, d'après la quinzieme édit. donnée à Londres en 1768, & augm. par M. l'Abbé JURAIN. *Paris*, Froullé, 1776, *in-8°*. 2 vol. avec des cartes.

2472. Nouvelle Géographie, ou Defcription exacte de l'Univers, avec un grand nombre de cartes & de figures; par M. MARTINEAU PLESSIS, Géographe. *Amfterd.* Gallet, 1700, *in-12*, 3 vol.

2473. Recueil de Cartes générales & particulieres des différentes parties du Monde, de quelques Royaumes & Villes en particulier, Cartes des côtes de France, d'Angleterre, des Ifles de l'Archipel, de Candi, d'Adu, Chagas, Mahé, de l'Amérique feptentrionale, des ville & fort de Gibraltar, & autres.

2474. Atlas & Tables élémentaires de Géographie ancienne & moderne; par M. BRION. *Paris*, Barbou, 1774, *in-8°*, avec des Cartes

2475. Atlas moderne portatif, compofé de 28 cartes fur toutes les parties du Globe Terreftre' *Paris*, Laporte, 1780, *in-8°*, v. éc. d. fur tr.

2476. Atlas général, Civil & Eccléfiaftique, Méthodique & Élémentaire, pour l'étude de la Géographie & de l'Hiftoire; par M. BRION. *Paris*, 1766, *in-4°*, v. m.

2477. Atlas Eccléfiaftique, comprenant tous les Evêchés des quatre parties du Monde; par le même. *Paris*, Delalain, 1766, *in-4°*. v. m.

2478. Atlas portatif univerfel; par M. ROBERT, Géogr. du Roy. *Paris*, Pankouke, *in-fol.* obl. v. m.

2479. L'Atlas curieux, ou le Monde repréfenté dans des cartes générales & particulieres, orné des Plans & Defcriptions des Villes Capitales de l'Europe, comme Eglifes, Palais, Maifons de Plaifance, &c. par DE FER. *Paris*, 1705, *in-fol.* obl. v. m.

2480. Atlas portatif, compofé de 285 cartes de plufieurs habiles Géographes, où font repréfentées toutes les parties de la Terre, avec un Difcours fur la Cofmographie, contenant un abrégé de la Sphere, de la Géographie. *Amfterd.* du Suzet, 1734, *in-fol.* obl. v. m.

2481. Atlas Itinéraire portatif de l'Europe, adapté, quant à la

France, aux Meſſageries Royales, nouvelles Diligences; par le ſieur Brion Ingénieur. *Paris*, 1776, *in-4°*, obl. v. m.

2482. Nouvel Itinéraire général, comprenant toutes les grandes routes de France, des Iſles Britanniques, de l'Eſpagne, du Portugal, &c. publié par Desnos. *Paris*, 1766, *in-4°*. v. m.

2483. Le Neptune Oriental, dédié au Roi par M. d'Après Demannevillette, Chevalier de l'Ordre du Roi, Capitaine des vaiſſeaux de la Compag. des Indes, aſſocié de l'Académ. Royale de Marine. *Paris*, Démonville, 1775, *in-fol*. v. m.

2484. Atlas Américain ſeptentrional, contenant les détails des différentes Provinces de ce vaſte Continent, trad. des cartes levées par les ordres du Gouvernement Britannique; par le Major Holland, Evans & autres. *Paris*, Le Rouge, 1778, *in-fol*. carton.

V O Y A G E S.

Voyages & Relations faites en diverſes parties de la Terre.

2484. Hiſtoire générale des Voyages, ou Collection nouvelle de toutes les Relations de Voyages par Mer & par Terre, qui ont été publiées juſqu'à préſent dans les différentes Langues de toutes les Nations, enrichie de cartes Géographiques, de Plans & de Perſpectives, de fig. d'animaux, de végétaux, habits, antiquités, &c. par M. l'Abbé Prevost. *Paris*, Didot, 1746, *in-4°*. 15 vol. m. v.

2485. Abrégé de l'Hiſtoire des Voyages, par M. de la Harpe. *Paris*, Pankouke, 1780, 21 vol. v. à l'Ang.

2486. Recueil des Voyages qui ont ſervi à l'établiſſement & aux progrès de la Compagnie des Indes Orientales; par de Constantin. *Rouen*, Boucher, 1725, *in-*12 10 vol. fig. baſ.

2487. Voyages dans l'Hémiſphere Auſtral & autour du Monde, fait ſur les Vaiſſeaux du Roi l'Aventure & la Réſolution, en 1772, 73, 74 & 75, par Cook, Farneaux & Eorſter; trad. de l'Anglois. *Paris*, Pankouke, 1778, *in-8°*. 7 vol. fig. & cart. v. m.

2488. Journal du ſecond Voyage du Cap. Cook, ſur les Vaiſſeaux la Réſolution & l'Aventure, entrepris par ordre de S. M. Britannique, dans les an. 1774 & 1775. (Amſterdam) *Paris*, Piſſot, 1777, *in-8°*.

2489. Voyages dans la Mer du Sud , par les Efpagnols & les Hollandois , Ouvrage trad. de l'Anglois de DALRYMPLE, par M. DE FRÉVILLE. *Paris*, Nyon, 1774, *in*-8°. avec des cart.

2490. Effai fur l'Ifle d'Otahiti, fituée dans la Mer du Sud, & fur l'efprit & les mœurs de fes Habitans. *Paris*, Froullé, 1779, *in*-8°. br. fig.

2491. Voyage aux Moluques & à la Nouvelle-Guinée , fait fur la Galere la Tartare en 1774,75, 76, par le Cap. FORREST. *Paris*, Pankouke, 1780, *in*-4°. fig. v. à l'Ang.

2492. Voyages de JEAN STRUYS, en Mofcovie , en Tartarie , en Perfe, &c. *Lyon*, Rey, 1682, *in*-12, 3 vol. fig. baf.

2493. Les Voyages fameux de VINCENT LE BLANC , Marfeillois ; recueillis de fes Mémoires par le fieur COULON. *Paris*, Cloufier, 1647, *in*-4°. baf.

2494. Relation journaliere du Voyage du Levant, fait & defcrit par Haut & Puiffant Seigneur HENRY DE BAUVAU. *Nancy*, Garnech, 1619, *in*-4°. fig. baf.

2495. Journal du Voyage de CHARDIN, en Perfe. *Lyon*, Amaulry, 1687, *in*-12. baf.

2496. Voyage de GAUTIER SCHOUTEN aux Indes Orientales, commencé l'an 1658 & fini en 1665 ; trad. du Hollandois, donné par DE CONSTANTIN. *Amfterdam*, Roger, 1707, *in*-12, 7 vol. fig. baf.

2497. Voyage & Aventures de FR. LEGUAT & de fes Comp. aux deux Ifles défertes des Indes Orientales. *Londres*, Mortier, 1721, *in*-12, fig. baf.

2498. Voyages du fieur PAUL LUCAS , fait en 1714, &c. par ordre de Louis XIV, dans l'Afie, Sourie, Paleftine , haute & baffe Egypte, &c. *Rouen*, R. Machuel, 1719, *in*-12, 3 vol. fig. baf.

2499. Relation d'un voyage du Levant, fait par Ordre du Roi, par M. PITTON DE TOURNEFORT. *Paris*, Imp. Royale, 1717, *in*-4°, 2 vol. avec fig. v. m.

Il exifte de cet Ouvrage deux Editions poftérieures à celle que nous annonçons , la premiere à été exécutée en Hollande dans le même format, & la feconde à été imprimée à Lyon, & diftribuée en 3 vol. *in*-8°, quoique ces deux réimpreffions ne foient pas fans mérite , elles font cependant inférieures à l'Édition Originale dont il eft ici queftion.

On obfervera au fujet de cette derniere, que les Exemplaires en ont été tirés fur deux papiers différens ; c'eft-à-dire , papier fin & papier ordinaire. Les Exemplaires en papier fin font en plus petit nombre, & par conféquent beaucoup plus difficiles à trouver que les autres ; mais comme la différence qui les diſtingue n'a pas paru aſſez ſenſible, on a jugé à propos de ſe ſervir pour les reconnoître ſûrement, d'une marque particuliere qui les caractériſât. Cette marque conſiſte dans un point aſtériſque que l'on a placé à côté des ſignatures, & qui en accompagne la premiere lettre, il eſt facile par ce moyen de les diſtinguer.

2500. Voyage fait par ordre du Roi en 1771 & 1772, en diverſes parties de l'Europe, de l'Afrique & l'Amérique ; par MM. de VERDUN DE LA CRENNE, LE CHEVALIER DE BORDA, ET PINGRÉ, Chancelier de ſainte Geneviéve . *Paris*, de l'Imprimerie Royale, 1778, *in*-4°. 2 vol. fig. v. m.

2501. Voyage dans les Mers de l'Inde, fait par ordre du Roi, à l'occaſion du Paſſage de Vénus ſur le Diſque du Soleil ; par M. LE GENTIL : imprimé par ordre du Roi ; *Paris*, Imprimerie Royale, 1779, *in*-4°. vol. fig. v. m.

2502. Voyage au Pole Boréal fait en 1773, par ordre du Roi d'Angleterre ; par CONSTANTIN JEAN PHIPPS ; traduit de l'anglois. *Paris*, Saillant, 1775, *in*-4°. fig. v. m.

2503. Voyages dans la partie ſeptentrionale de l'Europe, pendant les années 1768, 1769 & 1770 ; par M. JOSEPH MARSHALL, Écuyer ; traduit par M. PINGERON. *Paris*, Dorez, 1776, *in*-8°. v. m.

2504. Voyages de M. DESHAYES, Baron de Courmeſvin en Dannemarck, par ordre du Roi, *in*-12.

2505. Relations hiſtoriques & curieuſes de Voyages, en Allemagne, Angleterre, Hollande, Boheme, Suiſſe, &c. par CHARLES PATIN, Médecin. *Lyon*, Cl. Muguet, 1674, *in*-12, fig. baſ.

2506. Lettres curieuſes de voyages, écrites d'Angleterre, d'Italie, de Hongrie, d'Allemagne, de Suiſſe, &c. *Paris*, Loyſon, 1691, *in*-12. baſ.

2507. Voyages de M. Dumont en France, en Italie, en Allemagne, à Malte & en Turquie. (La Haye) *Foulque*, 1699, *in*-12, 4 vol. fig. baſ.

2508. Voyage en Sicile & à Malte, traduit de l'Anglois de M. BRYDONE, F. R. S. par M. DEMEUNIER. (Amſterdam) *Paris*, Piſſot, 1775, *in*-8°. 2 vol. v. m.

2509. Voyages d'Italie & de Hollande ; par l'Abbé COYER, des Académies de Nanci, de Rome & de Londres. *Paris*, Ducheſne, 1775, *in*-12, 2 vol. v. m.

2510. Hiſtoire & Relation du Voyage de la Royne de Pologne, par JEAN LE LABOUREUR, S. de Bleranval. *Paris* Rob. Deſſaint, 1647, *in*-4°. baſ.

2511. Voyage de FR. PYRARD, depuis l'arrivée à Goa juſques à ſon retour en France. *Paris*, Thibouſt, 1615, *in*-8°. baſ.

2512. Nouvelle Relation, contenant les Voyages de Th. Gage, dans la Nouvelle Efpagne, &c. *Paris*, Marret, 1721, 2 vol. *in*-12, fig. baf.

CHRONOLOGIE.

2513. Dionysii Petavii Opus de Doctrina Temporum, edent. Joan. Harduini. *Antuerpiæ*, Gallet, *in-fol.* 2 vol. baf.

> Quoique cette Édition foit eftimée, l'on préfere cependant céle de Paris, imprimée en 1627. Il faut annexer à cet Ouvrage la continuation qui en fut publiée en 1730, fous le titre d'Uranologion, &c.
> Selon l'Abbé Lenglet, il ne s'eft encore rien fait de plus favant fur la Chronologie.

2514. Almanach, ou Calendrier véritable fur le modele de l'ancien Calendrier des Romains, fait & confervé par les Pontifes; par M. Legall. *Paris*, Cailleau, 1779, *in*-8°. 2 vol.

2515. Tablettes Chronologiques de l'Hiftoire Univerfelle, Sacrée & Profane, Eccléfiaftique & Civile, depuis la création du Monde, jufqu'à l'an 1743, avec des Réflexions fur l'ordre qu'on doit tenir & fur les Ouvrages néceffaires pour l'étude de l'Hiftoire; par M. l'Abbé Lenglet Dufresnoy. *Paris*, Debure & Ganeau, 1744, 2 vol. *in*-8°. v. m.

2516. Les mêmes Tabl. Édit. donnée par M. Barbeau de la Bruyere. *Paris*, Debure, 1778, *in*-8°. 2 vol. v. m.

2517. Analyfe Chronologique de l'Hiftoire Univerfelle depuis le commencement du Monde jufqu'à l'Empire de Charlemagne, inclufivement. *Paris*, Lottin l'aîné, 1757, *in*-4°. baf.

2518. Tablettes Hiftoriques & Chronologiques, où l'on voit d'un coup-d'œil le lieu, l'époque de la naiffance & de la mort de tous les Hommes célebres en tous genres que la France à produits. *Paris*, 1779, *in*-12.

2519. L'Art de Vérifier les Dates des Faits hiftoriques, des Chartres, des Chroniques & autres anciens monumens depuis la naiffance de J. C. par deux Religieux Bénédictins de la Congrégation de S. Maur. *Paris*, Defprez, 1770, *in-fol.* v. m.

> Ouvrage très-eftimé, & que l'on fe propofe de remettre fous preffe, pour en donner au Public une Édition beaucoup plus ample.
> L'on trouve page 48 une Chronologie des Eclipfes; par M. Pingré, Chanoine Régulier de S. G.

HISTOIRE UNIVERSELLE.

Hiſtoire Univerſelle de tous les tems, de tous les lieux, depuis la création du Monde, &c.

2520. JUSTINI Hiſtoriarum, libri XLIV, cum notis ISAACI VOSSII. *Lugd. Bat.* Elzeviriana, 1640, *in*-12.

2521. Ejuſd. JUSTINI Hiſtoriarum, ex recen. ISAACI VOSSII. *Amſtelod.* Elzevir. 1650, *in*-12.

2522. Ejuſd. JUSTINI Hiſtoriarum ex Trogo-Pompeio, lib. 44 *Pariſiis*, Barbou, 1770, *in*-12, v. m. d. ſ. tr.

2523. JUSTIN vrai Hiſtoriographe, ſur les Hiſtoires de Trogue-Pompée, contenant 44 livres trad. de Latin en François. *Paris*, Langelier, 1540, *in*-8°. baſ.

2525. HORATII TURCELLINI Hiſtori. ab orig. mund. Adam. 1641, Epitome, *Cadomi*, 1687, *in*-8°, baſ.

2524. Diſcours ſur l'Hiſtoire Univerſelle, à Mgr. le Dauphin, pour expliquer la ſuite de la Religion & les changemens des Empires; par Meſſire J. BEN. BOSSUET, Evêque de Meaux. *Paris*, David, 1741, 2 vol. *in*-12. baſ.

2525. Le même Ouvrage. *Paris*, David, 1744, *in*-12, 2 vol. baſ.

> Quoique cet Ouvrage ne ſoit point achevé, il n'en eſt pas moins un des meilleurs de M. Boſſuet. C'eſt envain qu'on s'eſt efforcé juſqu'à préſent d'en donner aucune eſpece de continuation, & celles qui en ont été publiées, tant à Paris ſous le nom de Jean de la Barre, qu'en Hollande par d'autres Gens de Lettres, ſont ſi éloignées de l'original, qui leur ſervoit de modele, qu'elles n'ont contribué qu'à mieux faire connoître dans la république des Lettres l'importance de l'Ouvrage de M. de Meaux, & à le faire regarder comme un de ces chef-d'œuvres de l'eſprit humain, qui malheureuſement n'ayant pas été achevés, ne doivent être tranſmis à la poſtérité que dans l'état auquel ils ſe ſont trouvés à la mort de leur Auteur.
>
> La multiplicité d'Éditions conſécutives qui ont été faites de cet Ouvrage, eſt le plus bel éloge qu'on puiſſe en faire; les premieres ſont les plus eſtimées; celle de 1681 eſt la plus belle & eſt préférée comme l'original. Debure, N.° 5354.

2526. Hiſtoire Univerſelle depuis le commencement du Monde juſqu'à préſent, compoſée par une *Société de Gens de Lettres*, trad. en François par une ſociété de Gens de Lettres, enrichie de fig. & cart. *Paris*, Moutard, 1779, *in*-8°. vol. v. m.

2527. Cours d'Hiſtoire Univerſelle; par M. LUNEAU DE BOIS-JERMAIN. *Paris*, 1779, *in*-8°. 3 vol. m. r. d. ſ. tr.

2528. Précis de l'Hiſtoire Univerſelle, avec des Reflexions; par M. l'Abbé BERARDIER DE BATTANT, Licencié de Théologie. *Paris*, Berton, 1776, *in*-12.

2529. Les Images prefque de tous les Empereurs depuis C. Julius Cæfar, jufques à Charles V & Ferdinand fon Frere, pourtraites au vif, prifes des Medailles anciennes, avec la vie des dits Empereurs; par GHOLTZ DE WIRTZBOURG, Peintre d'Anvers. *Anvers*, 1557, *in-fol.* baf.

2530. SAM. PUFFENDORFII Introductio ad Hiftoriam Europæam. 1702, *in-8°.* baf.

2531. Introduction à l'Hiftoire Générale & Politique de l'Univers, par le Baron DE PUFFENDORF. *Amfterdam*, 1722, *in-12*, 7 vol.

2532. Le même Ouvrage. *Amfterd.* 1732, *in-12*, 7 vol. baf.

2533. Hiftoire Univerfelle de J. A. DE THOU, depuis 1543, jufqu'en 1607 : trad. fur l'Édition Latine de Londres. (*Londres*). *Paris*, 1734, *in-4°.* 16 vol. baf.

    Cette verfion, qui eft jufqu'à préfent la feule que nous ayons en notre langue de l'Hiftoire de M. de Thou, eft affez eftimée. On l'a réimprimée en Hollande, dans le même format, mais comme le caractère qu'on a employé à cette réimpreffion eft beaucoup plus maigre & plus ferré que celui de l'impreffion de Paris, cette nouvelle Édit. étrangere, a été réduite à moins de tom. & n'a été publiée qu'en 11 vol. il y a quelques perfonnes qui préferent cette édition à la précédente, parce que les remarques qui n'ont été rangées qu'à la fin des volumes dans l'édition de Paris, ont été mifes au contraire dans celle-ci, par renvoi & avec quelques augmentations à la fin des pages où elles fe rapportent : cet avantage qui lui avoit acquis d'abord la préférence fur celle de Paris, ne s'eft cependant par foutenue bien-long-tems, & l'on préfere actuellement & avec raifon l'édition de Paris, qui eft beaucoup plus exacte & mieux exécutée.

    André du Royer entreprit de donner au Public, dans le dernier fiecle, une nouvelle trad. de cet Ouvrage ; le peu d'accueil qu'on lui a toujours fait, prouve combien peu on a regreté que cette verfion foit demeurée imparfaite. Debure, N°. 4367.

1534. Mém. fecrets tirés des archives des Souverains de l'Europe, contenant le Regne de Louis XIII. Ouvrage trad. de l'Italien. (Amfterdam) *Paris*, Nyon, 1775 & 1776, *in-12* vol.

1535. Hiftoire générale de l'état préfent de l'Europe. *Paris*, 1774, *in-12*, 2 vol. v. m.

1536. Mémoire pour fervir à l'Hiftoire du 18me. Siecle, contenant les Négociations, Traités, Réfolutions & autres Documens authentiques, concernant les affaires d'Etat ; par M. DE LAMBERTY. *La Haye*, Henry Scheurleer, 1724, *in-4°.* 8 vol. m. r.

    Cet Ouvrage eft fort eftimé & néceffaire à tous ceux qui étudient les intérêts des Souverains & le fecret des Cours : on l'a imprimé fur deux différentes fortes de papiers, que l'on nomme, l'un papier Bulle ou commun, l'autre papier fin. On recherche peu les Exempl. imprimés fur papier commun, parceque la lecture en eft fatigante & défagréable à la vue, de maniere que les Exempl. en papier fin, font pour ainfi dire les feuls dont on faffe cas.

1537. Mémoires pour servir à l'Histoire de l'Europe, depuis 1748 ; jusqu'à la Paix générale signée à Aix-la-Chapelle le 18 Octobre 1748. *Amsterdam*, 1749, *in-*12 4 vol. baf.

15 8. Histoire de la fondation des Colonies des anciennes Républiques, adaptée à la dispute présente de la Grande-Bretagne, avec ses Colonies Américaines, trad. de l'Anglois. *Utrecht*, Schoouhoven, 1778, *in-*8°. v. m.

1539. Dictionnaire historique des Siéges & Batailles mémorables de l'Histoire ancienne & moderne, ou Anecdotes Militaires de tous les peuples du Monde ; par M. De la Croix. *Paris*, Vincent, 1771, *in-*8°. 3 vol. v. m.

1540. Anecdotes des Républiques, auxquelles on a joint la Hongrie & la Bohême. *Paris*, Vincent, 1771, *in-*8°. 2 vol. v. m.

1541. Le Grand Dictionnaire historique ; par L. Moreri. *Paris*, Hérissant, 1699, *in-fol.* 4 vol. baf.

2542. Le même Dictionnaire, édit. de 1732. *Paris*, Vincent, 6   vol. baf.

2543. Supplément dudit Dict. pour servir à l'édit. de 1732. *Paris*, Lemercier, 1735, 2 vol. baf.

2544. Autre Supplément aux anciennes éditions du même Dict. tiré de l'édit. de 1712. *Paris*, Coignard, 1714, *in-fol.* baf.

> Cet Ouvrage n'a pas été généralement bien reçu parmi les Savans, & malgré les édit. multipliées qui en ont été faites , tant en France , que dans les pays Etrangers , on ne le regarde pas moins encore comme un livre médiocre , sans critique , & dans lequel on trouve plusieurs défauts considérables. La derniere Édition de 1759 en 10 vol. est la meilleure, plusieurs personnes préferent l'édit. publiée à Amsterdam en 1740 en 8 vol. parce qu'ils prétendent qu'elle renferme des articles particuliers , qu'il n'a pas été possible de faire passer à l'impression dans celle de Paris.

2545. Dictionnaire historique & critique ; par Bayle : quatrieme édition avec la vie de l'Auteur, par des Maizeaux. *Amsterdam*, Bruxelles, &c. 1730, *in-fol.* 4 vol. baf.

2546. Le même Dict. *Amsterd.* 1734, *in-fol.* 5 vol. baf.

> La meilleure édition & la plus recherchée de cet excellent Ouvrage, est celle de 1720, dédiée à Philippe d'Orléans , Régent de France; elle est connue dans la Littérature sous le nom de l'Édition du Régent. Après cette Édition , celle d'Amsterdam impr. en 1740 & partagée en 4 tom. est préférée entre toutes , parce que cette derniere contient des additions qui n'avoient pas encore été mises au jour & qui la rendent la plus complette.
>
> L'Édition conduite par M. des Maizeaux renferme différentes pieces particulieres & des additions , qui la rendent recommandable. Pour l'Édition de 1734, elle est médiocrement imprimée, & par conséquent fort peu recherchée.

HISTOIRE ECCLÉSIASTIQUE.

HISTOIRE DE L'ANCIEN ET NOUVEAU TESTAMENT.

Hiſtoire Eccléſiaſtique générale.

2547. Calendrier Eccléſiaſtique , pour l'année mil ſept cent cin-
quante ſept. *Utrecht* , 1757, *in-*12.

2548. Hiſtoire du Peuple de Dieu , depuis ſon origine juſqu'à
la naiſſance du Meſſie ; par le P. Isaac-Joseph Berruyer ,
de la Comp. de Jéſus. *Paris* , Prault , 1736, *in-*12 ,   10
vol. baſ.

2549. La même Hiſtoire ; par le même. *La Haye* , Neaulne ,
1757 , *in-*12 , 8 vol. baſ.

2550. Défenſe de la ſeconde partie de l'Hiſtoire du Peuple de
Dieu du P. Berruyer , Jéſuite : contre les calomnies d'un
Libelle , intitulé : Projet d'Inſtruction Paſtorale , adreſſée aux
Théologiens Catholiques. *Avignon* , 1755, *in-*12 , br.

2551. Jac. Usserii Annales veteri & novi Teſtamenti. *Lut. Par.*
Dupuis, 1673 , *in-fol.* cum notis manuſcriptis , baſ.

2552. Hiſtoire du vieux & du nouveau Teſtament ; par Basnage ,
avec les Annales de l'Egliſe & du Monde , & un abrégé de la
Géographie Sacrée. *Geneve*, Fabri , 1712 , *in-*12 4 vol. baſ.

2553. L'Abus des Annales Eccléſiaſtiques de Lem. Cardinal.
Baronius. *Paris* , 1636 , *in-fol.*

2554. Le nouveau Monde , ou l'Amérique Chrétienne , avec le
ſupplément à l'abrégé des Annales Eccléſiaſtiques ; par Ch.
Chaulmer. *Paris*, Mirand , 1659, *in-*12.

2555. Ch. Sandii Nucleus Hiſtoriæ Eccleſiaſticæ. *Coloniæ* ,
Nicolai , 1676, *in-*4°. baſ.

2556. Hiſtoire de l'Egliſe ; par M. Ant. Godeau , Evêque de
Graſſe. *Paris* , Courbé ; 1653 , *in-fol.*

2557. Hiſtoire de l'Egliſe ; par l'Abbé de Berault Bercaltel ,
Chanoine de l'Egliſe de Noyon. *Paris* , Moutard , 1778 ,
*in-*12, 10   vol. m. r. d. ſ. tr.

2558. Mémoires pour ſervir à l'Hiſtoire Eccléſiaſtique des ſix
premiers ſiécles , juſtifiés par les citations des Auteurs originaux ;
par M. Lenain de Tillemont. *Bruxelles* , Frick , 1706 ,
*in-*12 , 24 vol. baſ.

2559. Histoire Ecclésiastique de M. FLEURY. *Paris*, Mariette, 1720, *in-12*, 36 vol. baf.

2560. La même Histoire, par le même. *Paris*, Mariette, 1740, *in-12*, 36 vol. baf.

2561. La même Histoire. *Avignon*, 1777, *in-4º*. 25 vol. v. m.

2562. La même. *Nismes*, Beaume, 1779, *in-8º*. 25 vol.

2563. Abrégé de l'Histoire Ecclésiastique de FLEURY, trad. de l'Anglois. *Berne*, 1766, *in-12*. v. m.

2564. Abrégé Chronologique de l'Histoire Ecclésiastique; par M. RICHER. *Paris*, Hérissant, 1775, *in-12*, 2 vol. baf.

2565. Histoires choisies, ou Livre d'Exemples, tirée de l'Ecriture des Peres, des Auteurs Ecclésiastiques les mieux avérés, avec des Réflexions morales. *Paris*, Des Essarts, 1742, *in-12*, baf.

2566. Anecdotes Ecclésiastiques, contenant tout ce qui s'est passé de plus intéressant dans les Eglises d'Orient & d'Occid. depuis le commencement de l'Ere Chrétienne, jusqu'à présent. *Paris*, Vincent, 1772, *in-8º*. 2 vol. baf.

Histoire des Conciles, Papes & Cardinaux, & divers Ecrits pour & contre la Cour de Rome.

2567. Historia del Concilio Tridentino, di PIETRO SOAVE POLANO. *Geneva*, Chouet, 1660, *in-4º*. baf.

2568. Histoire du Concile de Trente, trad. de l'Italien de P. SOAVE POLAN. *Geneve*, Gamonet, 1621, *in-4º*. baf.

2569. Histoire des Conclaves depuis Clément V, jusqu'à présent. *Paris*, Barbin, 1689, *in-4º*. baf.

1570. Description historique de la tenue du Conclave, & de toutes les Cérémonies qui s'observent à Rome, depuis la mort du Pape, jusqu'à l'exaltation de son successeur, &c. *Paris*, Desprez, 1774, *in-8º*. piece.

2571. Traité historique de l'établissement & des prérogatives de l'Eglise de Rome & de ses Evêques; par M. MAINBOURG. *Paris*, Cramoisi, 1685, *in-12*, baf.

2572. Tablettes historiques généalogiques & chronologiques, contenant la succession des Papes, Empereurs, &c. *Paris*, Legras, 1749, *in-16*, 5 vol. baf.

2573. Histoire des Souverains Pontifes qui ont siégé dans Avignon. *Avignon*, Aubert, 1774, *in-4º*. v. m.

2574. La vie de Clément XI, Souverain Pontife; par M. DE LA FITAU, Evêque de Sisteron. *Padoue*, Maufré, 1752, *in-12*, baf.

2575. La vie du Pape Clément XIV , dit Ganganelli. *Paris* , Defaint , *in-12* , v. m.

2576. Le Génie du Pontife , ou Anecdotes, Penfées & Traits hiftoriques de Ganganelli ; par M. Costard. *Paris* , Coftard , 1775 , *in-8°*. piece.

2577. Hiftoire du Cardinal Alberoni , depuis fa naiffance jufqu'au commencement de l'année 1719 ; par M. J. R ✱ ✱ ✱. trad. de l'Efpagn. *La Haye* , Moetjens , 1719 , *in-12*.

2578. Il Sindicato di Alexandro VII , con il fuo Viaggio nel Altromondo. 1668 , *in-12*.

2579. Il Nipotifmodi Roma overo relatione delle Raggioni che muovono i Pontefici , all' aggrendimento de' Nipoti , &c. per Gr. Leti. 1667 , *in-12* , 2 vol. baf.

2580. Il Divortio Celefte Cagionato dalle Diffolutezzi della Spofa Romana. *In Villa-Franca* , 1643 , *in-12* , baf.

2581. Eclairciffement de la Queftion , fi une Femme a été affife au Siége Papal de Rome ; par David Blondel. *Amfterdam* , 1647 , *in-12* , baf.

HISTOIRE MONASTIQUE ET DES ORDRES RELIGIEUX ET MILITAIRES.

ORDRES RELIGIEUX.

2583. Brieve Hiftoire de l'Inftitution des Ordres Religieux ; par Dufresne , avec les fig. de leurs habits , gravés par *Odoard Fialetti* , *Bolognois*. Paris , *Menier* , 1658 , *in-4°*. baf.

2584. Recueil de tous les Coftumes des Ordres Religieux & Militaires , avec un abrégé hiftorique & chronologique , en-richi de notes & planches coloriées , par M. Bar. *Paris* , 1778 , *in-fol.* vol.

2585. Abrégé de l'Hiftoire de Port-Royal ; par Racine. (Vienne) *Paris* , 1770 , *in-12* , v. m.

2586. Hiftoire Impartiale des Jéfuites , depuis leur établiffement , jufqu'à leur premiere expulfion. 1768 , *in-12* , 2 vol. v. m.

2587. Annales de la Société des foi-difans Jéfuites , ou Recueil hiftorique , chronologique de tous les Actes , Écrits , Dénon-ciations , &c. contre la Doctrine , l'Enfeignement , les Entre-prifes & les Forfaits des foi-difans Jéfuites , depuis 1552 , époque de leur naiffance en France , jufqu'en 1763. *Paris* , 1764 , *in-4°*. 5 vol. fig. v. m.

2588. Dénonciations des Crimes & Attentats des foi-difans Jéfuites, dans toutes les parties du Monde , &c. depuis l'Epoque de leur établissement jufqu'en 1760. 1762 , *in*-12.

2589. Réponfe à un Libelle intitulé : Idée générale des Vices principaux de l'Inftitut des Jéfuites , tirée de leurs Conftitutions & des autres Titres de leur Société. *Avignon*, Chambeau, 1761 , *in*-12.

2590. Extraits des Affertions dangereufes en tout genre, que les foi-difans Jéfuites ont dans tous les tems & perfévéramment foutenues, enfeignées & publiées dans leurs livres. *Paris* , Simon, 1762 & 1763, *in*-4°. & *in*-12, 3 vol. v. m.

2591. Lettres à M ✶ ✶ ✶. Confeill. au Parlement de Paris , où on lui rend compte de quelques Entretiens, dans lefquels un Docteur en Théologie découvre par quels moyens le livre des Affertions a furpris la fageffe des Magiftrats. 1763 , *in*-12.

2592. Les Jammabos , ou les Moines Japonois, Tragédie, dédiée aux manes de Henri IV , & fuivie de remarques hiftoriques. 1779, *in*-8°.

2593. Compte rendu , à un ami, de la premiere partie de la réponfe des Jéfuites, au livre des Affertions. 1764 , *in*-12.

2594. Appel à la Raifon des Écrits & Libelles, publiés par la Paffion , contre les Jéfuites en France. *Bruxelles* , Vandenberghen , le 15 avril 1762 , *in*-12.

595. Réfutation du Livre intitulé : Secreta Monita foc. Jefus. *in*-12.

2596. Le Catéchifme des Jéfuites , ou Examen de leur Doctrine. *Ville-Franche* , Garnier, 1602 , *in*-12 , baf.

2597. Le Mercure Jéfuite , ou Recueil de Pieces concernant le Procès des Jéfuites , leurs Écrits différents, depuis 1620 jufqu'à l'année 1626. *Geneve*, Aubert , 1631 , *in*-8°. parch.

2598. Anecdotes Eccléfiaftiques Jéfuitiques ; par M. Sonnes , Prêtre , avec la critique du Mandement , compofé par l'Abbé Terrise , fur la mort du Card. Saulx-Tavannes , fuivies d'un expofé de la conduite du Clergé & des grands Vicaires du Diocefe de Rouen. *Rouen* , 1660 , *in*-12 , baf.

2599. Les Plaidoyers de M. Ant. Arnauld , Avocat, contre les Jéfuites, & de M. Chevalier , pour les Chanoines de Reims, avec la Relation de ce qui s'eft paffé au rétabliffement des Jéfuites en 1604, & la conclufion de la Faculté de Théologie de Reims , faite en 1716. 1716 , *in*-12 , baf.

2600. Dénonciation faite à Noffeigneurs du Parlement de Normandie , de la conduite que les Jéfuites on tenue depuis leur entrée dans cette Province, où ils font convaincus d'éxcès en tout genre, &c. avec les Pieces justificatives en France. 1762, *in*-12.

2601. Remontrances du Parlement de Besançon, au sujet de l'Édit du mois de Novembre 1764, concernant les Jésuites. 1765, *in*-12, piece.

2602. Riflessioni di un Portoghese sapra il memoriale presentato da' P. P. Gesuiti, alla Santita di P. P. Clemente XIII, felicemente regnante Esposte in una Lettera, scritta ad un' amico di Roma. *Lisbona*, 1758, *in*-8o. br.

2603. Discours aux Grands de Pologne, sur la nécessité de bannir les Jésuites hors du Royaume, avec des pieces relatives au même sujet, & des notes qui confirment & éclaircissent les faits. 1759, *in*-12.

2604. Explication de l'Emblême Symbolique de la Société (les Jésuites) & de ses projets de rétablissement. Fig. *in*-12, piece.

ORDRES MILITAIRES.

2605. Abrégé historique des Ordres de Chevalerie anciens & modernes. (Bruxelles) *Paris*, Dorez, 1776, *in*-12. v. m.

2606. Traités, concernant l'Histoire de France, savoir la Condamnation des Templiers, avec quelques Actes; l'Histoire du Schisme, les Papes tenant le Siége à Avignon & quelques Procès Criminels, par M. DUPUY. *Paris*, Dupuis, 1654, *in*-4o.

2607. Histoire de l'abolition de l'Ordre des Templiers. *Paris*, Belin, 1779, *in*-12, d. rel.

2608. Essai critique sur l'Histoire des Ordres Royaux Hospitaliers & Militaires de S. Lazare, de Jérusalem & de Notre Dame du Mont-Carmel. *Liege*, Tutot, 1775, *in*-12, v. m.

2609. Histoire des Chevaliers Hospitaliers de S. Jean de Jérusalem, appellés depuis les Chevaliers de Rhodes, & aujourd'hui les Chevaliers de Malte; par l'Abbé DE VERTOT. *Paris*, Rollin, 1726, *in*-4o. 4 vol. fig. baf.

2610. La même Histoire; par le même. *Amsterd.* 1766, *in*-12, 5 vol. v. m.

2611. Liste de MM. les Chevaliers, Chapelains, Conventuels, & Servants d'armes des trois vénérables Langues, de Provence, Auvergne & France, faite par des Commissaires nommés par les trois vénérables Langues, l'an 1771. *Malte*, 177*, *in*-8o.

2612. Les Statuts de l'Ordre du S. Esprit, établi par Henri III.

du nom Roi de France & de Pologne, au mois de Décembre 1578. *Paris*, Impr. Royale, 1740, *in*-4°. m. r. d. f. tr.

26·². Hiftoire de l'Ordre du S. Efprit; par M. DE SAINT-FOIX, Hiftoriographe de l'Ordre. *Paris*, Piffot, 1775, *in*-12, 2 vol. v. f.

26ₗ4. Hiftoire de l'Ordre Royal & Militaire de S. Louis; par M. D'ASPECT, Hiftoriographe dudit Ordre. *Paris*, v. Duchefne, 1780, *in*-8°. 3 vol. v. m.

26ₗ5. Statuts de l'Ordre de S. Michel. *Paris*, Impr. R. 1624, *in*-4°. v. f. d. f. tr.

HISTOIRE SAINTE.

VIES DES SAINTS.

2616. La vie du Sauveur du Monde, Jéfus-Chrift; par le P. BERNARDIN DE MONTRUEL, Jéfuite. *Paris*, Camufat, 1637, *in*-4°. baf.

2617. Legenda Sanctorum que Lombardia Hiftoria dicitur, Characteribus optimis cuditur; ex recen. CAMPESTRI, ordinis Predicatorum. *Lugduni*, Fradin, 1517, *in*-4°. baf.

2618. Le Difciple des Tems, concernant la Généalogie de Job. par D'AUZOLE LAPEYRE. *Paris*, 1631, *in*-8°. baf.

2619. {
Vita S. Romoni, Epifcopi Rotomagenfis, e veter. Martyrologio nunc primum edit. cura RIGALTII. *Lutetiæ*, Thieri, 1609.

1°. Apologia pro S. Romano; per ADR. BEHOTIUM, Archid. Roth. contra N. Rigaltium. *Paris*, Macum, 1609.

2°. Plaidoyer & Réponfe concernant le Privilége de la Fierte S. Romain; par M. DE SERISAY, Avocat, &c. & les Doyen, Chanoines & Chapitre de l'Eglife Cathédrale de Rouen, enfemble les Arrêts intervenus au Grand Confeil, fur les Plaidoyers. *Paris*, Macé, 1611.

3°. Défenfe du Privilége de la Fierte S. Romain, contre les Plaidoyers de deux Avocats du Grand-Confeil, & contre quatre raifons de Bodin; par les Doyen, Chanoines de l'Eglife de Rouen. *Paris*, Macé, 1611,

4°. Réponfe de M. Denis Boutillier, Avocat en la Cour, fur le prétendu Privilége de la Fierte S. Romain,

contre la défenſe des Doyen, Chanoines, du Chapitre de l'Egliſe de Rouen, avec les Arrêts intervenus ſur la Queſtion du prétendu privilége conteſté
au Procès concernant l'aſſaſſinat en la perſonne de feu
de Halot. 1611, *in*-8°.

2620. La vie & les hauts faits de Monſeigneur S. Louis, Roi
de France, en quatre parties. *Paris*, Ballard, 1666, *in*-8°.

2611. Les figures & l'abrégé de la vie, de la mort & des miracles de S. François de Paule; par ANT. DONDÉ, Religieux
Minime. *Paris*, 1664, *in-fol.* baſ.

2622. Relation de la vie & de la mort de la Révérende mere de
Se. Anaſtaſie, derniere Prieure de P. R. des Champs, avec
une Lettre de M. DE BAUTTERIVE, Conſeiller au Parlement,
à Monſeign. l'Evêque de Mirepoix, en juin 1716, *in*-12, piece.

2623. Eloge hiſtorique, ou Vie abrégée de Se. Fremiot de Chantal,
fondatrice & premiere Supérieure de l'Ordre de la Viſitation
de S. Marie. *Paris*, Berton, 1768, *in*-12, baſ.

Hiſtoire Eccléſiaſtique des Héréſies & des Hérétiques, avec l'Hiſtoire des Inquiſitions.

2624. L'Hiſtoire des Religions de tous les Royaumes du Monde;
par le ſieur JOVET, Chanoine de Laon. *Paris*, Oſmont, 1686,
in-12, 2 vol. baſ.

2625. Diſcorſo dell' origine, forma, leggi, ed uſo dell' Ufficio
dell' Inquiſitione nella citta, e Dominio di Venetia; del P.
PAOLO, dell' ordine de' Servi. *Geneva*, Chouet, 1639, *in*-4°.
baſ.

HISTOIRE PROFANE DES MONARCHIES ANCIENNES.

HISTOIRE DES JUIFS.

2626. Hiſtoire des Juifs, écrite par FLAVIUS JOSEPH, ſous le
titre d'Antiquités Judaïques, trad. du Grec par GUENEBRAND.
in-fol. baſ.

2627. La même Hiſtoire, trad. par ARN. D'ANDILLY. *Paris*, Petit,
1674, *in*-12, 5 vol. baſ.

2628. La même Hiſt. trad. par le même. *Amſterd.* Gallet, 1700,
in-fol. baſ.

2629. La même Hiſt. des Juifs, trad. nouvel. par le P. GILLET.
Paris, Hériſſant, 1756, *in*-4°. baſ.

Hiſtoire des Babyloniens , des Aſſyriens , &c.

2630. Diviſions hiſtoriques & chronologiques de l'Hiſtoire Ancienne, pour faciliter l'intelligence & la mémoire aux enfans, *Rouen* , Viret , 1759, *in-*12 , baſ.

2631. Hiſtoire Ancienne des Egyptiens, des Carthaginois, des Aſſiriens, des Babyloniens, des Medes , des Perſes , des Macédoniens & des Grecs ; par M. Rollin, ancien Recteur de l'Univerſité de Paris. *Paris* , Eſtienne , 1731 , *in-*12, 14 vol. baſ.

2632. La même Hiſtoire Ancienne. *Paris* , Eſtienne , 1740, *in-*12, 14 vol. baſ.

2633. De Abyſſinorum rebus deque Æthiopiæ Patriarchis Joanne Nonio Barreto & Andrea Oviedo, libri tres, Nicol Godigno, Societatis Jeſus, Autore. *Lugduni* , Cardon, 1715, *in-*12.

Hiſtoire Grecque.

2634. Voyages Pittoreſque de la Grece ; par M. Goufeier Choiseul. *Paris* , Barbou, *in-fol.* fig.   vol.

2635. Voyage Littéraire de la Grece , ou Lettres ſur les Grecs anciens & modernes , avec un parallele de leurs mœurs; par M. Guys. *Paris* , Ducheſne, 1776 , *in-*8°. 2 vol. fig. v. m.

2636. Hiſtoire générale & particuliere de la Grece ; par M. Cousin Despréaux. *Rouen* , Leboucher, 1780, *in-*12 ,   vol. m. r. d. ſur tr.

2637. Les neuf Livres des Hiſtoires d'Herodote, trad. du Grec en François par P. Saliat. *Paris* , Grouleau , 1556, *in-fol.*

2638. Thucididis de Bello Peloponeſiaco , libri octo, iidem latine , ex interpretatione Laurentii Vallæ , ab Henr. Stephano , recognita. *Paris* , ex officina Stephani , 1588, *in-fol.*

2639. Hiſtoire de la Guerre des Péloponeſiens & Athéniens, écrite & diviſée en huit lives , par Thucydide , Athénien, nouvellement trad. de Grec en François par Louis Jausaud d'Usez. 1600, *in-*4°. baſ.

2640. Les Œuvres de Xénophon , traduit par Pyranus , de Candole. *Coligny* , P. Aubert , 1613 , *in-fol.* baſ.

2641. La Retraite des dix mille , de Xénophon , ou l'Expédition de Cyrus contre Artaxerces; de la trad. de Nicol. Perrot. *Paris* , Billaine , 1665 , *in-*12 , baſ.

2642.

2642. Hiftoriæ Græcorum, Res memorabiles ex Trogo Juftino, nec non Cornelio Nepote, collectæ, ad ufum Juventutis. *Paris*, Ruault, 1777, *in*-12. v. m.

2643. Q. CURT. RUF. de Rebus geftis Alexandri Magni, cum annot. DES. ERASMI. 1543, *in*-8°. baf.

2644. Ejufd. Q. CURTII RUF. cum notis Variorum, ed. RAD. FREINSHEMII LOCCENII. *Amftel.* Elzevir, 1664, *in*-8°. baf.

2645. Ejufd. CURTII. *Parifiis*, Barbou, 1757, *in*-12, v. d. f. t.

2646. QUINTE CURCE, de la vie & des actions d'Alexandre le Grand, de la traduction de M. VAUGELAS, avec les fupplémens de J. FREINSHEMIUS fur Q. Curce, trad. par DU RYER. *Paris*, Courbé, 1653, *in*-4°. baf.

2647. Le même Ouvrage; trad. par le même. *Paris*, Billaine, 1668, *in*-8. baf.

2648. Examen critique des anciens Hiftoriens d'Alexandre le Grand; par le Baron DE Sᵉ. CROIX. *Paris*, Deffaint, 1775, *in*-4°. v. m.

HISTOIRE ROMAINE.

2649. Anecdotes de l'Empire Romain, depuis fa fondation, jufqu'à la deftruction de la République. *Paris*, Baftien, 1778, *in*-8°. v. m.

2650. Introduction à la connoiffance des Antiquités Romaines, traduite en partie d'un Ouvrage Latin de CELLARIUS; par L. VASLET. *La Haye*, Vaillant, 1723, *in*-12. baf.

2651. Dictionnaire des Antiquités Romaines, ou Explication abrégée des Cérémonies, des Coutumes & des Antiquités Sacrées & Profanes, Publiques & Particulieres, Civiles & Militaires, communes aux Grecs & aux Romains; Ouvrage traduit & abrégé du grand Dictionnaire de SAMUEL PITISCUS. *Paris*, Delalain, 1765, *in*-8°. 3 vol. v. m.

2652. Abrégé des Antiquités Romaines. *Paris*, Brocas, 1733, *in*-16. v. m.

2653. Les Antiquités Romaines de D. D'HALICARNASSE, traduit. en Fr. par M. BELLANGER. *Paris*, Lottin, 1723, *in*-40. 2 vol. baf.

2654. T. LIVII Hiftoriarum, cum notis Variorum, edent. JAC. GRONOVIO. *Amftelodami*, Elzevir, 1679, 3 vol. *in*-8°. m. r.

2655. Ejufdem. T. LIVII cum not. J. CLERICI. *Amftelodami*, Wetftenium, 1710, *in*-12, 10 vol. baf.

2656. Ejufd. T. LIVII, libri qui fuper funt, ex recenfione J. N. LALLEMAND. *Paris*, Barbou, 1775, *in*-12, 7 vol. v. m. d. f. t.

2657. Hiſtoire Romaine de Tite Live , Padouan, à ſavoir les trente cinq Livres reſtans de tout l'Œuvre continué dès la fondation de Rome , juſqu'au tems d'Auguſte , nouvellement trad. en François par de la Faye. De l'Impr. de Jacob Stoer , 1582 , *in*-8°. 3 vol. parchem.

2658. Diſcours de Nic. Machiavel , Citoyen & Secrétaire de Florence , ſur la premiere Décade. de Tite-Live. *Paris*, 1664, *in*-12 , 2 vol. baſ.

2659. Hiſtoire Romaine de L. An. Florus , miſe en François par F. N. Coeffeteau , Prédicateur du Roi. *Caen*, Cavelier, 1742 , *in*-16. baſ.

2660. M. C. Vel. Paterculus , Hiſtoria Romana , cum notis Variorum , curante ant. Thisius. *Lugd. Bat.* Hackii , 1653 , *in*-8°. baſ.

2661. Ejuſd. C. V. Paterculi , Hiſt. Rom. accur. S. A. Philippe. *Pariſiis* , Barbou , 1754 , *in*-12 , fig. v. m. d. ſur tr.

2662. { Ejuſd. C. V. Paterculi , Hiſt. Rom. *Pariſiis*, Barbou , 1777 , *in*-12.
L. An. Florus , Epit. rerum Romanorum , Libri quat. *Pariſiis* , Barbou , 1776 , *in*-12 , v. marb. doré ſur tranche.

2663. Eutropii breviarium Hiſtoriæ Romanæ. *Pariſiis* , Barbou , 1754 , *in*-12 , fig. v. m. d. ſur tr.

2664. C. Salustii Crispi , Opera quæ extant omnia , cum not. Variorum. *Lugd, Bat.* Hack , 1554 , *in*-8°. baſ.

2665. Ejuſdem C. S. Crispi. *Amſtel.* 1657 , *in*-12. baſ.

2666. Ejuſd. C. S. Crispi Hiſtoriæ , cum comm. Joh. Min-Elii. *Roterdami* , Leers , 1695 , *in*-12. baſ.

2667. Ejuſd. C. S. Crispi. *in*-12. baſ.

2668. Ejuſd. Crispi. *Pariſiis*, Barbou , 1774 , *in*-12 , v. m. d. ſ. t.

2669. Hiſtoire de la République Romaine dans le cours du 7e. ſiécle ; par Saluste , traduite par le Comte de Brosses. *Dijon* , Frantin , 1777 , *in*-4°. 3 vol. fig. v. m.

2670. C. J. Cæsaris Opera. *Lugd. Bat.* Ch. Plantini , 1586 , *in*-8°. baſ.

2671. Ejuſd. Cæsaris Opera , ex emend. Jo. Scaligeri. *Amſterd.* Elzevir , 1664 , *in*-12. baſ.

2672. Ejuſd. Cæsaris Opera , cum notis Variorum. *Antuerpiæ*, Plantini , 1674 , *in*-8°. cum notis manuſc. baſ.

2673. Ejuſd. Cæsaris Opera. *Pariſiis* , Barbou , 1755 , *in*-12 , 2 vol. v. m. d. ſur tr.

2674. Les Commentaires de César , en Latin & en François , de la trad. de M. PERROT, sieur D'ABLANCOURT. *Lyon*, de Clauftre, 1708, *in*-12, 2 vol. baf.

2675. C. CORN. TACITI, quæ extant Opera, ex recenfione J. LIPSII. *Lugd. Bat.* Elzeviriana, 1621, *in*-12. baf.

2676. Ejufd. C. CORN. TACITI Opera, cum notis variorum, ex recenfione Jo. FRED. GRONOVII. *Amftel*, apud, Dan. Elzevirium, 1672, *in*-8°. 2 vol. baf.

2677. C. CORN. TACITI, quæ extant Opera ex recenfione J. N. LALLEMAND. *Parifiis*, Barbou, 1760, *in*-12, 3 vol. cum fig. v. m. d. f. tr.

2678. Ejufdem C. C. TACITI, cum notis & differtationibus GAB. BROTIER. *Parifiis*, Lud. Fr. De la Tour, 1771, *in*-4°. 4 vol. m. r. d. f. tr.

    Cette Édition eft très-rare & fuperbe pour l'exécution Typographique.

2679. Les Œuvres de C. CORNEILLE TACITE, traduites de Latin en François, par le fieur ACHILLES DE HARLAY, Confeill. du Roi. *Paris*, Jean Camufat, 1644, *in-fol.* baf.

2680. Les mêmes Œuvres de C. TACITE, traduction nouvelle; par RODOLPHE LE MAÎTRE. *Rouen*, Berthelin, 1650, *in*-8°. baf.

2681. Le Tibere François, ou les fix premiers livres de CORNELIUS TACITUS, trad. par RODOLPHE LE MAÎTRE. *Paris*, Robert Etienne. 1616, *in*-12. baf.

2682. Hiftoire de TACITE, en Latin & en François, avec des notes fur le texte; par J. H. DOTTEVILLE, de l'Oratoire. *Paris*, Moutard, 1772, *in*-12, 2 vol. v. m.

2683. Les Mœurs des Germains, & la Vie d'Agricola; par TACITE. trad. en François Par M. BOUCHER. (*Amfterdam*) *Paris*, Demonville, 1776, *in*-12. v. m.

2684. CAIUS SUETONIUS TRANQUILLUS. *Parifiis.* Typographiâ Regiâ, 1644, *in*-12. baf.

2685. SUETONE, des Vies des douze Céfars, Empereurs Romains; de la traduction de M. DU TEIL. *Amfterdam*, Daniel Elzevier, 1663, *in*-12. baf.

2686. DIONIS NICÆI Rerum Romanarum. Epitome gr. Authore JOAN. XIPHILINO. *Lutetiæ*, Rob. Stephanus, 1551, *in*-4°. baf.

2687. L'Hiftoire de HERODIAN, des Empereurs Romains, depuis Marcus; traduit par J. COLLIN. *Paris*, Cl. Micard, 1572, *in*-12. baf.

2688. AMMIEN MARCELLIN, ou les dix-huit livres de fon Hiftoire, qui nous font reftés: nouvelle traduction. *Lyon*, 1778, *in*-12. 3 vol. v. m.

2689. Hiſtoire Romaine, depuis la fondation de Rome juſqu'à la Bataille d'Actium ; par M. Rollin. *Paris*, Eſtienne, 1748, *in-*12, 16 vol. baſ.

2690. Hiſtoire des Empereurs Romains depuis Auguſte juſqu'à Conſtantin ; par M. Crevier, Profeſſeur Émérite de Rhétorique du Collége de Beauvais. *Paris*, Saillant, 1749, *in-*12, 12 vol. v. m.

2691. Hiſtoire des Révolutions arrivées dans le Gouvernement de la République Romaine ; par l'Abbé De Vertot. *Amſterdam*, 1735, 3 vol. *in-*12, baſ.

2692. La même Hiſtoire des Révolutions arrivées dans le Gouvernement de la République Romaine ; par le même. *Paris*, Didot, 1752, *in-*12, 3 vol. baſ.

2693. Hiſtoire de la Décadence & de la Chûte de l'Empire Romain ; traduite de l'Anglois de M. Gibbon, par M. Le Clerc de Sept-chênes. *Paris*, Debure, 1777, *in-*8°. vol. v. m.

2694. Conſidérations ſur les Cauſes de la Grandeur des Romains & de leur décadence, avec un Dialogue de Sylla & d'Eucrate. *Paris*, Guillyn, 1755, *in-*12. baſ.

2695. De l'état de l'Agriculture chez les Romains, depuis le commencement de la République juſqu'au ſiecle de Jules-Céſar, relativement au Gouvernement, aux Mœurs & au Commerce ; par M. Arcere. *Paris*, Lottin, 1777, *in-*8°.

2696. Recherches Hiſtoriques & Critiques ſur l'adminiſtration publique & privée des Terres chez les Romains, depuis le commencement de la République juſqu'au ſiecle de Jules-Céſar. *Paris*, v. Ducheſne, 1779, *in-*8°. v. m.

2697. Hiſtoire des Veſtales ; avec un Traité du luxe des Dames Romaines ; par l'Abbé Nadal, de l'Académie des Inſcriptions. *Paris*, Ribou, 1725, *in-*12. baſ.

2698. Hiſtoire des deux Triumvirats, depuis la mort de Catilina juſqu'à celle de Céſar, &c. Edition augmentée de l'hiſtoire d'Auguſte, par Larrey. *Amſterdam*, David Mortier, 1715, *in-*12. 2 vol.

2699. Hiſtoire d'Auguſte ; par Larrey, *in-*12. baſ.

Hiſtoire Byſantine, ou du Bas-Empire, juſqu'à la priſe de Conſtantinople par les Turcs.

2700. Hiſtoire du Bas Empire, en commençant à Conſtantin le Grand ; par M. le Beau, Secrétaire perpétuel de l'Académie des Inſcriptions, &c. *Paris*, Saillant, 1757, *in-*12, 20 vol. v. m.

2701. Hiſtoire de Conſtantin le Grand, premier Empereur Chrétien; par le R. P. D. Bernard de Varenne. *Paris*, v. d'Antoine
Urbain Couſtelier, 1728, *in-4°.* baſ.

2702. Hiſtoire de Théodoſe le Grand; par M. Fléchier, Abbé de
S. Severin. *Paris*, Savoye, 1776, *in-12*, v. m.

HISTOIRE MODERNE,

O U

DES MONARCHIES QUI SUBSISTENT AUJOURD'HUI.

Hiſtoire Générale d'Italie.

2703. Abrégé Élémentaire de la Géographie Univerſelle de l'Italie;
par M. Masson de Morv. *Paris*, Moutard, 1774, *in-12*,
avec des Cartes. v. m.

2704. Nouveau Voyage d'Italie; par Misson, *La Haye*, Van-
Bulderen, 1702, *in-12*, 3 vol. fig. baſ.

2705. Voyage Pittoreſque de l'Italie; par M. l'Abbé de S. Nont.
Paris, Clouſier, 1778, *in-fol.* vol. m. r. d. f. tr.

2706. Le Guide d'Italie, pour faire agréablement le voyage de
Rome, Naples & autres lieux, tant par la Poſte que par les
Voitures publiques. *Paris*, Berton, 1775, *in-12.* v. m.

2707. Manuel de l'Étranger qui voyage en Italie. *Paris*, Ducheſne,
1778, *in-12.* v. m.

2708. Princes Souverains de l'Italie, ou Traité ſuccint de leurs
Etats, Grandeurs, Forces, Gouvernemens & Re-
venus, de leurs Intérêts & diverſes autres conſidérations; par M. Sauson. *Paris*, 1643, *in-8°.*
Britannia, ou Recherches ſur l'Antiquité d'Abbeville;
par le même. *Paris*, 1636. baſ.

2709. Dialoghi Hiſtorici overo Compedio Hiſtorico dell'Italia,
Diviſo in vari Dialoghi dell'Accademico incognito. *In Genevâ*,
Chouët, 1665, *in-12.* baſ.

2710. Hiſtoria d'Italia; di M. Francesco Guicciardini, Gentilh.
Fiorentino, di nuovo riveduta & corrècta per Franc. Sansovino. *In Venetiâ*, *in-12*, con molti. not. manuſc.

2711. Hiſtoire générale d'Italie, depuis la décadence de l'Empire
Romain, juſqu'au tems préſent; par M. Targe. *Paris*, Monory,
1774, *in-12*, vol.

2712. Anecdotes Italiennes, depuis la deſtruction de l'Empire

Romain en occident, jufqu'à nos jours. *Paris*, Vincent, 1769, *in-8°*, baf.

2713. Révolutions d'Italie, traduites de l'Italien de M. DENINA, par M. l'Abbé JARDIN. *Paris*, Le Jay, 1771, *in-12*. 8 vol. v. m.

2714. Dell'Hiftoria di PIETRO GIOVANNI CAPZIATA, libri dodici: ne quali & contengono tutti i Movimenti d'Arme fucceffi in Italia 1613, fino al 1634. *In Genevâ*, Chouët, 1644, *in-8°*. baf.

Hiftoire particuliere de l'Italie, de Venife, Naples, Sicile, Florence, Savoye, &c.

2715. Hiftoire du Prince Eugene de Savoye, Généraliffime des Armées de l'Empereur & de l'Empire. *Vienne en Autriche*, Briffaut, 1741, *in-12*. 5 vol. fig. v. éc.

2716. Defcription des principales Villes, Havres, & Ifles du Golfe de Venife, du côté Oriental, avec les Villes & Forterefles de la Morée & quelques Places de la Grece, &c. &c. Le tout en abrégé, mis en lumiere par JACQUES PECTERS, *Anvers*, *in-4°*. oblong. fig. baf.

2717. Vite de Principi di Venegia di PIETRO MARCELLO, tradotte in Volgare da LODOVICO DOMINICHI. *In Venetiâ*, Fr. Marcolini, 1558. *in-12*. baf.

2718. Squitinio della Republica di Venetia, d' Autore incognito, Siquitinatio da Rafaelle della Terre Genovefe. *In Genovâ*, Bened. Guafco, 1633, *in-12*, baf.

> Ce Livre eft d'Alphonfe de la Cueva, Marquis de Bedenar, Ambaf-fadeur du Roi d'Efpagne, & Auteur, fuivant l'Abbé de Vertot, de la Conjuration de Venife.

2719. Hiftoire du Gouvernement de Venife, par le fieur AMELOT DE LA HOUSSAIE. *Paris*, Leonard, 1677, *in-8°*. avec des notes manufcrites.

2720. La Politique civile & militaire des Vénitiens. *Cologne*, P. Michel. 1670, *in-12*.

2721. Les Anecdotes de Florence, ou l'Hiftoire fecrete de la Maifon de Médicis par le fieur DE VARILLAS. *La Haye*, Leers, 1685, *in-12*.

2722. Hiftoire Généalogique de la Royale Maifon de Savoye, par SAMUEL GUICHENON. *Turin*, J. Michel Briolo, 1778, *in-fol*. 2 vol. v. m.

2723. Roma antica e moderna nella quale fi contengono, Chiefo, Monafterii, Hofpe dali, Compagnie, Collegii, e Seminarii,

Tempii, Teatri, &c. &c. Autor. Fed. Franzini. *In Romá*, Mafcar, 1668. *in-8°*. con fig. baf.

2724. Defcrizione di Roma antica, formata nuovamente con le autorita Bartolomeo Marliani, &c. &c. *In Romá*, 1697. *in-8°*. con molti fig. baf.

2725. Roma Piagente, o Dialogi tral Tevere è Roma. *In Leyda*, 1666, *in-12*, baf.

2726. L'Ancienne Rome, la principale Ville de l'Europe, avec toutes fes magnificences & fes délices, par le fieur Fr. de Seine. *Leide*, P. Vanderax, 1713, *in-12*, 4 vol. fig. baf.

2727. Rome moderne, premiere Ville de l'Europe, avec toutes fes magnificences & fes délices; par Fr. de Seine. *Leide*, P. Vanderax. 1713. *in-12*. 6 vol. fig. baf.

2728. Relazione de la Corte Romana, fatta l'anno 1661, al pregadi dal eccell. fignor Caval. Angelo Corraro. *In Leyda*, Lorens, 1662, *in-12*, baf.

2729. Lo Stato prefente della Corte di Roma efpofte da Andrea Tosi, Veneziano. *In Marfiglia*, 1774. *in-12*, baf.

2730. Le Revolutioni di Napoli de fcritte dal fignor Alessandro Giraffi. *In Geneva*, Fil. Alberro, 1648, *in-8°*. baf.

2731 Recueil de Cartes de l'Ifle de Corfe, divifées par Jurifdictions Provinces, &c. par M. de S. Angelo. *Paris*, Lattré, *in-fol*.

2732. Effai chronologique, hiftorique & politique fur l'Ifle de Corfe &c. par M. Ferrand du Puy, Confeiller de Confiance de la Maifon Souveraine de Naffau. *Paris*, Baftien, 1776, *in-12*.

2733. Voyage de Geneve & de la Touraine, fuivis de quelques Opufcules. par M***. *Orléans*, Rouzeau, 1779, *in-12*, m. r. d. f. tr.

HISTOIRE DE FRANCE.

Introduction & Géographie de la France.

2734. Bibliotheque hiftorique de la France, contenant le Catalogue des Ouvrages manufcrits, qui traitent de l'Hiftoire de ce Royaume, ou qui y ont rapport; avec des Notes critiques & hiftoriques: par feu Jacques le long. Edit. revue & augmentée par M. Fevret de Fontette, Confeill. au Parlement de Dijon. *Paris*, Hériffant, 1768 *in-fol*. 5. vol. gr. pap. v. éc. dor. f. tr.

2735. Notice des Diplomes, des Chartres & des Actes relatifs à l'Hiftoire de France, qui fe trouvent indiqués dans les ouvrages de Diplomatique, dans les Jurifconfultes, &c. depuis l'année 23

de l'Ere vulgaire jufqu'en 841 ; par M. l'Abbé DE FOI, Abbé de
S. Martin de Séez. *Paris*, Impr. Royale, 1765, *in-fol.* v. m.

2736. Catalogue des Rôles Gafcons, Normans & François, con-
fervés dans les Archives de la Tour de Londres. (Londres),
Paris, Jacq. Barrois, 1743, *in-fol.* v. m.

2737. Leçons de Morale, de Politique & de Droit public, puifées
dans l'Hiftoire de notre Monarchie, ou nouveau Plan d'Étude
pour l'Hiftoire de France. *Verfailles*, de l'Imp. des Affaîres
étrangeres, 1773, *in-8°.*   m. r. d. f. tr.

2738. Principes de morale, de Politique & de Droit public,
puifés dans l'Hiftoire de notre Monarchie, Difcours fur l'Hiftoire
de France par M. MOREAU, Hiftoriographe de France. *Paris*,
Impr. Royale, 1777, *in-8°.* 12   vol. m. r. d. f. tr.

2739. État de la France, dans lequel on voit tout ce qui regarde le
Gouvernement Eccléfiaftique, le Militaire, la Juftice, les
Finances, le Commerce, les Manufactures, le nombre des
Habitans, & en général tout ce qui peut faire connoître à fond
cette Monarchie. Avec des Mémoires hiftoriques fur l'ancien
Gouvernement de cette Monarchie jufqu'à Hugues Capet ; par
le COMTE DE BOULAINVILLIERS. *Londres*, Vood, 1737, *in-12.*
6 vol. baf.

2740. Tréfor de Recherches & Antiquités Gauloifes & Françoifes ;
réduites en ordre alphabétique, par P. BOREL, Médecin du Roî.
Paris, Courbé, 1655, *in-4°.* baf.

2741. Recherches de la France, par EST. PASQUIER, Confeill.
Avocat-général à la Ch. des Comp. de Paris. *Paris*, J. Mettayer,
1566. *in-fol.* baf.

2742. Mémoire à confulter, pour les anciens Druides Gaulois,
Contre M. Bailly, de l'Académie des Sciences ; par M. l'Abbé
BEAUDEAU. 1777, *in-8°.* br.

2743. Les Antiquités & Recherches des Villes, Châteaux & Places
remarquables de toute la France, felon l'ordre & reffort des
huit Parlemens ; par ANDRÉ DUCHESNE. *Paris*, Blageart, 1637,
in-8°. baf.

2744. Dictionnaire de la France ancienne & moderne, & de la
nouvelle France, traitant de tout ce qui y a rapport. *Paris*,
Saugrain, 1726, *in-fol.* 3 vol. v. m.

2745. Abrégé élémentaire de la Géographie univerfelle de la
France, par M. MASSON DE MOUVILLIERS, (Lorraine), *Paris*,
Moutard, 1774, *in-12*, 2 vol. avec des cartes, v. m.

2746. Atlas chorographique, hiftorique & portatif, des Elections
du Royaume (Généralité de Paris) divifée en fes vingt-deux
Elections

Elections ; par M. l'Abbé Regley, & publié par Defnos, Géographe. *Paris*, 1766, *in*-4°. v. m.

2747. Coup-d'œil général fur la France, par M. Brion, Géographe du Roi, pour fervir d'introduction au Tableau analytique & géographique de ce Royaume. *Paris*, Grangé, 1765, *in*-4°. v. m.

2748. Guide royal, ou Dictionnaire topographique des grandes Routes de Paris aux villes, bourgs & abbayes du Royaume ; par L. Denis. *Paris*, *in*-12, 2 vol. avec des cartes. v. m.

2749. Le Conducteur françois, contenant les Routes deffervies par les nouvelles Diligences, Meffageries & autres voitures publiques &c. enrichi de cartes topographiques ; par L. Denis, Géographe. *Paris*, Ribou, 1776, *in*-8°.   vol.

2750. Lifte générale des Poftes de France, dreffée par ordre de M. Eftienne de Choifeuil, Duc d'Eftainville, Pair de France, &c. *Paris*, Jaillot, 1766, *in*-12.

2751. Atlas Minéralogique de France. *In-fol.* 1778, v. m.

275 . Plans & Cartes des Villes d'Artois, de Lorraine, d'Allemagne, de Catalogne, Rouffillon, Franche-Comté & Comté de Flandre ; par le Chevalier De Beaulieu le Donjon. 3 vol. *in*-4°. oblong, fig. v. m.

2753. Recueil de Cartes Géographiques & Plans des principales Provinces & Villes de France. (*Provinces*). Lorraine, Barrois & autres , (*Villes*). Paris, Reims, le Havre, Compiegne & fes environs, Nancy & fes environs, &c.

2754. Carte de la Lorraine & du Barrois, dans laquelle fe trouvent la Généralité de Metz & autres enclavés ; dreffée pour la lecture du mémoire de M. Durival l'ainé, par le fieur Robert de Vaugondy, 1756.

2755. Plan général de la ville de Reims, par M. Le Gendre, en 9 eftampes.

2756. Plan général de la ville de Reims & de fes environs, en 2 cartes; par le même.

2757. Carte du Port & Havre de Bofton, avec les Côtes adjacentes; par Beaurain, Géographe. 1776.

2758. Nouvelle Carte des environs de Compiegne. 1776.

2759. Tableau des Villes de France ; N. L. Duchemin, 1777, en 2 cartes.

2760. Plan des Villes, Citadelles, Fauxbourgs & environs de Nanci; par M. Mique.

2761. Nouvelle Carte de la Manche de Bretagne, en 3 feuilles, contenant toutes les Côtes de France depuis Dunkerque jufqu'à Oueffant, & les Côtes d'Angleterre depuis Colchefter qui eft

au nord de la Tamife, jufqu'au Cap Clare en Irlande, par le fieur
DE GAULLE, 1773.

Hiftoire Eccléfiaftique, générale, de la France.

2762. Recueil hiftorique, chronologique & topographique des
Archevêchés, Evêchés, Abbayes & Prieurés de France, tant
d'Hommes que de Filles, de nomination & collection Royale;
par Dom BEAUNIER, Bénédictin. *Paris*, Mefnier, 1729, *in*-4°.
2 vol. baf.

2763. Gallia Chriftiana in Provincias Ecclefiaft. Ord. alphab.
diftributa; Aut. CL. ROBERTI. *Lutetiæ - Parifiorum*, Cramoifi,
1626, *in-fol.* baf.

2764. La France Eccléfiaftique; par DUCHESNE, années 1779, &
fuiv. *Paris*, 1779, *in*-12,   vol.

2765. Hiftoire Eccléfiaftique de la Cour de France, où l'on trouve
ce qui concerne l'Hiftoire de la Chapelle, & des principaux
Officiers Eccléfiaftiques de nos Rois; par M. l'Abbé OROUX,
Chapelain du Roi, Abbé de Fontaine-le-Comte. *Paris*, Impr.
Royale, 1776, *in*-4°. 2 vol. v. m.

Hiftoire générale de France.

2766. Atlas hiftorique de la France ancienne & moderne, contenant les lieux illuftrés par les événemens les plus remarquables
de notre Hiftoire, depuis Pharamon, jufqu'à Louis XV, dreffé
pour fervir à la lecture de l'Hiftoire de MM. Velly & Villaret;
par M. RIZZI ZANNONI, publié par Denos. *Paris*, 1766, *in*-4°.

2767. Mémoire des Gaules, depuis le Déluge jufqu'à l'établiffement de la Monarchie Françoife; par DUPLEIX. *Paris*, Sonnius,
1627, *in-fol.* baf.

2768. Annales de la Monarchie Françoife, dequis Pharamond,
jufqu'à la Majorité de Louis XV; par M. DE LIMIERS, Docteur
en Droit. *Amfterd.* Châtelain, 1724, *in-fol.* baf.

2769. Hiftoire des Faits, Geftes & Conquêtes des Rois, Princes,
Seigneurs & Peuple de France; écrit par PAUL ÆMILE, & mife
en Fr. par J. REGNARD, Gentilhomme Angevin. *Paris*, Morel,
1598, *in-fol.* baf.

2770. Les Grandes Chroniques & Annales de France. *Paris*,
1544, *in-fol.* baf.

2771. Les Monumens de la Monarchie Françoife, qui comprennent
l'Hiftoire de France, avec les fig. de chaque Regne, par R. P.

Dom BERNARD DE MONTFAUCON, Religieux Bénédictin. *Paris*, Gaudouin, 1729, *in-fol.* 5 vol. v. m.

2772. Hiftoire de France, depuis l'établiffement de la Monarchie jufqu'au Regne de Louis XIV ; par l'Abbé VELLY, VILLARET & autres. *Paris*, Deffaint & Saillant, 1763, & années fuiv. *in-12*, 26   vol. v. m.

2773. La même Hiftoire de France; par les mêmes. *Paris*, Nyon, 1770, *in-4°*. 14   vol. v. m.

2774. Abrégé Chronologique, ou extrait de l'Hiftoire de France; par MEZERAI, Hiftoriographe de France. *Paris*, D. Thierry, 1676, *in-12*, 8 vol. fig. baf.

2775. Le même Abrégé Chronologique; par le même. *Paris*, 1690, *in-4°*. 3 vol. baf.

2776. Le même Ouvrage ; par le même, avec le Supplément. *Paris*, Charpentier, 1717, & 1718, *in-4°*. 4 vol. baf.

2777. Mémoire hiftorique & critique fur divers points de l'Hiftoire de France, &c. par MEZERAI. *Amfterd*. Bernard, 1753, *in-12*, baf.

2778. Abrégé de l'Hiftoire de France, depuis l'établiffement de la Monarchie Françoife dans les Gaules ; par le P. DANIEL. *Paris*, Mariette, Rollin, Delefpine & Coignard, 1731, 9 vol. *in-12*, baf.

2779. Nouvel Abrégé chronologique de l'Hiftoire de France ; par le Préfident HÉNAUT. *Paris*, Prault, 1749, *in-8°*. 2 vol. v. m.

2780. Le même Ouvrage ; par le même. *Paris*, Prault, 1749, *in-4°*. v. m.

2781. Le même Abrégé ; par le même. *Paris*, Prault, 1752, *in-4°*. v. m.

2782. Le même Abrégé. *Paris*, Prault, 1768, *in-4°*. 2 vol. fig. v. m.

2783. Eftampes allégoriques des Événemens les plus connus de l'Hiftoire de France, gravées d'après les Deffeins de COCHIN, par *Prevot*, *Aliamet & Rouffeau*. Ouvrage deftiné particuliére- ment à l'ornement de la nouvelle édition de l'Abrégé chrono- logique de M. le Préfident HÉNAULT. *Paris*, 1768, *in-4°*.

2784. Précis de l'Hiftoire de France, en vers avec de notes, où l'on développe ce que les vers ne font qu'indiquer, à l'ufage de la jeune Nobleffe ; par M. PETOSI, Italien. *Paris*, Duchefne, 1776, *in-8°*. baf.

7785. Anecdotes Françoifes, depuis l'établiffement de la Monarchie jufqu'au Regne de Louis XVI. *Paris*, Vincent, 1774, *in-8°*.

2786. Mémoires hiftoriques, critiques & Anecdotes des Reines Régentes de France. *Amfterd.* Mich. Rey, 1776, *in-12*, 6 vol. v. m.

Hiftoire des Rois de France, avec les Mémoires qui y fervent, & la vie des Grands Hommes qui ont vécu fous les différents Regnes.

Depuis S. Louis, jufqu'à Henri II.

2787. Hiftoire de S. Louis neuvieme du nom, Roi de France; par Meffire JEAN Sire DE JOINVILLE, Sénéchal de Champagne, avec des obfervations de CL. MENARD. *Paris*, Cramoifi, 1617, *in-4°.* baf.

2788. La Minorité de S. Louis, avec l'Hiftoire de Louis II, & de Henri II; par VARILLAS. *La Haye*, Moetjens, 1685, *in-12*, baf.

2789. L'Efprit des Croifades, ou Hiftoire Politique & Militaire des Guerres, entreprifes par les Chrétiens contre les Mahométans, pour le recouvrement de la Terre Sainte, pendant les 11, 12 & 13ᵉ. fiecles ; par M. MAILLY. *Paris*, Moutard, 1780, *in-12*, 4 vol. v. m.

2790. Supplément à l'Hiftoire de la Rivalité de la France & de l'Angleterre, & à l'Hiftoire de la Querelle de Philippe de Valois, & d'Edouard III, &c. *Paris*, Moutard, 1777, *in-12*, 4 vol.

2791. Hiftoire de Jeanne d'Arc, dite la Pucelle d'Orléans ; par M. l'Abbé LENGLET DUFRESNOY. *Amfterdam*, Compagnie, 1750, *in-12*, baf.

2792. Harangue faite au nom de l'Univerfité de Paris, devant le Roi Charles VI & tout le Confeil, contenant les Remontrances touchant le Gonvernement du Roi & du Royaume. *Paris*, 1561, *in-8°.* v. f. d. f. tr.

2793. Hiftoire de Pierre Terrail, dit le Chevalier Bayard fans peur & fans reproche; M. GUYARDDE BERVILLE. *Paris*, de Hanfy, 1768, *in-12*, v. m.

2794. Les Mémoires de Meffire PH. DE COMMINES, Chev. Seign. d'Argentan. *Paris*, Galiot, Dupré, 1561, *in-fol.* baf.

2795. Les mêmes Mémoires. *Leide*, Elzevirs, 1648, *in-12*, avec des notes manufc. baf.

2796. Eloge de Louis XII, Pere du Peuple ; par l'Abbé CORDIER DE S. FIRMIN. *Paris*, Valeyre, 1778, *in-8°*, piece.

2797.

1797. Eloge historique du Cardinal d'Amboise, Archevêque de Rouen, premier Ministre de Louis XII ; par M. l'Abbé TALBERT. *Rouen*, Besongne, 1777, *in-8°*. piece.

1798. Histoire politique des grandes Querelles entre l'Empereure Charles V & François I, Roi de France, avec une introduction contenant l'état de la Milice & la description de la Guerre, avant & sous le regne de ces deux Monarques, par M. DE G***. *Paris*, Morin, 1777, *in-8°*. 2 vol. fig. v. m.

1799. Histoire du Procès du Chancelier Poyet, pour servir à celle du regne de François I, Roi de France. (*Londres*) *Paris*, 1776, *in-8°*. baf.

Depuis Henri II — Louis XIII.

2800. Discours Merveilleux de la Vie, Actions & Déportemens de la Reine Catherine de Médicis, Mere de François II, Charles IX, Henry III, Rois de France. *La Haye*, ad. Ulacq, 1660, *in-12*, baf.

2801. Vie de Michel de l'Hôpital, Chancelier de France. (*Londres*), *Paris*, Debure, 1764, *in-12*.

2802. Recueil d'Eloges de Michel de l'Hôpital, Chancelier de France ; *in-8°*. pieces.

2803. Histoire de Henry III ; par M. VARILLAS. *Paris*, Cl. Barbin, 1695, *in-12*, 6 vol. baf.

2804. Journal des Choses Mémorables advenues durant le Regne de Henry III, Roi de France & de Pologne ; nouvelle édition, avec des notes. *Cologne*, chez les héritiers de P. Marteau, 1730, 2 vol. *in-8°*. baf.

2805. Satyre Menippée de la Vertu du Catholicon d'Espagne & de la tenue des Etats de Paris, à laquelle est ajouté un Discours sur l'interprétation du mot *Higuiero d'infierno*, & qui en est l'autheur ; plus le regret sur la mort de l'Âne, Ligueur d'une Damoiselle, qui mourut durant le Siege de Paris. 1594, *in-8°*. baf.

2806. La même Satyre Menippé. 1649, *in-12*, baf.

2807. La vie de Gaspard de Coligny. *Cologne*, P. Marteau, 1691, *in-12*, baf.

2808. Histoire du Roi Henry le Grand ; composée par Messire HARDOUIN DE PEREFIXE. *Paris*, Savoye, 1776, *in-12*, baf.

2809. L'Ame d'un bon Roi, ou choix d'Anecdotes de Henri IV, précédé de son Eloge historique & des portraits qu'en ont tracé les meilleurs Historiens ; par M. C......, Libraire. (*Londres*) *Paris*, Costard, 1775, *in-8°*. piece.

2810. Lettres de Henri IV, à la Nation Françoife. *Amfterdam*, 1775, *in-*8°. piece.

2811. Eloge hiftorique de Henri IV, Roi de France; par le Baron DE NOVAILLES - POEYFERRÉ. *Pau*, Vignancourt, 1776, *in-*12.

2812. Les Amours de Henri IV, Roi de France, avec fes Lettres galantes à la Ducheffe de Beaufort & à la Marquife de Verneuil. *Amfterd.* 1754, *in-*12, v. m.

2813. Dialogue d'entre le Maheuftre & le Manant, contenant les raifons de leurs débats & queftions en ces préfens troubles au Royaume de France; par M. ROLLAND, un des feize du tems de la Ligue, 1595, *in-*12, baf.

2814. L'Intrigue du Cabinet, fous Henri IV & Louis XIII, terminée par la Fronde; par M. ANQUETIL. *Paris*, Moutard, 1780, 4 vol. v. m.

2815. Mémoire de la Reine Marguerite, nouv. Édit. *Bruxelles*, Foppens, 1658, *in-*12, baf.

2816. Mémoires de Maximilien de Bethune, Duc de Sully, principal Miniftre de Henri le Grand, mis en ordre avec des notes par M. L. D. L. D. L. *Londres*, 1745, 8 vol. *in-*12,

2817. Les Ambaffades & Négociations du Cardinal du Perron, recueillis par CESAR DE LIGNY, fon Secrétaire. *Paris*, Eftienne, 1623, *in-fol.* baf.

2818. Lettres du Cardinal D'OSSAT, avec des notes hiftoriques & politiques de M. AMELOT DE LA HOUSSAIE. *Paris*, Boudot, 1698, *in-*4°. 2 vol. baf.

2819. Mémoire de la vie de J. Aug. de Thou, Confeiller d'Etat. *Amfterd.* Lhonoré, 1713, *in-*12, baf.

2820. Hiftoire des Guerres Civiles de France, contenant tout ce qui s'eft paffé de mémorable fous le Regne de François II, Charles IX, Henri III & Henri IV, jufques à la Paix de Vervins, inclufivement, trad. de l'Italien de H. C. DAVILA, en François par BAUDOIN. *Paris*, Rocolet, 1657, *in-fol.* 2 vol. baf.

2821. L'Efprit de la Ligue, ou Hiftoire politique des troubles de France, pendant les 16 & 17°. fiécles. *Paris*, Hériffant, 1767, *in-*12, 3 vol. v. f.

2822. { Lettre de M. le Maréchal DE LESDIGUIERES, au Roi, fur ce qui fe paffe en Savoye. *Paris*, 1618.

Lettre de confolation à M. le Duc de Nevers, fur le trépas de Mad. la Ducheffe de Nevers; par le fieur DE NERVEZE. *Rouen*, 1618.

Accident merveilleux & épouvantable, du défaftre arrivé le 7 de mars 1618, du feu irrémédiable lequel a confumé le Palais à Paris. *Paris*, 1618, *in-*8°. baf. }

Louis XIII.

2823. Les Mémoires de la Régence de la Reine Marie de Médicis. *Paris*, Cl. Barbin, 1666, *in-*12.

2824. Hiftoire du Regne de Louis XIII ; par M. MICHEL LE VASSOR. *Amfterdam*, Zach. Châtelain, 1750, *in-*12, 18 vol. avec fig. v. m.

2825. Mémoires de M. DE LA ROCHEFOUCAULT. *Cologne*, 1717, *in-*12.

2826. Abmaffade du Maréchal de Baffompierre en Suiffe, l'an 1668. *Cologne*, P. du Marteau, 1668, *in-*12, 2 vol.

2827. Voyage de M. le Prince de Condé en Italie. *Lyon*, J. Candy, 1635, baf.

2828. Lettres de MM. les Comtes d'Avaux & Servien, Ambaffadeurs pour le Roi de France en Allemagne, en l'Affemblée de Munfter, pour la Paix générale ; contenant leurs différents & les réponfes de part & d'autre, chacun pour fa Juftification. 1650, *in-*12, baf.

2829. Vie d'Armand-Jean Cardinal de Richelieu (fous Louis XIII). *Cologne* 1696, *in-*12, 2 vol. fig. baf.

2830. Hiftoire de la Vie du Duc d'Efpernon, divifée en trois parties ; par GIRARD. *Paris*, Montalaus, 1730, *in-*4°. baf.

Louis XIV.

2831. Mémoires de la Minorité de Louis XIV, fur ce qui s'eft paffé à la fin de la vie de Louis XIII & pendant la Régence d'Anne d'Autriche, mere de Louis XIV ; par le Duc DE LA ROCHEFOUCAULT. *Villefranche*, J. de Paul, 1688, *in-*12.

2832. Hiftoire du Regne de Louis XIV, furnommé le Grand, Roi de France ; par M. REBOULET, Doêteur en Droit. *Avignon*, F. Cirard, 1746, *in-*12, 9 vol. v. m.

2833. Hiftoire de France, fous le Regne de Louis XIV ; par DE LARREY. *Roterdam*, Bohm, 1722 *in-*4°.

2834. Le Siecle de Louis XIV ; par M. DE VOLTAIRE : avec les remarques DE LA BEAUMELLE. *Francfort*, J. C. Eflinger, 1753, *in-*12, 3 vol. v. m.

2835. Le même Ouvrage, par le même. *Amfterdam*, 1769, *in-*12, 3 vol. v. m.

2836. Journaux Hiftoriques, contenant tout ce qui s'eft paffé de plus remarquable dans le Voyage du Roi & de fon Eminence, depuis leur départ de Paris, le 25 juin 1659, pour le Traité du M riage de Sa Majefté, & de la Paix générale, jufqu'à leur retour ; par le fieur F. C. *Paris*, Loyfon, 1660, *in-*4°. baf.

2837. Recueil Hiftorique , contenant diverfes pieces curieufes de ce temps. *Cologne* , Chr. Van-Dick , 1666 , *in-12.* baf.

2838. Recueil de Pieces fur l'Hiftoire de France (fous Louis XIV). *in-12.* baf.

2839. Recueil de Pieces & Lettres miffives du Roi , notre Sire ; envoyées à Monfeigneur l'Archevêque de Rouen , *in-12.*

2840. Mémoires & Inftructions , pour fervir dans les Négociations & Affaires concernant la France. *Paris* , Chrift. Journel ; 1681 , *in-12* , baf.

2841. Relation de la Campagne de Flandre & du Siége de Namur ; en l'année 1696 , avec les Cartes & les Plans. *La Haye* , Henry Van-Bulderen , 1696 , *in-fol.* piece.

2842. Annales de la Cour & de Paris , pour les années 1697 & 1698. *Amfterdam* , P. Brunel , 1706 , *in-12* , baf.

2843. Hiftoire du Cardinal Mazarin ; par M. AUBERY , Avocat au Parlement. *Amfterdam* , le Cone , 1751 , *in-12* , 4 vol. v. m.

2844. Le Gouvernement préfent , ou Eloge de fon Eminence (le Cardinal Mazarin) Satyre , ou la Miliade , *in-12* , piece.

2845. Mémoires du Cardinal de Retz , contenant ce qui s'eft paffé de plus remarquable en France , pendant les années du Regne de Louis XIV. *Amfterdam* , 1718 , *in-12* , 3 vol. v. m.

2846. Les mêmes Mémoires du Cardinal de Retz , contenant ce qui s'eft paffé fous Louis XIV. *Genéve* , Fabry , 1777 , *in-12* , 4 vol. v. m.

2847. Mémoires de M. JOLY , Confeill. au Parlement , contenant l'Hiftoire de la Régence d'Anne d'Autriche , & des premieres années de la Majorité de Louis XIV , jufqu'en 1666 ; avec les intrigues du Cardinal de Retz à la Cour. *Amfterdam* , Bernard , 1718 , *in-12* , baf.

2848. Les mêmes Mémoires. (Genéve) *Paris* , 1777 , *in-12* , 2 vol. v. m.

2849. Mémoires de M. le Cardinal DE ROCHEFORT , contenant ce qui s'eft paffé de plus particulier fous le Miniftere du Cardinal de Richelieu & du Cardinal Mazarin ; avec plufieurs particularités remarquables du regne de Louis le Grand. *Cologne* , Pierre Marteau , 1687 , *in-12* , baf.

2850. Mémoires de M. le Comte DE ROCHEFORT , contenant ce qui s'eft paffé de plus particulier fous le Miniftere du Cardinal de Richelieu & du Cardinal Mazarin. *Cologne* , 1688 , *in-12.*

2851. Hiftoire de Mlle. de la Charce , de la Maifon de la Tour-du-Pin , en Dauphiné : ou Mémoires de ce qui s'eft paffé fous le Regne de Louis XIV. *Paris* , Gaudouin , 1731 , *in-12* , baf.

2852.

2852. Mémoires de M. D'ARTAGNAN Capitaine des Mousquetaires du Roi, contenant quantité de choses particulieres & secrettes, qui se sont passées sous le Regne de Louis le Grand. *Amsterdam*, Pierre Rouge, 1704, *in-*12, 2 vol. bas.

2853. Mémoires de M. l'Abbé ARNAULD, contenant quelques Anecdotes de la Cour de France, depuis 1634 jusqu'à 1675. *Amsterdam*, 1756, *in-*12, 2 vol. v. m.

2854. Les Mémoires de Messire ROGER DE RABUTIN, Comte de Bussy. *Amsterdam*, 1699, *in-*12, 2 vol. bas.

2855. Les mêmes Mémoires. *Paris*, Rigaud, 1712, *in-*12, 3 v. b.

2856. Mémoires de M. le MARQUIS DE FEUQUIERE, Lieutenant-Général des Armées du Roi; contenant ses Maximes sur la Guerre, & l'application des exemples aux Maximes. *Londres*, P. Dunoyer, 1736, *in-*12, 4 vol. v. m.

2857. Les mêmes Mémoires. (*Londres*), *Paris*, Jombert, 1774, *in-*12, 4 vol. avec des cartes, v. m.

2858. Mémoires de Madame de MAINTENON. *Hambourg*, 1756, *in-*12, 5 vol. bas.

2859. Les mêmes Mémoires. *Amsterd.* Erialed, 1757, *in-*12, 8 vol. br.

2860. Mémoires pour servir à l'Histoire de Louis de Bourbon, Prince de Condé, *Cologne*, Pierre Marteau. 1693, *in-*12, 2 vol. v. m.

2861. Histoire de Louis de Bourbon, second du nom, Prince de Condé, premier Prince du Sang, surnommé le Grand : ornée de Plans de Sieges & de Batailles ; par M. DESORMEAUX. *Paris*, Desaint, 1768, *in-*12, 4 vol. v. m.

2862. La Vie du Vicomte de Turenne ; par M. DU BUISSON, Capitaine-Major du Régiment de Verdelin. *Cologne*, J. de Clou, 1686, *in-*12. bas.

2863. Histoire du Vicomte de Turenne ; par l'Abbé RAGUENET. *Paris*, Nyon, 1741, *in-*12, 2 vol. fig. v. m.

2864. La même Histoire ; par le même. *Amsterd.* 1772, *in-*12.

2865. Mémoires pour servir à la Vie de Nicolas de Catinat, Maréchal de France. *Paris*, Duchesne, 1775, *in-*12. bas.

2866. Vie de Nicolas Catinat. *in-*8°. piece.

2867. Catinat, ou le Modele des Guerriers : Discours à mes Camarades. (*Londres*) *Paris*, Duchesne, 1777, *in-*12. bas.

Louis XV.

2868. Mémoires de la Régence de S. A. R. Mgr. le Duc d'Orléans, durant la Minorité de Louis XV ; avec fig. *La Haye*, J. Van-Duren, 1736, *in-*12, 3 vol. v. m.

Pp

2869. Les mêmes Mémoires. *Amsterdam*, 1749, *in-12*, 5 v. v. m.

2870. Les Aventures de Pomponius, Chevalier Romain. (Rome) *Rouen*, Ferrante, 1725, *in-12*, baf.

> Cet Ouvrage est une satyre contre Philippe d'Orléans, Régent de France, faussement attribué à dom Lobineau, Bénédictin.

2871. La Vie de Philippe d'Orléans, petit fils de France, Régent du Royaume pendant la Minorité de Louis XV; par M. L. M. D. M. *Londres*, 1742, *in-12*, 2 vol. v. m. r. d. f. tr.

2872. Plusieurs Eloges historiques de Philippe d'Orléans, Régent du Royaume. (Amsterdam), Paris, 1778, *in-8°*. pieces.

2873. Lettres de M. FILTZ-MORITZ, sur les affaires du temps, trad. de l'Anglois; par M. DE GARNESAI. *Roterdam*, Leers, 1718, *in-12*.

2874. Mémoires Politiques & Militaires, pour servir à l'Histoire de Louis XIV & de Louis XV: composés sur les Pieces originales, recueillies par ADRIEN MAURICE, Duc de Noailles, Maréchal de France &c. par M. l'Abbé MILLOT, des Académies de Lyon & de Nancy. *Paris*, Moutard, 1777, *in-12*, 6 vol. v. m.

2875. Siécle de Louis XV; par M. de VOLTAIRE. *Lausanne*, 1769, *in-12*, 2 vol. v. m.

2876. Aux Manes de Louis XV, & des Grands Hommes qui ont vécu sous son Regne, ou Essai sur les progrès des Arts & de l'Esprit humain, sous le Regne de Louis XV. *Aux Deux-Ponts*, de l'Impr. Ducale, 1776, *in-8°*. 2 vol. baf.

2877. Discours à la Louange de Louis XV & de Louis XVI, fondé à perpétuité par l'Université de Perpignan, & prononcé tous les ans par le Recteur. *Paris*, Stoupe, 1778, *in-4°*. v. m.

2878. Vie de Marie Leczinska, Princesse de Pologne, Reine de France & de Navarre; par M. AUBLET DE MAUBUY, Avocat au Parlement. *Paris*, J. B. Brunet, 1771, *in-8°*. fig. v. m.

2879. Mémoires de la Guerre d'Italie, depuis l'année 1733 jusqu'en 1736. *Paris*, Duchesne, 1777, *in-12*, fig. v. m.

2880. Histoire des Campagnes de M. le Maréchal de Maillebois en Italie, pendant les années 1745 & 1746; par M. le Marquis de PEZAY, Mestre de Camp de Dragons. *Paris*, Impr. Royale, 1775, *in-4°*. 3 vol. & 1 vol. de cartes *in-fol.* v. m.

2881. Mémoire historique sur la Négociation de la France & de l'Angleterre, depuis le 26 mars 1761 jusqu'au 20 septembre de la même année; avec les pieces justificatives. *Paris*, Impr. Royale, 1761, *in-8°*. baf.

2882. Mémorial de la Cour, contenant les différens Événemens & Morts. 1774 & 1775, *in*-16, 2 vol. v. m.

2883. Mémoires du Duc DE VILLARS, Pair de France &c. *Londres*, J. Nourse, 1739, *in*-12, 3 vol. v. m.

2884. Mémoires de Madame DE STAAL, écrits par elle-même. *Londres*, 1755, 2 vol. *in*-8°. v. m.

2885. Mémoires du Maréchal DE BERWICK, Duc & Pair de France. *Amsterdam*, 1741, *in*-12, v. m.

2886. Les mêmes Mémoires du Maréchal DE BERWICK, écrits par lui-même : avec une suite abrégée depuis 1716 jusqu'à sa mort ; précédés de son portrait, par Milord BOLINBROKE, & d'une ébauche d'éloge historique, par le Président DE MONTESQUIEU. *Paris*, Moutard, 1778, *in*-12, 2 vol. v. m.

2877. Mémoires de M. DU GUAY-TROUIN, Lieutenant-général des Armées Navales. *Amsterdam*, P. Mortier, 1740, *in*-12. fig.

2888. Journal historique de la Révolution opérée dans la Constitution de la Monarchie Françoise ; par M. DE MAUPOU. *Londres*, 1774, *in*-12, 4 vol. v. m.

2889. Maupeouana, ou Recueil complet des Écrits Patriotiques, publiés pendant le Regne du Chancelier Maupou, pour démontrer l'absurdité du Despotisme qu'il vouloit établir, & pour maintenir dans toute sa splendeur la Monarchie Françoise. Ouvrage qui peut servir à l'Histoire du siécle de Louis XV, pendant les années 1770, 1771, 1772, 1773 & 1774. *Paris*, 1775, *in*-8°. 5 vol v. m.

2890. Histoire de Maurice, Comte de Saxe ; par M. le Baron D'ESPAGNAC, Gouverneur de l'Hôtel Royal des Invalides. *Paris*, Pierres, 1775, *in*-4°. 3 vol. fig. m. r. d. f. tr.

2891. Hist. du Cardinal de Polignac ; par le P. CHRYSOST. FAUCHER, Religieux de S. François *Paris*, d'Houry, 1777 *in*-12 2 vol.

2892. La Vie Militaire, Politique & Privée de Demoiselle Charles-Genevieve-Louise-Auguste-Andrée-Thimothée Éon ou d'Éon de Beaumont, Ecuyer, Chevalier de S. Louis &c. par M. DE LA FORTELLE. *Paris*, Lambert, 1779, *in*-8°. m. v. d. f. tr.

2893. Fastes Militaires, ou Annales des Chevaliers des Ordres Royaux & Militaires de France, au service, ou retirés ; & des Gouverneurs, Lieutenans de Roi, & Majors des Provinces & des Places du Royaume ; par M. DE LA FORTELLE, Lieutenant de Roi de Saint-Pierre-le-Moutier. *Paris*, Lambert, 1779, *in*-12, 2 vol. mar. violet d. f. t.

2894. Mémoires de M. l'Abbé Terray, Contrôleur général des Finances. *Londres*, 1776, *in*-12. v. m.

2895. Anecdotes fur Madame la Comteſſe du Barri. *Londres,* *2776, in-*12. v. m.

Louis XVI.

2896. Eloge de Louis Dauphin de France ; par M. l'Abbé LE COUS-
TURIER D'IBERVILLE, Docteur en Théologie. *Paris,* Méquignon,
1779, *in-*8°. piece.

2897. Eloge hiſtorique de Louis Dauphin de France, Pere de
Louis XVI ; par M. l'Abbé ✶✶✶. *Paris,* 1780, *in-*8°. piece

2898. Mémoires pour ſervir à l'Hiſtoire de Louis Dauphin de
France, mort à Fontainebleau le 20 Décembre 1765 : avec un
Traité de la Connoiſſance des Hommes, fait par ſes ordres en
1758. *Paris,* P. G. Simon, 1777, *in-*12, 2 vol. v. m.

2899. Vie du Dauphin, Pere de Louis XVI, écrite ſur les Mémoires de la Cour ; préſentée au Roi & à la Famille Royale par M.
l'Abbé PROYART. *Paris,* C. P. Berton, 1777, *in-*12. v. m.

2901. Récit des principales circonſtances de la Maladie de feu
Mgr. le Dauphin. *Rouen,* Boulanger, 1766, *in-*4°. piece.

2902. Louis XVI, ou le Monarque accompli ; par M. THIBERT
DE VALIGNY, Avocat au Parlement. *1776, in-*12. m. r.

2903. La Ligue découverte, ou la Nation vengée, lettre d'un
Kaquer à F. M. A. DE V. ſur les Affaires du Temps, & l'heureux
avénement de Louis XVI, au Trône. *Paris,* 1774, *in-*12. piece.

2904. Anecdotes du Regne de Louis XVI, recueillies & publiées
par M. NONGARET. *Paris,* Baſtien, 1778, 2 vol.

2905. Obſervations ſur le Mémoire Juſtificatif de la Cour de
Londres ; par CARON DE BEAUMARCHAIS. (Londres) *Paris,*
1779. *in-*8°. m. r. d. ſ. tr.

2906. Obſervations ſur le Mémoire Juſtificatif de la Cour de
Londres. *Paris,* Impr. Royale, 1780, *in-*4°. piece.

2907. Expoſé des motifs de la conduite du Roi, relativement à
l'Angleterre. *Paris,* Impr. Royale, 1779, *in-*4°. piece.

2908. Recueil de divers Ecrits, tant en proſe qu'en vers, concernant
le retour des Parlemens, ſous le Regne de Louis XVI, (en 1774).
*in-*8°. & *in-*4°.

Hiſtoire Généalogique de la Maiſon de France, & Traités concernant la Succeſſion des Rois de France.

2909. Alphonſi Delbenei, Ep. Albienſis &c. de Gente ac Familiæ
Hugonis Capeti, Origine &c. *Lugd.* 1595, *in-*8°. v. f. d. ſ. tr.

2910. Traité hiſtorique des Armes de France & de Navarre, & de
leur

leur Origine ; par M. DE SAINTE-MARTHE, Conseill. du Roi ›
Historiographe de France. *Paris*, Lambert, 1773, *in-12*, baſ.
2909. La Critique de l'Origine de l'Auguste Maison de France ;
par le R. Pere ADRIEN JOURDAIN, de la Compagnie de Jésus.
Paris, Cramoisy, 1683, *in-12*. baſ.
2910. Histoire de la Maison de Bourbon ; par M. DESORMEAUX.
Paris, Impr. Royale, 1772, *in-4°*. 2 vol. fig. v. m.
2911. Traité de la Majorité de nos Rois, & des Régences du
Royaume : avec un Traité des prééminences du Parlement de
Paris. *Amsterdam*, Janson, 1722, *in-8°*. 2 vol. v. m.

Traités de Paix, Treves, Alliances, &c. des Rois de France.

2912. Recueil des Traités de Paix, de Treve, de Neutralité, de
Confédération, d'Alliance & de Commerce, faits par les Rois
de France, avec tous les Princes & Potentats de l'Europe, mis
en ordre & imprimé par FRED. LEONARD. *Paris*, 1693, *in-4°*.
7 vol. baſ.
2913. Recueil des Traités de Paix, Treve & Neutralité, entre
les Couronnes d'Espagne & de France. *Nevers*, Plantin, 1664,
in-12. baſ.
2914. Recueil des Traités de Confédération & d'Alliance, entre
la Couronne de France & les Princes & États Étrangers, de
l'an 1621. 1668, *in-12*, baſ.
2915. Ouverture de Paix universelle. *Clermont-Ferrand*, Viallanes,
1758, *in-8°*. br.
2916. Convention entre le Roi & le Prince de Nassau-Weilbourg,
concernant les Limites de leurs Etats respectifs. *Paris*, Impr.
Royale, 1776, *in-4°*. piece.

Cérémonial François, Rangs & Honneurs de la Cour.

2917. Cérémonial du Sacre des Rois de France, précédé d'une
Dissertation sur l'ancienneté de cet Acte de Religion, &c. *Paris*,
Desprez, 1775, *in-8°*.
2918. Essai historique sur le Sacre & Couronnement des Rois
de France, les Minorités & les Régences, précédés d'un Discours
sur la Succession à la Couronne ; par L***. V***. G***. DE
TH***. *Paris*, Vente, 1775, *in-8°*.
2919. Le Sacre de Louis XV, Roi de France & de Navarre, dans

Q q

l'Eglife de Reims, le Dimanche 25 Octobre 1722. *In-fol.* avec de belles fig. m. r. d. f. tr.

2920. Sacre & Couronnement de Louis XVI, Roi de France, à Reims le 11 Juin 1775 ; par M. l'Abbé PICHON & GOBET : enrichi d'un très-grand nombre de figures, gravées par le fieur PATAS. *Paris*, Vente, 1775, *in*-4°. m. r. d. f. tr.

2921. Formule de Cérémonies & Prieres pour le Sacre de S. M. Louis XVI, fait à Reims le 11 Juin 1775. *Paris*, Vente, *in*-8°.

2922. Relation de la Cérémonie du Sacre & Couronnement du Roi, faite en l'Eglife Métropolitaine de Reims, le Dimanche onzieme jour de Juin 1775. *Paris*, Impr. de la Gazette, 1775, *in*-4°, piece.

2923. Explication des Emblêmes, inventés & mis en vers par M. BERGEAT, de Reims, & M. l'Abbé DELOCHE, tous deux Chanoines de l'Eglife Métropolitaine, pour la Décoration des Edifices, Arcs de Triomphe & autres Monumens érigés par les foins de MM. du Confeil de la Ville, lors de la Cérémonie du Sacre de Louis XVI. *Reims*, Multeau, *in*-4°.

2924. Le Sujet fidele & reconnoiffant, ou Difcours Chrétiens, lus dans une Société Religieufe, par un Pere de famille, le 28 mai 1775, à l'occafion de la Lettre du Roi, écrite le 1 du même mois aux Archevéques & Evêques du Royaume, & le 11 juin 1775, jour du Sacre & Couronnement du Roi. (Philobafileopolis), 1777, *in*-8°. piece.

2925. Journal des Fêtes données à Marfeille à l'occafion de Monfieur, Frere du Roi, fous la Mairie & l'Echevinage de Meffires Louis-Antoine de Cipieres, Peirier, Guey, Richard, Ferrari & Napollon. *Marfeille*, Favet, *in*-4°.

2926. Réponfe à un Ecrit anonyme, intitulé : Mémoire fur les Rangs & les Honneurs de la Cour. *Paris*, Le Breton, 1771, *in*-8°. v. m.

Du Gouvernement, de l'état du Royaume de France, & des États Généraux.

2927. Confidérations fur le Gouvernement ancien & préfent de la France ; par M. le Marquis D'ARGENSON. *Amfterdam*, Mich. Rey, 1764, *in*-8°. baf.

2928. Effai fur les Caufes principales qui ont contribué à détruire les deux premieres Races des Rois de France : Ouvrage dans lequel on développe les Conftitutions fondamentales de la Nation

Françoife, dans ces anciens tems ; par l'Auteur de la Théorie du Luxe. *Paris*, Duchefne, 1776, *in*-8°. baf.

2929. Lettres Provinciales, ou Examen impartial de l'origine, de la Conftitution, des Révolutions de la Monarchie Françoife ; par un Avocat de Paris. *Paris*, Merlin, 1772, *in*-8°. v. m.

2930. L'Etat de la France, des qualités & prérogatives du Roi, Généalogie de la Maifon Royale, du Clergé de la Cour, des Officiers de la Chapelle, Mufique du Roi, de fa Maifon, de fa Chambre, &c. &c. *Paris*, David le jeune, 1749, 6 vol. *in*-12, v. marb.

1931. Recueil général des Etats tenus en France, fous les Rois Charles VI, Charles VIII, Charles IX, Henri III & Louis XIII; par TOUSSAINTS QUINET. *Paris*, 1651, *in*-4°. baf.

Traités des Dignités des Officiers & de la Magiftrature de France.

2932. Tableau hiftorique généalogique & chronologique des trois Cours Souveraines de France *Paris*, Merlin, 1772, *in*-8°, baf.

2933. Les Quatre Âges de la Pairie de France, ou Hiftoire générale & politique de la Pairie de France, dans fes quatre Âges ; par M. L V. ZEMGANNO. *Maeftricht*, Dufour, 1775, *in*-8°. 2 vol. v. m.

2934. Hiftoire de la Pairie de France & du Parlement de Paris ; par M. D. B. *Londres*, Harding, 1740, *in*-12. baf.

2935. Mémoire fur le Droit des Pairs de France, d'être jugés par leurs Pairs. 1771, *in*-8°.

2936. Treize Livres des Parlemens de France, éfquels eft amplement traité de leur Origine & Inftitution, & des différentes Charges ; par B. DE LA ROCHE-FLAVIN, Confeill. d'Etat. *Geneve*, Berjon, 1621, *in*-4°. parchem.

2937. Differtation fur l'Origine & les fonctions effentielles du Parlement fur la Pairie & le Droit des Pairs ; & fur les Loix fondamentales de la Monarchie Françoife. *Amfterd*. 1764, *in*-12.

2938. Lettres fur les anciens Parlemens de France, que l'on nomme Etats-Généraux ; par M. DE BOULAINVILLIERS. *Londres*, Vood, 1753, *in*-12, 3 vol. v. m.

2939. Hiftoire du Parlement de Paris ; par M. l'Abbé BIG... *Amfterdam*, 1769, *in*-8°. v. m.

2940. Abrégé hiſtorique du Parlement de Rouen ; dédié à Mgur. d'Agueſſeau, Chancelier de France. *In-fol.* manuſc. ſur papier écrit du 18ᵉ ſiecle. 2 vol. v. m.

2941. Regiſtre du Parlement (de Rouen) commençant à la St. Martin 1514, finiſſant à la St. Martin 1522, ou Regiſtre du Conſeil du Parlement (de Rouen) commençant à la St. Martin 1514, & finiſſant à la St. Martin 1522, regnant le très-Chrétien Roi de France, François I. Parchem. d. ſ. tr. manuſcrit ſur papier, *in-fol.* écriture du tems.

2942. Recueil d'Arrêts, les plus anciens, du Parlement de Rouen, depuis l'an 1635 juſqu'en 1640, ou Recueil d'Arrêts & de ce qui s'eſt paſſé au Parlement de Rouen, depuis l'an 1635 juſqu'en 1640. Parchem. d. ſ. tr. manuſcrit ſur papier, *in-fol.* écriture de 1635 & ſuiv.

2943. Copie du Livre Rouge de la Chambre de la Tournelle du Parlement de Rouen (1642). Manuſcrit, ſur papier *in-fol.* écriture de 1642.

2944. Virorum omnium Conſularium, ab Inſtituto Rothomagenſi Senatu, haĉtenùs Ordine promotorum, libri quatuor; Auĉtore Bapt. Candelario, Regio Senator. Manuſc. ſur papier, forme *in-fol.* écriture du dix-ſeptieme ſiecle. baſ.

Ce manuſcrit eſt indiqué au N° 689 du Catalogue de M. de Pontcarré

2945. Recueil concernant le Parlement de Rouen, qui contient ſon Inſtitution, le nombre de ſes Officiers, leur Création, ſes différens uſages, tant par rapport à la Diſcipline du Palais, qu'à ſa Compétence, & au Cérémonial, tant au dedans qu'au dehors & à ſes priviléges. Partie 11ᵉ. *Rouen,* 1721, baſ. Manuſcrit ſur papier, forme *in-fol.* écriture de 1721.

2946. Recueil contenant l'établiſſement de la Cour de l'Echiquier à Rouen, & autres pieces concernant le Parlement de Rouen. Manuſcrit ſur papier, forme *in-4°.* baſ.

2947. Echiquier de Normandie, ſédentaire perpétuel en la Ville de Rouen : avec les Noms, Armes & Blaſon des Magiſtrats Laïcs, choiſis par Louis XII, ſous le Miniſtere du Cardinal d'Amboiſe, en l'an 1499.

2948. Recueil d'Almanachs & Calendriers des différentes Cours des Parlemens du Royaume. *In-12,* 　　　vol.

2949. Traité hiſtorique de l'Etat des Tréſoriers de France & Généraux des Finances; avec les preuves de la ſupériorité de ces Offices : avec des notes diviſées en deux parties; par M. de Gironcourt, Conſeill. Chevalier d'Honneur au Bureau des

Finances de Metz & Alsace. *Nancy*, Leclerc, 1776, *in*-4°. v. m.

2950. L'Etat véritable des Tréforiers de France. (Amsterdam), *Paris*, L. Cellot, 1779, *in*-4°. m. r. d. f. tr.

2951. Traité de la Jurisdiction des Tréforiers de France, tant en matiere de Domaine & de Voirie, que de Finance, &c. par M.***, Conseiller au Présidial d'Orléans. *Paris*, Debure, 1777, *in*-12, 2 vol. v. m.

Traités du Droit des Rois de France sur quelques Pays Etrangers.

2952. Dialogue fur les Droits de la Reine très-Chrétienne. *In*-12.

2953. Diverses Pieces pour la défenfe de la Reine, mere du Roi Louis XIII; par MATH. DE MORGUES, Prédicateur ordinaire du Roi. Imprimées à *Anvers*, 1637, *in*-12, 2 vol. baf.

2954. La Défenfe du Droit de Marie-Thérefe d'Autriche, Reine de France, à la Succeffion des Couronnes d'Efpagne; par Meffire GEORGE D'AUBUSSON. *Paris*, Cramoify, 1674, *in*-4°. gr. p.

Traités des Monnoies de France.

2955. Traité hiftorique des Monnoies de France, depuis le commencement de la Monarchie, jufques à préfent; par M. LE BLANC. *in*-4°. fig. baf.

Histoire Eccléfiaftique & Civile des Provinces de France, rangée suivant l'ordre des Gouvernemens.

Ifle de France.

2956. Defcription particuliere de la France, divifée par Gouvernemens; par MM. NÉE & MASQUELIER. *Paris*, 1780 & années fuivantes, *in-fol*. vol. m. r. d. f. tr. fig.

2957. Almanach de Verfailles. *Verfailles*, Blaifot, années 1775, 76, 77, 78, 79, 80, 81, & années fuivantes, vol.

2958. Les Antiquités de la Ville, Comté & Châtellenie de Corbeil; par Me J. DE LA BARRE, Prévôt de Corbeil. *Paris*, De la Cofte, 1647, *in*-4°. baf.

2959. Hiftoire de Melun, contenant plufieurs Raretés notables, & non découvertes en l'Hiftoire générale de France : plus, la Vie de Bourchard, Comte de Melun, & celle de Jacques Amyot, avec le Catalogue des Seigneurs & Dames Illuftres de la Maifon de Melun; par SEB. ROULLIARD. *Paris*, Guignard, 1628, *in*-4°. baf.

R r

2960. Curiofités de Paris, de Verfailles, Marli, Vincennes, Saint-Cloud & des environs; & un nouveau Voyage de France, Géographique, Hiftorique & Curieux, difpofé par différentes routes, à l'ufage des Etrangers & des François; par M. L. R. *Paris*, 1778, *in-12*, 3 vol. d. rel.

PARIS.

2961. Plan de la ville & fauxbourgs de Paris, divifé en fes vingt quartiers; par ROBERT DE VOGONDY. 1766, carte col. f. toile renf. dans un étui, forme *in-8°*.

2962. Defcription hiftorique de Paris & de fes plus beaux monumens, gravés en tail. d. pour fervir d'introduction à l'Hiftoire de Paris; par BÉGUILLET & autres. *Paris*, v. Duchefne, 1780, & années fuiv. *in-4°*. vol. g. pap. v. éc. d. f. tr.

2963. Le Théatre des Antiquités de Paris; par le P. DU BREUIL. *Paris*, de la Tour, 1712, *in-4°*. baf.

2964. Paris ancien & nouveau, où l'on voit la fondation, le nombre des habitans & des maifons, avec la defcription de ce qu'il y a de plus remarquable; par M. LE MAIRE. *Paris*, Vaugon, 1785, *in-12*, 3 vol. baf.

2965. Les Rues & environs de Paris, par ordre alphabétique. *Paris*, Langlois, 1777, *in-12*, 2 vol. v. m.

2966. Voyage Pittorefque de Paris, ou indication de ce qu'il y a de plus beau dans cette Ville, en peinture, fculpture & architecture. *Paris*, Debure, 1749, *in-12*, fig. v. m.

2967. Le même Voyage Pitt. par le même, nouv. édit. *Paris*, Debure, 1778, *in-12*, fig. v. m.

2968. Détail fur quelques Établiffemens de la ville de Paris, demandé par S. M. Imp. Reine de Hongrie, à M. Lenoir, Lieutenant-général de Police. *Paris*, 1780, *in-8°*. v. m.

2969. Lettres fur le projet d'embéliffement du quartier du Luxembourg, avec la réponfe. *Paris*, Quillau, *in-8°*. piece.

2970. Lettres fur l'embéliffement de Paris. *Paris*, Lottin aîné, 1778, *in-8°*. piece.

2971. Effais hiftoriques fur Paris, & autres Œuvres de M. DE SAINT-FOIX, fur les Mœurs de cette Capitale. *Paris*, Duchefne, 1759 & années fuiv. 7 vol. v. m.

2972. Conftitutions des Tréforier, Chanoines de la St. Chapelle du Palais. *Paris*, Cloufier, 1779, *in-8°*.

2973. Defcription de la nouvelle Eglife de l'Hôtel Royal des Invalides, avec un Plan général de l'ancienne & de la nouv. Eglife. *Paris*, 1702, *in-12*, baf.

2974. Defcription de l'Hôtel Royal des Invalides ; par l'Abbé
PÉRAU, avec les plans, coupes, élévations, peintures, &c.
deffinées & gravées par COCHIN. *Paris*, Defprés, 1759, *in-fol.*
baf.

2975. Mémoire fur l'adminiftration du Collége de Louis le Gr.
& Colléges y réunis, depuis le moment de la réunion, jufqu'au
premier février 1771. *Paris*, Simon, 1778, *in-*4°. v. m.

2976. Calendrier & Lifte des noms & furnoms & demeures de
MM. les grands Meffagers Jurés de l'Univerfité de Paris. Année
1775, *in-*16.

2977. Recueil des Chartres, Créations & Confirmations des Co-
lonels, Capitaines, Majors, Officiers, Arbaleftiers, Archers,
Arquebufiers & Fufiliers de la ville de Paris, avec les vérifi-
cations, Arrêts & Sentences concernant leurs Priviléges, jufqu'en 1770; par M. HAY, Colonel des Gardes. *Paris*, Defprés, 1770, *in-*4°. fig. m. r. d. f. tr.

Picardie.

2978. Supplément à l'Effai fur l'Hiftoire de Picardie, les Mœurs,
les Ufages, le Commerce & l'Efprit des Habitans. (Londres)
Abbeville, Devérité, 1774, *in-*12, baf.

2979. Hiftoire des anciens Seigneurs de Coucy; par M. JOVET,
Chanoine de Laon. *Laon*, Renneffon, 1682, *in-*12, fig. baf.

Artois.

2980. Difcours abrégé de l'Artois, Membre ancien de la Couronne de France & de fes poffeffeurs depuis le commencement
de la Monarchie. 1640, *in-*4°. baf.

Champagne & Brie.

2981. Le premier Livre des Mémoires des Comtes Héréditaires
de Champagne & de Brie. *Paris*, R. Eftienne, 1581, *in-*8°.

2982. Hiftoriæ Remenfis Ecclefiæ, Libri quart. Aut. FLODOARDO,
Presb. Canon. ejufd. Ecclefiæ. *Duaci*, Bogardi, 1617, *in-*8°.

2983. Almanach hiftorique de la ville de Reims. *Reims*, Jeune-
homme, 1776 & 1777, *in-*16, 2 vol.

2984. Almanach hiftorique & géographique du Diocèfe de Meaux,
pour l'année 1778. *Meaux*, Charles, *in-*12.

Duché & Comté de Bourgogne.

2985. Carte particuliere des Pays de Breſſe, Bugey & Géx, di-
·viſée par Dioceſes, Bailliages, Elections & Subdélégations; par
M. Seguin, Ingénieur. carte col. ſur toile jaune.

2986. Deſcription générale & particuliere du Duché de Bourgogne,
précédée de l'abrégé hiſtorique de cette Province; M. Courtépé
& Beguillet. *Dijon, Frantin, Paris,* Delalain, 1775, *in-12,*
2 vol.

2987. Catalogues & Armoiries des Gentilshommes qui ont aſ-
ſiſté à la tenue des Etats Généraux du Duché de Bourgogne,
depuis l'an 1548, juſqu'à l'an 1682, tirés des Regiſtres de la
Chambre de la Nobleſſe. *Dijon,* Durand, 1760, *in-fol.* m. r.

2988. Précis analytique du premier vol. de l'Hiſtoire de Bourgogne. *In-8°.* piece.

2989. Hiſtoire des Guerres des deux Bourgognes, ſous les regnes
de Louis XIII & Louis XIV; par M. Beguillet. (Dijon),
Paris, Delalain, 1772, *in-12,*   vol.

2990. Almanach du Parlement de Bourgogne, pour l'année 1778.
Dijon, Cauſſe, *in-12*

2991. Hiſtoire de l'Abbaye d'Auxerre; par M. Frappier, Chanoine. *Auxerre,* Fournier, 1777, *in-12.*

Franche-Comté.

2992. La Découverte entiere de la ville d'Antre en Franche-
Comté, qui fait changer de face à l'Hiſtoire ancienne Civile
& Eccléſiaſtique de la même Province & des Pays voiſins.
Amſterd. T. Lemtreit, 1710, *in-12,* baſ.

2993. La Franche-Comté ancienne & moderne, avec les Cartes
géographiques, Lettres à Mademoiſelle d'Udreſſier. *Paris,*
Hériſſant, 1779, *in-12,* baſ.

Provence.

2994. Le Guide Marſeillois. *Marſeille,* Brebion, 1780,
in-8°. m. r. d. ſur tr.

2995. Hiſtoire générale de Provence; par M. Papon. *Paris;*
Moutard, 1777, *in-4°.* 2   vol. v. f.

Languedoc.

2996. Almanach hiſtorique de la Province de Languedoc. *Mont-*
pellier, Pagés. an. 1775, *in-8°.*

2997.

2997. Calendrier de la Cour de Parlement, pour l'année 1778. *Touloufe*, Pijon, *in-12*.

2998. Eflais fur l'Hiftoire de la ville de Loudun ; par M. DUMOU-TIER DE LA FOND, Capitaine du Corps-Royal d'Artillerie. *Poitiers* Chevrier, 1778, *in-8°*. v. d. f. tr.

Guienne & Gafcogne.

2999.
Recueil où font contenus les Ouvrages fuivans.

1° Oratio Paftoralis habita in Synodo Andegavenfi, anno 1750, à Magiftro CL. ROBIN. *Andegavi*, Billaut, 1776.

2°. Le Mont-Glone, ou Recherches hiftoriques fur l'origine des Celtes, Angevins, Aquitains, Armoriques, & fur la retraite du premier Solitaire des Gaules au Mont-Glone, de Nul Diocèfe, fur les confins d'Anjou, d'Aquitaine & de Bretagne ; par M. ROBIN. *Angers*, Parifot, 1771.

3°. L'Ami des Peuples, ou Mémoire intéreffant pour l'Eglife & pour l'État dans ce qu'il contient de général, adreffé à M. l'Evêque d'Angers, en l'année 1760 ; par un Curé du Diocèfe. *Saumur*, De Gouy, 1764.

4°. Le Camp de Céfar au village d'Empiré, Paroiffe de S. Pierre d'Angers, ou Differtation fur l'antiquité de l'Eglife de S. Pierre ; par M. CLAUDE ROBIN, Docteur en Théologie, &c. *Saumur*, De Gouy, 1764, *in-12*, v. m.

3000. Procès-verbal des Séances de l'Affemblée provinciale de Haute-Guienne, tenue à Villefranche, dans le mois de feptemb. & d'octobre 1779, avec la permiffion du Roi. *Villefranche - en - Rouergue*, Vedeilhié, 1780, *in-4°*. dem. rel.

3001. Recueil de Titres & autres pieces juftificatives, employés dans le Mémoire fur la conftitution politique de la ville & cité de Périgueux, fervant à établir & faire connoitre l'origine, le caractere & les droits de la Seigneurie qui lui appartient, & laquelle fes Citoyens & Bourgeois font tous & un chacun propriétaires par indivis. *Paris*, Quillau, 1775, *in-4°*. baf.

3002. Projet de l'établiffement d'un nouvel Hôtel-Dieu à Bordeaux. 1778, *in-8°*.

Bretagne.

3003. Introduction à l'Hiftoire Eccléfiaftique de Bretagne, où l'on traite de la Religion, du Gouvernement, des Mœurs, &c. par M.

S s

DERIC. *S. Malo*, Hovius, 1777, *in-12*, 3 vol. m. r. d. f. tr.

3004. Dictionnaire hiftorique & géographique de la Province de Bretagne; par [M. OGÉE, Ingénieur-Géographe de cette Province. *Nantes*, Vatar fils, 1778, *in-4°*. 3 vol. g. p. fup. exempl. m. r. d. f. tr.

3005. Almanach de Bretagne. *Rennes*, Vatar, 1769 & années fuivantes, *in-24*, vol.

3006. Etrennes Nantaifes, eccléfiaftiques & civiles. *Nantes*, Vatar, 1775 & années fuivantes, *in-16*, vol.

Normandie.

3007. Harangue prononcée au Parlement de Normandie, lors de la préfentation des Lettres de M. le Marquis de Montaufier, pour le Gouvernement de la Province; par M. GREARD, Ecuyer, Avocat audit Parlement. 1663, manufcr. fur papier forme *in-8°*. écriture du temps, baf.

3008. Acte de Notoriété, donné par douze Gentilshommes de la Province de Normandie, à M. le Marchant de Caligny. *Paris*, 1768, *in-12*, m. r.

3009. Mémoire relatif au Projet d'une Hiftoire générale de Normandie. Lallemant, 1760, *in-4°*. piece.

3010. Chronique des Ducs de Normandie, commençant au Duc Aubert, premier Duc de Normandie. Manufcr. fur vélin, forme *in-fol.* écriture du quinzieme fiecle, parchemin.

3011. Hiftoriæ-Normanorum. Scriptores antiqui; Aut. ANDR. DUCHESNE. *Lut. Parifiis*, 1619, *in-fol.* parchem.

3012. Neuftria Pia, feu de omnibus & fingulis Abbatiis & prioratibus totius Normaniæ; Auct. R. Patre ARTURO DU MOUSTIER, Rothomagenfi Ord. Fra. Minorum. *Rothomagi*, Berthelin, 1663, *in-fol.* baf.

3013. Hiftoire générale de Normandie; par GAB. DUMOULIN, Curé de Maneval. *Rouen*, J. Ofmont, 1631, *in-fol.* baf.

3014. Inventaire de l'Hiftoire de Normandie. *Rouen*, Ofmont, 1646, *in-4°*. baf.

3015. Abrégé de l'Hiftoire de Normandie; par EUSTACHE DANNEVILLE. *Rouen*, Jacq. & Jean Lucas, 1665, *in-12*, baf.

3016. Hiftoire fommaire de Normandie; par le fieur DE MASSEVILLE. *Rouen*, P. Ferrand, 1698, *in-12*, 8 vol. baf.

3017. Les Conquêtes & les Trophées des Normands-François, aux Royaumes de Naples & de Sicile, &c. par M. GAB. DU MOULIN. *Rouen*, D. Dupetitval, 1658, *in-fol.* baf.

3018. Eloge des Normands, ou Hiftoire abrégée des Grands Hommes de cette Province. *Paris*, Guillaume, 1748, *in-12*, baf.

3019. Plufieurs articles de Remontrances, faites en la Convention des trois Etats de Normandie, tenues à Rouen en décembre 1598, à Evreux en 1623 & autres Villes de Normandie, avec les Réponfes & Ordonnances fur ce faites par le Roi, le 23 janvier 1599. *Rouen*, Martin le Mefgiflier, 1599, *in-4°*. parchemin.

3020. Les Beautés de la Normandie, ou l'Origine de la Ville de Rouen ; par J. OURSEL. *Rouen*, J. Ourfel, 1700, *in-12*. avec le plan de la ville de Rouen, baf.

3021. Nouveau Pouillié des Bénéfices du Diocefe de Rouen, avec une table alphabétique de toutes les Paroiffes, des Maifons Religieufes, &c. *Rouen*, Boullenger, 1738, *in-4°*. baf.

3022. Hiftoire de l'Eglife Cathédrale de Rouen, Métropolitaine & Primatiale de Normandie, divifée en cinq Livres. *Rouen*, 1686. *in-4°*. baf.

3023. La même Hiftoire. *Rouen*, 1696, *in-4°*. baf.

3024. Rothomagenfis Cathedra, feu Rothomagenfium Pontificum dignitas, & auctoritas in fuam Diœcefanam Pontefiam ; auctore ROBERTO DENYALDO. *Parifiis*, Châtelain, 1633, *in-4°*. baf.

3025. Mémoire au Roi & à Noffeigneurs de fon Confeil, Requête & Arrêts concernant le Privilége de la Fierte (pour la province de Normandie). *In-fol*.

3026. Recueil de Pieces, concernant le Privilége de la Fierte de S. Romain. *Rouen*, 1608, 1609, 1737, &c. *In-12*. 3 vol.

3027. La Normandie Chrétienne, ou l'Hiftoire des Archevêques de Rouen, qui font au catalogue des Saints ; par F. FARIN, Prêtre. *Rouen*, Dumefnil, 1659, *in-4°*. baf.

3028. Hiftoire des Archevêques de Rouen ; par D. F, FRANC. POMMERAYE, Religieux Bénédictin. *Rouen*, Laurens Maurry, 1667, *in-fol*.baf.

3029. Hiftoire de l'Abbaye Royale de S. Ouen de Rouen ; par D. FRANC. POMMERAYE, Bénédictin. *Rouen*, Lallemant, 1662, *in-fol*, baf.

3030. Mémoire hiftorique fur les Marbres employés à la Décoration de l'Entrée du Chœur de l'Eglife Métropolitaine de Rouen. *Rouen*, Dumefnil, 1777, *in-8°*. piece.

3031. Tableau & Almanach de Rouen, contenant fes accroiffemens, fa fondation &c. &c. année 1775 & années fuivantes. *Rouen*, Machuel, *in-12*, vol.

3032. Recueil des Antiquités & Singularités de la ville de Rouen ;

par F. N. TAILLEPIED, Lecteur en Théologie. *Rouen*, F. Vaultier, 1658, *in*-12, baf.

3033. Les Eloges de la ville de Rouen, & conjointement de la Normandie, en vers latins & françois, avec les devises des Rois de France, depuis Hugues-Capet jusqu'à présent, & celles des Princes de la Maison d'Orléans-Longueville. *Rouen*, Maurry, 1668, *in*-4°. br.

3034. Mémoires adressés au Parlement de Normandie par l'Université de Caën; le premier, au sujet des lettres de Maîtres-ès-Arts de Bourges, vendues par ceux qui se disoient ci-devant Jésuites dans le Collége du Mont à Caën; le second, sur l'usurpation faite par les mêmes, du Collége du Mont en ladite ville de Caën, sur les différens égaremens & entreprises, & sur la maniere de les remplacer. Du 22 avril 1762, *in*-12, piece.

3035. Histoire de la ville de Rouen. *Rouen*, 1668, *in*-12, baf.

3036. La même Histoire de la ville de Rouen, divisée en six parties, troisieme édition, donnée par LOUIS DU SOUILLET. *Rouen*, Du Souillet, 1731, *in*-4°. 2 vol. baf.

3037. La même Histoire, par le même. *Rouen*, 1731, *in*-12, 6 vol. fig. baf.

3038. Histoire de la ville de Rouen, Capitale du Pays & Duché de Normandie, depuis sa fondation jusqu'en l'année 1774, suivie d'un Essai sur la Normandie Littéraire; par M. SERVIN. *Rouen*, Le Boucher, 1775, *in*-12, 2 vol. m. r. d. f. t.

3039. Abrégé de l'Histoire Ecclésiastique, civile & politique de la ville de Rouen; par M. LE COQ DE VILLERAY. *Rouen*, Fr. Ourfel, 1759, *in*-12.

3040. Discours du Siége de la ville de Rouen, au mois de novembre 1591; par M. G. VALDERY. *Rouen*, Rich. Lallemant, 1592, *in*-8°. baf.

3041. Mémoire en abrégé de ce qui s'est passé de plus remarquable dans l'Hôtel-de-Ville de Rouen : Extrait des Délibérations & Journaux, depuis 1404 jusqu'en 1628. Manufc. sur papier, forme *in-fol*. écrit. récente.

3042. Recueil des Plans, Coupes & Elévations du nouvel Hôtel-de-Ville de Rouen, commencé en 1757; par MATTH. LE CARPENTIER, Arch. du Roi. *Paris*, Jombert, 1758, *in-fol*. fig.

3043. Inscriptions du Jardin de l'Arc de Rouen. *In*-12, piece.

3044. Recueil de Pieces concernant l'Union de la Manfe Conventuelle de l'Abbaye de S. Victor au Séminaire de Rouen. *Rouen*, Jacq. le Boulanger, 1741, *in*-4°. baf.

3045. Hiſtoire de la Ville de Cherbourg & de ſes Antiquités, qui découvre des faits très-importans ſur l'Hiſtoire de Normandie ; par Madame RETAU DUFRESNE. *Paris*, Ballard, 1760, *in-*12.

3046. Mémoires concernant le Comté-Pairie d'Eu & ſes Uſages prétendus locaux, avec les Arrêts du Parlement de Paris, qui les ont condamnés ; par M. L. FROLAND, Avocat au Parlement. *Paris*, Charpentier, 1722, *in-*4°. baſ.

3047. Hiſtoire Civile & Eccléſiaſtique du Comté d'Evreux ; par LE BRASSEUR, Bibliothécaire de M. le Chancelier. *Paris*, Barrois, 1722, *in-*4°. baſ.

3048. Mémoire contre l'exemption de Fécamp, & pour ſa défenſe. *In-fol.* baſ.

3049. Antiquités de la ville de Harfleur, recherchées par le ſieur DE LA MOTTE, Echevin de ladite Ville. *Au Havre-de-Grace*, Gruchet, 1676, *in-*8°. baſ.

3050. Diſſertations ſur l'Hiſtoire Civile du Diocèſe de Séez ; par l'Abbé ESNAULT. *Paris*, 1746, *in-*12. baſ.

3051. {
Mémoire ſur l'Origine de l'Abbaye de S. Victor, en Caux, & les Droits prétendus ſur cette Abbaye, par celle de S. Ouen de Rouen. 1742.

1°. Chartres de l'Abbaye de S. Victor, Chartres de Hugues de Mortemer, par laquelle il confirme toutes les Donations faites à S. Victor ; par ROGER DE MORTEMER, ſon grand Pere ; & par RAOUL DE MORTEMER, ſon Pere, & y joint de nouvelles Donations.

2°. Défenſe des Titres & des Droits de l'Abbaye de S. Ouen, contre le Mémoire de M. Terriſſe.

3°. Inventaire raiſonné des principaux Titres de l'Abbaye de S. Ouen, qui conſtatent les Droits & la Supériotité de ce Monaſtère ſur celui de S. Victor en Caux. *in-*4°. baſ.
}

Orléans.

3052. Recherches hiſtoriques ſur la ville d'Orléans, avec le Plan, dédié & préſenté à Mgr. le Duc d'Orléans ; par M. MOITHEY. *Paris*, Mérigot, Eſprit & Morin, 1775, *in-*4°. piece.

3053. Eſſais hiſtoriques ſur Orléans, ou Deſcription topographique & critique de cette Capitale, & de ſes Environs ; par M. BEAUVAIS DE PRÉAU. *Orléans*, Couret de Villeneuve, 1778, (1777), *in-*8°. fig. m. r. d. ſ. tr.

3054. Calendrier hiſtorique de l'Orléanois, années 1775 & ſuiv. Le Gal, *in-*16, vol.

3055. Hiſtoire des Pays & Comté du Perche & Duché d'Alençon ; par Gilles Bry, ſieur de la Clergerie, Avocat en Parlement. *Paris*, Lemur, 1720, *in-4°*. baſ.

3056. Recherches hiſtoriques ſur la ville d'Angers ; par le ſieur Moithey, Géographe-Ingénieur du Roi, &c. *Paris*, 1776, *in-4°*. fig.

3057. Hiſtoire de la ville de Sancerre ; par M. Poupard, Curé de la même ville. *Paris*, Berton, 1777, *in-12*.

Flandre & Hainault.

3058. Le Guide de Flandre & de Hollande. *Paris*, Vᵉ Ducheſne, 1779, *in-12*.

Metz & Pays Meſſin, Verdun & Verdunois.

3059. Statuts & Reglemens de l'Abbaye & Inſigne Egliſe Collégiale, Royale & Séculiere de S. Louis de Metz. *Paris*, Le Prieur, 1767, *in-8°*. v. f.

Lorraine & Barrois.

3060. Hiſtoire des Loix & Uſages de la Lorraine & du Barrois, dans les Matieres Bénéficiales ; ſuivie d'une Diſſertation ſur la Maniere d'accommoder ces Loix & Uſages à l'Indult du Pape Clément XII, de 1740, & aux Ordonnances & Maximes de France ; par M. Franc. Thimothée Thibault. *Nancy*, P. Antoine, 1763, *in-fol*. v. m.

3061. Introduction à la Deſcription de la Lorraine & du Barrois ; par M. Durival, Lieutenant-Général de Police, Honoraire de la ville de Nancy. *Nancy*, Babin, 1774, *in-8°*.

3062. Abrégé chronologique de l'Hiſtoire de Lorraine. *Paris*, Moutard, 1775, *in-8°*. 2 vol. v. m.

3063. Hiſtoire de Lorraine, par M. l'Abbé Bexon. *Paris*, Valade, 1777, *in-8°*. vol. v. m.

3064. Deſcription de la Lorraine & du Barrois ; par M. Durival aîné. *Nancy*, Vᵉ Le Clerc, 1778, *in-4°*. 3 vol. v. m.

3065. Hiſtoire de Philippe-Emmanuel de Lorraine, Duc de Mer-cœur. *La Haye*, Abrah. Acher, 1692, *in-12*. baſ.

3066. Mémoires du Marquis de Beauvau, pour ſervir à l'Hiſtoire de Charles IV, Duc de Lorraine & de Bar. *Cologne*, P. Marteau, 1690, *in-12*. baſ.

3067. Recueil des Fondations & Etabliſſemens faits par le Roi de Pologne, Duc de Lorraine & de Bar. *Lunéville*, C. Fr. Meſſuy, 1762, *in-fol*. avec fig. m. r. d. ſ. tr.

Alface.

3068. Statuts & Priviléges de la Noblesse franche & immédiate de la Basse-Alface, accordés par les anciens Empereurs, confirmés & augmentés par le Roi. *Strasbourg*, 1713, *in-fol.* en allemand & en françois. v. m.

3069. Histoire de l'Eglise & des Evêques, Princes de Strasbourg, depuis la fondation de l'Evêché jusqu'à nos jours ; par M. l'Abbé GRANDIDIER, Secrétaire-Archiviste de l'Evêché de Strasbourg &c. *Strasbourg*, Levrault, 1776, *in-4°.* 2 vol. v. m.

3070. Discours prononcé par ordre du Magistrat de Strasbourg, à l'occasion de la translation du corps de M. le Maréchal de Saxe, dans l'Eglise de S. Thomas, le 20 août 1777 ; par J. L. BLESSIG. *Strasbourg*, Bauer, 1777, *in-4°.* piece.

Mélanges de l'Histoire de France.

3071. Recueil des Sceaux du moyen âge, dits Sceaux Gothiques. *Paris*, Ant. Boudet, 1779, *in-4°.* d. rel.

3072. Discours sur les Monumens publics de tous les Âges & de tous les Peuples connus, suivi d'une description de monument projeté à la gloire de Louis XVI ; par M. l'Abbé DE LUBERSAC, Vicaire-Général de Narbonne, &c. *Paris*, Impr. Royale, 1775, *in-fol.* fig. v. m. d. f. tr.

3073. La France Illustre, ou le Plutarque français ; par M. TURPIN. *Paris*, 17   *in-4°.*   vol.

3074. Mémoires de M. P. DE BOURDEIL, Seign. DE BRANTOME. *Leyde*, Sambik, 1699, *in-12*, 7 tom. en 4 vol. baf.

3075. Les mêmes Mémoires de BRANTOME. *Leyde*, Sambik, 1722, 9 vol. *in-12*, baf.

3076. Les Vies des Hommes illustres & grands Capitaines François, qui sont peints dans la Galerie du Palais-Royal ; par DE VULSON, Sieur DE LA COLOMBIERE. *Paris*, Legras, 1699, *in-12*, fig. baf.

3077. { Le Sens-Commun, adressé aux Habitans de l'Amérique. Des Ressources de la France, pour fournir aux besoins de la Guerre actuelle. Mss. fur pap. form. *in-fol.* écriture de l'an 1778, dem. rel.

Hiſtoire Généalogique des Familles de France.

3078. Etrennes de la Nobleſſe, ou Etat actuel des Familles Nobles de France, & des Maiſons des Princes Souverains de
l'Europe, pour les années 1776, & ſuiv. *Paris,*   vol.

3079. Eſſais ſur la Nobleſſe de France, contenant une Diſſertation
ſur ſon origine & abaiſſement; par feu M. le Comte DE BOUL-
LAINVILLIERS. *Amſterd.* 1732, *in-21*, baſ.

3080. Tréſor généalogique, ou extraits des Titres anciens qui
concernent les Maiſons & Familles de France & des environs,
connues en 1400, ou auparavant, dans un ordre alphabétique,
chronologique & généalogique; par dom CAFFIAUX, Religieux
Bénédictin de la Congrégation de S. Maur. *Paris,* Pierres,
1777, *in-4°.*   vol. v. m.

3081. Nobiliaire de Normandie, ou Catalogue de la Province de
Normandie, diſpoſé par ordre alphabétique, contenant les noms,
qualités, armes & blazons de tous les Nobles de cette Province,
dreſſé ſur la recherche de MM. les Intendans, depuis l'année
1666; fait par J. CHEVILLARD, Généalogiſte. *Paris, in-fol.*

3082. Etat des Titres d'Anobliſſement obtenus par différens
Particuliers, dans la province de Normandie, vérifiés en la
Chambre des Comptes, regiſtrés en la Cour des Aydes de
ladite Province, depuis l'année 1520, juſqu'à préſent. MſſS.
ſur pap. forme *in-4°.* écr. du 17e. ſiecle.

3083. Etat, dreſſé en 1666, des noms, ſurnoms & demeures des
Nobles de la Généralité de Caen. *In-fol.* manuſc. ſur papier,
écrit. du tems.

3084. Hiſtoire généalogique de la Maiſon de Harcourt; par M. G.
A. DE LA ROQUE. *Paris,* Cramoiſi, 1663, *in-fol.* 4 vol. baſ.

3085. Généalogie de la Maiſon de Fay, manuſc. ſur vélin. *in-fol.*
écriture de 1668. baſ.

3086. Preuves de Chevalier des ordres du Roi, du Comte de
Mailly-Haucourt, nommé le 2 février 1776, & reçu le 26
mai ſuivant. *Paris,* Prault, 1776, *in-4°.* baſ.

Il y a dans ce vol. une copie de la Lettre, manuſc. de M. de
Serigny, à M. le Comte d'Argenſon, au ſujet des titres généraux de la
Maiſon de Mailly, du 19 novembre 1756

3087. Généalogie hiſtorique & critique de la Maiſon de la Ro-
che-Aimont, pour ſervir au ſupplément ou continuation de l'Hiſtoire généalogique & chronologique de la Maiſon de France
& de grands

& des Grands Officiers de la Couronne. *Paris*, Ballard , 1776 , *in-fol.* m. r. d. f. tr.

3088. Cahier manufcr. concernant la Généalogie des Seign. de Gramont , Marq. de Vacheres , le tout accompagné de plufieurs Lettres du Roi Henri IV. écrites aux Seign. de Gramont. Manufcrit fur pap. forme *in-fol.* écrit. du tems.

HISTOIRE D'ALLEMAGNE.

Hiftoire d'Allemagne & des différents Cercles en particulier.

3089. Anecdotes Germaniques , depuis l'an de la fondation de Rome 648 , & avant l'Ere Chrétienne 106 , jufqu'à nos jours. *Paris*, Vincent, 1769, *in-8°.* v. m.

3090. Annales de l'Empire , depuis Charlemagne ; par l'Auteur du fiecle de Louis XIV. *Bafle* , Decker, 1754, *in-12.* baf.

3091. L'Etat de l'Empire & des Princes Souverains d'Allemagne, où l'on voit les rangs & dignités des Electeurs &c. &c. Avec un abrégé de l'Hiftoire de Hongrie ; par Louis DUMAY. *Paris*, Eft. Loyfon, 1665 , *in-12*, 2 vol. baf.

3092. Hiftoire Politique de l'Allemagne & des Etats circonvoifins, dépendances anciennes ou actuelles de l'Empire , contenant le précis de leur Droit public , le tableau général de leur forme de Gouvernement, de leurs Intérêts ; par le Vicomte DE LA MAILLARDIERE. *Paris*, Valade, 1777, *in-12.* v. f.

3093. Hiftoire du Traité de Weftphalie , ou des Négociations qui fe firent à Munfter & à Ofnabrug, pour établir la Paix entre toutes les Puiffances de l'Europe ; par le P. BOUGEANT, de la Compagnie de Jefus. *Paris*, P. J. Mariette, 1744, *in-12*, 6. vol. baf.

3094. Difcours h.. orique de l'Election de l'Empereur & des Electeurs de l'Empire ; par D. W. R. D. B. Réfident de Brandebourg. *Paris*, Courbé. 1658 , *in-4°.* avec des notes manufcrites.

3095. Difcours hiftorique de l'Election de l'Empereur & des Electeurs de l'Empire , où eft contenu la Bulle d'Or , avec les remarques en conféquence ; par le Réfident de Brandebourg. *Rouen*, L. Befongne, 1711 , *in-12.* baf.

3096. Effai fur l'Hiftoire de la Maifon d'Autriche ; par M. le Comte DE GIRECOURT. Depuis l'Elévation de l'Empereur Rodolphe I, en 1273 , jufqu'en 1581. *Paris*, 1778 , *in-12*, 6 vol. d. r.

V v

3097. Histoire du Regne de l'Empereur Charles - Quint ; par ROBERTSON, Docteur en Théologie &c. *Paris*, Saillant, 1771, *in*-12, 6 vol. v. m.

3098. Annales du Regne de Marie - Thérése, Impératrice Reine de Hongrie &c. par M. FROMAGEOT, Prieur Commendataire, Seigneur de Goudargues. *Paris*, Prault, 1775, *in*-8°. fig. v. m.

3099. Monsieur de Falkenstein, ou Voyages de l'Empereur Joseph II, en Italie, en Bohême & en France ; contenant un précis des Etablissemens utiles, faits depuis le Regne de Marie - Thérése ; par M. MAYER. (Rome), *Paris*, Cailleau, 1777, *in*-12. *in*-12, 2 vol.

3100. Anecdotes intéressantes & historiques de l'Illustre Voyageur ; par M. le Chevalier DU COUDRAY. *Paris*, Ruault, 1777,

3101. Abrégé de l'Exposé des Droits de la Maison Electorale Palatine, en général, & en particulier, de ceux de son Altesse Sérénissime Monseigneur le Duc regnant des Deux-Ponts, comme plus proche Agnat & Successeur présomptif de l'Electorat, sur les Etats de Maximilien - Joseph, Electeur de Baviere, dernier Prince de la branche Guillelmine, mort le 30 décembre 1777, traduit de l'Allemand ; juillet 1778. *Aux Deux-Ponts*, Impr. Ducale, 1778, *in*-4°. broché.

3102. Exposé des Motifs qui ont engagé Sa Majesté le Roi de Prusse à s'opposer au démembrement de la Baviere. Juillet 1778. *Kœnigsgratz*, 1778, *in*-4°. br.

3103. Almanach Electoral Palatin. *Mannheim*, 1775, *in*-12.

3104. Histoire de la derniere Guerre de Bohême. *Amsterdam*, 1750, *in*-12, 4 tom. en 2 vol. baf.

3105. Ziska le Redoutable Aveugle, Capitaine Général des Bohêmiens - Evangéliques dans le pénultieme siecle ; avec l'Histoire des Guerres & troubles pour la Religion, dans le Royaume de Bohême ; Ensuite celle du supplice de Jean Hus & de Jerôme de Prague, lors du Concile de Constance. *Leide*, Jacq. Moukée, 1685, *in*-12, baf.

3106. Histoire générale de Hongrie, depuis la premiere Invasion des Huns, jusqu'à nos jours ; par M. DE SACY. *Paris*, Demonville, 1778, *in*-12, 2 vol. v. m.

3107. Histoire de Frederic-Guillaume I, Roi de Prusse & Electeur de Brandebourg &c. &c. par M. DE M***. *Amsterdam*, Arkstée, 1741, *in*-12, 2 vol. fig. baf.

3108. Réponse du Roi de Prusse à la Lettre du Prince, son frere mourant ; & autres pieces sur la Guerre présente, 1758, *in*-12, piece.

Hiſtoire de Flandre & des Pays-bas.

3109. Voyage Pittoreſque de la Flandre & du Brabant, avec des Réfléxions relativement aux Arts, & quelques gravures ; par M. Deſcamps, Peintre du Roi, Profeſſeur de l'École de Deſ-ſein de Rouen. *Paris*, Deſaint, 1769, *in-8°*. v. m.

3110. Hugonis Annales, & Hiſtoriæ de rebus Belgicis. *Amſtel*. Blaeu, 1648, *in-12*, baſ.

3111. Portraits en taille-douce & Deſcriptions des Sieges, Ba-tailles, Rencontres & autres choſes advenues durant les Guerres des Pays-Bas, ſous le commandement des H. & P. Seigneurs les Etats Généraux des Provinces-Unies, & la conduite de très-Illuſtre Prince d'Orange Maurice de Naſſau, ſon fils ; décrites par Baudart. *Amſterd*. Collin, 1616, *in-4°*. obl. baſ.

3112. Hiſtoire des Comtes d'Hollande & Etat & Gouvernement des Province-Unies des Pays-Bas. *Paris*, Piget, 1666, *in-12*. baſ.

3113. Abrégé de l'Hiſtoire de Hollande & des Provinces-Unies, depuis les tems les plus anciens, juſqu'à nos jours ; par M. Kerroux. *Leide*, Murray, 1778, *in-8°*. 2 vol. v. m.

3114. La Richeſſe de la Hollande. *Londres*, 1778, *in-12*, 5 vol. v. m.

3115. Mémoires de J. Wit, Grand Penſionnaire de Hollande, trad. en Fr. *La Haye*, Van-Bulderen, 1709, *in-12*, baſ.

3116. La Généalogie des illuſtres Comtes de Naſſau. *Amſterd*. Janſſz, 1624, *in-fol*. baſ.

3117. Entretiens de Guil. de Naſſau, Prince d'Orange, & du Général Montgomery, ſur la révolution ancienne des Pays-Bas, & les affaires actuelles d'Amérique. (Londres) *Paris*, Deſaint, 1776, *in-12*, br.

Hiſtoire de la Suiſſe & de la République de Geneve.

3118. Tableaux topographiques, pittoreſques, phyſiques, hiſto-riques, moraux, politiques & littéraires de la Suiſſe & de l'Italie; par M. de la Borde. *Paris*, Ruault, 1777, *in-fol*. belles fig. m. r. d. ſ. tr.

3219. Etat & Delices de la Suiſſe, ou Deſcription hiſtorique & géographique des treize-Cantons Suiſſes & de leurs Alliés. *Neufchatel*, Fauche, 1778, *in-4°*. 2 vol. fig. v. m.

3120, $\left\{\begin{array}{l}\text{Vingt-deuxieme Lettre d'un Suiffe , contenant une ré-}\\ \text{ponfe au Manifefte de l'Archiduc d'Autriche. 1704.}\\ \text{Manifefte , contenant les Droits de Charles III , Roi}\\ \text{d'Efpagne , & les juftes motifs de fon expédition.}\\ \textit{Báfle , in-12 , piece.}\end{array}\right.$

3121. Hiftoire de Geneve , avec les preuves ; par M. Spon. *Geneve*, Fabri , 1730, *in-*4°. 2 vol. fig. v. f.

Hiſtoire d'Eſpagne & de Portugal.

3122. Anecdotes Efpagnoles & Portugaifes , depuis l'origine de la Nation , jufqu'à nos jours. *Paris* , Vincent , 1773 , *in-*8°. v. m.

3123. Etat préfent de l'Efpagne , ou l'on voit une Géographie hiftorique du Pays , &c. par M. l'Abbé DE VAYRAC. *Paris* , Cailleau , 1718 , *in-*12 , 4 vol. avec des cartes. baf.

3124. Abrégé chronologique de l'Hiftoire d'Efpagne , depuis fa fondation , jufqu'au préfent Regne ; par M. DESORMAUX. *Paris*, Duchefne , 1759 , *in-*12 , 5 vol. v. m.

3125. Relation hiftorique & galante de l'Invafion d'Efpagne par les Maures , tirée des plus célèbres Auteurs de l'Hiftoire d'Ef- pagne. *La Haye* , Moetjens , 1699 , *in-*12 , baf.

3126. Hiftoiria de las Guerras Civiles de Grenada ; Autor. FORTAN. *Paris* , 1606 , *in-*8°. baf.

3127. Hiftoire du Regne de Philippe II , Roi d'Efpagne ; par M. WATSON. *Amfterd.* 1778 , *in-*12 , 4 vol. v. m.

3128. Vita dell' invitiffimo Imperadore Carlo V Auftriaco , fcritta da GR. LETI , arricchita di figure. *Amfterd.* Gallet , 1700 , *in-*12 , 4 vol. v. m.

3129. La vita di Giovanni d'Auftria Figlio naturale di Filippo IV , Rè di Spagna , Opera iftorica & politica , raccolta e fcritta da N. N. *Coloniæ* , Martello , 1686 , *in-*12 , br.

3130. Hiftoire publique & fecrete de la Cour de Madrid , dès l'avénement du Roi Philippe V à la Couronne , avec des con- fidérations fur l'état préfent de la Monarchie Efpagnole. *Cologne* , Lefincere , 1719 , *in-*12 , baf.

3131. Differtation hiftorique & géographique fur le Méridien de démarcation entre les Domaines d'Efpagne & de Portugal ; par Don G. JUAN , & Don A. ULLOA , trad. de l'Efpagnol. *Paris* , Boudet , 1776 , *in-*12 , baf.

3132. Epanaphoras de varia Hiftoria Portugueza ; por Dom FR. MANUEL. *Lisbon.* Valente , 1660 , *in-*4°. baf.

3133. Dell' Unione del Regno di Portogallo alla Corona di

3134.

Caſtiglia, Itoria del ſignor J. Conestaggio, diviſe in dieci libri. *Venetia*, Roſſy, 1642, *in-12*. baſ.

3134. Hiſtoria delle Revolutioni del Regno Portogallo, compoſta del D. G. Bat. Birago. *Geneva*, Gamoneto, 1646, *in-8°*. b.

3135. Révolutions de Portugal ; par l'Abbé de Vertot. *Paris*, Nyon, 1658, *in-12*, baſ.

36. Origine e Diſcendenza della Famiglia Colonna d'Iſtria, con documenti col' albero genealogico, data in luce dal ſignor Don Colonnia d'Istria. *Parigini*, Ballard, 1777, *in-4°*. baſ. m. r. d. ſ. tr.

HISTOIRE D'ANGLETERRE.

3137. Atlas Anglois, ou Deſcription générale de l'Angleterre; contenant une Deſcription géographique de chaque Province, avec les cartes, les généalogies des plus illuſtres Familles, & des Archevêchés & Evêchés. *Londres*, David Mortier, 1714, *in-fol*. v. m.

3138. Anecdotes Angloiſes, depuis l'établiſſement de la Monarchie, juſqu'au regne de Georges III. *Paris*, Vincent, 1769, *in-8°*. v. m.

3139. Abrégé de l'Hiſtoire d'Angleterre, par M. de Rapin Thoiras. (La Haye), *Paris*, Rollin. 1730, *in-4°*. 3 vol. avec des cartes géographiques. baſ.

3140. Abrégé chronologique de l'Hiſtoire d'Angleterre, avec des Notes; par M. J. G. D. C. *Amſterdam*, Fr. Changuion, 1730, *in-12*, 7 vol. baſ.

3141. Edouard, Hiſtoire d'Angleterre. *Paris*, Cl. Barbin, 1696, *in-12*, 2 vol. baſ.

3142. Hiſtoire de la Maiſon de Tudor, ſur le Trône d'Angleterre; par M. David Hume, trad. par Madame B***. *Amſterdam*, 1763, *in-4°*. 2 vol. v. m.

3143. Hiſtoire des Révolutions d'Angleterre, depuis le commencement de la Monarchie; par le P. d'Orléans, de la Compagnie de Jeſus. *Amſterdam*, 1759, *in-12*, 4 vol. fig. baſ.

3144. La même Hiſtoire, par le même. *Amſterdam*, 1766, *in-12*, 4 vol. baſ.

3145. Nouvelles Obſervations ſur l'Angleterre; par un Voyageur. *Paris*, Ducheſne, 1779, *in-12*, v. m.

3146. Mémoires de la Grande-Bretagne & de l'Irlande, depuis la diſſolution du dernier Parlement de Charles II, juſqu'à la Bataille Navale de la Hogue ; trad. de l'Anglois du Chevalier Jean d'Alrymple. *Londres*, 1776, *in-8°*. 2 vol. v. m.

X x

3147. Histoire de la Conquête d'Angleterre, par Guillaume II, Duc de Normandie ; par BAUDOT DE JULLY. *Paris*, Beugnié, 1701, *in*-12. baf.

3148. Etat Militaire, Naval, Nobiliaire, Ecclésiastique, Civil & Municipal de la Grande-Bretagne. *Paris*, Onfroy, 1780, *in*-8°. vol. dem. rel.

3149. Londres (ou description de la ville de). *Lausanne*, 1774, *in*-12, 4 vol. v m.

3150. Observations sur Londres & ses Environs ; avec un précis de la Constitution de l'Angleterre & de sa décadence ; par M. DE LA COMBE. *Londres*, 1777, *in*-12. br.

3151. J. Miltoni, Angli pro populo Anglicano, defensio contra Claudii Anonymi, alias Salmasii defensionem Regiam. *Londini*, Typis du Gardianis, 1651, *in*-12. baf.

> Cet Ouvrage est une mauvaise justification du parricide de Charles I. Il fut brulé à Paris par la main du Bourreau, & l'Auteur eut à Londres un présent de 1000 liv. sterl. Jamais cette Nation, si fertile en Frondeurs & en Libelles diffamatoires, n'en vit un pareil.

3152. La vie d'Anne Stuart, Reine de la Grande-Bretagne, de France & d'Irlande ; traduite de l'Anglois. *Roterdam*, Fritsch, 1716, *in*-12. baf.

3153. Britanno-machia Ministrorum, in plerifque & fidei articulis diffedentium ; Authore PHEURICO FITZ-SIMON. *Duaci*, Balt. Belleri, 1614, *in*-4°. baf.

3154. Abrégé de la Vie du Duc de Marlborough, & du Prince Eugene de Savoye ; trad. de l'Anglois. *Amsterdam*, P. Humbert, 1714, *in*-12. fig. baf.

3155. La Conduite de son Altesse le Prince & Duc de Marlborouch ; trad. de l'Anglois. *Amsterdam*, Conp, 1714, *in*-12.

3156. Mémoires de Melvil (sur l'Ecosse) ; trad. de l'Anglois. *Edimbourg*, Young, 1745, *in*-12. 3 vol. baf.

3157. Plan de la Ville & des Forts de Gibraltar, avec la Baye d'Algésiras ; par M. MAUGEIN.

3158. Histoire détaillée des Isles de Jersey & Guernesey, avec des cartes ; traduite de l'Anglois, par M. le ROUGE. *Paris*, De la Guette, 1757, *in*-12. baf.

3159. Généalogie de la Maison d'Irland & de celle de Sainte-Hermine, ou Patente du Roi de la Grande-Bretagne, pour la Confirmation de l'antiquité de la Noblesse de MM. Irland &c. *Paris*, Simon, 1780, *in*-8°. v. f d. f. tr.

HISTOIRE DES PAYS.

SEPTENTRIONAUX.

3160. Anecdotes du Nord, comprenant la Suede, le Danemarck, la Pologne & la Ruffie ; depuis l'origine de ces Monarchies, jufqu'à préfent. *Paris*, Vincent, 1770, *in-8°*. v. m.

3161. De Regno Daniæ & Norvegiæ Infulifque adjacentibus, juxtà ac de Holfotia Ducatu Sles Wicenfi & finitimis Provinciis, tractatus varii. *Lugd. Bat.* ex Officina Elzeviriana, 1629, *in-24.* parchemin.

3162. Saxonis Gammatici Danorum, Hiftoriæ libri 16 ; Authore Des. Erasmi. Rot. de Saxon. cenfura. *Bafileæ*, apud Jo. Bebelium, 1534, *in-fol.* baf.

3163. Hiftoire de Dannemarck, contenant ce qui s'eft paffé depuis l'établiffement de la Monarchie, jufqu'à l'avenement de la Maifon d'Oldenbourg au Trône ; par M. Mallet, de l'Académie de Lyon & d'Upfal. *Copenhague*, Philibert, 1758, *in-4°.* 2 vol. avec des cartes géographiques. baf.

3164. Hiftoire des Rois de Dannemarck, de la Maifon d'Oldenbourg : traduite de l'original allemand de M. le Confeiller de de Juftice & Profeffeur Schlegel ; par le Colonel Chevalier de Champigny. *Amfterdam*, 1777, *in-4°.* vol. v. m.

3165. Gothorumque Sueonumque Hiftoria, ex probatis antiquorum monumentis collecta, & in 24 libros redacta ; Auctore Jo. Magno-Gotho, Archiepifcopo Upfalenfi; fump. & curâ Zachariæ Schureri, Bibliopotæ. 1617, *in-8°.* baf.

3166. Hiftoire des révolutions de Suede, par l'Abbé de Vertot. *Paris*, 1722, *in-12.* 2 vol. baf.

3167. La même Hiftoire, par le même. *Paris*, Didot, 1751, *in-12.* 2 vol. baf.

3168. Mémoires pour fervir à la connoiffance des Affaires Politiques & Economiques du Royaume de Suede, jufqu'à la fin de l'année 1775. *Londres*, Georg. Conr. Walther, 1776 *in-4°.* 2 vol. fig. v. m.

3169. Hiftoire de Charles XII ; par M. de Voltaire. *Bafle*, 1756. *in-12.* baf.

3170. La même Hiftoire de Charles XII, Roi de Suede ; par le même : avec des Anecdotes fur le Czar Pierre I. *Geneve*, Cramer, 1760, *in-12.* baf.

3171. Mémoires de Maximilien-Emanuel, Duc de Wirtemberg,

au fervice de Suede, contenant plufieurs particularités de la Vie de Charles XII, Roi de Suede, depuis 1703, Jufqu'en 1709; par M. F. P. *Amfterdam*, Arkftée, 1740, *in*-12. baf.

3172. Hiftoire des Révolutions de Pologne, depuis la mort d'Augufte III, jufqu'à l'année 1775. *Warfovie*, 1775, *in*-8°. 2 vol. v. m.

3173. Hiftoire de Staniflas I, Roi de Pologne, Grand Duc de Lithuanie, Duc de Lorraine & de Bar &c. &c. Par M. D. C***. *Francfort*, 1740, *in*-12. baf.

3174. Les Droits des trois Puiffances alliées, fur plufieurs Provinces de la République de Pologne. Les réflexions d'un Gentilhomme Polonois, fur les Lettres-Patentes & Prétentions de ces trois Puiffances; avec une préface de l'Editeur, pour fervit d'introduction. *Londres*, 1774, *in*-8°. 2 vol. fig. m. r. d. f. tr.

3175. Le partage de la Pologne, en fept dialogues, en forme de Drame; par M. GOTLIEB PANSMOUZER, fuivi de la Réfutation littéraire & politique du même Ouvrage, compofé en fept Lettres *Londres*, Elmfly, 1777, *in*-12. v. m.

3176. Relation, ou Journal d'un Officier au fervice de Pologne. *Amfterdam*, 1776, *in*-12. v. m.

3177. Defcription d'Ukranie, qui font plufieurs Provinces du Royaume de Pologne; par le fieur DE BEAUPLAN. *Rouen*, Jacq. Cailloué, 1660, *in*-4°. baf.

3178. Réglements de Sa Majefté Impériale Catherine II, pour l'adminiftation des Gouvenements de l'Empire des Ruffies: trad. d'après l'original Allémand, imprimé à Pétersbourg; par M. FUESLIN. *Liége*, C. Plomteux, 1777, *in*4°. d. rel.

3179. Hiftoire de Pierre I, furnommé le Grand, Empereur de toutes les Ruffies. *Amfterd.* Arkftée, 1742, *in*-12, 3 vol. fig. baf.

3180. Monument élevé à la Gloire de Pierre le Grand, ou Relation des travaux & des moyens méchaniques qui ont été employés pour tranfporter à Petersbourg un Rocher, de trois milions péfant, deftiné à fervir de bafe à la Statue équeftre, de cet Empereur: avec un examen phyfique & chymique du même Rocher; par M. le Comte MARIN CARBURI DE CEFFALONIE. *Paris*, Nyon, 1777, *in-fol.* fig. d. rel.

3181. Hiftoire de la Guerre entre la Ruffie & la Turquie, & particulierement de la Campagne de 1769, avec 9 cartes. *Petersbourg*, 1773, *in*-4°. v. m.

3182. Hiftoire de la derniere Guerre entre les Ruffes & les Turcs; par M. DE KÉRALIO. *Paris*, Defaint, 1777, *in*-12, 2 vol. v. m.

3183. Hiftoire de la Moldavie & de la Valachie. *Jaſſy*, 1777, *in-12*, v. m.

HISTOIRE DES MONARCHIES HORS DE L'EUROPE.

Hiſtoire-générale des Monarchies hors de l'Europe.

3184. Légiſlation Orientale, Ouvrage dans lequel on montre queis font en Turquie, en Perfe & dans l'Indouftan, les Principes fondamentaux du Gouvernement; par M. Anquetil Duperron, de l'Académie des Belles-Lettres. *Amſterd.* Mich. Rey, 1778, *in-4°*. v. m. d. f. tr.

3185. Introduction à l'Hiſtoire de l'Afie, de l'Afrique & de l'Amérique, pour fervir de fuite à l'introduction de l'Hiſtoire du Baron de Pufendorff; par M. Bruzen de la Martiniere. *Amſterd.* Chatelain, 1635, *in-12*, 2 vol. fig. baf.

3186. Mêlanges intéreſſans & curieux, ou abrégé d'Hiſtoire Naturelle, Morale, Civile & Politique de l'Afie, l'Afrique, l'Amérique & des Terres Polaires; par M. R. S ***. *Paris*, Durand, 1763, *in-12*, 2 vol. baf.

3187. Abrégé chronologique, ou Hiſtoire des Découvertes faites par les Européens dans les différentes parties du Monde, extrait des Relations les plus exactes des Voyageurs les plus véridiques; par J. Barrow, trad. de l'Anglois par M. Targe. *Paris*, Saillant, 1766, *in-12*, 12 vol. baf.

3188. Plainte du Chevalier Law, contre le Sieur Dupleix, motifs qui ont occaſionné cette plainte, & un Précis fommaire de l'exemption de Trichenapaly. *in-4°*. piece.

3189. Mémoire fur les Pays de l'Afie & de l'Amérique, fitués au nord de la mer du Sud, accompagné d'une carte; par M. de Vaugondi. *Paris*, Boudet, 1774, *in-4°*. piece.

HISTOIRE DE L'ASIE.

3190. Defcription de l'Arabie, d'après les obfervations & recherches faites dans le Pays même, par Niebuhr. *Paris*, Brunet, 1779, *in-4°*. m. r. d. f. tr.

3191. Obfervations de plufieurs Singularités & chofes mémorables trouvées en Grece, Afie, Judée, Egypte, Arabie & autres Pays Etrangers, rédigées en trois livres par P. Belon, du Mans. *Paris*, Corrozel, 1553, *in-4°*. fig. baf.

3192. Anecdotes Arabes & Mufulmanes, depuis l'an de J. C. 614, epoque de l'tabliffement du Mahométifme en Arabie, par le faux Prophete Mahomet, jufqu'à l'extinction totale du Califat, en 1538. *Paris*, Vincent, 1772, *in-8°*. v. m.

3193. Hiftoire de la Décadence de l'Empire Grec & l'établiffement de celui des Turcs; par CHALCONDILE, Athénien, trad. par DE VIGENERE, Bourbonnois, avec la continuation par TH. ARTAS, fieur D'EMBRY. *Paris*, Courbé, 1662, *in-fol.* 2 vol. baf.

3194. Hiftoire de l'Empire Othoman, ou fe voyent les caufes de fon Agrandiffement & de fa Décadence, avec les Notes inftructives, par S. A. S. DEMETRIUS CANTINIER, Prince de Moldavie; trad. par DE JONCQUIERES, & donnée par DESMOLETS, Prêtre de l'Oratoire. *Paris*, Savoye, 1743, *in-12*, 4 vol. baf.

3195. De la République des Turcs, & la ou l'occafion s'offrera, des mœurs & loy de tous Mahomédiftes, par GUIL. POSTEL, Cofmopolite. *Poitiers*, Manerf, 1560, *in-4°*. baf.

3196. Canon de Sultan Suleiman II, repréfenté à Sultan Mourad IV, pour fon inftruction, ou état politique & militaire, tiré des archives les plus fecrettes des Princes Ottomans & qui fervent pour bien gouverner leur Empire; trad. du Turc en Fr. par P ∗ ∗ ∗. *Paris*, Thibouft, 1725, *in-8°*. baf.

3197. La Cour Ottomane, ou l'interprête de la Porte, qui explique toutes les charges & les fonctions des Officiers du Sérail du Grand Seigneur, de la Milice, de la Religion de Mahomet, & de la Loi des Turcs. *Paris*, Loyfon, 1673, *in-12*, baf.

3198. Anecdotes Orientales, contenant les anciens Rois de Perfes & les différentes Dynafties Perfes, Turques & Mogoles, qui fe font élevées fucceffivement en Afie, jufqu'aux Califes & aux Sophis exclufivement. *Paris*, Vincent, 1773, *in-8o*. 2 vol. v. m.

3199. Antiquité Géographique de l'Inde & de plufieurs autres contrées de la haute Afie; par D'ANVILLE. *Paris*, 1775, avec des cartes, *in-4o*. v. m.

3200. Perfia, feu Regni Perfici Status. *Lugd. Bat.* Elzeviriana, 1633, *in-24*, parchem.

3201. Hiftoire de Thamas-Koufi-Kan, nouveau Roi de Perfe, ou Hiftoire de la derniere révolution de Perfe, arrivée en 1732. *Paris*, Briaffon, 1742, *in-12*, fig. baf.

3202. Code des Loix des GENTOUX. *Paris*, Stoupe, 1778, *in-4°*.

3203. Hiftoire de Tamerlan, Empereur Mogol. *Paris*, Guerin, 1739, *in-12*, 2 vol. baf.

3204. Hiſtoire de la Navigation de J. Hugues ; aux Indes Orientales. *Amſterd.* Cloppenburgh, 1638, *in-fol.* fig. baſ.

3205. Etat Civil, Politique & Commerçant du Bengale, ou Hiſtoire des Conquêtes & de l'Adminiſtration de la Compagnie Angloiſe dans ce Pays ; trad. de l'Anglois par M. DE MEUNIER. *La Haye*, Goſſe, 1775, *in-8°.* 2 vol. fig v. m.

3206. Deſcription hiſtorique du Royaume de Macaçar, par M. GERVAIS. *Paris*, Foucault, 1688, *in-12*, baſ.

3207. Anecdotes Chinoiſes, Japonoiſes, Tonquinoiſes, &c. dans leſquelles on s'eſt attaché principalement aux mœurs, uſages, coutumes & religions de ces différens Peuples de l'Aſie. *Paris*, Vincent, 1774, *in-8°.* v. m.

3208. Hiſtoire-générale de la Chine ; trad. par le P. J. A. M. DE MORIAC DE MAILLA, Jéſuite Miſſionnaire à Pekin, & publiée par l'Abbé GROSIER, & dirigée par M. LE ROUS DES HAUTESRAIES. *Paris*, Clouſier, *in-4°.* 1777, & ſuivantes 12 vol. fig. v. m.

3209. Mémoires concernant l'Hiſtoire, les Sciences, les Arts, les Mœurs, les Uſages, &c. des Chinois ; par les Miſſionnaires de Pekin. *Paris*, Nyon, 1776, & ſuiv. 7 vol. fig. v. m.

3210. Yu le Grand & Confucius, Hiſtoire Chinoiſe ; par M. CLERC. *Soiſſons*, Courtois, 1769, *in-4°.* v. m.

3211. L'Ambaſſade de la Compagnie Orientale des Provinces-Unies, vers l'Empereur de la Chine ; faite par les ſieurs P. DE Coyer & J. de Keyſer, recueilli par J. NIEUHOFF, mis en Fr. par J. LE CHARPENTIER. *Leyde*, de Meurs, 1665, *in-fol.* fig. baſ.

HISTOIRE D'AFRIQUE.

3212. Anecdotes Africaines, depuis l'origine ou la découverte des différents Royaumes qui compoſent l'Afrique, juſqu'à nos jours. *Paris*, 1775, *in-8°.* v. m.

3213. Hiſtoria Africana, dalla diviſione dell' Imperio Degli Arabi, e dell' origine, e de progreſſi dalla Monarchia de Mahometani diſteſa per l'Africa, e per le Spagne ; ſcrit. dal dot. GIO BAT. BIRAGO. *Venetia*, Geſter, 1650, *in-4°.* baſ.

3214. Hiſtoire de l'Afrique & de l'Eſpagne, ſous la domination des Arabes ; par M. CARDONNE. *Paris*, Saillant, 1765, *in-12*, 3 vol. v. m.

3215. Hiſtoire du Regne de Muley Iſmael, Roi de Maroc, &c. par le P. BUSNOT. *Rouen*, Behours, 1714, *in-12*, baſ.

3216. Traité de l'eſclavage des Chrétiens au Royaume d'Alger. par M. ***. *Amſterd.* Duſauzet, 1732, *in-12*, baſ.

3217. Defcription de l'Egypte., compofée fur les Mémoires de
M. DE MAILLET , par M. l'Abbé LE MASCRIER , Ouvrage enrichi de cart. & fig. *Paris* , Rollin fils , 1740 , 2 vol. baf.

3218. Recherches Philofophiques fur les Egyptiens & les Chinois;
par DE P * * *. *Berlin* , Decker , 1773 , *in-12* , 2 vol. v. m.

HISTOIRE DE L'AMÉRIQUE.

3219. Carte de l'Amérique feptentrionale ; par le Ch. BEAURAIN.
1777.

3220. Anecdotes Américaines , ou l'Hiftoire abrégée des principaux évenements arrivés dans le Nouveau-Monde , depuis fa
découverte jufqu'à l'époque préfente. *Paris* , Vincent , 1776 ,
in-8°. v. m.

3221. Recherches Philofophiques fur les Américains ; par M. DE
PAW , Edit. augmentée d'une Differtation de Dom PERNETY ,
& de la défenfe de l'Auteur des Recherches contre cette Differtation. *Berlin* , 1771 , *in-12* , 3 vol. v. m.

3222. Recherches fur les Américains. *Londres* , 1774. & la Défenfe defdites Recherches. *In-12* , 2 vol. v. m.

3223. Recherches Philofophiques fur les Egyptiens, pour fervir
de fuite aux Recherches fur les Américains. *Geneve* , 1774 ,
in-12 , 2 vol. v. m.

3224. Recherches hiftoriques & géographiques fur le Nouveau-
Monde ; par J. BEN. SCHERER. *Paris* , Brunet , 1777 , *in-12* , m.
r. d. f. tr.

3225. Hiftoire de l'Amérique ; par ROBERTSON. *Paris* , Panckoucke,
1778 , *in-12* , 4 vol. v. m.

3226. Nouvelles de l'Amérique , ou le Mercure Américain. *Amft.*
1647 , *in-12*. parchem.

3227. Hiftoire des Aventuriers Flibuftiers qui fe font fignalés
dans les Indes ; par AL. OLIVIER ŒXMELIN. *Trévoux* , Comp.
1775 , *in-12* , 4 vol. avec des cart. v. m.

3228. Hiftoire de la Découverte & de la Conquête du Pérou ,
trad. de l'Efpagnol d'AUG. DE ZARATE ; par S. D. C. *Paris* ,
Comp. 1774 , *in-12* , 2 vol. fig. v. m.

3229. Lettre d'un Lecteur du Journal François & de l'année
Littéraire , à M. Marmontel , fur les Incas , ou la deftruction
de l'Empire du Pérou , avec le précis hiftorique de la vie de
Las-Cafas , Protecteur des Indiens. (Londres) *Paris* , *in-8°*.
piece.

3230. Mémoires pour fervir à l'Hiftoire de Cayenne & de la
Guyane

Guyane Françoife ; par M. Bajon. *Paris*, Grangé, 1777, *in-8°*. 2 vol. fig. v. m.

3231. Hiftoire de la conquête de la Floride, par les Efpagnols, fous Ferdinand de Soto, écrit. en Portugais, & trad. en Fr. par M. D. C. *Paris*, Couterot, 1599, *in-12*, baf.

3232. Hiftoire de la conquête du Méxique, trad. de l'Efp. de D. Ant. de Solis. *Paris* Boudot, 1691, *in-4°*. baf.

3233. Correfpondance de Fernand Cortés avec l'Empereur Charles-Quint, fur la conquête du Méxique; trad. par le Vicomte de Flavigny. *Paris*, Cellot, 1778, *in-12*, br.

3234. Traité de la défenfe & de la confervation des Colonies; par M. Dumas. *Londres*, 1777, *in-8°*. v. m.

3235. Abrégé de la Révolution de l'Amérique Angloife; par M. du Buisson. *Paris*, Cellot, 1778, *in-12*, v. m.

3236. Expofé des motifs des droits des Colonies Britanniques. *Amfterd.* 1776, *in-8o*. piece.

3237. Lettre-circulaire du Congrès des Etats unis de l'Amérique, à fes Conftituans. *Paris*, 1780, *in-12*, piece.

3238. Réponfe à la déclaration du Congrès Américain; par M. Linde, trad. de l'Angl. par M. Freville. *La Haye*, Goffe, 1777, *in-8o*. v. m.

Hiftoire Héraldique, & Généalogies.

3239. La vraie & parfaite Science des Armoiries, ou Indice Armorial de feu M.ᶜ Louvan Géliot, Avocat : édition donnée par P. Pailliot, Parifien. *Lyon*, P. Pailliot, 1660, *in-fol.* baf.

> Pierre Pailliot, Imprimeur-Libraire à Dijon, né à Paris en 1608, mourut en 1698, dans la ville où il étoit établi. C'étoit un homme exact, laborieux & infatigable ; fes connoiffances dans le Blafon & dans les Généalogies, lui méritèrent le titre de Généalogifte du Comté de Bourgogne. Ce qu'il y a de fingulier, c'eft que non-feulement, Palliot imprima fes Livres lui-même ; mais qu'il grava encore le nombre infini de Planches dont ils font remplis. Il y a des vers de la Monnoye fur cet Imprimeur.

3240. Traité de la Nobleffe & de fes différentes efpeces; par Meffire G. And. de la Roque. *Paris*, Eft. Michallet, 1678, *in-4°*. baf.

> De la Roque a ramaffé dans ce traité, avec beaucoup d'érudition, tout ce qu'on peut dire fur cette matiere : il tire fes preuves des Chartres du Tréfor du Roi, & des Regiftres de la Chambre des Comptes.

3241. Traité du Ban & Arriere-Ban, de fon origine & de fes

convocations anciennes & nouvelles ; par le même. *Paris*, Petit, 1676, *in-12*. baf.

> Gilles-André de la Roque, fieur de la Loutiere, né dans le village de Cormelles, près de Caën, en 1597, mort à Paris en 1685, à 90 ans, s'eft fait un nom par plufieurs Ouvrages, fur les Généalogies & fur le Blafon. Son Traité du Ban eft un de fes meilleurs, il eft rempli d'anecdotes curieufes. La Roque avoit une mémoire prodigieufe ; il connoiffoit toutes les fraudes généalogiques dont on s'étoit fervi pour illuftrer certaines familles, & il fe faifoit un plaifir de les dévoiler.

3242. Differtation fur la Nobleffe d'extraction, & fur l'origine des Fiefs *Paris*, Martin, 1690, *in-12*. br.

3243. Recherches fur l'origine de la Nobleffe, fur les caracteres propres ou accidentels à la Nobleffe, fur les preuves de la Nobleffe, & fur les moyens de rendre fon éclat à l'ordre de la Nobleffe. *In-8°*. piece.

3244. Dictionnaire de la Nobleffe. *Paris*, Duchefne, 1770, fuiv. les neuf premiers vol. *in-4°*. 12 vol. v. m.

ANTIQUITÉS.

Rites, Ufages & Coutumes des Anciens & des Modernes.

3245. L'Antiquité dévoilée par fes ufages, ou Examen critique des principales Opinions, Cérémonies & Inftitutions Religieufes & Politiques des différens Peuples de la Terre ; par feu BOULANGER. *Amfterdam*, M. M. Rey, 1772, *in-12*, 3 vol. v. m.

3246. L'Efprit des Ufages & des Coutumes des différens Peuples, ou Obfervations tirées des Voyageurs & des Hiftoriens. (Londres), *Paris*, Piffot, 1776, *in-8°*. 3 vol. v. m.

3247. Hiftoire des Inaugurations des Rois, Empereurs & autres Souverains de l'Univers, depuis leur origine jufqu'à préfent ; par Dom C. J. BÉVY, Religieux Bénédictin. *Paris*, Moutard, 1774, *in-4°*. 1776, *in-8°*. fig. v. m.

3248. Coftume des anciens Peuples, par M. DANDRÉ BARDON, Profeffeur de l'Académie Royale de Peinture de Paris. *Paris*, 3 vol. fig. v. m. d. f. tr.

3249. Le Réveil de Chyndonax, Prince des Vacies, Druides, Celtiques & Dijonois: avec la Sainteté, Religion & diverfité des Cérémonies obfervées aux anciennes Sépultures ; par J. GUENEBAULD. *Dijon*, Guyot, 1621, *in-4°*. baf.

Histoire Lapidaire, ou Inscriptions tirées des Pierres & des Marbres antiques.

3250. Museum Schœpflini. Aut. Jer. Jac. OBERLIN. *Argentorati*, J. Lorenzii, 1773, *in*-4°. fig. vol.

3251. Cabinet de Pierres antiques gravées, ou Collection choisie de 216 Bagues & de 682 Pierres Egyptiennes, Etrusques, Grecques, Romaines, Parthiques, Gauloises &c. tirées du Cabinet de Gorlée, & autres célebres Cabinets de l'Europe. *Paris*, Lamy, 1778, *in*-4°. v. m.

Histoire Métallique, & divers Monumens d'Antiquités.

3252. Histoire des Médailles, ou Introduction à la connoissance de cette Science; par Ch. PATIN. *Amsterd.* chez Donato Donati, 1695, *in*-12. baf.

3253. Nouvelles Recherches sur la Science des Médailles, Inscriptions & Hiérogliphes antiques; par M. POINSINET DE SIVRY. *Maëstricht*, J. Edme Dufour, 1778, *in*-4°. v. m.

3254. Orbis antiqui Monumentis suis illustrati primæ Lineæ, duxit OBERLINUS. *Argentorti*, Stein, 1776, *in*-12. d. rel.

3255. Antiquités d'Herculanum; gravées par M. DAVID. *Paris*, 1781, *in*-8°. vol. v. m.

3256. Observations sur les antiquités d'Herculanum, avec quelques réflexions sur la Peinture & la Sculpture des Anciens, & une courte description de plusieurs Antiquités des environs de Naples; par MM. COCHIN & BELLICARD. *Paris*, Jombert, 1755, *in*-12, fig. baf.

3257. Antiquæ Urbis splendor, hoc est, præcipua ejusdem Templa, Amphitheatra, Theatra-Circi, &c. Aut. LAURI. *Romæ*, 1612, *in*-4°. fig. baf.

3258. Les plus beaux Edifices de Rome moderne; dessinés par BARBAULT, & grav. en 94 planch. avec la description historique de chaque Edifice. *Roma*, Gravier, 1763, *in-fol.* baf.

3259. Description de la Chambre & du Lit de parade sur lequel le corps de S. A. R. Anne, Princesse de la Grande-Bretagne, à été exposée pendant plusieurs jours, en février 1759; sous la direction de M. DELAGE, dessinés par M. SWART & FOKKE. *La Haye*, Gosse, 1759, *in-fol.* fig. baf.

HISTOIRE LITTÉRAIRE.

Histoire des Lettres, des Sciences & des Arts.

3260. POLYDORI VERGILII, Urbanitatis de rerum inventoribus; libri octo. *Lugduni*, Gryphii, 1558, *in-8o*, baf.

3261. Les Mémoires & Hiſtoire de l'origine, invention & Auteurs des choſes, faite en latin, & diviſée en huit livres, par POLYDORE, VERGILE, natif d'Urbin & traduite par FR. DE BELLEFOREST, Commingeois. *Paris*, R. Mangnier, 1576, *in-8°*. baf.

3262. De l'Origine de Loix, des Arts & des Sciences, & de leurs progrès, chez les anciens Peuples depuis le Déluge juſqu'à la mort de Jacob. *Paris*, Knapen, 1778, *in-12*, 6 vol. v. m.

3263. Premier & ſecond Voyage Littéraire de deux Religieux Bnédictins de la Congrégation de St. Maur. *Paris*, Florentin Delaulne, 1717 & 1724, *in-4o*. 2 vol. fig. baf.

3264. Micella Litteraria, maximam partem Argentoratenſia; Auctor JER. JAC. OBERLINUS. A. L. M. *Argentorati*, J. Lorenz, 1770, *in-4°*. d. r.

Histoire Litteraire des Académies & Sociétés de Savans; Actes & Mémoires de ces Académies.

3265. Relation contenant l'Hiſtoire de l'Académie Françoiſe; par M. l'Abbé PELISSON. *Paris*, Jolly, 1672, *in-12*, baf.

3266. Hiſtoire de l'Académie Royale des Inſcriptions & Belles-Lettres, depuis ſon établiſſement, juſqu'à préſent, avec les Mémoires de Littérature, tirés des Regiſtres de cette Acadé-mie. *Paris*, Impr. R. 1717 & ſuiv. *in-4°*. 42   vol. v. m.

3267. Diſſertation ſur les Attributs de Venus, qui a obtenu l'ac-ceſſit de l'Académie des Inſcr. en 1775; par M. l'Abbé DE LA CHAU. *Paris* Prault, 1776, *in-4°*. fig. br.

3268. Hiſtoire & Mémoires de l'Académie Royale des Sciences, depuis 1   à   1   *Paris*,   vol. v. m.

3269. Nouvelle Table des articles contenus dans les vol. de l'Acad. des Sciences de Paris, depuis 1666, juſqu'en 1770, dans ceux des Arts & Métiers, publiés par cette Académie & dans la collection Académique; par M. l'Abbé ROZIER. *Paris*, Ruault, 1775, *in-4°*. 4   vol. v. m.

3270.

3270. Autre Table alphabetique des Matieres contenues dans l'Hiftoire de l'Acad. des Sciences, publiée par fon ordre & dreffée par M. GODIN. *Paris*, Pankoucke, 1778, *in*-4°. 5 vol. v.

3271. Séance publique de l'Académie des Sciences Belles-Lettre & Arts de Befançon, du 24 août 1776, & 1777, *Befançon*, Daclin, 1776, *in*-4°. piece.

3272. Mémoires de l'Académie des Belles-Lettres de Caen. *Caen*, Manoury, 1754, 55, 57 & 60, *in*-8°. 4 vol. b.

3273. Affemblée publique de la Société R. des Sciences, tenue dans la Grand'Salle de l'Hôtel-de-Ville de Montpellier, en préfence des Etats de la Province de Languedoc, le 30 décembre 1774. *Montpellier*, Martel, 1772 & 1775, *in*-4°. 2 vol b.

BIBLIOGRAPHIE.

Bibliographes Généraux & Particuliers.

3274. Bibliotheca Bibliothecarum, acced. Biblioth. nummaria; per PH. LABBÉ. *Rothomagi*, Maurry, 1672, *in*-12, baf.

3275. Bibliotheca Sacra, feu Sillabus omnium ferme Sacræ Scripturæ, Editionum ac Verfionum, fecundum feriem Linguarum, quibus Vulgatæ funt, notis hiftoricis & criticis illuftratus, adjunctis præftantiffimis cod. manufc. labore & induftr. JAC. LELONG. *Parifiis*, Prelard, 1709, *in* 8°. 2 vol. baf.

3276. Bibliotheque générale des Ecrivains de l'Ordre de S. Benoît, Patriarche des Moines d'Occident ; par un Religieux de l'Ordre. *Bouillon*, 1777, *in*-4°. 3 vol. v. m.

3277. Tableau hiftorique des Gens-de-Lettres, par l'Abbé ***, *Paris*, Saillant, 1767, *in*-12, 6 vol. v. f. d. f. tr.

3278. La France Litteraire, contenant les noms & les Ouvrages des Gens-de-Lettres, des Savans, &c. pour l'année 1768, *Paris*, Duchefne, 1768, *in*-12, baf.

Bibliographes Simples, ou Catalogues des Bibliothèques, Journaux & feuilles Périodiques.

3279. Catalogue des Livres de la Bibliotheque Publique, fondée par M. GUILLAUME PROUSTEAU, Profeffeur en Droit en l'Univerfité d'Orléans, avec des notes Bibliographiques. *Paris*, Barois. *Orléans*, Jacob, 1777, *in*-4°, d. r.

3280. Catalogue des Livres de la Bibliotheque de M. Pontcaré, ancien Prévôt des Marchands de la Ville de Paris. *Paris* , Piſſot, 1758 , *in*·8°. b.

3281. Catalogue raiſonné des différens objéts de curioſités dans les Sciences & Arts qui compoſoient le cabinet de feu M. Mariette, Contrôleur Général de la Grande Chancellerie de France, par Fr. Basan Graveur. *Paris*, Deſprez, 1775 , *in·8°* ; fig. v. ec.

3282. Catalogue des Livres de la Bibliotheque de M. Buchoz, Médecin, Botaniſte, diſpoſé & mis en ordre par Guillaume de Bure. *Paris*, de Bure, 1778 , *in*-8°. b.

3283. Table Générale des Journeaux anciens & Modernes, contenant les jugemens des Journaliſtes, ſur les principaux Ouvrages en tout genre, ſuivie d'obſervations & de planches. *Paris* , Demonville, 1776 , *in*-12 , 2 vol. v. m.

3284. L'Eſprit des Journaliſtes de Hollande les plus célèbres, ou Morceaux précieux de Littérature, tirés de l'oubli & recueillis dans les Journaux de ce nom. *Paris* , v. Ducheſne , 1777, *in*-12 , 2 vol. dem. rel.

VIES DES PERSONNAGES ILLUSTRES.

Vies des Illuſtres Perſonnages anciens, Grecs & Romains.

3285. Diogenis Laertii , de Vitis & Apophtegmatis clarorum Philoſop. libri 10. *Pariſiis*, 1475 , *in*-4°. baſ.

3286. Ejuſdem Diog. Laertii. *Lugd.* Bat. 1566, *in*-12. baſ.

3287. Le Vite Filoſofi Moraliſime, Éſtrate da Laertio. *In Venetia*, 1628 , *in*-12. baſ.

3288. Les Vies des plus illuſtres Philoſophes de l'Antiquité, trad. du Grec de Diogene de Laerce ; Edit. donnée pat J. H. Schneider. *Amſterdam*, Schneider, 1761 , *in*-12 , 3 vol. baſ.

3289. Hiſtoire des Sept Sages ; par M. de Larrey, Conſeill. de la Cour & des Ambaſſades du Roi de Pruſſe. *Roterdam* , Frilſch, 1714, *in*-12. 2 vol. baſ.

3290. La même Hiſtoire, par le même. *Roterdam*, 1721, *in*-8°. baſ.

3291. Plutarchi Chæronis , vitæ Parallelæ. *Pariſiis*, Thibouſt, *in*-12. baſ.

3292. Les Vies des Hommes illuſtres, Grecs & Romains, comparées l'une avec l'autre par Plutarque de Chæronée ; tranſlatées par Jac. Amyot. *Deſplanches*, 1583 , *in-fol.* baſ.

3293. Les mêmes Vies de Plutarque, trad. par le même. *Paris* , De la Noue , 1599, *in*-8°. 2 vol. baſ.

3294. Les mêmes Vies de PLUTARQUE; trad. en François, avec des remarques, par M. DACIER. *Paris*, Nyon, 1778, *in-12*, 12 vol. v. m.

3295. Tables Géographiques pour les Vies des Hommes illustres de PLUTARQUE; dressées par le R. P. LUBIN, Augustin, sur la nouvelle trad. faite par l'Abbé TALLEMANT. *Paris*, 1671, *in-fol.*

3296. CORN. NEPOTIS, Vitæ excellentium, Imperatorum, cum notis variorum. *Lugd. Batav.* Hackiana, 1675, *in-8°.* baf.

3297. Ejuſdem CORN. NEP. Vitæ. *Pariſiis*, 1725, *in-18.* baf.

3298. Ejuſdem CORN. NEP. Vitæ. *Pariſiis.* Barbou, 1767, *in-12*, fig. v. m. d. f. tr.

3299. Les Vies des grands Capitaines Grecs & Romains de CORN. NEPOS : avec les portraits des Grands Hommes, & des caracteres des ſiecles dans leſquels ils ont vécu, tirés de VELLEIUS PATER-CULE; traduites par M. LE GRAS, de l'Oratoire. *Paris*, Simart, 1729, *in-12.* baf.

3300. Hiſtoire de Scipion l'Africain, pour ſervir de ſuite aux Hommes illuſtres de PLUTARQUE; donnée par SERAN DE LA TOUR, avec les Obſervations de M. le Chevalier DE FOLARD ſur la Bataille de Zama. *Paris*, Didot, 1738, *in-12.* baf.

3301. Vie de Mecenas, avec des notes hiſtoriqnes & critiques, par M. Richer. *Paris*, Chaubert, 1746, *in-12.* baf.

3302. Hiſtoire de CICERON, tirée de ſes écrits & des monumens de ſon ſiecle : avec les preuves & les éclairciſſemens. *Paris*, Didot, 1743, *in-12*, 5 vol. v. m.

3303. Eſſai ſur la Vie de Pline le Jeune, dans une lettre du Lord Comte d'Orrery, Pair d'Irlande, au Lord Charles Boyle, ſon fils; par M. DE MAGNIERES. *Nancy*, Barbier, 1776, *in-8°.* b.

Vies des Perſonnages Illuſtres, modernes.

3304. Gli Elogi d'Homini illuſtri di Guerra, antichi & moderni; di Mons. PAOLO GIOVIO VESCOVO, di NOCERA, tradotti per LOD. DOMENICHI. *Venegia*, Fr. Lor. da Turino. 1559, *in-12.*

3305. Les Vies des Hommes & des Femmes illuſtres d'Italie; par une Société de Gens de Lettres. *Paris*, Vincent, 1767, *in-12*, 2 vol. v. m.

3306. Hiſtoire des plus Illuſtres Favoris, anciens & modernes, recueillie par feu M. P. D. Puy : avec un Journal de ce qui s'eſt paſſé à la mort du Maréchal d'Ancre. *Leide*, J. Elſevier, 1650, *in-4°.* baf.

3307. La même Hiſtoire des plus illuſtres Favoris, anciens &

modernes; par le même : avec un Journal de ce qui s'est passé à la mort du Maréchal d'Ancre. *Leide*, J. Elsevier, 1662, *in*-12. h. f.

Le Nécrologe des Hommes célébres de France : années , 5 , 66 & suivantes. *Paris*,   vol. b.

3309. Histoire Littéraire des Troubadours, contenant leurs Vies, les extraits de leurs Pieces, & plusieurs particularités sur les mœurs, les usages, & l'Histoire du douzieme & du treizieme siecles ; par M. DE STE. PALAYE. *Paris*, Durand, 1774, 3 vol. v. m.

3310. Notice des Hommes célébres de la Faculté de Médecine de Paris , extraite en partie d'un Manus. de F. M. TH. BERNARD BERTRAND ; rédigée par M. ALBERT BAZON. *Paris*, Morin, 1778, *in*-4°. v. m.

3311. Suite des Eloges, lus dans les Séances publiques de la Société Royale de Médecine, par M. VICQ-D'AZIR. *Paris*, Pierres, 1780, *in*-4°. piece.

3312. Entretiens sur les Vies & sur les Ouvrages des plus excellens Peintres, anciens & modernes; avec un recueil historique de la Vie & des Ouvrages des plus célébres Architectes ; avec les Conférences & l'idée du Peintre parfait &c. par M. FELIBIEN. *Amsterdam*, Est. Roger, 1706, *in*-12, 5 vol. bas.

3313. Vies des premiers Peintres du Roi, depuis le Brun, jusqu'à présent; par MM. L'ÉPICIÉ, le Comte DE CAYLUS & autres. *Paris*, Durand, 1752, *in*-8°. v. m.

3314. La Vie des Peintres Flamands , Allemands & Hollandois, avec des Portraits par M. J. B. DESCHAMPS, Peintre de l'Académie de Rouen. *Paris*, Jombert, 1753, *in*-8°. 3 vol. v. m.

3315. Extrait des différens Ouvrages publiés sur la Vie des Peintres; par M. PAPILLON DE LA FERTÉ. *Paris*, Ruault, 1776, *in*-8°. 2 vol. v. m.

3316. Eloges lus dans les Séances publiques de l'Académie Françoise ; par M. D'ALEMBERT, Secretaire perpétuel de cette Académie. *Paris*, Panckoucke, 1779, *in*-12. d. rel.

Vies & Eloges particuliers des Hommes Illustres, mo-
dernes, rangés indistinctement sous l'ordre alphabétique
de leur noms sans égard à leur pays.

3317. Eloge de George d'Amboife, Cardinal, Archevêque de
Rouen ; par M. DE SACY. *Paris*, Valleyre, 1776, *in-8°*. piece.

3318. Eloge de Maximilien de Bethune, Duc de Sully ; par M.
THOMAS. *Paris*, 1763, *in-8°*.

3319. Eloge hiftorique de M. Bordeu. *Paris*, *in-12*.

3320. La Vita di Cefare Borgia, detto poi il Duca Valentino ;
defcritta da TOMASO TOMASI. *In monte Chiaro*, 1671 ; *in-12*,

3321. Eloge de M. du Boulay, par M. HAILLET DE COURONNE.
Rouen, Dumefnil, 1771, *in-8°*.

3322. Eloge de M. le Cat, par M. BALLIERE DE LAISSEMENT.
Rouen, Dumefnil, 1769, *in-8°*.

3323. La Vie de M. Lautour du Châtelet, par M. LAUTOUR.
Paris, Jombert, 1758, *in-12*.

3324. Eloge de Pierre Corneille, par M. GAILLARD. *Rouen*,
Machuel, 1678, *in-8°*. v. f.

3325. Eloge de Réné Defcartes, par M. THOMAS. *Paris*,
Regnard, 1765, *in-8°*.

3326. La Vie de M. Defcartes, réduite en abrégé par ADRIEN
BAILLET. *Paris*, G. Luynes, 1692, *in-12*. baf.

3327. Eloge de M. de Fontenelle, par M. LE CAT. *Rouen*,
Befongne, 1759, *in-12*.

3328. Eloge de Guy du Faur de Pibrac, par M***. *Amfterd.*
1778, *in-8°*. piece.

3329. Lettre à M***. fur un Ecrit intitulé, Eloge de la Fontaine ;
par M. D. L. H. *Paris*, Moutard, 1775, *in-8°*. piece.

3330. Eloge de la Fontaine. *Paris*, Prault, 1774, *in-8°*. piece.

3331. Eloge de François de Salignac de la Motte-Fenelon. *Paris*,
Regnard, 1771, *in-8°*. piece.

3332. Autre Eloge du Chancelier de l'Hôpital. *Paris*, Moutard,
1777, *in-8°*. piece.

3333. Eloge de Michel de l'Hôpital, Chancelier de France. *Paris*,
Demonville, 1777, *in-8°*.

3334. Autre Eloge de Michel de l'Hôpital. *Paris*, Demonville
1777, *in-8°*.

3335. Autre Eloge de Michel de l'Hôpital, par M. l'Abbé Remi.
Paris, Demonville, 1777, *in-8°*.

3336. Facultatis Theologiæ Parifienfis, lata occafione approbati à duobus Magiftris libelli, qui infcribitur : Eloge de Michel de l'Hôpital. *In-4°*. piece.

3337. Lettre à l'Auteur de l'Eloge du Chancelier de l'Hôpital, qui a pour épigraphe : *nec vitæ animæque peperii dum patriæ prodeffe meæ, prodeffe que Regi fpes fuit* ; contenant des recherches intéreffantes fur l'Hiftoire de Henri II. (La Haye), *Paris*, Efprit, 1778, *in-8°*.

3338. Autre Eloge de Michel de l'Hôpital, Chancelier de France, par l'Abbé TALBERT. *Befançon*, Charmet, 1777, *in-12*. br.

3339. Vie de Michel de l'Hôpital, Chancelier de France. (Londres) *Paris*, Debure, 1764, *in-12*.

3340. La Vie de David Hume, écrite par lui-même ; traduite de l'Anglois. *Londres*, 1777, *in-12*.

3341. Eloge de Michel Montagne, par M. l'Abbé TALBERT. *Paris*, Moutard, 1775, *in-12*.

3342. Vita del Padre Paolo dell'ordine de Servi ; e Theologo della Sereniffima Republ. di Venetia. *Leida*, 1646, *in-12*. baf.

3343. La mediffima Vita. *Venet.* 1658, *in-12*. baf.

3344. Hiftoiria del Padre Paolo dell'ordine de Servi fopra li Beneficii Ecclefiaftici. *Colonia-alpina*, Albertino, 1675, *in-12*.

3345. Eloge de M. Piron, par M. PERRET. *Paris*, Piffot, 1774, *in-8°*. piece.

3346. Eloge de J. J. Rouffeau. *Paris*, Le Jai, 1778, *in-8°*. piece.

3347. La Vie de Meffire Charle de S. Denis, fieur de S. Evremont, par M. DES MAIZEAUX. *La Haye*, Abrah. Troyel, 1711 ; *in-12*. baf.

3348. Eloge hiftorique de M. de Saint-Foix. *Paris*, Duchefne, 1776, *in-12*.

3349. Eloge de Madame la Marquife de Sevigné *Paris*, Méquignon, 1778, *in-12*.

3350. Eloge de Suger, Abbé de S. Denis ; par l'Abbé JUMEL. *Paris*, Valade, 1779, *in-8°*. piece.

3351. Eloge de l'Abbé de Suger, Abbé de S. Denis. *Paris*, Demonville, 1779, *in-8°*. piece.

3352. Réflexions fur l'Abbé de Suger & fon fiecle ; par M. l'Abbé D'ESPAGNAC. *Londres*, 1780. piece.

3353. Réponfe aux Réflexions fur Suger & fon fiecle, par M. l'Abbé ***, Avocat en Parlement. *Paris*, 1780, *in-8°*. piece.

3354. Eloge hiftorique de M. Venel, par M. M. J. J. M. *Paris*, Nyon, 1777, *in-8°*.

3355. Eloge de Voltaire, par M. de la Harpe de l'Académie Françoife (Geneve), *Paris*, Piffot, 1780, *in-8°*. br.

3356. Recueil des vies & éloges particulieres d'Hommes Illuſtres, rangées par ordre alphabétique, *in-4°* , *in-8o*, & *in-12*, vol.

Vies des Femmes Illuſtres, anciennes & modernes.

3357. Dictionnaire hiſtorique portatif des Femmes célébres. *Paris*, L. Cellot, 1769, *in-12*, 3 vol. v. m.

3358. Hiſtoire des Favorites ; contenant ce qui s'eſt paſſé de plus remarquable ſous pluſieurs Regnes ; par Mlle. D***. *Amſterd.* Marret, 1778, *in-12*. fig.

3359. Vie de Mad. Maintenon. *Geneve*, Philibert, 1755, *in-12*.

3360. A la Mémoire de Madame G.... (Geoffrin), 1777, *in-8°*. piece.

Extraits & Dictionnaires Hiſtoriques.

3361. VALERII MAXIMI, Dictorum Factorumque memorabilium, libri novem, cum ſelectiſſimis notis. *Antuerpiæ*, Plaut, 1567, *in-8°*. baſ.

3362. Ejuſdem VAL. MAXIMI Dict. Fact. *Pariſiis*, Nyon, 1719, *in-12*. baſ.

3363. Ejuſdem VALERII Dict. Fact. ex recen. JOH. MINELLII. *Pariſiis*, 1720, *in-12*. baſ.

3364. Obſervationi di diverſe Hiſtorie & d'altri particolari degni di Memoria ; per ANT. DANTI Santa Maria in Bagno. *Venetia*, Mat. Boſelli, 1573, *in-4°*. baſ.

3365. Dictionnaire Théologique, Poëtique. Hiſtorique, Coſmographique & Chronologique, contenant la vie des Hommes illuſtres en général ; par D. DE JUIGNÉ. *Rouen*, R. Daré, 1662, *in-4°*. baſ.

3366. Analyſe raiſonnée de BAYLE, ou Abrégé méthodique de ſes Ouvrages, particulierement de ſon Dictionnaire hiſtorique & critique &c. *Londres*, 1755, *in-12*, 8 vol. v. m.

3367. Dictionnaire hiſtorique portatif des Hommes célébres ; par l'Abbé L'AVOCAT, Docteur &c. *Paris*, Didot, 1752, *in-8°*. 2 vol. v. m.

3368. Nouveau Dictionnaire hiſtorique portatif, ou Hiſtoire abrégée de tous les Hommes célébres qui ſe ſont fait un nom par leurs talens, dans tous les genres ; par une ſociété de Gens de Lettres. *Amſterdam*, Michel Rey, 1769, *in-8°*. 4 vol. v. m.

F I N.

www.ingramcontent.com/pod-product-compliance
Lightning Source LLC
Chambersburg PA
CBHW072351030726
47505CB00014B/1463